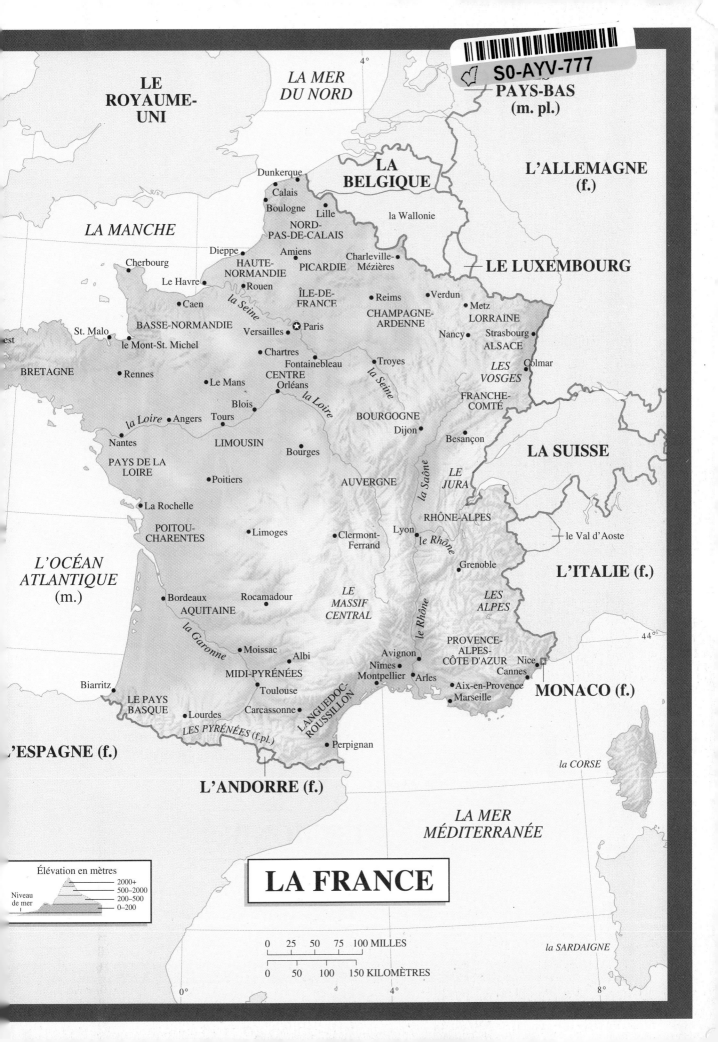

LE ROYAUME-UNI

LA MER DU NORD

PAYS-BAS (m. pl.)

LA MANCHE

LA BELGIQUE

L'ALLEMAGNE (f.)

Dunkerque
Calais
Boulogne
Lille
la Wallonie

NORD-PAS-DE-CALAIS

Dieppe
Amiens
Charleville-Mézières

PICARDIE

LE LUXEMBOURG

Cherbourg
Le Havre
Rouen
HAUTE-NORMANDIE

ÎLE-DE-FRANCE

Reims
Verdun
Metz
LORRAINE
Nancy
Strasbourg
ALSACE

Caen
la Seine
CHAMPAGNE-ARDENNE

St. Malo
le Mont-St. Michel
Versailles
Paris

Chartres
Fontainebleau
Troyes
la Seine
LES VOSGES
Colmar

BRETAGNE
Rennes
CENTRE
Orléans
la Loire

FRANCHE-COMTÉ

est

Le Mans
Blois
Angers
Tours
la Loire
BOURGOGNE
Dijon
Besançon

LA SUISSE

la Loire
Nantes
LIMOUSIN
Bourges

PAYS DE LA LOIRE
Poitiers
AUVERGNE

la Saône
LE JURA

La Rochelle

POITOU-CHARENTES
Limoges
Clermont-Ferrand

RHÔNE-ALPES
Lyon
le Rhône
le Val d'Aoste

L'OCÉAN ATLANTIQUE (m.)

Grenoble

L'ITALIE (f.)

Bordeaux
Rocamadour
AQUITAINE

LE MASSIF CENTRAL
LES ALPES

le Rhône

la Garonne
Moissac
Albi

PROVENCE-ALPES-CÔTE D'AZUR

Nice
Cannes

MIDI-PYRÉNÉES
Avignon
Nîmes
Montpellier
Arles

Biarritz
Toulouse
LANGUEDOC-ROUSSILLON
Aix-en-Provence
Marseille

MONACO (f.)

LE PAYS BASQUE
Lourdes
Carcassonne

LES PYRÉNÉES (f.pl.)

L'ESPAGNE (f.)

Perpignan

la CORSE

L'ANDORRE (f.)

LA MER MÉDITERRANÉE

LA FRANCE

Élévation en mètres

2000+
500–2000
200–500
0–200

Niveau de mer

la SARDAIGNE

0   25   50   75   100 MILLES

0   50   100   150 KILOMÈTRES

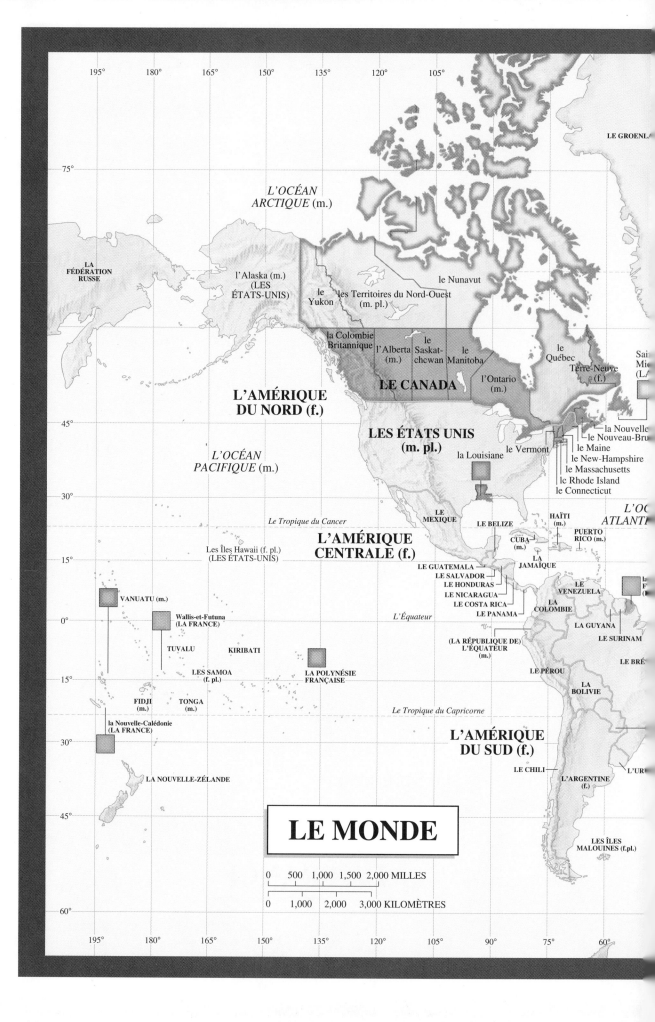

195° 180° 165° 150° 135° 120° 105°

75°

*L'OCÉAN
ARCTIQUE* (m.)

LE GROENLA

LA
FÉDÉRATION
RUSSE

l'Alaska (m.)
(LES
ÉTATS-UNIS)

le Nunavut

le
Yukon les Territoires du Nord-Ouest
(m. pl.)

la Colombie
Britannique l'Alberta le Saskat- le
(m.) chewan Manitoba

le Québec
Terre-Neuve
(f.)

Sai
Mi
(LA

LE CANADA

l'Ontario
(m.)

**L'AMÉRIQUE
DU NORD (f.)**

45°

**LES ÉTATS UNIS
(m. pl.)**

la Nouvelle
le Nouveau-Bru
le Maine
le New-Hampshire
le Massachusetts
le Rhode Island
le Connecticut

*L'OCÉAN
PACIFIQUE* (m.)

la Louisiane le Vermont

30°

LE
MEXIQUE

Le Tropique du Cancer

HAÏTI
(m.)

*L'OC
ATLANT*

**L'AMÉRIQUE
CENTRALE (f.)**

LE BELIZE

PUERTO
RICO (m.)

CUBA
(m.)

Les Îles Hawaii (f. pl.)
(LES ÉTATS-UNIS)

15°

LA
JAMAÏQUE

la
F
(

LE GUATEMALA
LE SALVADOR
LE HONDURAS
LE NICARAGUA
LE COSTA RICA
LE PANAMA

LE
VENEZUELA

VANUATU (m.)

Wallis-et-Futuna
(LA FRANCE)

0°

L'Équateur

LA
COLOMBIE

LA GUYANA

TUVALU

KIRIBATI

(LA RÉPUBLIQUE DE)
L'ÉQUATEUR
(m.)

LE SURINAM

LE BRÉ

LES SAMOA
(f. pl.)

LA POLYNÉSIE
FRANÇAISE

15°

LE PÉROU

FIDJI
(m.)

TONGA
(m.)

Le Tropique du Capricorne

LA
BOLIVIE

la Nouvelle-Calédonie
(LA FRANCE)

**L'AMÉRIQUE
DU SUD (f.)**

30°

LE CHILI

L'ARGENTINE
(f.)

L'UR

LA NOUVELLE-ZÉLANDE

45°

LE MONDE

LES ÎLES
MALOUINES (f.pl.)

0 500 1,000 1,500 2,000 MILLES

0 1,000 2,000 3,000 KILOMÈTRES

60°

195° 180° 165° 150° 135° 120° 105° 90° 75° 60°

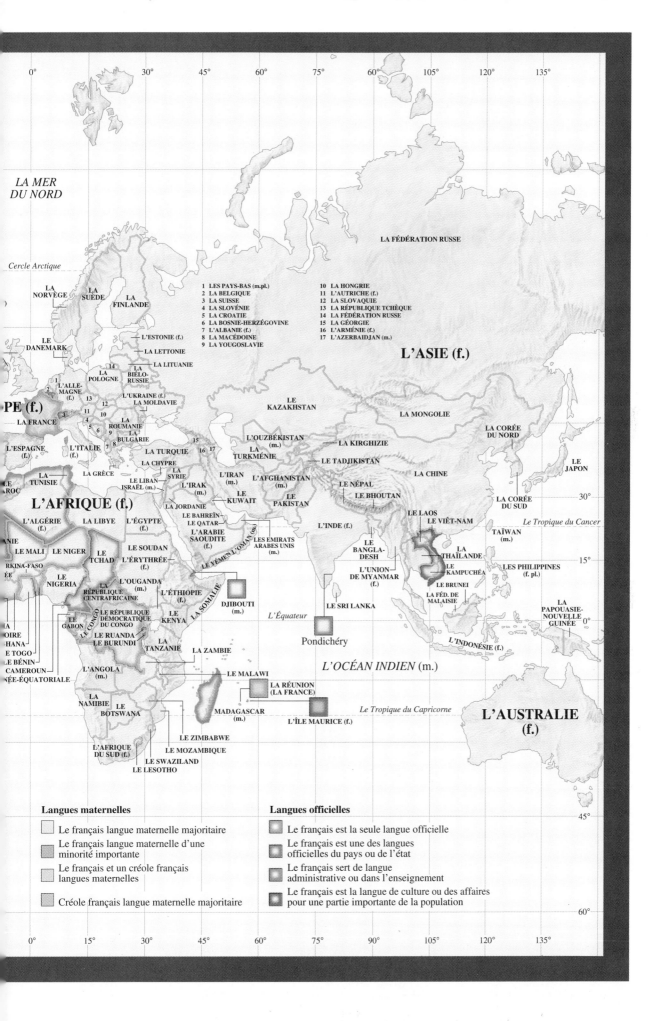

LA MER
DU NORD

Cercle Arctique

LA FÉDÉRATION RUSSE

L'ASIE (f.)

LA NORVÈGE
LA SUÈDE
LA FINLANDE

LE DANEMARK
L'ESTONIE (f.)
LA LETTONIE
LA LITUANIE
LA BIÉLO-RUSSIE
LA POLOGNE
L'ALLE-MAGNE (f.)
L'UKRAINE (f.)
LA MOLDAVIE
PE (f.)
LA FRANCE
LA ROUMANIE
LA BULGARIE
L'ESPAGNE (f.)
L'ITALIE (f.)
LA GRÈCE
LA TURQUIE
LA CHYPRE
LA SYRIE
LE LIBAN
ISRAËL (m.)
LA JORDANIE
L'IRAK (m.)
L'IRAN (m.)
LE KUWAIT
LE BAHREÏN
LE QATAR
L'ARABIE SAOUDITE (f.)
LES EMIRATS ARABES UNIS (m.)
LE YÉMEN L'OMAN (m.)

1 LES PAYS-BAS (m.pl.)	10 LA HONGRIE
2 LA BELGIQUE	11 L'AUTRICHE (f.)
3 LA SUISSE	12 LA SLOVAQUIE
4 LA SLOVÉNIE	13 LA RÉPUBLIQUE TCHÈQUE
5 LA CROATIE	14 LA FÉDÉRATION RUSSE
6 LA BOSNIE-HERZÉGOVINE	15 LA GÉORGIE
7 L'ALBANIE (f.)	16 L'ARMÉNIE (f.)
8 LA MACÉDOINE	17 L'AZERBAIDJAN (m.)
9 LA YOUGOSLAVIE	

LE KAZAKHSTAN
L'OUZBÉKISTAN (m.)
LA TURKMÉNIE
LA KIRGHIZIE
LE TADJIKISTAN
L'AFGHANISTAN (m.)
LE PAKISTAN
LA MONGOLIE
LA CHINE
LE NÉPAL
LE BHOUTAN
LE BANGLA-DESH
L'UNION DE MYANMAR (f.)
L'INDE (f.)
L'UNION DE MYANMAR (f.)
LE SRI LANKA

LA CORÉE DU NORD
LE JAPON
LA CORÉE DU SUD

Le Tropique du Cancer

TAÏWAN (m.)
LE LAOS
LE VIÊT-NAM
LA THAÏLANDE
LE KAMPUCHÉA
LES PHILIPPINES (f. pl.)
LE BRUNEI
LA FÉD. DE MALAISIE
LA PAPOUASIE-NOUVELLE GUINÉE
L'INDONÉSIE (f.)

L'AFRIQUE (f.)

LE MAROC
LA TUNISIE
L'ALGÉRIE (f.)
LA LIBYE
L'ÉGYPTE (f.)
ANIE
LE MALI
LE NIGER
LE TCHAD
LE SOUDAN
L'ÉRYTHRÉE (f.)
RKINA-FASO
ÉE
LE NIGERIA
LA RÉPUBLIQUE CENTRAFRICAINE
L'OUGANDA (m.)
L'ÉTHIOPIE (f.)
LA SOMALIE
DJIBOUTI (m.)
A
OIRE
HANA
E TOGO
LE BÉNIN
CAMEROUN
NÉE-ÉQUATORIALE
LE GABON
LE CONGO
LE RÉPUBLIQUE DÉMOCRATIQUE DU CONGO
LE RUANDA
LE BURUNDI
LE KENYA
LA TANZANIE
LA ZAMBIE
L'ANGOLA (m.)
LE MALAWI
LA NAMIBIE
LE BOTSWANA
MADAGASCAR (m.)
LA ZIMBABWE
L'AFRIQUE DU SUD (f.)
LE MOZAMBIQUE
LE SWAZILAND
LE LESOTHO
LA RÉUNION (LA FRANCE)
L'ÎLE MAURICE (f.)

L'Équateur

Pondichéry

L'OCÉAN INDIEN (m.)

Le Tropique du Capricorne

L'AUSTRALIE (f.)

Langues maternelles

Le français langue maternelle majoritaire

Le français langue maternelle d'une minorité importante

Le français et un créole français langues maternelles

Créole français langue maternelle majoritaire

Langues officielles

Le français est la seule langue officielle

Le français est une des langues officielles du pays ou de l'état

Le français sert de langue administrative ou dans l'enseignement

Le français est la langue de culture ou des affaires pour une partie importante de la population

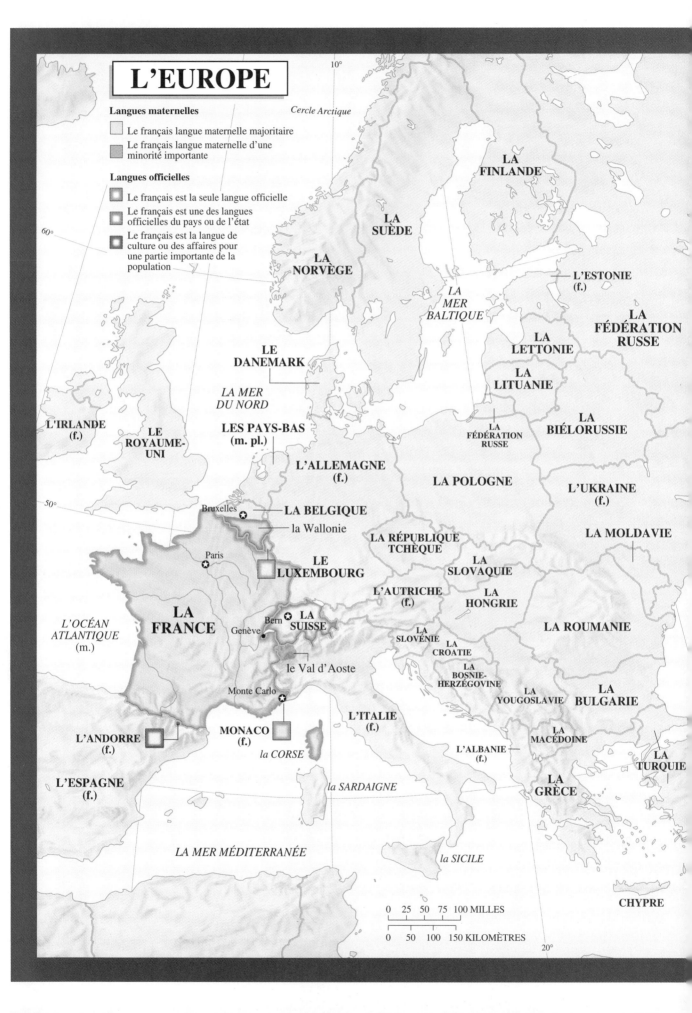

L'EUROPE

Langues maternelles

- Le français langue maternelle majoritaire
- Le français langue maternelle d'une minorité importante

Langues officielles

- Le français est la seule langue officielle
- Le français est une des langues officielles du pays ou de l'état
- Le français est la langue de culture ou des affaires pour une partie importante de la population

Cercle Arctique

LA FINLANDE

LA SUÈDE

LA NORVÈGE

LA MER BALTIQUE

L'ESTONIE (f.)

LA FÉDÉRATION RUSSE

LA LETTONIE

LA LITUANIE

LE DANEMARK

LA MER DU NORD

L'IRLANDE (f.)

LE ROYAUME-UNI

LES PAYS-BAS (m. pl.)

L'ALLEMAGNE (f.)

LA FÉDÉRATION RUSSE

LA BIÉLORUSSIE

LA POLOGNE

L'UKRAINE (f.)

Bruxelles — LA BELGIQUE
la Wallonie

LA RÉPUBLIQUE TCHÈQUE

LA MOLDAVIE

Paris

LE LUXEMBOURG

LA FRANCE

L'OCÉAN ATLANTIQUE (m.)

Genève

Bern

LA SUISSE

LA SLOVAQUIE

L'AUTRICHE (f.)

LA HONGRIE

LA ROUMANIE

LA SLOVÉNIE

LA CROATIE

le Val d'Aoste

LA BOSNIE-HERZÉGOVINE

LA YOUGOSLAVIE

LA BULGARIE

Monte Carlo

MONACO (f.)

L'ITALIE (f.)

LA MACÉDOINE

L'ANDORRE (f.)

la CORSE

L'ALBANIE (f.)

LA TURQUIE

L'ESPAGNE (f.)

la SARDAIGNE

LA GRÈCE

LA MER MÉDITERRANÉE

la SICILE

0 25 50 75 100 MILLES

0 50 100 150 KILOMÈTRES

CHYPRE

10°

60°

50°

20°

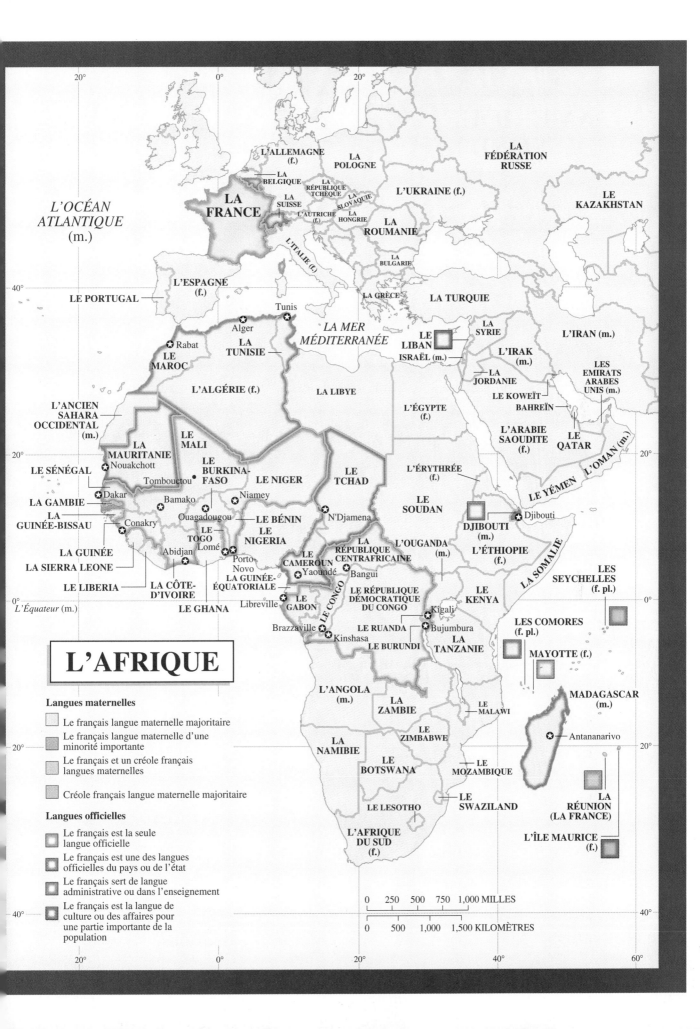

L'AFRIQUE

Langues maternelles

- Le français langue maternelle majoritaire
- Le français langue maternelle d'une minorité importante
- Le français et un créole français langues maternelles
- Créole français langue maternelle majoritaire

Langues officielles

- Le français est la seule langue officielle
- Le français est une des langues officielles du pays ou de l'état
- Le français sert de langue administrative ou dans l'enseignement
- Le français est la langue de culture ou des affaires pour une partie importante de la population

L'OCÉAN ATLANTIQUE (m.)

L'ALLEMAGNE (f.)
LA POLOGNE
LA FÉDÉRATION RUSSE
LE KAZAKHSTAN
LA BELGIQUE
LA RÉPUBLIQUE TCHÈQUE
LA SLOVAQUIE
L'UKRAINE (f.)
LA FRANCE
LA SUISSE
L'AUTRICHE (f.)
LA HONGRIE
LA ROUMANIE
L'ITALIE (f.)
LA BULGARIE
LE PORTUGAL
L'ESPAGNE (f.)
LA GRÈCE
LA TURQUIE
LA SYRIE
L'IRAN (m.)
LA MER MÉDITERRANÉE
LE LIBAN
ISRAËL (m.)
L'IRAK (m.)
LA JORDANIE
LES EMIRATS ARABES UNIS (m.)
LE KOWEÏT
BAHREÏN
L'ARABIE SAOUDITE (f.)
LE QATAR
L'OMAN (m.)
Tunis
Alger
LA TUNISIE
Rabat
LE MAROC
L'ALGÉRIE (f.)
LA LIBYE
L'ÉGYPTE (f.)
L'ANCIEN SAHARA OCCIDENTAL (m.)
LE MALI
LA MAURITANIE
LE BURKINA-FASO
Nouakchott
LE SÉNÉGAL
Tombouctou
LE NIGER
LE TCHAD
L'ÉRYTHRÉE (f.)
LE YÉMEN
LA GAMBIE
Dakar
Bamako
Niamey
LE SOUDAN
LA GUINÉE-BISSAU
Conakry
Ouagadougou
N'Djamena
DJIBOUTI (m.)
Djibouti
LA GUINÉE
LE BÉNIN
LE NIGERIA
L'OUGANDA (m.)
L'ÉTHIOPIE (f.)
LA SIERRA LEONE
LE TOGO
LA RÉPUBLIQUE CENTRAFRICAINE
LA SOMALIE
LES SEYCHELLES (f. pl.)
LE LIBERIA
Abidjan
Lomé
LE CAMEROUN
LA CÔTE-D'IVOIRE
Porto-Novo
LA GUINÉE-ÉQUATORIALE
Yaoundé
Bangui
LE KENYA
LES COMORES (f. pl.)
LE GHANA
Libreville
LE GABON
LE CONGO
LE RÉPUBLIQUE DÉMOCRATIQUE DU CONGO
Kigali
MAYOTTE (f.)
Brazzaville
LE RUANDA
Bujumbura
Kinshasa
LE BURUNDI
LA TANZANIE
MADAGASCAR (m.)
L'ANGOLA (m.)
LA ZAMBIE
LE MALAWI
Antananarivo
LA NAMIBIE
LE ZIMBABWE
LE MOZAMBIQUE
LA RÉUNION (LA FRANCE)
LE BOTSWANA
LE SWAZILAND
L'ÎLE MAURICE (f.)
LE LESOTHO
L'AFRIQUE DU SUD (f.)

L'Équateur (m.)

| 0 | 250 | 500 | 750 | 1,000 MILLES |
| 0 | 500 | 1,000 | 1,500 KILOMÈTRES |

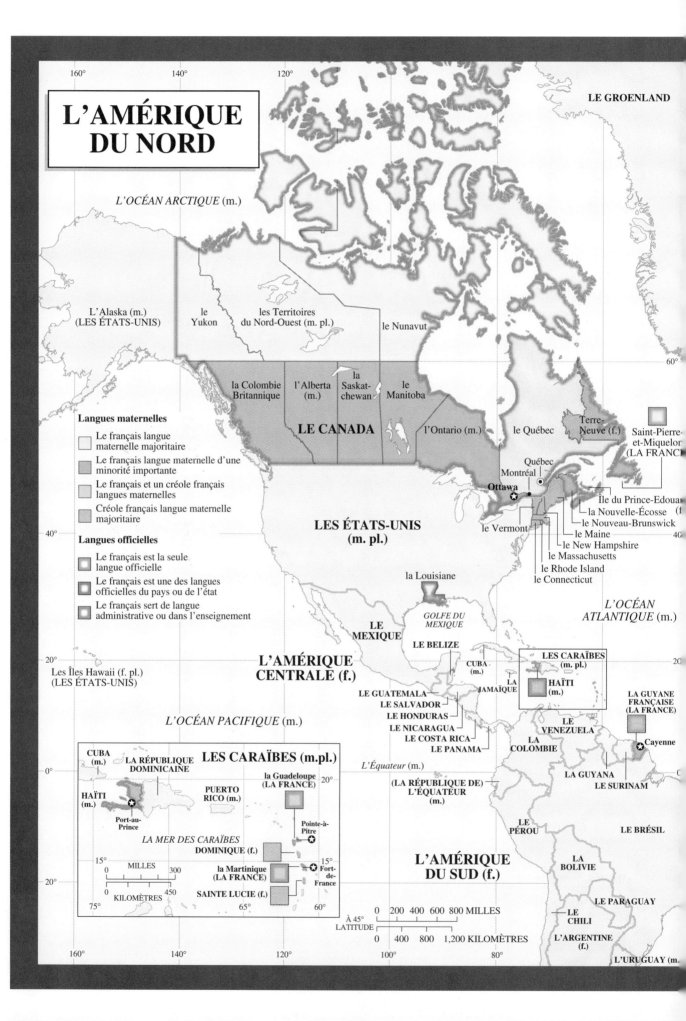

L'AMÉRIQUE DU NORD

LE GROENLAND

160° 140° 120°

L'OCÉAN ARCTIQUE (m.)

L'Alaska (m.)
(LES ÉTATS-UNIS)

le Yukon

les Territoires
du Nord-Ouest (m. pl.)

le Nunavut

60°

la Colombie
Britannique

l'Alberta
(m.)

la
Saskat-
chewan

le
Manitoba

LE CANADA

l'Ontario (m.)

le Québec

Terre-
Neuve (f.)

Saint-Pierre-
et-Miquelor
(LA FRANC

Québec

Montréal

Ottawa

Île du Prince-Edoua
la Nouvelle-Écosse (f
le Nouveau-Brunswick
le Maine
le New Hampshire
le Massachusetts
le Rhode Island
le Connecticut

Langues maternelles

Le français langue
maternelle majoritaire

Le français langue maternelle d'une
minorité importante

Le français et un créole français
langues maternelles

Créole français langue maternelle
majoritaire

Langues officielles

Le français est la seule
langue officielle

Le français est une des langues
officielles du pays ou de l'état

Le français sert de langue
administrative ou dans l'enseignement

40°

le Vermont

**LES ÉTATS-UNIS
(m. pl.)**

la Louisiane

40

*L'OCÉAN
ATLANTIQUE* (m.)

**LE
MEXIQUE**

*GOLFE DU
MEXIQUE*

LE BELIZE

20°

**L'AMÉRIQUE
CENTRALE (f.)**

CUBA
(m.)

LA
JAMAÏQUE

LES CARAÏBES
(m. pl.)

HAÏTI
(m.)

20

LA GUYANE
FRANÇAISE
(LA FRANCE)

Les Îles Hawaii (f. pl.)
(LES ÉTATS-UNIS)

L'OCÉAN PACIFIQUE (m.)

LE GUATEMALA
LE SALVADOR
LE HONDURAS
LE NICARAGUA
LE COSTA RICA
LE PANAMA

LE
VENEZUELA

LA
COLOMBIE

Cayenne

0°

L'Équateur (m.)

(LA RÉPUBLIQUE DE)
L'ÉQUATEUR
(m.)

LA GUYANA

LE SURINAM

C

LES CARAÏBES (m.pl.)

CUBA
(m.)

LA RÉPUBLIQUE
DOMINICAINE

la Guadeloupe
(LA FRANCE)

20°

PUERTO
RICO (m.)

HAÏTI
(m.)

Port-au-
Prince

LA MER DES CARAÏBES

Pointe-à-
Pitre

DOMINIQUE (f.)

15°

MILLES

0   300

la Martinique
(LA FRANCE)

0   450
KILOMÈTRES

SAINTE LUCIE (f.)

75°   65°   60°

15°
Fort-
de-
France

LE
PÉROU

LA
BOLIVIE

LE BRÉSIL

**L'AMÉRIQUE
DU SUD (f.)**

LE PARAGUAY

À 45°
LATITUDE

0   200 400 600 800 MILLES

0   400   800   1,200 KILOMÈTRES

LE
CHILI

L'ARGENTINE
(f.)

160°   140°   120°   100°   80°

L'URUGUAY (m.

MOTIFS

An Introduction to French

FIFTH EDITION

WORKTEXT ADVANTAGE EDITION
VOLUME 1

Kimberly Jansma
University of California at Los Angeles

Margaret Ann Kassen
The Catholic University of America

HEINLE
CENGAGE Learning™

Australia • Brazil • Japan • Korea • Mexico • Singapore • Spain • United Kingdom • United States

MOTIFS, Fifth Edition
Jansma | Kassen

Editor-in-Chief: PJ Boardman

Publisher: Beth Kramer

Acquisitions Editor: Nicole Morinon

Development Editor: Florence Kilgo

Senior Content Project Manager:
Esther Marshall

Assistant Editor: Kimberly Meurillon

Editorial Assistant: Catherine Mooney

Marketing Manager: Mary Jo Prinaris

Marketing Coordinator: Janine Enos

Senior Marketing Communications Manager:
Stacey Purviance

Media Editor: Morgen Murphy

Senior Print Buyer: Elizabeth Donaghey

Senior Art Director: Linda Jurras

Text Designer: Polo Barrera

Photo Researcher: Pre-Press PMG

Permissions Editor: Marlene H. Rodrigues

Cover Designer: Harold Burch

Production Service and Compositor:
Pre-Press PMG

Cover image: Gettyimages/Purestock

For product information and technology assistance, contact us at
Cengage Learning Academic Resource Center, 1-800-423-0563

For permission to use material from this text or product,
submit all requests online at **cengage.com/permissions.**
Further permissions questions can be e-mailed to
permissionrequest@cengage.com.

Library of Congress Control Number: 2009942431

Worktext Advantage Edition Volume 1

ISBN-13: 978-1-4390-8192-1

ISBN-10: 1-4390-8192-1

Heinle Cengage Learning
20 Channel Center Street
Boston, MA 02210
USA

Cengage Learning products are represented in Canada by Nelson Education, Ltd.

For your course and learning solutions, visit **academic.cengage.com.**

Purchase any of our products at your local college store or at our preferred online store **www.CengageBrain.com.**

Printed in the United States of America
1 2 3 4 5 6 7 13 12 11 10 09

Scope and Sequence

Module 10 La maison et la routine quotidienne

Module 11 Voyager en France

Module 12 Les jeunes face à l'avenir

To the Student

Motifs invites you, through a vibrant array of content, to explore the language and cultures of the French-speaking world. The book program is based on the premise that your primary motivation to learn French is to acquire the ability to communicate in the language. The lively, up-to-date language, content, technology integration, and presentation are designed to engage you in contexts in which you might reasonably expect to communicate. In this course, you will learn how to discuss your courses and school life, your family and living situation, your childhood memories, future plans, and other common topics of conversation in French. In addition, you will learn how to use French in face-to-face situations: ordering in a café, buying a plane ticket, renting an apartment, giving directions, or giving advice. *Motifs* provides the appropriate tools in the form of structures, vocabulary, communication strategies, and cultural background to make this possible. Cultural themes are explored throughout the text, in notes, interviews, activities, readings, web activities, and writing assignments. In the process of discovering the language and culture, you will be introduced to the French-speaking world in a way that challenges you to look at your own culture more objectively.

What to expect of your oral performance

Your oral performance will require individual improvisation, using the language you have at hand. It is unrealistic to expect your emerging language to be perfect. It will be marked by approximations, circumlocutions, gaps, and miming, and it will require creativity on your part. In class, what you and others say is important. Your role in the classroom is to exchange information with your classmates, asking them for clarification or repetition when needed, and responding to them with interest and goodwill. It is part of our human nature to be curious about one another. When you have something "real" you wish to express, you will find you have an eager audience.

Explanation of *Motif*'s organization

Motifs is organized to make the most of your language learning experience both in and outside of class. It makes a distinction between class time used to communicate in French and individual study of vocabulary and grammar. The white pages of the textbook for use in class are devoted to the presentation of topics, cultural themes, and related activities. The green pages at the end of each **module** support your independent study at home. Here, the grammar is explained in English with examples in French, and is accompanied by exercises. An Answer Key is provided in the Appendix so that you can immediately check the accuracy of your responses and pinpoint the material you need to review. Your instructor will present grammar points or review them in class as needed. To be a good language learner, you need to learn how to actively attend to language patterns. Features such as the **Notez et analysez** shaded boxes help you with this by drawing your attention to the targeted structures and asking you to analyze the highlighted grammatical forms.

    Motifs has a number of components. To get the most out of the program, you will want to familiarize yourself with the layout of the textbook.

Overview

Motifs contains fourteen **modules** plus a review **module**. The first fourteen **modules** each contain standard white pages followed by tinted green pages. These white and green pages have different uses.

Using the white pages

The white pages in the first half of the chapter contain the material you will be working with in class:

- **Thèmes:** New vocabulary is presented through illustrations and photos. The activities are simple and guided to help reinforce new ideas and concepts.

- **Pratiques de conversation:** You will learn more practical language for routine situations in these sections. The **Expressions utiles** sections have been recorded and are available on your **Text Audio CDs.**
- **Perspectives culturelles:** These sections feature high-interest cultural information. The **Voix en direct** sections present native speakers responding to interview questions with authentic, and often colloquial, language. The interviews in these sections are available on your **Text Audio CDs.**
- **Écoutons ensemble!:** Recorded on your **Text Audio CDs,** these listening activities drawn from everyday life include short conversations, messages and questionnaires.
- **Situations à jouer:** These sections provide you with the opportunity to integrate the language you have acquired in role play scenarios with classmates.
- **À lire, à découvrir et à écrire:** This section includes reading, writing and viewing activities. **Expression écrite** includes both more formal step-by-step composition topics and a blog, where you can interact informally online. In **A vos marques, prêts, bloguez!,** you can share your views with classmates by posting a few sentences on topics related to textbook themes. The **Voix en direct (suite)** sections guide you to video clips found on the **DVD** and **iLrn**™ that present informal interviews on chapter-related topics.

All of these components are accompanied by communicative activities, **Activités,** that incorporate the topic, grammar, and vocabulary of the **module.**

The white pages are written almost exclusively in French and are designed to help you understand, think, and express yourself in French right from the beginning. You will find English in three "boxes" that help you link the grammar structures you study to the class activities and make you a more active, effective language learner. The boxes are:

- **Structure** highlights
- **Notez et analysez**
- **Réfléchissez et considérez**

In much of your communication in class, you will be applying a new grammar structure. **Structure** highlights appear in shaded boxes beneath the relevant **Thème** or **Pratique de conversation.** These alert you to the targeted structures, explain their usefulness for the communicative task at hand, and direct you to the green-tinted pages where you will find a full grammar presentation. **Notez et analysez** comments direct your attention to new structures or vocabulary. They generally lead you to discover patterns based on "data" highlighted in bold and ask you to figure out the underlying rule that will apply to additional activities. In addition to learning grammar and vocabulary, you need to learn how to handle practical social situations. In **Réfléchissez et considérez,** you will brainstorm with your classmates to provide the expressions and cultural "rules" for handling typical social situations in English. Then you will look at French expressions and cultural models for the same context to identify differences and similarities.

Using the green pages

In addition to the practice you get listening to French and using it to communicate in class, you will need to study French as a system, much as you would study the material for any academic course. You will be able to do this by using the green pages at the end of the **modules.** These pages provide:

- clear, concise grammar explanations in English
- examples and translations
- exercises to apply the rules (with answers in the Appendix)
- a final exercise, **Tout ensemble!,** that challenges you to integrate all the vocabulary and structures of the chapter

By reading the grammar explanations carefully and checking your comprehension by writing out the exercises and correcting the answers, you will find you can learn a great deal of grammar on your own. Your instructor will review much of this material in class and will provide plenty of opportunities to apply the grammar rules in communicative situations.

Other Tools to Help You Learn French

In addition to the textbook, the *Motifs* program includes a **Student Activities Manual (SAM)** with written and listening activities integral to your learning. The **Activités écrites** in the **Workbook** section give you the opportunity to apply and practice the material presented in the textbook, including the vocabulary, structures, and cultural information. The audio **Laboratory Manual,** with its **Activités de compréhension et de prononciation,** includes listening comprehension activities and instruction in pronunciation.

Depending on the learning package your instructor has selected for your course, you will have one or more of the following options for working with *Motifs*:

- The digital version of the **Student Activities Manual (SAM)** provided by QUIA™. The e-SAM is an easy-to-use learning platform that provides you immediate corrective feedback on your work including model responses to open-ended questions. The program gives you multiple opportunities to work on each activity until you are ready to submit it to your instructor. The audioprogram is embedded in QUIA, making it easy to access the comprehension and pronunciation activities.
- The printed version of the **Student Activities Manual (SAM),** with the audio program on CDs.
- The **iLrn™: Heinle Learning Center,** an audio- and video-enhanced learning environment that includes:
- The online **Student Activities Manual** with audio (QUIA)
- Online companion video, including **Voix en direct (suite)** clips from the text with activities
- An **audio-enhanced e-book** with integrated activities
- An interactive **VoiceBoard** with **Situations à jouer!** role plays
- Interactive enrichment activities such as Heinle grammar podcasts, the Heinle playlist, flashcards, etc.)
- Pre- and Post-test diagnostics to check your understanding of the chapter material
- Access to online tutoring with a French teaching expert through **Personal Tutor™** where you interact with the tutor and other students using two-way audio, an interactive whiteboard for illustrating the problem, and instant messaging.
- The **Student Companion Website (www.cengage.com/french/motifs),** with the complete **Text audio** program, self-correcting quizzes for practice on each grammar structure, and web activities that encourage cultural exploration on the Internet for each chapter.
- **The Premium Website,** with all of the resources from the **Book Companion Website** PLUS password-protected content that includes the Text and SAM audio programs, the complete *Motifs* video program with accompanying exercises, Heinle playlists, grammar podcasts, as well as audio-enhanced flashcards.
- **Système-D** is a useful writing tool that can be used with the **Expression écrite** composition activities. It gives you quick access to vocabulary, verb forms, and expressions related to the topic at hand.

A Few Helpful Hints

Take risks

Successful language learners are willing to guess at meaning and to try expressing themselves even when they do not know every word or have perfect control of the grammar. They stretch and try to expand their repertoires, experimenting with new words and structures, and they realize that learning a language involves making mistakes.

Relax

Your classroom is your language-learning community, where you learn by interacting with other students as well as your instructor. Of course, your French will be rudimentary and direct. This very quality often allows you to open up and express yourself without being too concerned with subtleties or what others think. Take advantage of working in pairs and in small groups to experiment with the language.

Prepare

Success in class requires daily preparation and active study. Remember that language, like music, is meant to be performed. Language classes present new material every day, and catching up once you have fallen behind is difficult. Here are some suggestions to help you study.

Learning vocabulary. Learn words in sense groups: clothing, professions, leisure activities, and so on. To help you learn to recognize and pronounce the vocabulary, listen to it on the Text Audio program. For each **Thème** and **Pratique de conversation,** make sure you have mastered enough vocabulary to take part in a basic conversation on that topic. In addition to fundamental words, you should take a little extra time to acquire vocabulary that relates to your own interests. For example, everyone is expected to learn the basic words such as "doctor" that appear on the **Vocabulaire fondamental** list, but if you wish to be a computer programmer, or a member of your family is in marketing, you will want to learn these additional words from the **Vocabulaire supplémentaire** list as well.

To make vocabulary "stick", work/play with it immediately. Put new words into action. For example, when learning words for talking about a college campus, test yourself as you walk through campus; see how many buildings you can identify in French. Making flashcards is another technique for vocabulary study; be sure you quiz yourself going from both French to English and from English to French. Don't forget to include the masculine and feminine articles.

Learning grammar. Learning grammar requires attention to detail along with a recognition of patterns and the ability to manipulate them systematically. Basic memorization of forms, including verb conjugations and tenses, is essential. It is also important that you understand the function of grammar structures in communication.

For example, when you learn about adjectives and their endings, you need to keep in mind that your communicative goal is to describe people and things. The **Structure** boxes that introduce new grammar points in the white activity pages will help you make this connection. Always ask yourself what you can actually *do* in the language with what you are learning.

Developing your listening ability. When instructors use French in class, they are likely to make a number of adjustments to help you understand. These include slowing down, showing pictures, using gestures, and checking to make sure you understand. In *Motifs,* two features will help you adjust to French outside the classroom: **Écoutons ensemble!** and **Voix en direct.** The **Écoutons ensemble!** activities are in each **Pratique de conversation.** They expose you to the practical language used to accomplish such daily routines as inviting, making a reservation, or ordering a meal. In the **Voix en direct** part of the **Perspectives culturelles,** you will hear native speakers responding to questions relating to the cultural topics. These answers are unscripted so you should expect to hear hesitations, repetitions, fillers, and rephrasings that occur naturally in unplanned speech. Don't expect to understand every word; your goal should be to understand the topic being addressed, a couple of main points, some key vocabulary, and the speaker's general attitude. Use the fact that speakers often repeat themselves to help you get the gist.

In addition to the audio material in the textbook and on the Text audio CD, Motifs has an audio program designed to help you learn the fundamentals of French pronunciation and to provide you practice in listening comprehension. The activities are found in the *Motifs* **Student Activities Manual.**

Visual icons. A number of icons appear in *Motifs.*

The headphone icon indicates that the accompanying activity is available on your **Text Audio CD.** The track number is provided. This icon accompanies

- **Expressions utiles**
- **Écoutons ensemble!**

- **Voix en direct**
- **Vocabulaire**

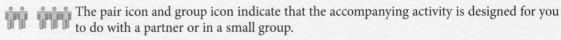 The pair icon and group icon indicate that the accompanying activity is designed for you to do with a partner or in a small group.

iLrn The **iLrn** icon appears in three different sections of the book.

- **Situations à jouer:** With the help of your instructor, you can complete these communicative exercises and additional activities on the **iLrn Voiceboard** for more listening and speaking practice.
- **Voix en direct (suite):** Use the video portion of **iLrn** to watch video clips of these native speakers, as well as complete exercises to test your comprehension of the video.
- **Structures** pages: Use the diagnostic and enrichment sections of **iLrn** to find more practice with grammar and vocabulary.

Acknowledgments

Many people have contributed their time and creativity to this fifth edition of *Motifs*. We would first like to thank the students and instructors at the University of California at Los Angeles and at the Catholic University of America for their insightful comments about the program. They have provided invaluable feedback. Special thanks to Marlène Hanssler Rodrigues for her revision of the **Student Activites Manual**, her attention to detail and patience with securing permissions, and her helpful comments on the text as well. We thank Rebecca Crisafulli for her contributions to realia and photos. We are especially grateful to the native speakers who agreed to be interviewed and recorded for all **Voix en direct** sections: Bienvenu Akpakla, Cyrielle Bourgeois, Vanessa DeFrance, Laurence Denié-Higney, Astride Dumesnil, Pierre-Louis Fort, Paul Heng, Leatitia Huet, Romain Kachaner, Élodie Karess, Marie Julie Kerharo, Célia Keren, Nicolas Konisky, Gwenaëlle Maciel, Jacques Nack Ngué, Pierre Paquot, Gaétan Pralong, Olivia Rodes, Julien Romanet, Delphin Ruché, Guillaume Saint-Jacques, Nathalie Ségéral, and Vanessa Vudo. We also extend our appreciation to the following colleagues at other institutions who reviewed the fifth edition manuscript and whose constructive suggestions have helped shape the project.

Gwendoline Aaron	*Southern Methodist University*
Myriam Alami	*Rutgers University*
Heather Allen	*University of Miami*
Diane Beckman	*North Carolina State University*
Bendi Benson Schrambach	*Whitworth University*
Paul Bessler	*Brock University*
Evelyne Bornier	*Southeastern Louisiana University*
Lucia Brown	*Mt. Hood Community College*
Joanne Burnett	*University of Southern Mississippi*
Marilyn Carter	*College of San Mateo and Foothill College*
Matthieu Chan Tsin	*Coastal Carolina University*
Rebecca Chism	*Kent State University*
Mary Clarkson	*Houston Community College*
Teresa Cortey	*Glendale College*
Beth Curran	*Temple University*
Rudy de Mattos	*Louisiana Tech University*
Dominick DeFilippis	*Wheeling Jesuit University*
Nicole Denner	*Stetson University*
Anthony Disalvo	*College of the Desert*
Annabelle Dolidon	*Portland State University*

Joan Easterly	*Pellissippi State Technical Community College*
Hilary Fisher	*University of Oregon*
Jonathan Fulk	*University of Minnesota, Twin Cities*
Michael Galant	*California State University, Dominguez Hills*
Eve Goodhue	*Simpson College*
Elizabeth M. Guthrie	*University of California, Irvine*
Jeanne Hageman	*North Dakota State University*
Liz Hall	*Ithaca College*
Armelle Hofer	*Oregon State University*
Charlotte Jackson	*Long Beach City College*
Frederique Knottnerus	*Oklahoma State University, Stillwater*
Sonja Kropp	*University of Nebraska, Kearney*
Bryan Lewshenia	*Orange Coast College*
Anne Lutkus	*University of Rochester*
J. Debbie Mann	*Southern Illinois University, Edwardsville*
Kathleen McKain	*Saint Martin's University*
Aileen Mootoo	*Southeastern Louisiana University*
Marie-Claire Morellec	*Hillsdale College*
Brigitte Moretti-Coski	*Ohio University, Athens*
Aparna Nayak-Guercio	*California State University, Long Beach*
Linda W. Nodjimbadem	*University of Texas, El Paso*
Eva Norling	*Bellevue College*
Marina Peters-Newell	*University of New Mexico*
Randi Polk	*Millikin University*
Charles L. Pooser	*Indiana University, Southeast*
Joe Price	*Texas Tech University*
Alicia Ramos	*Hunter College, City University of New York*
Rachel Ritterbusch	*Shepherd University*
Daniel Rivas	*Irvine Valley College*
Anna Sandstrom	*University of New Hampshire*
Scott Shinabargar	*Clark Atlanta University*
Louis Silvers	*Monroe Community College*
Lori Slaber	*Henry Ford Community College*
Christa E. Smith	*Wayland Baptist University*
Juliana Starr	*University of New Orleans*
Charlotte Trinquet	*University of Central Florida*
Shawncey Webb	*Taylor University*
Dierdre Wolownick	*American River College*

We would also like to express our appreciation to the many people at Heinle who helped nurture this project: Beth Kramer, Publisher, and MJ Prinaris, Marketing Manager. Special thanks go to Nicole Morinon and Florence Kilgo, our Editors, for their enthusiastic guidance and encouragement throughout the project, and to Esther Marshall, our Production Manager, whose careful attention and vision assembled the pieces artfully. Our thanks to all the freelancers involved with the production of this project, in particular, Sev Champeny, copyeditor and native reader, Harriet Dishman and Stacy Drew, project management, and the Pre-Press PMG and its wonderful staff, in particular Melissa Sacco, for her coordination and technical project management and Catherine Schnurr for the photo research. We extend thanks to our contributing ancillary authors; Heather McCoy, The Pennsylvania State University—iLrn Diagnostics, Cécile Hoene, Native reader for Companion Website Cultural and Tutorial Activities and to Lara Mangiafico—Testing Program and Self-Correcting Quizzes.

Finally, we want to express our appreciation to our families for their patience, confidence, and invaluable insights, which sustained us through the completion of this work. We dedicate the book to them.

Des étudiants en classe à l'université de Fontainebleau.
Un étudiant a une question pour le professeur...

Les camarades et la salle de classe

In this chapter, you will learn fundamentals to help you communicate in your classroom surroundings: how to introduce yourself and others, greet fellow students, identify objects in the classroom, identify people and describe them, count, and spell. In the **Perspectives culturelles** sections, you will also learn about greetings in the francophone world and why French and English have so many cognates, or words in common.

Pratique de conversation

Comment se présenter et se saluer

Structure 1.1

Addressing others *Tu et vous*

In French greetings, a distinction is made between formal and informal terms of address. See page 24 for guidelines on using the formal **vous** and the informal **tu**. In **Perspectives culturelles** you will read further on this topic.

🔊
CD1, Track 2

Expressions utiles

Pour se présenter

To access the audio recordings, visit www.cengage.com/french/motifs

Contexte non familier, respectueux

— Bonjour, madame. Je m'appelle Denis Beaufort. Et vous?
— Moi, je m'appelle Christine Chambert. Je suis de Marseille. Et vous?
— Je suis de Paris.

Contexte familier

— Salut! Je m'appelle Anne-Sophie. Et toi?
— Je m'appelle Stéphane. Je suis de Paris. Et toi?
— Moi, je suis de Montréal.

— Salut, Mélanie. Ça va?
— Oui, ça va.
— Je te présente mon ami, Nabil.
— Bonjour, Nabil.
— Bonjour.

 Activité 1 Comment vous appelez-vous?

Suivez le modèle avec deux camarades de classe. *(Circulate as if you were at a cocktail party. Remember to shake hands when you say **Bonjour**. Replace the words in bold with your personal information.)*

> **Modèle:** — *Bonjour, monsieur/madame/mademoiselle. Je m'appelle* **Laurence.** *Et vous?*
> — *Je m'appelle* **Camille.** *Je suis de* **Dallas.** *Et vous?*
> — *Moi, je suis de* **Paris.**

Activité 2 **Comment t'appelles-tu?**

Suivez le modèle avec trois camarades de classe.

Modèle: — *Je m'appelle **Jennifer**. Et toi?*
— *Moi, je m'appelle **Jake**.*
— *Je suis de **Chicago**. Et toi?*
— *Moi aussi, je suis de **Chicago**. / Moi, je suis de **Portland**.*

 Comment s'appelle-t-elle?
Elle s'appelle Audrey Tautou. C'est une actrice française célèbre. Elle est dans le film *Amélie*.

Comment s'appelle-t-il?
Il s'appelle Luc Besson. C'est un réalisateur (*director*) français. Ses films sont *Nikita* (1991), *Léon (The Professional)* (1995) et *Le Cinquième Élément (The Fifth Element)* (2000). Et vous, comment vous appelez-vous?

Activité 3 **Présentez vos camarades de classe.**

Maintenant, présentez vos camarades de classe aux autres étudiants.

Modèle: *Il/Elle s'appelle _____. Il/Elle est de _____.*

 Activité 4 **Testez-vous!**

Avec un(e) camarade, montrez du doigt (*point out*) des étudiants et demandez **Comment s'appelle-t-il/elle?**

Modèle: — *Comment s'appelle-t-elle?*
— *Elle s'appelle **Elizabeth**.*

Expressions utiles

Track 3

Pour se saluer

Contexte non familier, respectueux

— Bonjour, madame. Comment allez-vous?
— Très bien, merci, et vous?

— Bonsoir, mademoiselle.
— Bonsoir, monsieur. À demain.

Expressions utiles (suite)

CD1, Track 4

Contexte familier

— Salut, Paul. Ça va?
— Oui, ça va. Et toi?

— Bonjour, Nicole. Ça va?
— Pas mal. Et toi?
— Moi, ça va.
— Nicole, voici mon amie Sylvie. Sylvie, Nicole.
— Bonjour, Sylvie.
— Bonjour, Nicole.

— Comment ça va?
— Ça ne va pas du tout!

— Au revoir, Pauline. À bientôt!
— Allez, au revoir!

— Salut, Marc. À tout à l'heure!
— Ciao! À plus!

CD1, Track 5

Écoutons ensemble! Réponses logiques pour se saluer

Listen to the following initial statements and questions and choose the logical response. Mark each exchange as **familier** or **non familier.** Then listen to the entire exchange to check your answers.

1. familier ___ non familier ___
   a. Très bien, merci. Et vous?
   b. Je m'appelle Henri.
   c. À bientôt.

2. familier ___ non familier ___
   a. Je suis de Washington.
   b. Oui, ça va.
   c. Au revoir.

3. familier ___ non familier ___
   a. Pas mal.
   b. Au revoir.
   c. Bonjour.

4. familier ___ non familier ___
   a. Très bien, merci. Et vous?
   b. Je m'appelle Anne.
   c. Bonsoir.

5. familier ___ non familier ___
   a. Merci, madame.
   b. Pas mal. Et toi?
   c. Bonsoir, mademoiselle.

6. familier ___ non familier ___
   a. Bonjour. Comment ça va?
   b. Au revoir.
   c. Bonsoir, monsieur.

7. familier ___ non familier ___
   a. Je m'appelle Christophe.
   b. Il est de New York.
   c. Je suis de Washington.

8. familier ___ non familier ___
   a. Bonjour, monsieur.
   b. Ça va?
   c. Salut.

 Activité 5 Jouez le dialogue.

Saluez trois étudiants de la classe.

> **Modèle:** — *Bonjour / Salut, Jeanne. Ça va?*
> — *Oui, ça va. (Ça ne va pas. / Ça va très bien. / Ça va très mal.)*

Greetings in French

Learning how to negotiate greetings and leave-takings is important for feeling comfortable in a foreign culture. These practices vary throughout the francophone world. They differ, for example, between France, Québec, and French-speaking Africa.

Bonjour!

In France, greetings are more codified than they are in many Anglo-Saxon countries. Therefore, getting this behavior "right" goes a long way to making a good impression.

First, whenever French people come into contact with others, whether friends or strangers (shopkeepers, waiters, or office personnel), they greet them upon their arrival and say good-bye before leaving. In "official" situations, **bonjour** or **au revoir** is accompanied by **monsieur, madame,** or **mademoiselle** without including the last name.

— Bonjour, madame.
— Au revoir, mademoiselle.

Une «poignet de main» *(handshake)* ou «la bise»?

Greetings are generally accompanied by a gesture, either a handshake or kisses on the cheeks (**une bise** or **un bisou**). Acquaintances and business associates shake hands each time they see one another. The handshake is a brief up and down movement, rather than a prolonged pumping up and down. Men greeting each other most often shake hands. When leaving a group of people after a social event, it's important to shake everyone's hand or **se faire un bisou.** French family members, friends, and acquaintances **se font la bise** when they greet and part. In addition, when one is introduced to the good friend of a friend or a family member, one often takes part in this ritual as well. For Americans, it is important to note that **la bise** does not usually include a hug; it is light physical contact.

Un sourire?

In large cities, such as Paris, the French generally maintain a more neutral facial expression in public spaces such as the street or the **métro,** which is in part a reflection of a need for privacy. A smile and eye contact may be interpreted as flirtation. In the south of France and in smaller towns, it is more common to smile and greet strangers.

Tu ou vous?

In France
One of the most complicated cultural practices in French involves deciding whether to use the formal or informal form of address. Since in English this distinction does not exist, learners will often choose the wrong form or randomly alternate between the **tu** and the **vous** forms. For the French, this can be confusing because the choice involves notions of hierarchy, intimacy, and respect. When in doubt, it is always preferable to err on the side of formality. Use **tu** with family members, friends, and among fellow students. Use **vous** with teachers, older people, and those within the general public with whom you interact. **Vous** is always used to address more than one person. When in doubt, wait for the other person to give you permission to use the **tu** form: **On peut se tutoyer?**

In Québec
French-speaking Canada, like its neighbor to the south, is often more informal than France. In France, people tend to use **vous** with people over fifty, waiters in restaurants or their boss. Canadians are inclined to use **tu** with these interlocutors. Canadians, however, still generally use **vous** with teachers as a form of respect.

Greetings in French-speaking Africa
In Sénégal, Côte d'Ivoire, and other French-speaking African countries, the informal **tu** is also more commonly used than in France. Greetings often involve a more lengthy ritual than the formulaic **Comment ça va?** When seeing an acquaintance or family member after an absence, one inquires about the health and well-being of all their family members: **Comment va ton père? Il se porte bien? Et ta mère, elle va bien?** *(How is your father? He's doing well? And your mother, is she well?)*

Avez-vous compris?

Look at the following scenarios and identify the behavior as **bien élevé** *(polite; literally, well-behaved)* or **mal élevé** *(impolite)*. Explain your response.

1. You walk into a bakery and say: **Deux baguettes, s'il vous plaît.**
2. You say **bonjour** to greet your friend's best friend with your hands at your side.
3. Your good friend introduces you to his/her best friend and you kiss him/her lightly on both cheeks.
4. You wave good-bye to your friends at a social gathering and say: **Au revoir. À bientôt.**
5. You're in Québec and you **tutoies** your waiter.

Et vous?

1. With several students write down rules for formal and informal greetings in the United States or another country with which you're familiar. Share your rules with the class.
2. Which do you feel is more physical, a hug or a kiss on the cheek? Explain.
3. Explain why French people might be confused when someone switches between the use of **tu** and **vous** when addressing them.

Voix en direct
Tu ou *vous?* Quelques réflexions

Pierre Paquot
24 ans
Étudiant, Paris

On dit qu'entre étudiants ou entre jeunes personnes en général on se tutoie[1], même si[2] on ne se connaît pas[3]. Est-ce vrai[4]?

Paquot:　Oui, entre étudiants... oui oui.

Romanet:　Oui, entre [les] jeunes, oui, il n'y a pas de problème. On tutoie tout le monde[5] franchement[6].

[1]*use the informal greeting* [2]*even if* [3]*don't know each other*
[4]*Is it true* [5]*everyone* [6]*frankly*

Julien Romanet
23 ans
Étudiant, Paris

Alors à quel âge est-ce qu'on commence à se vouvoyer[7]?

Paquot:　Je ne sais pas s'il y a un âge. C'est plutôt[8] une différence d'âge. Vers vingt-cinq ou peut-être[9] trente ans... Enfin c'est difficile à dire[10].

Romanet:　Je pense que c'est quand on change de milieu[11], on commence à travailler[12]. Quand on est étudiant, on est cool, on est à l'école[13], on se tutoie, on est à l'aise[14]. Il n'y a pas de différence d'âge. C'est quand on commence à travailler que c'est plus sérieux.

[7]*use the formal greeting* [8]*rather* [9]*maybe* [10]*hard to say* [11]*environment* [12]*to work* [13]*school* [14]*at ease*

Est-ce que vous vouvoyez les parents de vos amis[15]?

Paquot:　Oui, je les vouvoie en général.

Romanet:　Oui, toujours, toujours. Je vouvoie toujours les parents de mes amis.

Konisky:　Non, je les tutoie en général.

[15]*your friends*

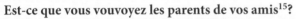

Nicolas Konisky
24 ans
Étudiant, Paris

Réfléchissez aux réponses

1. Did all the speakers agree that college-age people should use **tu** with each other?

2. When or under what circumstances did they seem to think that this behavior changes?

3. Which of the speakers was less formal?

4. (In groups) Talk about some basic rules of politeness you were taught when growing up and see what differences and commonalities about these codes you find in your group. For example, did you address your friends' parents by their first name?

Identification des choses et des personnes

Identifying people and things *Qui est-ce?, Qu'est-ce que c'est?, Est-ce que... ?*

Naming people and things *Les articles indéfinis*

One of the first ways you will use French is to ask for help identifying the people and things around you. Identification questions appear on page 25. Naming people and things also requires the use of indefinite articles (see page 26).

La salle de classe

Qu'est-ce que c'est?

Notez et analysez

Look at the article that precedes each of the classroom objects. How many forms do you see? Try to explain why they vary.

C'est **une** fenêtre.

Ce sont **des** chaises.

C'est **un** bureau.

— Est ce que c'est **un** crayon?
— Non, c'est **un** stylo.

Est-ce que c'est... ?

Suivez le modèle.

> Modèle: — Est-ce que ce sont des cahiers?
> — *Non, c'est un livre.*

1. Est-ce que c'est une porte?

2. Est-ce que ce sont des chaises?

3. Est-ce que c'est un bureau?

4. Est-ce que ce sont des cahiers?

5. Est-ce que c'est une craie?

6. Est-ce que c'est un tableau?

Qui est-ce?

C'est Tony Parker, un basketteur professionnel. Il joue pour la NBA.

C'est Rachida Dati, une politicienne française.

C'est Mathieu Kassovitz. Il est acteur, metteur en scène et mannequin.

The French media are filled with news about American celebrities, especially those in the field of entertainment. French-speaking celebrities are less likely to be household names in the United States. Let us introduce you to a few here. You will gradually meet more throughout the text.

C'est Carla Bruni-Sarkozy. Elle est chanteuse et première dame de France.

C'est Johnny Hallyday. Il est rocker, genre Elvis.

C'est Yannick Noah. Il est chanteur et ancien champion de tennis.

C'est Nicolas Sarkozy, le Président de la République française.

C'est Vanessa Paradis. Elle est chanteuse et actrice. C'est la partenaire de Johnny Depp.

C'est Zinédine Zidane. Il est joueur de foot.

C'est Audrey Tautou. Elle est actrice.

C'est Jean-Paul Gaultier. Il est designer/couturier.

Suivez le modèle.

Modèle: — C'est Tommy Hilfiger?
— *Non, c'est Jean-Paul Gaultier.*

1. C'est Reese
Witherspoon?

2. C'est Zinédine
Zidane?

3. C'est Will
Smith?

4. C'est Audrey Tautou?

5. C'est Kobe
Bryant?

6. C'est Elvis
Presley?

7. C'est Mathieu
Kassovitz?

Jodie Foster, l'actrice
américaine, parle couramment
(fluently) le français. Vous
connaissez d'autres célébrités
qui parlent français?

 Explorez en ligne

Jodie Foster studied at the French **lycée** in Los Angeles and speaks fluent
French. Her sister is married to a Frenchman and lives in France. Jodie
makes frequent trips to France and is often interviewed in the media. Go
to a French search engine such as google.fr and find an interview in French
with her. What do you think of her French? Write down the date and topic
of the clip you watched and jot down a couple of words or expressions
you recognize.

La description des personnes

Structure 1.4

Describing people *Les pronoms sujets avec* **être**

Structure 1.5

Describing *Les adjectifs (introduction)*

In the following **thème,** you'll learn how to describe people. For this you'll need to learn the verb **être** *(to be)* and some descriptive adjectives. The verb **être** is presented on page 27. See pages 28–29 for details on the formation of adjectives in French.

Activité 8 À l'arrêt d'autobus

Décrivez chaque personne à l'arrêt d'autobus *(bus stop).* Utilisez les adjectifs et les noms dans l'image.

La description physique

Comment sont-ils?

M. Toussaint
grand
d'un certain âge
mince

vieille femme

chien moche

chat mignon

Jean-Claude
jeune homme
beau
taille moyenne

Mme Vincent
vieille
petite
forte
cheveux gris

Annie
petite fille
blonde

Agnès Mercereau
taille moyenne
jolie
brune

Patrick
brun
garçon

Activité 9 Écoutez votre professeur: Qui est sur l'image?

Qui est-ce que votre professeur décrit?

Modèle: PROFESSEUR: C'est une vieille femme avec les cheveux gris. Elle est un peu forte et elle porte des lunettes *(wears glasses).*
ÉTUDIANT(E): *C'est Mme Vincent.*

La description de la personnalité

Comment est-il?

François Leclerc

«Moi? euh... Je suis **sociable,** assez **optimiste** et très **patient.**»

Notez et analysez

Look at the adjectives in boldface used by François Leclerc and Nicole Brunot to describe themselves. Which one has a different spelling. Why?

Nicole Brunot

«Je suis **sociable** et **optimiste.** Mais je ne suis pas très **patiente.**»

 Activité 10 **Comment es-tu?**

Posez des questions à un(e) camarade de classe à propos de sa personnalité. Ensuite, changez de rôles.

> **Modèle:** optimiste
> — *Tu es optimiste?*
> — *Oui, je suis assez* (rather) *optimiste. Et toi?*
> — *Moi aussi* (Me too). */ Moi non* (Not me). *Je suis assez pessimiste.*
>
> timide
> — *Tu es timide?*
> — *Non, je ne suis pas très timide. Et toi?*
> — *Moi non plus* (Me neither). */ Moi, je suis timide.*

1. idéaliste
2. sympathique
3. timide
4. sociable
5. sérieux (sérieuse)
6. nerveux (nerveuse)
7. fatigué(e)
8. patient(e)

Activité 11 **Test! Qui est-ce?**

Lisez les descriptions et identifiez les personnages célèbres.

Angelina Jolie	Will Smith	Stephen Colbert
Gérard Depardieu	Ang Lee	Oprah Winfrey
Céline Dion	Kobe Bryant	Nicolas Sarkozy

1. C'est un humoriste américain sur *Comedy Central*. Il a les cheveux bruns et courts et il est assez grand et mince. Il porte des lunettes. Il est intelligent et amusant. C'est un journaliste satirique.

2. C'est une belle actrice américaine très célèbre. Elle est brune, assez grande et très mince. Elle a des enfants adoptés de différents pays et des enfants avec Brad Pitt. Elle est ambassadrice pour des causes humanitaires.

3. C'est une femme noire de Chicago. Elle a une émission à la télévision qui est très populaire, surtout chez les femmes. Elle a aussi un magazine avec sa photo sur la couverture. Elle est idéaliste, généreuse et très riche.

4. C'est un politicien français d'un certain âge aux cheveux bruns. Il est assez petit. Il est intelligent, actif et dynamique. Sa femme est une belle chanteuse célèbre.

5. C'est une chanteuse québécoise avec une voix très forte. Elle parle français et anglais. Elle est grande et mince et elle travaille beaucoup à Las Vegas.

Vocabulaire en mouvement

As an English speaker, you already have a more extensive French vocabulary than you may realize. Why? It all began in 1066 when William the Conqueror, a French Norman, crossed the Channel to invade England. With a French-speaking king on the English throne, French soon became the language of the aristocracy. French words were considered more refined than their plain Anglo-Saxon counterparts. *To combat* (**combattre**), for example, was more stylish than *to fight, to descend* (**descendre**) was more refined than *to go down,* and *egoism* (**égoïsme**) more sophisticated than *selfishness.*

A mass migration of words crossed the Channel in the other direction during the eighteenth century, before the Revolution, especially in the area of sports. Since this period, the French have enjoyed talking about **le golf, le tennis,** and **le match.**

The massive influx of English words, especially in the areas of business, technology, and popular culture, can be disturbing to the French. However, as culture changes, so does language. One recent example you will encounter in this textbook is the French expression for email. The officially accepted term is **un courriel,** but you will also find **mél** and **e-mail.** This cross-fertilization is to your advantage when learning French, especially when you can see the written word. To fully exploit this advantage, you'll need to learn to recognize these cognates, shared by French and English.

Et vous?

1. Think of some French words or expressions used in English. When might you use them? For what kinds of topics?
2. What groups of people in France would you expect to use the most English? Why?

Les vêtements et les couleurs

Les couleurs

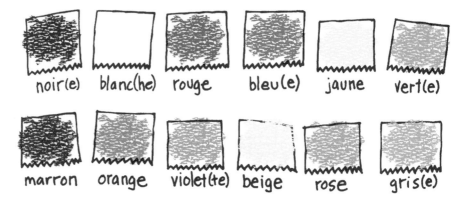

noir(e)   blanc(he)   rouge   bleu(e)   jaune   vert(e)

marron   orange   violet(te)   beige   rose   gris(e)

Les vêtements

— Qu'est-ce que vous portez?
— Moi, je porte...

un blouson

une casquette

des chaussures (f)

un jean

un manteau

un sac

un parapluie

des tennis (f) ou
des baskets (f)

des lunettes (f)
de soleil

un chapeau

un maillot de bain

une robe

un T-shirt

un short

une jupe

un pull-over (pull, *fam*)

un pantalon kaki

une cravate

un chemisier

une chemise

un sweat (pull, *fam*)

des sandales (*f*)

Activité 12 **Écoutez votre professeur: Vrai ou faux?**

Écoutez les descriptions par votre professeur des vêtements à la page précédente *(previous)* et ci-dessus *(above)*. Sont-elles vraies *(true)* ou fausses *(false)*?

> **Modèle:** — Le manteau est rouge.
> — *Vrai.*

 Activité 13 **De quelle couleur est... ?**

Avec un(e) camarade de classe, regardez les illustrations aux pages 16 et 17 et répondez aux questions en suivant *(following)* le modèle.

> **Modèle:** — De quelle couleur est le blouson?
> — *Il est marron.*

1. De quelle couleur sont les tennis? Elles sont...
2. De quelle couleur est la jupe? Elle est...
3. De quelle couleur est la chemise?
4. De quelle couleur est la robe?
5. De quelle couleur est le short?
6. De quelle couleur est le pull?

Comment communiquer en classe

The following phrases are important for managing activities in the classroom. By learning them, you can help maintain a French-speaking environment, even as a beginner. For example, any time you need a French translation for a word you can ask: **Comment dit-on ___ en français?** Your instructor will welcome a **J'ai une question** or a **Je ne comprends pas.**

CD1, Track 7

Expressions utiles

Le professeur dit:

Écoutez.

Asseyez-vous.

Allez au tableau.

Fermez la porte.

Ouvrez votre livre.

Regardez le tableau. Faites les devoirs: page 22, exercice 6.

Travaillez avec un(e) camarade de classe.

Rendez-moi vos devoirs, s'il vous plaît.

Vous avez une question? Levez la main.

L'étudiant dit:

Pardon? Je ne comprends pas.

J'ai une question.

Comment dit-on *dog* en français? / Comment ça s'écrit? C-H-I-E-N.

Quelle page?

Répétez, s'il vous plaît.

Merci, monsieur.

01, Track 8

Écoutons ensemble! La communication en classe

Listen to the various people communicating in a classroom, and number the following situations in the order that you hear them.

_____ **a.** Mathias wants to know how to say **anthropologie** in English.

_____ **b.** The instructor wants the students to turn in their homework.

_____ **c.** Camille doesn't understand what her instructor is saying.

_____ **d.** The instructor thinks it's too noisy and asks someone to close the door.

_____ **e.** The students are supposed to work with a partner on an activity.

_____ **f.** Marie has a question.

_____ **g.** The students are supposed to open their books.

_____ **h.** The instructor wants the students to speak English.

L'alphabet

a	a	Alice	n	en	Nabil
b	bé	Bernard	o	o	Odile
c	cé	Célia	p	pé	Patrice
d	dé	David	q	ku	Quentin
e	e	Esther	r	erre	Roland
f	ef	François	s	esse	Sébastien
g	gé	Guy	t	té	Thérèse
h	hache	Hervé	u	u	Ugolin
i	i	Irène	v	vé	Véronique
j	ji	Jean	w	double vé	William
k	ka	Karim	x	iks	Xavier
l	elle	Lucien	y	i grec	Yasmina
m	em	Mathilde	z	zèd	Zacharie

Les accents

é = e accent aigu: **bébé, clé, thé**

è = e accent grave: **mère, père, chère**

ê = e accent circonflexe (**â, ê, î, ô, û**): **forêt** (forest), **flûte, hôpital** (hospital)
The **circonflexe** on an **e** or an **o** often represents a missing **s**.

ç = c cédille: **garçon, ça va**. The **cédille** indicates a soft **c** pronounced like an **s**.

ë, ï = e, i tréma: **Noël, Loïc**. The **tréma** indicates that the vowel combination should be pronounced as two separate syllables.

Activité 14 Un test d'orthographe *(spelling test)*

Écoutez votre professeur et écrivez le mot sur une feuille de papier. *(Write the numbers 1–8 on a piece of paper and write down the words your instructor spells by each number.)*

Activité 15 Écoutez votre professeur.
Devinez *(Guess)* ensemble.

Écoutez les phrases suivantes prononcées par votre professeur et trouvez l'équivalent en anglais. Suivez le modèle.

> Modèle: PROFESSEUR: Répétez, s'il vous plaît.
> ÉTUDIANT(E): *h (hache)*

1. Répétez, s'il vous plaît.
2. Lisez l'exercice à la page 4.
3. Écoutez.
4. Excusez-moi.
5. Faites les devoirs.
6. Posez la question à votre voisin(e).
7. En français, s'il vous plaît.
8. Travaillez avec un(e) camarade.
9. Comment dit-on *dog* en français?
10. Les devoirs sont à la page 2.

a. *Do the homework.*
b. *How do you say "dog" in French?*
c. *Excuse me.*
d. *Read the exercise on page 4.*
e. *Ask your neighbor the question.*
f. *In French, please.*
g. *Work with a partner.*
h. *Please repeat.*
i. *The homework is on page 2.*
j. *Listen.*

Les nombres de 0 à 60

0 zéro	9 neuf	18 dix-huit	27 vingt-sept
1 un	10 dix	19 dix-neuf	28 vingt-huit
2 deux	11 onze	20 vingt	29 vingt-neuf
3 trois	12 douze	21 vingt et un	30 trente
4 quatre	13 treize	22 vingt-deux	31 trente et un
5 cinq	14 quatorze	23 vingt-trois	32 trente-deux
6 six	15 quinze	24 vingt-quatre	40 quarante
7 sept	16 seize	25 vingt-cinq	50 cinquante
8 huit	17 dix-sept	26 vingt-six	60 soixante

Activité 16 Donne-moi tes coordonnées
(contact information), s'il te plaît.

Demandez les coordonnées de deux étudiants dans votre classe. Substituez votre nom et vos coordonnées.

> Modèle: — *Comment t'appelles-tu?*
> — *Je m'appelle Jeanne Rambouillet.*
> — *Rambouillet? Comment ça s'écrit?*
> — *C'est R-A-M-B-O-U-I-deux L-E-T, Rambouillet.*
> — *Et ton numéro de téléphone?*
> — *C'est le 310-643-0975.*
> — *Et ton adresse courriel?*
> — *C'est jeanne@yahoo.com (pronounced:* **Jeanne à [arobase] yahoo point com***).*

Activité 17 **Comptez!**

Avec un(e) partenaire, comptez.

1. Comptez de 0 à 20.
2. Comptez jusqu'à 60 en multiples de 10.
3. Comptez jusqu'à 60 en multiples de 5.
4. Comptez jusqu'à 30 en multiples de 2.
5. Comptez jusqu'à 30 en multiples de 3.

Activité 18 **Écoutez votre professeur: Nombres en désordre.**

Identifiez la série de nombres prononcés.

liste A: 36, 38, 41, 43, 45, 18, 57, 12

liste B: 26, 38, 41, 52, 43, 18, 17, 12

liste C: 16, 28, 4, 52, 43, 13, 19, 2

liste D: 36, 28, 42, 62, 45, 8, 16, 22

liste E: 16, 8, 44, 50, 15, 13, 57, 2

 Situations à jouer!

Qu'est-ce qu'on dit dans les situations suivantes?

1 Find out from a classmate how to say *optimistic* in French. Then ask him/her if he/she is optimistic.

2 Your friend's mother opens the door. Greet her and introduce yourself. She will respond politely.

3 Find out someone's name and where he/she is from by asking another classmate.

4 You want to write someone's name and phone number in your address book. Ask him/her to spell his/her last name to make sure you write it down correctly.

5 (Whole class or large group activity) The whole class stands up to circulate at a French embassy gala attended by guests invited from all over the world. Hold an imaginary wine glass in your left hand so that you're free to shake hands with the people you greet. Greet people; ask them how they are; find out where they are from. (You can make up a famous city.) Do at least two introductions. (**Voici Élise Johansson. Elle est de New York.**) To move on to the next guest, either conclude with **Enchanté(e)!**, or explain **J'ai un message important sur mon portable...** as you leave.

Voix en direct (suite)

Go to **iLrn** to view video clips of French people interviewed for **Voix en direct** introducing themselves. You will also see a little French girl playing school and "teaching" the alphabet.

Lecture

Anticipation

You are about to read the words of a contemporary French song, by the young French singer Zazie, consisting mostly of a list of French names. The names the singer has selected are important to the song's message, a hymn to tolerance. Before reading the lyrics, jot down a couple of French male and female names you know. *Tout le monde (Everyone)* was a hit **(un tube),** when it came out.

Chanson: *Tout le monde°*

Everyone

Words and music by Zazie 1998
«*Made in love*» (album)

1 Michel, Marie
Djamel, Johnny
Victor, Igor
Mounia, Nastassia

5 Miguel, Farid
Marcel, David
Keïko, Solal
Antonio, Pascual

Tout le monde il est beau
10 Tout le monde il est beau

François, Franco
Francesca, Pablo
Thaïs, Elvis
Shantala, Nebilah

15 Salman, Loan
Peter, Günter
Martin, Kevin
Tatiana, Zorba

Tout le monde il est beau
20 Tout le monde il est beau

Quitte à faire de la peine à Jean-Marie°

At the risk of causing pain to Jean-Marie (a far-right anti-immigrant politician)

Prénom Zazie
Du même pays
Que Sigmund, que Sally
25 Qu'Alex, et Ali

Tout le monde il est beau
Tout le monde il est beau
Tout le monde il est beau

Assez grand pour tout l'monde

30 Nanananana...

Isabelle de Truchis de Varenne («Zazie»), chanteuse populaire française

Activité de lecture

Look over the song and answer the following questions.

1. What's the name of the singer? Does her name figure in the lyrics?

2. Look for traditional French names in the song. Do they correspond to names you included in your list?

3. Like the United States, which is known for its ethnic diversity, France is comprised of people from many nations and continents. Locate names in the song that correspond to the following regions of the world. You may want to use the map at the beginning of the book to help you locate them.

RÉGIONS

a. North Africa or the Middle East
b. Hispanic countries
c. Francophone Europe or Canada
d. Asia
e. Germany or Northern Europe
f. Mediterranean Europe (Italy or Greece)
g. Eastern Europe

Compréhension et intégration

What is the message of this simple song?

Maintenant à vous!

Can you think of a popular song that has these kinds of inclusive lyrics (lyrics that stress the intrinsic value of all people independent of their group identity)?

Expression écrite

 À vos marques, prêts, bloguez!

On the class blog, greet your classmates in French. Give your name and say where you are from. Briefly describe yourself and then say goodbye. Respond to two of your classmates' greetings with a quick **bonjour**.

Petit portrait

In this writing activity you will write a description of a famous person of your choice.

■ **Première étape:** Rewrite the following description changing Pierre-Louis to Marie-Louise. You'll need to change the gender of the underlined words.

Voici Pierre-Louis. C'est <u>un</u> jeune <u>homme</u> de Marseille. <u>Il</u> est assez <u>grand</u> et <u>beau</u> avec des cheveux blonds et courts. <u>Il</u> n'est pas très <u>intelligent</u>, mais <u>il</u> est <u>patient</u> et sympathique. C'est <u>un homme intéressant</u>.

■ **Deuxième étape:** Now describe a famous person, following the model above. Attach a picture or photograph to your description.

■ **Troisième étape:** Post your picture on the board as you and your classmates read the descriptions. Identify the person described.

Explorez en ligne

Using a French search engine (google.fr or yahoo.fr), type in **prénoms** *(first names)*. Write down the current top five names for boys and girls in France. Spell them for the class and your instructor will pronounce them for you **à la française**.

SYSTÈME-D

Phrases:	describing people
Grammar:	adjective agreement, adjective agreement (number)
Vocabulary:	hair colors, people, personality, colors, clothing

Addressing others *Tu et vous*

When you are speaking to an individual in French, you need to choose between the formal (**vous**) and informal (**tu**) forms of address. When speaking with someone whom you don't know very well, who is older than you, or who is in a higher position, **vous** is in order.

The informal **tu** is used as follows:

- between students of the same age group and young people in general
- between people who are on a first-name basis
- among family members
- with children
- with animals

In some French-speaking countries, such as Canada or French-speaking Africa, the more familiar **tu** form is more common when speaking to a single individual.

> Tu es nerveux, Paul?
> Tu es étudiant ici?

Vous is always used in addressing more than one person. **Vous** is also generally used as follows:

- with and between people who are not on a first-name basis
- among people who are meeting for the first time
- with those who are older than you
- with a boss or superior

In cases of doubt, it is always preferable to use **vous.** You will want to add **monsieur, madame,** or **mademoiselle** for politeness.

> Bonjour, mademoiselle. Comment allez-vous?
> Dominique et Christine, vous comprenez le professeur?
> Bonjour, monsieur. Comment allez-vous?
> Vous parlez très bien français, mademoiselle.

Exercice 1   Based on the context of the following situations, select the appropriate pronoun.

1. You are speaking with your friend's mother, Mme Arnaud.   **tu   vous**

2. You are speaking to your dog.   **tu   vous**

3. You are speaking to your instructor.   **tu   vous**

4. You are speaking with a school acquaintance.   **tu   vous**

5. Your grandmother is speaking to you.   **tu   vous**

6. You are speaking with a business acquaintance, Jean-Claude Cassin.   **tu   vous**

7. You are speaking to a group of friends.   **tu   vous**

Exercice 2   Create logical sentences by associating each item from the first column to the appropriate item in the second column.

1. Bonjour, monsieur.

2. Salut. Ça va?

3. Bonjour, madame. Comment allez-vous?

4. Bonjour! Je m'appelle Aïsha. Et toi?

5. Bonjour! Je suis Monique et je suis de Lyon. Et vous?

a. Très bien, merci. Et vous?

b. Je suis de Tahiti.

c. Je m'appelle René.

d. Ça va. Et toi?

e. Bonjour, mademoiselle.

Identifying people and things *Qui est-ce? Qu'est-ce que c'est? Est-ce que... ?*

To inquire about someone's identity, ask **Qui est-ce?**

—Qui est-ce?   —*Who is it?*
—C'est Paul.   —*It's Paul.*

If you want an object to be identified, ask **Qu'est-ce que c'est?**

— Qu'est-ce que c'est?   —*What is it?*
— C'est un livre.   —*It's a book.*

Any statement can be turned into a yes/no question by placing **est-ce que** in front of it and using rising intonation.

C'est Richard.	*It's Richard.*
Est-ce que c'est Richard?	*Is it Richard?*

C'est une table.	*It's a table.*
Est-ce que c'est une table?	Is it a table?

Que contracts to **qu'** when followed by a vowel sound.

Est-ce qu'il est étudiant?   *Is he a student?*

Exercice 3   Match the questions in column A with the appropriate answers in column B.

A
1. Qu'est-ce que c'est?
2. Qui est-ce?
3. Est-ce que c'est Paul?
4. Je m'appelle Fred. Et vous?
5. Est-ce qu'elle s'appelle Marguerite?
6. Est-ce que c'est la classe de français?
7. Est-ce que c'est un dictionnaire?

B
a. Je m'appelle Patrick.
b. Non, c'est la classe d'espagnol.
c. Non, c'est David.
d. Non, elle s'appelle Margot.
e. Oui, c'est un dictionnaire.
f. C'est un livre.
g. C'est Jacqueline.

Exercice 4   Write out an appropriate question for the following answers.

1. — _____?

   — Non, c'est un bureau.

2. — _____?

   — Non, il s'appelle Jean.

3. — _____?

   — C'est un cahier.

4. — _____?

   — C'est Jean-Jacques Rousseau.

5. — _____?

   — Oui, c'est une chaise.

Structure 1.3

Naming people and things *Les articles indéfinis*

The French indefinite articles **un, une,** and **des** are equivalent to *a, an,* and *some*.

Gender *(Genre)*

All French nouns are categorized by gender, as masculine or feminine, even when they refer to inanimate objects. The form of the article that precedes the noun indicates its gender. As one would expect, nouns that refer to males are masculine and, conversely, nouns that refer to females are feminine. However, the gender of inanimate nouns is unpredictable. For example, **parfum** *(perfume)* is masculine, **chemise** *(shirt)* is feminine, and **chemisier** *(blouse)* is masculine. We suggest that, when learning new words, you store them in your memory with the correct article as if it were one word.

	singular	plural
masculine	**un** livre	**des** livres
feminine	**une** fenêtre	**des** fenêtres

Number *(Nombre)*

French nouns are also categorized according to number, as singular or plural. The indefinite article **des** is used in front of plural nouns, regardless of gender. The most common way to make a noun plural is by adding an **s.** If the noun ends in -**eau,** add an **x** to form the plural. Since the final **s** is not often pronounced in French, the listener must pay attention to the article to know whether a noun is plural or singular.

singular	plural
un cahier	des cahiers
un professeur	des professeurs
une fenêtre	des fenêtres
un tableau	des tableaux

Pronunciation guide

When **un** is followed by a vowel sound, the **n** is pronounced. If **des** is followed by a noun beginning with a vowel sound, the **s** is pronounced like a **z.** This linking is called **liaison.**

un ‿étudiant   des ‿étudiants
   n   z

Exercice 5   Make the following nouns plural.

> **Modèle:**   une fenêtre
> *des fenêtres*

1. un professeur   _____
2. un étudiant   _____
3. un pupitre   _____
4. une porte   _____
5. un cahier   _____
6. un bureau   _____

Exercice 6 Fill in the blanks with the appropriate indefinite article: **un, une,** or **des.**

1. C'est _____ livre.

2. Ce sont _____ fenêtres.

3. C'est _____ jeune homme.

4. C'est _____ femme extraordinaire!

5. Ce sont _____ étudiants.

6. C'est _____ table.

7. C'est _____ bureau.

8. Ce sont _____ cahiers.

Structure 1.4

Describing people *Les pronoms sujets avec être*

Subject pronouns enable you to refer to people and things without repeating their names.

—Est-ce que Chantal est jolie? —*Is Chantal pretty?*
—Oui, **elle** est très jolie. —*Yes, she is very pretty.*

—C'est Jean-Yves. —*It's Jean-Yves.*
—**Il** est de Montréal. —*He's from Montréal.*

Subject pronouns	
singular	**plural**
je *I*	nous *we*
tu *you (informal)*	vous *you (plural or formal)*
il *he*	ils *they (masculine or mixed masculine and feminine)*
elle *she*	elles *they (feminine)*
on *one, people, we (familiar)*	

French verb endings change according to the subject. Although most of these changes follow regular patterns, a number of common verbs are irregular. **Être** *(to be)* is one of these irregular verbs.

être *(to be)*	
je suis	nous sommes
tu es	vous êtes
il/elle/on est	ils/elles sont

Note that **on** is used with the singular verb form even though its meaning may be both singular *(one)* and plural *(people* and *we).*

On est content(s).   *We're happy.*

Exercice 7 Write the appropriate subject pronoun for the following situations.

1. You're talking to your best friend. _____

2. You're talking about your friend Anne. _____

3. You're discussing the students in your class. _____

4. You're talking about yourself and your family. _____

5. You're talking about the players on the women's basketball team. _____

6. You're addressing a group of people. _____

Exercice 8 Jérôme overhears a student talking to his friends. Fill in the blanks with the verb **être.**

Philippe et Pierre, vous _____ (1) dans la classe de français de Mme Arnaud, n'est-ce pas? Moi, je _____ (2) dans la classe de Mme Bertheau. Elle _____ (3) très sympathique. Nous _____ (4) vingt-huit dans cette classe. La classe _____ (5) grande et elle _____ (6) formidable aussi. Les étudiants _____ (7) sympathiques et intelligents. Pierre, est-ce que les étudiants _____ (8) sympathiques dans l'autre classe? Tu _____ (9) sûr *(sure)*?

Structure 1.5

Describing *Les adjectifs (introduction)*

Adjectives describe people, places, or things. In French, they agree in number and gender with the noun they modify.

	singular	plural
masculine	Il est petit.	Ils sont petit**s**.
feminine	Elle est petit**e**.	Elles sont petit**es**.

Making adjectives plural

Most French adjectives form their plural by adding an **s** to the singular form as just shown. However, if the singular form ends in a final **s, x,** or **z,** the plural form does not change.

singular	plural
Le pantalon est gris.	Les pantalons sont gris.

Making adjectives feminine

Most feminine adjectives are formed by adding an **e** to the masculine singular form. If the masculine form ends in an **e,** the masculine and feminine forms are identical.

masculine	feminine
Il est fort.	Elle est fort**e**.
Le short est jaune.	La robe est jaune.

Pronunciation guideline

You can often distinguish between feminine and masculine adjectives by listening for the final consonant. If it is pronounced, it generally means that the adjective ends in an **e** and the corresponding noun is feminine.

Il est gran**d**.   Elle est gran**De**.
Le bureau est peti**t**.   La table est peti**Te**.
Le cahier est ver**t**.   La robe est ver**Te**.

Irregular adjectives

French has a number of irregular adjectives that differ from the pattern just described. Additional irregular adjectives are presented in **Module 3.**

masculine	feminine
blanc	blanche
vieux	vieille
beau	belle
gentil	gentille

Exercice 9 Marc's twin brother and sister are remarkably similar. Complete the following sentences describing them.

Modèle: Jean est petit; Jeanne est *petite* aussi.

1. Jean est blond; Jeanne est _____ aussi.

2. Jean est intelligent; Jeanne est _____ aussi.

3. Jeanne porte un vieux chemisier vert; Jean porte une _____ chemise _____.

4. Jeanne est très belle et Jean est très _____ aussi.

5. Jean est gentil; Jeanne est _____ aussi.

Exercice 10 Complete the following passage using the appropriate form of the adjectives in parentheses.

Ma mère est une (beau) _____ (1) femme (intelligent) _____ (2) avec des cheveux (blond) _____ (3) et (court) _____ (4) et des yeux (brun) _____ (5). Mon père est (fort) _____ (6) et il est très sympathique. Mon frère et moi, nous sommes (content) _____ (7) de nos parents.

Tout ensemble!

Éric sees his friends Paul and Anne at the cafeteria. Complete their conversation with the words from the list.

allez-vous	de	merci	sommes	une
bleue	est	qui est-ce	et toi	une question
ça va	grande	s'appelle	un	

ÉRIC: Salut, Paul et Anne. Comment _____ (1)?

PAUL: _____ (2) bien. _____ (3)?

ÉRIC: Bien, _____ (4). J'ai _____ (5) pour vous. Regardez la _____ (6) fille blonde là-bas. _____ (7)?

PAUL: La fille qui porte _____ (8) jupe _____ (9)?

ÉRIC: Non, elle porte _____ (10) jean.

ANNE: Ah oui! Elle _____ (11) Nathalie. Elle est _____ (12) New York.

ÉRIC: Ah bon? Elle _____ (13) étudiante?

PAUL: Oui, en lettres (*humanities*). Nous _____ (14) dans la même classe de philosophie. Viens (*Come on*), je vais vous présenter.

Vocabulaire

Vocabulaire fondamental

Noms

La salle de classe	The classroom
une activité	an activity
un bureau	a desk
un cahier	a notebook
un(e) camarade de classe	a classmate
une chaise	a chair
une chose	a thing
une craie	a piece of chalk
un crayon	a pencil
les devoirs *(m pl)*	homework
un dictionnaire	a dictionary
un(e) étudiant(e)	a student
une fenêtre	a window
une lampe	a lamp
un livre	a book
un marqueur	a felt-tip marker
un mur	a wall
un ordinateur (un portable)	a computer (laptop)
une porte	a door
un professeur (prof, *fam*)	a teacher
une question	a question
un stylo	a pen
une table	a table
un tableau	a (black)board

Les personnes et leurs animaux	People and their animals
un(e) ami(e)	a friend
un chat	a cat
un chien	a dog
un(e) enfant	a child
une femme	a woman
une fille	a girl
un garçon	a boy
un homme	a man

Les vêtements	Clothing
une casquette	a baseball cap
un chapeau	a hat
des chaussures *(f pl)*	shoes
une chemise	a shirt
une jupe	a skirt
des lunettes *(f pl)*	glasses
un maillot de bain	a bathing suit
un manteau	a coat
un pantalon	(a pair of) pants
une robe	a dress
un sac (à dos)	a purse (backpack)
un sweat	a sweat shirt

Mots apparentés: des baskets *(f pl)*, un jean, un pull-over (pull, *fam*), des sandales *(f pl)*, un short, des tennis *(f pl)*, un T-shirt

Verbes

Je m'appelle...	My name is . . .
Il s'appelle...	His name is . . .
être	to be
porter	to wear

Questions

Qui est-ce?	Who is it?
Qu'est-ce que c'est?	What is it?
Est-ce que c'est un stylo?	Is it a pen?

Adjectifs

La description physique	Physical description
beau (belle)	handsome (beautiful)
blond(e)	blond
brun(e)	brown, brunette
(les cheveux) blonds, bruns, roux, gris, courts, longs	blond, brown, red, gray, short, long (hair)
de taille moyenne	of average size
fort(e)	heavy, stocky; strong
grand(e)	big; tall
jeune	young
joli(e)	pretty
laid(e)	ugly
moche *(fam)*	ugly
petit(e)	little, small; short (person)
vieux (vieille)	old, elderly

La description de la personnalité	Personal characteristics
célèbre	famous
comique	funny
gentil(le)	nice
sympathique (sympa, *fam*)	nice

Mots apparentés: amusant(e), fatigué(e), idéaliste, intelligent(e), nerveux (nerveuse), optimiste, patient(e), riche, sérieux (sérieuse), sociable, timide

Les couleurs	Colors
blanc(he)	white
bleu(e)	blue
brun(e)	brown
gris(e)	gray
jaune	yellow
marron	brown
noir(e)	black
rose	pink
rouge	red
vert(e)	green
De quelle couleur est le/la...?	What color is . . . ?

Mots apparentés: beige, orange, violet(te)

Pronoms *(Pronouns)*

je	I
tu	you (singular, informal)
il	he
elle	she
on	one, people, we (fam)
nous	we
vous	you (plural or formal)
ils	they (m)
elles	they (f)

Mots divers

une adresse courriel	*an email address*
assez	*somewhat, kind of*
aussi	*also, too*
moi aussi	*me too*
moi non	*not me*
pas	*not*
s'il vous plaît, s'il te plaît (*fam*)	*please*
très	*very*

Les nombres

(See page 20 for numbers 0–60.)

zéro, un, deux, trois... soixante

Expressions utiles

Comment se présenter et se saluer	*How to introduce oneself and greet people*

(See pages 4–6 for additional expressions.)

À plus. (*fam*)	*See you later.*
À tout à l'heure.	*See you in a bit.*
Au revoir. À bientôt.	*Good-bye, So long. See you soon.*
Bonjour, madame.	*Hello, ma'am.*
Bonsoir, monsieur.	*Good evening, sir.*
Ça ne va pas du tout.	*I'm not feeling well at all.*
Ciao.	*Bye. (fam)*
Comment allez-vous?	*How are you?*
Comment ça va?	*How are you? (fam)*
Comment s'appelle-t-il/elle?	*What's his/her name?*
Je m'appelle Marie. Et vous?	*My name is Mary. What's yours?*
Je suis de Paris. Et vous?	*I'm from Paris. And you?*
Je te/vous présente mon ami, Jean.	*This is my friend, Jean.*
Merci.	*Thank you.*
Salut, ça va?	*Hi, how are you?*
Très bien.	*Very good/well.*

Comment communiquer en classe

(See pages 18–19 for additional expressions.)

Comment ça s'écrit?	*How is it spelled?*
J'ai une question.	*I have a question.*
Je ne comprends pas.	*I don't understand.*
Levez la main.	*Raise your hand.*
Ouvrez votre livre.	*Open your book.*

CD1, Tracks 17–20

Vocabulaire supplémentaire

Noms

Identification des choses

une brosse	*a chalkboard eraser*
un classeur	*a binder*
une feuille de papier	*a sheet of paper*
une horloge	*a clock*
une lumière	*a light*
un pupitre	*a student desk*

Les professions — *Professions*

un acteur (une actrice)	*an actor*
un basketteur	*basketball player*
un chanteur (une chanteuse)	*a singer*
un couturier (une couturière)	*a fashion designer*
un danseur (une danseuse)	*a dancer*
un écrivain	*a writer*
un joueur (une joueuse) de foot	*a soccer player*
un metteur en scène	*a (film) director*
un rocker	*a rock musician*

Les vêtements et les couleurs — *Clothing and colors*

un blouson	*a jacket*
un chemisier	*a blouse*
une cravate	*a tie*
des lunettes (*f pl*) de soleil	*sunglasses*
un parapluie	*an umbrella*

Verbes

faire la bise	*to kiss on both cheeks*
(se) présenter	*to introduce oneself or another person*
se saluer	*to greet each other*

Mots divers

tout le monde	*everyone*

Expressions utiles

Comment communiquer en classe

des coordonnées (*f pl*)	*contact information*
un(e) voisin(e)	*a neighbor*

Une vue de l'université Panthéon-Sorbonne
dans le cinquième arrondissement à Paris.
C'est une étudiante? Dans ses mains *(hands),*
qu'est-ce que c'est?

Module 2

La vie universitaire

This chapter introduces you to French student life: students' activities and interests, the university campus and courses, and the seasonal calendar. In the **Perspectives culturelles** sections, you'll learn about the famous Latin Quarter in Paris, a center of student life, and you'll read about what some French speakers like to do on the weekend.

Les distractions

Structure 2.1

Saying what you like to do *Aimer et les verbes réguliers en -er*

Structure 2.2

Saying what you don't like to do *La négation ne... pas*

In the following activities, you will learn to talk about what you like to do and what you do not like to do. To accomplish this, you will need to learn to conjugate the verb **aimer** *(to like)* and to form negative sentences. You will also need a variety of verbs to state what you like to do. See pages 52–53 for the verb **aimer** and other -**er** verbs, and page 54 for negation and definite articles.

Les activités

J'aime danser.

J'aime / Je n'aime pas...

chanter	manger au restaurant
danser	parler au téléphone
écouter de la musique	regarder la télévision
étudier	surfer sur Internet
jouer à des jeux vidéo	rester à la maison
jouer au basket-ball (tennis, football)	travailler
	voyager

Activité 1 Les activités des gens célèbres.

Nommez une personne célèbre qui aime...

Modèle: parler français
Johnny Depp aime parler français.

Il aime parler français.

1. jouer au basket
2. jouer au golf
3. danser
4. chanter le rap
5. voyager
6. parler à la télévision
7. porter des vêtements élégants

Activité 2 Tu aimes danser?

Utilisez la liste d'activités à la page 34 pour poser quatre questions à des camarades de classe. Ensuite, comparez les réponses.

Modèles: — *Tu aimes danser?*
— *Oui, j'aime danser.*

— *Tu aimes étudier?*
— *Non, je n'aime pas étudier.*

Vous aimez danser le swing?

Activité 3 Occupé(e)(s) *(Busy)*!

Regardez l'image à la page 34. Écoutez votre professeur et indiquez si les actions décrites correspondent aux images.

	OUI	NON		OUI	NON
1.	☐	☐	**5.**	☐	☐
2.	☐	☐	**6.**	☐	☐
3.	☐	☐	**7.**	☐	☐
4.	☐	☐			

Comment exprimer ses préférences

Structure 2.3

Talking about specifics *Les articles définis*

To talk about things you like and dislike, you will need to use definite articles. For an explanation of the definite articles, see pages 54–55.

Notez et analysez

What types of music do you like? Rap? Rock? Jazz? In the mini-conversation, notice how the definite article is used with the type of music, such as **le rock**. What article is used with **musique électronique**? How would you say "I like jazz" in French?

— Tu aimes le rock?
— Oui, J'aime beaucoup **le** rock.
— Et tu aimes **la** musique électronique?
— Oui, assez. Par exemple, Daft Punk, j'adore!

Daft Punk. Qui sont-ils?

 CD1, Track 21

Expressions utiles

Pour dire ce qu'on aime et ce qu'on n'aime pas

— Tu aimes voyager?

— Oui, j'adore! J'aime **beaucoup** voyager!
— Oui, j'aime **bien** voyager.
— Oui, **un peu.** J'aime **assez** voyager.
— Non, **pas beaucoup.**
— Non, pas **du tout!**

Pour dire ce qu'on préfère

— Est-ce que tu préfères les chats ou les chiens?
— Moi, je préfère les chiens. Ils sont plus fidèles.

 Activité 4 Réponses courtes

Donnez une réponse courte à un(e) camarade.

Modèle: le tennis
— *Tu aimes le tennis?*
— *Oui, j'adore! / Oui, un peu. / Non, pas beaucoup. / Non, pas du tout!*

1. le cinéma
2. travailler
3. les maths
4. étudier
5. la télé-réalité

6. l'aventure
7. parler au téléphone
8. le camping
9. danser
10. le football

11. écouter de la musique
12. voyager
13. jouer au golf
14. les vacances
15. les jeux vidéo

Activité 5 · Préférences

Suivez le modèle avec un(e) camarade.

> **Modèle:** danser le rock ou le slow
> — *Tu préfères danser le rock ou le slow?*
> — *Je préfère danser le rock.*
> — *Moi aussi. / Moi, je préfère le slow.*

1. le tennis ou le golf
2. étudier l'anglais ou les maths
3. les films d'action ou les histoires d'amour
4. le jazz ou le rap
5. les montagnes *(mountains)* ou la plage *(beach)*
6. les chats ou les chiens
7. le football français ou le football américain
8. regarder la télévision ou écouter de la musique

Sondage *(Poll):* Goûts et préférences

Philippe Dussert fait une enquête *(is doing a study)* sur les goûts *(tastes)* et les préférences des étudiants de son université. Voici le résumé de ses notes.

Portrait: Mounir Mustafa
12, rue des Gazelles
Aix-en-Provence
Tél. 04-42-60-35-10

Voici Mounir Mustafa. C'est un jeune étudiant algérien de 20 ans. Il étudie les sciences économiques à l'université d'Aix. C'est un étudiant sérieux, mais il aime aussi s'amuser. Mounir aime un peu la musique classique, mais il préfère le rock et il danse très bien. Il aime les films d'action et il va souvent au cinéma. Mounir n' aime pas beaucoup la télévision, mais il regarde parfois le sport à la télé, surtout des matches de football. Pendant son temps libre, il aime aussi surfer sur Internet.

Activité 6 · Testez-vous!

Consultez le résumé sur Mounir. Ensuite *(Then),* indiquez si les phrases suivantes sont vraies ou fausses. Corrigez les phrases fausses.

1. Mounir Mustafa est français.
2. Mounir n'est pas un bon étudiant.
3. Il aime le rock, mais il préfère la musique classique.
4. Il danse bien.
5. Il va rarement au cinéma.
6. Il aime les drames psychologiques.
7. Il préfère regarder les matches de football à la télévision.

Portrait: Jeanne Dumas
14, avenue Pasteur
Aix-en-Provence
Tél. 04-42-38-21-40

Voici Jeanne Dumas.
C'est une jeune Française de 18 ans. Elle habite un petit studio avec une copine. Jeanne étudie l'anglais à l'université d'Aix (l'anglais est facile pour elle; sa mère est américaine). Elle aime un peu le rap, mais elle préfère le rock. Elle n'aime pas du tout la techno. Jeanne aime aller au cinéma et elle regarde aussi des DVD chez elle. Elle préfère les comédies. Jeanne regarde régulièrement la série *Grey's Anatomy* à la télévision avec sa colocataire *(apartment mate)*.

Activité 7 Testez-vous!

Consultez le résumé sur Jeanne. Ensuite, indiquez si les phrases sont vraies ou fausses. Corrigez les phrases fausses.

1. Jeanne a 18 ans.
2. Elle habite avec sa famille.
3. Elle étudie l'anglais.

4. Elle parle bien l'anglais.
5. Elle préfère la techno.
6. Elle n'aime pas les séries américaines.

CD1, Track 22

Écoutons ensemble! Sondage sur les goûts et les préférences

Listen to the following questionnaire given to a French student on her taste in entertainment, and fill out the form. Then interview a partner to fill out the form.

Goûts et préférences			
Nom de famille: _____		Prénom: _____	
		étudiante française	camarade
Vous aimez la musique:	un peu	[ ]	[ ]
	beaucoup	[ ]	[ ]
	pas beaucoup	[ ]	[ ]
Vous préférez:	le rock	[ ]	[ ]
	le jazz	[ ]	[ ]
	la musique classique	[ ]	[ ]
	le rap	[ ]	[ ]
	la techno	[ ]	[ ]
Vous aimez le cinéma:	un peu	[ ]	[ ]
	beaucoup	[ ]	[ ]
	pas beaucoup	[ ]	[ ]
Vous préférez:	les drames psychologiques	[ ]	[ ]
	les films d'aventure	[ ]	[ ]
	les comédies	[ ]	[ ]
	les films d'horreur	[ ]	[ ]
Vous aimez la télévision:	un peu	[ ]	[ ]
	beaucoup	[ ]	[ ]
	pas beaucoup	[ ]	[ ]
Vous préférez:	les jeux télévisés	[ ]	[ ]
	les informations	[ ]	[ ]
	les séries	[ ]	[ ]
	la télé-réalité	[ ]	[ ]
	le sport	[ ]	[ ]

Les passe-temps culturels préférés des Français

Pour les Français, les activités de loisir° sont très importantes. Les préférences dans les passe-temps° changent. Elles sont influencées par le sexe, l'âge et l'éducation de l'individu. La télévision est le loisir préféré par tous les Français. Écouter de la musique et surfer sur Internet sont plus importants chez° les jeunes. Lire des livres est une pratique préférée surtout par les Français plus âgés et par les individus plus aisés°. Les jeunes entre 18 et 24 ans aiment lire de moins en moins°. Chez les jeunes qui aiment lire, beaucoup citent les mangas° comme livres préférés.

leisure activities
pastimes, hobbies

among
well-off
less and less
Japanese-inspired comic books and graphic novels

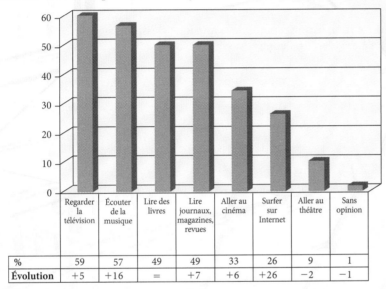

	Regarder la télévision	Écouter de la musique	Lire des livres	Lire journaux, magazines, revues	Aller au cinéma	Surfer sur Internet	Aller au théâtre	Sans opinion
%	59	57	49	49	33	26	9	1
Évolution	+5	+16	=	+7	+6	+26	−2	−1

Le jeu télévisé **Les Aventuriers de Koh-Lanta** est la version française de *Survivor*.

■■ Avez-vous compris?

Indiquez si les activités suivantes sont plus populaires, moins populaires ou s'il n'y a pas de changement entre 2006 et avant *(before)*.

	PLUS IMPORTANT (+)	MOINS IMPORTANT (−)	PAS DE CHANGEMENT (=)
a. regarder la télévision	☐	☐	☐
b. écouter de la musique	☐	☐	☐
c. lire des livres	☐	☐	☐
d. aller au cinéma	☐	☐	☐
e. surfer sur Internet	☐	☐	☐
f. aller au théâtre	☐	☐	☐

■■ Et vous?

1. Qu'est-ce que vous aimez faire qui n'est pas dans la liste? Est-ce qu'il y a une activité dans la liste que vous n'aimez pas faire?

2. En groupes de trois à cinq, classez les activités par ordre de préférence du groupe. Puis *(Then)*, annoncez vos résultats à la classe. (**Leader: Pour nous, surfer sur Internet est numéro un. Et pour vous?**)

3. Est-ce que vous et vos amis aimez les mangas?

Les mangas sont très populaires chez les jeunes Français.

Voix en direct
Qu'est-ce que vous aimez faire le week-end?

Voici les commentaires de quelques jeunes Français à propos de leurs activités préférées du week-end.

Qu'est-ce que vous aimez faire le week-end?
J'aime être avec mes amis tout le temps[1]. Je n'aime pas rester tout seul[2].

[1]*all the time* [2]*all alone*

Julien Romanet
23 ans
Étudiant, Paris

Alors, moi, j'aime écouter de la musique classique. Et j'aime bien lire[3] aussi.

[3]*to read*

Nicolas Konisky
24 ans
Étudiant, Paris

Justement, j'aime aller boire[4] un café sur la terrasse, regarder les gens passer[5], écrire[6], lire et écouter du rock n'roll et des blues.

[4]*to go drink* [5]*the people go by* [6]*to write*

Pierre Paquot
24 ans
Étudiant, Paris

Le week-end, j'aime beaucoup me promener[7]. Euh, j'aime aussi, euh, sortir[8] avec des amis, rendre visite à mes parents, souvent [si] c'est le dimanche[9] on va déjeuner chez eux[10], euhm... , aller au cinéma, un peu faire du shopping, et j'aime bien aussi ne rien faire[11].

[7]*to go for a walk* [8]*to go out* [9]*Sunday* [10]*to eat lunch with them*
[11]*do nothing*

Olivia Rodes
26 ans
Professeur d'anglais dans un institut privé, Cholet, France

Réfléchissez aux réponses

1. À qui ressemblez-vous le plus *(do you resemble the most)*: à Julien, à Nicolas, à Pierre ou à Olivia? Expliquez.

2. Est-ce que vous aimez être avec des amis tout le temps ou aimez-vous parfois *(sometimes)* être seul(e)?

3. Le dimanche, Olivia aime rendre visite à ses parents. Qu'est-ce que vous préférez faire *(to do)* le dimanche?

L'université et le campus

Listing what there is and isn't *Il y a / Il n'y a pas de*

To talk about what is and is not located on your campus, you will be using the expressions **il y a** *(there is / there are)* and **il n'y a pas de** *(there isn't / there aren't)*. See page 55.

Qu'est-ce qu'il y a sur le campus?

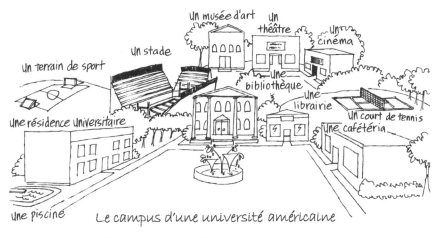

Un musée d'art · un théâtre · Un cinéma · Un stade · Un terrain de sport · Une bibliothèque · Une librairie · Un court de tennis · Une résidence universitaire · Une cafétéria · Une piscine

Le campus d'une université américaine

Voici une université typiquement américaine. Son campus est comme un parc. Il y a des résidences universitaires, des salles de classe, une excellente bibliothèque, des laboratoires, des salles informatiques, une librairie et des cafétérias. Pour les activités culturelles, il y a un musée d'art, un théâtre et des salles de cinéma. Il y a aussi des terrains de sport, des courts de tennis, une piscine, un stade et un nouveau complexe sportif. Le campus a un jardin botanique avec des fleurs et des arbres exotiques.

Notez et analysez

What follows **il y a**?
What follows **il n'y a pas**?

UNIVERSITÉ DE PARIS

Voici une université typiquement française. En France, les universités en centre-ville n'ont pas de campus. Dans les bâtiments *(buildings)* de l'université, il y a des salles de classe, des amphithéâtres, des salles informatiques et des bureaux. Mais il n'y a pas de piscine, de terrain de sport ou de cafétéria. Beaucoup d'universités françaises sont au centre-ville où il n'y a pas beaucoup d'espace.

Note de vocabulaire

The abbreviation **la fac,** for **la faculté,** is often used to mean *university,* as in **Hélène est à la fac** *(Hélène is at school/at the university).* French universities generally have a number of **facultés** or college divisions such as the **faculté de médecine** *(school of medicine)* or the **faculté des lettres** *(college of humanities).* These **facultés** are often located throughout a major city rather than on a single campus.

Pour les universités françaises qui n'ont pas d'installations sportives ou culturelles, il y a le C.R.O.U.S (Centre régional des œuvres universitaires et scolaires). Cette organisation à proximité des universités offre, entre autres *(among other things),* des complexes sportifs, des restaurants universitaires, des résidences universitaires et un centre pour trouver *(find)* des jobs.

 Activité 8 **Qu'est-ce qu'il y a sur le campus?**

Consultez la page 41 et suivez les modèles avec votre camarade.

Modèles: des courts de tennis à l'université américaine
— *Est-ce qu'il y a des courts de tennis sur le campus américain?*
— *Oui, il y a des courts de tennis.*

une piscine à l'université française
— *Est-ce qu'il y a une piscine à l'université française?*
— *Non, il n'y a pas de piscine.*

1. un restaurant universitaire à l'université française
2. des courts de tennis à l'université française
3. un stade à l'université américaine
4. des cafétérias au C.R.O.U.S.
5. des amphithéâtres à l'université française
6. une salle de cinéma à l'université française
7. une librairie à l'université américaine
8. un complex sportif au C.R.O.U.S.

Le campus de l'université Laval à Québec est situé à six kilomètres du centre-ville. Ici, il y a des parcs, des terrains de sport et des complexes sportifs.

Activité 9 Et votre campus?

Est-ce que votre université a un campus avec des installations sportives et culturelles? Regardez l'image à la page 41.
Qu'est-ce qu'il y a sur votre campus? (4 choses)
Qu'est-ce qu'il n'y a pas? (3 choses)

> **Modèle:** *Sur notre campus, il y a des cafétérias, des salles de classe et des terrains de sport…*
> *Il n'y a pas de musée, de…*

Activité 10 Écoutez votre professeur: Où êtes-vous?

Qu'est-ce que votre professeur décrit? Écoutez les descriptions et dites où vous êtes sur le campus. Ensuite, lisez les descriptions et corrigez vos réponses.

> **Modèle:** — Vous portez un short blanc et des tennis. Vous jouez avec une raquette et trois balles. C'est votre service. Où êtes-vous?
> — *Je suis au court de tennis.*

1. Vous êtes dans une grande salle silencieuse. Il y a beaucoup de livres sur les tables. Les étudiants regardent leurs notes et étudient.

2. Vous êtes dans une grande salle de classe avec 400 étudiants. Vous écoutez un professeur qui parle à un microphone.

3. Il y a beaucoup d'étudiants qui habitent avec vous dans ce bâtiment. Les chambres sont très petites et chaque personne habite avec un(e) camarade de chambre. Il y a aussi une cafétéria médiocre.

4. Vous êtes sur le campus dans un bâtiment où vous achetez *(buy)* des livres et des cahiers pour vos cours. Vous achetez aussi des stylos et des magazines.

5. Vous êtes assis(e) sur un banc avec beaucoup d'autres étudiants. Tout le monde regarde le match de football. Les spectateurs près de vous mangent des hot-dogs et du pop-corn.

Le Quartier latin et la Sorbonne

Le Quartier latin, où se trouve la Sorbonne (fondée en 1253), est célèbre pour ses rues° animées, ses cafés pleins d'étudiants et ses excellentes librairies°.

    L'animation et le rythme du boulevard Saint-Michel attirent° des visiteurs du monde entier. D'où vient° le nom du Quartier latin? On parlait latin à la Sorbonne jusqu'à° la Révolution en 1789. Aujourd'hui, la glorieuse Sorbonne accueille° quatre universités: Paris I, Paris III, Paris IV et Paris V. Ce sont quatre des treize facultés° de l'université de Paris. À la Sorbonne, on étudie les lettres° et les sciences humaines.

streets
bookstores
attract
Where does . . . come from
until
is the site of
colleges
humanities

Sur la place *(square)* de la Sorbonne, il y a des cafés où les étudiants se retrouvent après les cours.

Avez-vous compris?

Indiquez si les phrases suivantes sont vraies ou fausses. Corrigez les phrases fausses.

1. Il y a beaucoup d'étudiants au Quartier latin.
2. Saint-Michel est une université.
3. On parle latin au Quartier latin aujourd'hui.
4. Paris III et Paris IV font partie de *(are part of)* la Sorbonne.
5. On étudie le marketing à Paris I.

Et vous?

1. Comment est le quartier où se trouve votre université? Est-ce qu'il y a des cafés et des librairies?
2. Est-ce que votre université a plusieurs facultés?
3. Quelles sont les spécialisations les plus populaires *(the most popular)* à votre université?

Le boulevard Saint-Mich est connu pour ses nombreuses librairies.

Les matières

Les matières typiquement offertes dans une université française

LES LETTRES	LES SCIENCES	LES SCIENCES HUMAINES	LES FORMATIONS COMMERCIALES PROFESSIONNELLES
l'art	la biologie	l'anthropologie	le commerce
l'art dramatique	la chimie	la psychologie	*(business)*
l'histoire	le génie civil	l'économie	la comptabilité
le journalisme	l'informatique	les sciences	*(accounting)*
les langues	la médecine	politiques	le droit *(law)*
l'anglais	les mathématiques	la sociologie	le management
le français	les sciences		le marketing
le japonais	naturelles		la finance
le latin	les sciences		
l'espagnol	physiques		
l'allemand			
l'arabe			
l'italien			
la littérature			
la philosophie			

Réfléchissez et considérez

University students around the world have much in common. For example, in the French education system, there are three degrees (diplômes): **la licence, le master,** and **le doctorat**. However, there are some differences as well. American students take general courses outside their major; French students typically do not. For this reason, a French student interprets the question **Qu'est-ce que tu étudies?** to mean *What is your field of concentration?* Look at the list of expressions to find a way to communicate the American concept of a major. Though there is no exact equivalent for "freshman" and "sophomore," how are these concepts expressed?

Expressions utiles

Qu'est-ce que tu étudies?

Track 24

Qu'est-ce que tu as comme cours ce semestre / trimestre?

J'ai français, mathématiques et sciences économiques.

Comment sont tes cours?

Mon cours de maths est / n'est pas (très)   intéressant / ennuyeux°.   *boring*
                                         facile / difficile.
                                         pratique.

En français, j'ai beaucoup   de travail.
                              de devoirs°.   *homework*
                              d'examens°.   *tests*

Tu es en quelle année°?   *year*

Je suis en première / deuxième / troisième / quatrième année.

Ma spécialisation, c'est la biologie°.   *My major is biology*

J'étudie la biologie.

Qui a les mêmes cours que vous?

A. Sur une feuille de papier, faites une liste des cours que vous suivez ce trimestre / semestre.

> **Modèle:** *la biologie*
> *le français*

 B. Circulez dans la salle et trouvez un(e) étudiant(e) qui a le même *(the same)* cours que vous.

> **Modèle:** — *Tu étudies l'anglais?*
> — *Oui.*
> — *Signe ici, s'il te plaît.*

CD1, Track 25 **Écoutons ensemble! On parle des cours.**

A couple of students are talking about their classes, professors, and the university in general. Listen to their conversation and decide whether each statement is positive or negative.

	Positif	**Négatif**
1.	☐	☐
2.	☐	☐
3.	☐	☐
4.	☐	☐
5.	☐	☐
6.	☐	☐
7.	☐	☐

 Activité **12** **Interaction**

Posez les questions suivantes à un(e) camarade de classe.

1. Quels cours est-ce que tu as ce trimestre / semestre?
2. Tu préfères quel(s) cour(s)? Pourquoi?
3. Et quelle est ta spécialisation?
4. Est-ce que tu as beaucoup de devoirs? Pour quels cours?
5. Tu as quels cours aujourd'hui?
6. Dans quel(s) cours est-ce que tu as beaucoup d'examens?
7. Est-ce que les examens sont faciles, en général?

Le calendrier

Les jours de la semaine

octobre

lundi	mardi	mercredi	jeudi	vendredi	samedi	dimanche
1	2	3	4	5	6	7
8	9	10	11	12	13	14
15	16	17	18	19	20	21
22	23	24	25	26	27	28
29	30	31				

Activité 13 Quels jours... ?

A. Répondez aux questions suivantes.

1. Quel est votre jour préféré?
2. Quel(s) jour(s) est-ce que vous travaillez?
3. Quel(s) jour(s) est-ce que vous regardez la télévision le soir?
4. Quel(s) jour(s) est-ce que vous avez votre cours préféré?
5. Quel(s) jour(s) est-ce que vous avez français?
6. Quel(s) jour(s) est-ce que vous restez à la maison?
7. Quel(s) jour(s) est-ce que vous n'avez pas cours?

B. Maintenant, posez les mêmes questions à un(e) camarade. *(Use **tu** in your interview.)* Comparez vos réponses.

Les mois et les saisons

L'été, c'est les vacances. On passe les mois de juin, juillet et août à la plage ou à la montagne.

juin   juillet   août

L'automne, c'est la rentrée. En septembre, on recommence le travail et les études.

septembre   octobre   novembre

L'hiver, c'est le froid et la neige. Pendant les vacances d'hiver, on fait du ski.

décembre   janvier   février

Le printemps, c'est le beau temps. On fait des promenades dans le parc.

mars   avril   mai

Expressions utiles

CD1, Track 26

— Quel jour sommes-nous?
— Nous sommes lundi aujourd'hui.

— Quel jour est-ce?
— C'est lundi.

— Quelle est la date aujourd'hui?
— C'est le 20 septembre.

— En quelle année sommes-nous?
— Nous sommes en 2010 (deux mille dix).

— Quels jours est-ce que tu as cours?
— J'ai cours le mardi et le jeudi.

— C'est quand, ton anniversaire?
— C'est le 24 juillet.

http://www.jeunes-talents.org
Le festival jeunes talents est pour quel genre de musique? Qui joue dans ce festival? Est-ce que c'est un festival national? C'est en quelle saison?

Quelques fêtes de l'année

Jours fériés où l'on ne travaille pas

le jour de l'an	le 1er janvier
la fête du travail	le 1er mai
Pâques	mars / avril
la fête nationale (Canada)	le 1er juillet
la fête nationale (France)	le 14 juillet
la Toussaint	le 1er novembre
Noël	le 25 décembre

Activité 14 **Dates importantes**

Donnez les dates suivantes.

1. la Saint-Valentin
2. le jour de l'an
3. votre anniversaire
4. la fête nationale américaine
5. la fête nationale française
6. la rentrée scolaire

 Activité 15 **Interaction**

Posez les questions suivantes à un(e) camarade.

1. Quels jours de la semaine est-ce que tu préfères?
2. Est-ce qu'il y a un jour que tu n'aimes pas? Lequel?
3. Quel est le prochain *(next)* jour férié?
4. Quelle fête de l'année est-ce que tu préfères? Est-ce que tu passes cette fête en famille ou avec des amis?
5. Ton anniversaire, c'est quand?

Structure 2.5

Talking about age and things you have *Le verbe avoir*

In the following activities, you will be using the verb **avoir** *(to have)* to say how old you are—in French one "has" years. For the conjugation of the verb **avoir,** see page 56.

Activité 16 Quel âge ont-ils?

A. Travaillez en groupes de quatre et donnez l'anniversaire et l'âge de ces personnes célèbres.

> **Modèle:** Marion Cotillard (30.9.75)
> *L'anniversaire de Marion Cotillard est le trente septembre. Elle a trente-cinq ans.*

1. Jon Stewart (28.11.62)
2. Audrey Tautou (8.9.78)
3. Mathieu Kassovitz (3.4.67)
4. Michelle Obama (17.1.64)
5. Luc Besson (18.3.59)
6. Tony Parker (17.5.82)

B. Maintenant, demandez l'âge ou l'anniversaire de quatre camarades de classe.

> **Modèles:** — *Quel âge as-tu?*
> — *J'ai dix-huit ans.*
>
> — *C'est quand, ton anniversaire?*
> — *Mon anniversaire, c'est le 22 septembre.*

Activité 17 À quel âge?

À quel âge est-ce qu'on commence à faire les activités suivantes?

> **Modèle:** On commence à parler...
> *Généralement, on commence à parler à l'âge de deux ans, mais ça dépend.*

1. On commence à voter...
2. On commence l'école primaire...
3. On commence les études universitaires...
4. On commence à travailler...
5. On commence à conduire *(to drive)*...

Situations à jouer!

1 You are at a party where you want to meet people. Circulate in the room and talk to as many people as possible, through the following steps:
   a. Go up to people; greet them and find out their names.
   b. Ask them if they like the music.
   c. Ask them what kind of music they prefer.
   d. Find out where they study and what the campus is like.
   e. Find out what courses they are taking and how they like them.
   f. Find out where they live.
   g. Say **merci** and go on to the next person.

2 Make a class calendar. Include major holidays, your classmates' birthdays, exam dates, and several special events on campus.

Lecture

Anticipation

Tony Parker, c'est français, ça? You might well be surprised to know that a pro basketball player from France plays for the San Antonio Spurs and helped lead them to two NBA championships (2003, 2005). TP, as he is known to his fans, was born in Belgium in 1982 and grew up in France, attending school in Paris at INSEP (**l'Institut National du Sport et de l'Éducation Physique**). On his website, TP lists his likes and dislikes in a form made popular by the film *Amélie:* **j'aime, j'aime pas.** What are some of the things you might expect to find on his list?

1 J'aime

la musique américaine et le rap
la télévision pour le sport, la musique et les films
la cuisine française et italienne
5 un bon vin français pour les grandes occasions
les fêtes entre amis
les jeux vidéo
ma famille
Michael Jordan, Tiger Woods, Will Smith,
10 Michael Jackson
le foot, le hockey, le base-ball
jouer au tennis, faire du roller ou du karting
voyager
les Bahamas, Bali, Tahiti, les Maldives
15 surfer sur Internet
les fringues° Nike et de Michael Jordan
participer à des dîners caritatifs pour *Make a Wish* afin d'aider les enfants qui ont besoin
rendre aux enfants à travers le monde ce que le basket-ball m'a apporté en
20 organisant des camps de basket-ball pour eux

Tony Parker, joueur de basket

clothes (slang)

J'aime pas

l'hypocrisie
la jalousie
le racisme
25 le chou-fleur°, les épinards° et les endives
le trafic à Paris

cauliflower / spinach

Compréhension et intégration

1. What types of music does Tony Parker prefer?
2. Who do you think might have been a role model for TP?
3. TP credits his mother, a nutritionist, with helping him learn to eat healthy foods. Where on his list can you see her influence?
4. What parts of his list seem particularly "French"? What parts seem very "American"?
5. Does anything on the list surprise you?

Maintenant à vous!

1. What likes and dislikes do you have in common with TP?
2. Now create your own **j'aime / j'aime pas** list in French. When you finish, form groups of five and mix up your lists. Take turns reading the list out loud while group members try to identify who the list belongs to.

Voix en direct (suite)

Go to **iLrn** to view video clips of French students introducing themselves and talking about their interests. You will also see a little girl describing her best friend.

Expression écrite

À vos marques, prêts, bloguez!

What kinds of music do you like? What CDs / groups do you like to listen to? And what about movies? What kinds of movies do you like to watch? What genres don't you like? What movie do you recommend to your classmates (**Je recommande…**)? Go to the class blog to discuss these questions in French. Then read the postings of your classmates and respond to two of them.

Portrait d'un(e) camarade

In this activity, you will write a descriptive portrait of a classmate.

■ **Première étape:** Interview a member of the class to find out the following information, which you will include in your portrait. Use **tu** in your interview.

1. Quel âge est-ce qu'il/elle a? C'est quand, son anniversaire?
2. D'où est-il/elle? *(Where is he/she from?)*
3. Où est-ce qu'il/elle habite maintenant?
4. En quelle année est-il/elle à l'université?
5. Où est-ce qu'il/elle passe beaucoup de temps sur le campus?
6. Qu'est-ce qu'il/elle aime faire *(to do)* le week-end?
7. Qu'est-ce qu'il/elle n'aime pas faire le week-end?

■ **Deuxième étape:** Follow the model to write your portrait.

Voici Jennifer. C'est une étudiante de dix-neuf ans aux cheveux bruns et courts. Elle est de Miami, mais, maintenant, elle étudie à Brandeis. Elle habite sur le campus dans une résidence universitaire. Jennifer est en première année à l'université. Elle étudie la biologie, la psychologie et les statistiques. Pour se reposer le week-end, elle aime aller au cinéma et écouter de la musique. Elle n'aime pas beaucoup regarder la télé. Jennifer est belle et intelligente.

Explorez en ligne

There are a lot of popular music sites available through French search engines. Using yahoo.fr, type **musique** to find yahoo's music site. How many hits are French? Name two. Listen to a clip from Daft Punk or another French band / singer that interests you. Write down the name of the artist(s) and the genre and, in English, what you think of the clip. How many stars do you give it? Now go to an equivalent American music site. How many songs appear on both lists? What three things did you learn from visiting the French site?

SYSTÈME-D

Phrases:	describing people
Grammar:	infinitive, adjective agreement
Vocabulary:	leisure, studies, courses, university

Structures utiles

Saying what you like to do *Aimer et les verbes réguliers en -er*

In English, the infinitive form of a verb usually includes *to*, as in *to like*. In French, it is identified by the ending of the verb. The largest group of French verbs has infinitives that end in **-er.** These regular **-er** verbs have the same conjugation pattern. To conjugate the verb **aimer,** remove the infinitive ending **-er** and add the endings shown in bold type in the chart.

aimer *(to like; to love)*	
j'aim**e**	nous aim**ons**
tu aim**es**	vous aim**ez**
il/elle/on aim**e**	ils/elles aim**ent**

The subject pronoun **je** contracts with the verb that follows if it begins with a vowel sound. Drop the **e** in **je** and add an apostrophe. This is called **élision.**

je chante   j'aime   j'écoute   j'habite (mute **h***)

Pronunciation note

- With the exception of the **nous** and **vous** forms, the **-er** verb endings are silent.

    ils parlent   tu danses   elles jouent

- The final **s** of **nous, vous, ils,** and **elles** links with verbs beginning with a vowel sound, producing a **z** sound. This pronunciation linking is an example of **liaison.**

    vous‿aimez   nous‿écoutons   ils‿adorent   elles‿insistent   ils‿habitent*
    /z/   /z/   /z/   /z/   /z/

Here are some common **-er** verbs:

adorer *to adore*	habiter *to live*	regarder *to watch; to look at*
chanter *to sing*	jouer *to play*	rester *to stay*
danser *to dance*	manger *to eat*	travailler *to work*
écouter *to listen (to)*	parler *to speak*	voyager *to travel*
fumer *to smoke*	préférer *to prefer*	

Stating likes, dislikes, and preferences

Verbs of preference (**aimer, adorer, détester, préférer**) can be followed by a noun (see also Structure 2.3) or an infinitive.

J'aime les films étrangers.   *I like foreign films.*
Nous aimons habiter sur le campus.   *We like to live on campus.*

Note the accents on the verb **préférer.**

préférer *(to prefer)*	
je préf**è**re	nous préf**é**rons
tu préf**è**res	vous préf**é**rez
il/elle/on préf**è**re	ils/elles préf**è**rent

Tu préfères les films d'amour.   *You prefer romantic films.*
Nous préférons regarder les comédies.   *We prefer comedies.*

*French distinguishes between mute **h**, where **élision** and **liaison** occur (e.g., **l'homme, l'hôtel, habiter**), and aspirated **h**, where there is no **élision** or **liaison** (e.g., **le héros, le hockey**). Most words beginning with **h** are of the first type. Note, however, that the **h** is never pronounced in French.

To express how much you like something, you can use one of the adverbs shown here. Adverbs generally follow the verb they modify.

beaucoup	very much, a lot
bien	well (**aimer bien** = to like)
assez (bien)	fairly well
un peu	a little
pas du tout	not at all

J'aime **beaucoup** la musique brésilienne.   *I like Brazilian music a lot.*
Marc aime **bien** danser.   *Marc likes to dance.*
Paul danse **assez bien.**   *Paul dances fairly well.*
Nous aimons **un peu** regarder la télé.   *We like watching television a little.*
Je n'aime **pas du tout** les films policiers.   *I don't like detective films at all.*

Because **aimer** means both *to like* and *to love,* **aimer bien** is used to clarify that *like* is intended.

— Tu aimes Chantal?   — *Do you like Chantal?*
— Oui, j'aime bien Chantal.   — *Yes, I like Chantal (just fine).*

Exercice 1 You overhear parts of conversations at a party. Complete the following sentences by conjugating the verbs in parentheses, if necessary.

1. Tu _____ (aimer) cette musique?
2. Tu _____ (préférer) danser ou écouter de la musique?
3. Ce groupe _____ (chanter) très bien.
4. Mes copains _____ (chercher) un bon film. Ils _____ (préférer) les drames psychologiques.
5. Vous _____ (regarder) beaucoup la télévision le week-end?
6. Nous _____ (habiter) près de l'université.

Exercice 2 Make complete sentences by conjugating the verb and selecting a logical ending from among the options given.

1. Vous (écouter) _____.
2. Je (jouer) _____.
3. Il (parler) _____.
4. Tu (manger) _____.
5. Nous (porter) _____.
6. Elles (voyager) _____.

a. des jeans le samedi
b. en Europe
c. à la cafétéria mardi
d. au tennis le dimanche
e. de la musique rock
f. français en classe

Exercice 3 Put the adverbs in parentheses in the correct place.

1. Pierre danse beaucoup. Il aime danser. (bien)
2. Je regarde les films avec Katharine Hepburn à la télé. J'aime les films classiques. (beaucoup)
3. Malina n'aime pas aller au concert avec ses copains. Elle n'aime pas la musique classique. (du tout)
4. J'aime la musique brésilienne, mais j'adore la musique africaine! (assez)
5. Marc aime le cinéma, surtout les comédies. (bien)

Exercice 4 Two of the three verb forms in each list have the same pronunciation. Which one sounds different?

1. danse   dansent   danser
2. joues   jouons   jouent
3. écoutez   écoute   écoutes
4. adore   adores   adorer

Structure 2.2

Saying what you don't like to do *La négation ne... pas*

To make a verb negative, frame it with the negative markers **ne** and **pas.**

> **ne** + verb + **pas**

Je **ne** chante **pas** dans un groupe.	*I don't sing in a group.*
Nous **ne** parlons **pas** italien.	*We don't speak Italian.*

Verbs that begin with a vowel, such as **aimer** and **étudier,** or a mute **h,** drop the **e** in **ne** and add an apostrophe.

Je **n'**aime **pas...**	*I don't like . . .*
Tu **n'**étudies **pas...**	*You don't study . . .*
Elle **n'**habite **pas...**	*She doesn't live . . .*

Casual Speech

In casual conversation, French speakers often drop the **ne.** You will often hear, for example, **j'aime pas...** This casual usage is illustrated in the reading for this module, where Tony Parker posts a list of his likes and dislikes on his web page titled **J'aime, J'aime pas.**

Exercice 5 Contradict the following statements by making the affirmative sentences negative and the negative sentences affirmative.

1. Vous regardez la télévision.
2. Joëlle et Martine n'aiment pas le cinéma.
3. Tu habites à Boston.
4. Nous ne fermons pas la porte.
5. Marc et moi, nous écoutons la radio.
6. Tu étudies l'anglais.
7. Je n'écoute pas le professeur.

Structure 2.3

Talking about specifics *Les articles définis*

The definite article (*the* in English) has the following forms in French:

	singular	plural
masculine	**le** professeur	**les** étudiants
feminine	**la** musique	**les** femmes

Note that **l'** is used with singular nouns (masculine and feminine) beginning with a vowel or a mute **h.**

l'étudiant(e)	**l'**amour	**l'**université	**l'**homme

Definite articles are used to refer to specific people or things.

Regardez **le** professeur.	*Look at the teacher.*
La porte est fermée.	*The door is closed.*

French also uses definite articles for making general statements; this is why they are used with preference verbs. Notice that, in the corresponding English sentences, no article is used.

Vous aimez **le** jazz?	*Do you like jazz?*
Je préfère **les** gens sérieux.	*I prefer serious people.*
L'amour est essentiel dans la vie!	*Love is essential in life!*

The definite article remains unchanged in negative sentences.

J'aime **le** jazz, mais je n'aime pas   *I like jazz, but I don't like classical music.*
   la musique classique.

Exercice 6 Add the appropriate definite article.

1. _____ musique	5. _____ cinéma	9. _____ fenêtres	
2. _____ étudiants	6. _____ année	10. _____ film	
3. _____ chaise	7. _____ danse	11. _____ week-end	
4. _____ homme	8. _____ crayon	12. _____ tableau	

Exercice 7 Use the correct definite article to complete the following interview with Léo Hardy, a young Brazilian performing in Paris.

INTERVIEWER: Vous aimez danser?

LÉO HARDY: Oui, j'adore danser! Je danse _____ (1) tango *(m)*, _____ (2) valse *(f)*, _____ (3) samba *(f)* et _____ (4) danses folkloriques.

INTERVIEWER: Et vous êtes sportif aussi?

LÉO HARDY: Oui! J'aime _____ (5) football *(m)*, _____ (6) tennis *(m)*, _____ (7) golf *(m)* et _____ (8) natation *(f, swimming)*, mais pas _____ (9) ski *(m)*.

INTERVIEWER: Pas _____ (10) ski? Pourquoi pas?

LÉO HARDY: _____ (11) Brésiliens n'aiment pas _____ (12) froid *(m, cold)*.

Structure 2.4

Listing what there is and isn't *Il y a / Il n'y a pas de*

Il y a *(There is / There are)* is used to state the existence of people and things. The negative expression **il n'y a pas** is followed by **de** or **d'**.

Il y a **un**	
Il y a **une**	Il n'y a pas **de/d'**
Il y a **des**	

Il y a **un** concert aujourd'hui?   Non, il n'y a pas **de** concert.
Is there a concert today?   *No, there isn't a concert.*

Il y a **des** devoirs ce soir?   Non, il n'y a pas **de** devoirs.
Is there homework tonight?   *No, there isn't any homework.*

Il y a **une** fête à la résidence?   Non, il n'y a pas **de** fête.
Is there a party in the dorm?   *No, there isn't a party.*

For nouns that begin with a vowel, such as **ordinateur,** or a mute **h,** drop the **e** in **de** and add an apostrophe.

Il y a **un** ordinateur sur son bureau?   Non, il n'y a pas **d'**ordinateur.
Is there a computer on his desk?   *No, there isn't a computer.*

Exercice 8 Complete this passage about an unusual classroom by adding the correct indefinite article: **un, une, des,** or **de.**

Dans la salle de classe, il y a _____ (1) tableau, mais il n'y a pas _____ (2) craie. Il y a _____ (3) bureau pour le professeur, mais il n'y a pas _____ (4) chaise. Il y a _____ (5) porte, mais il n'y a pas _____ (6) fenêtres. Il y a _____ (7) étudiants, mais il n'y a pas _____ (8) professeur.

Exercice 9 Complete the following exchanges with a definite article (**le, la, les**) or an indefinite article (**un[e], des,** or **de**).

1. — Tu aimes _____ (1) week-end?
   — Oui, j'adore _____ (2) week-end, mais je n'aime pas _____ (3) lundi.
2. — Vous êtes français et vous n'aimez pas _____ (4) pain (*m, bread*)? C'est incroyable!
   — C'est vrai. Et je n'aime pas _____ (5) vin non plus (*either*).
3. — Y a-t-il une piscine à la résidence universitaire?
   — Il n'y a pas _____ (6) piscine, mais il y a _____ (7) courts de tennis.
4. — Est-ce qu'il y a un animal dans votre chambre?
   — Oui, il y a _____ (8) chat. Moi, j'adore _____ (9) chats.
5. — Vous aimez _____ (10) sciences naturelles?
   — Oui, beaucoup, mais je n'aime pas _____ (11) anglais.
6. — Est-ce qu'il y a _____ (12) bon dictionnaire sur Internet?
   — Il y a _____ (13) dictionnaires sur Internet mais, je préfère utiliser _____ (14) dictionnaire Larousse à la bibliothèque.

Structure 2.5

Talking about age and things you have *Le verbe avoir*

The verb **avoir** *(to have)* is irregular.

avoir *(to have)*	
j'ai	nous avons
tu as	vous avez
il/elle/on a	ils/elles ont

Nous **avons** beaucoup de devoirs ce soir.   *We have a lot of homework tonight.*
Tu **as** un nouveau numéro de téléphone?   *Do you have a new phone number?*

In French, the verb **avoir** is used to express age.

Quel âge **as**-tu?   *How old are you?*
J'**ai** 19 ans.   *I'm 19 (years old).*

Avoir is often followed by an indefinite article (**un, une,** or **des**). In negative sentences, these articles become **de.**

Il a **des** CD, mais il **n'**a **pas de** cassettes.   *He has CDs, but he doesn't have any cassettes.*

Exercice 10 Use the correct form of the verb **avoir** to complete the following mini-dialogues.

1. — Quel âge avez-vous?

   — Moi, j(e) _____ (1) 18 ans et ma camarade de chambre _____ (2) 20 ans.

2. — Est-ce que vous _____ (3) une télé dans votre studio?

   — Oui, nous _____ (4) une petite télé.

3. — Tu _____ (5) un groupe préféré?

   — Oui, j(e) _____ (6) quelques groupes préférés.

4. — Est-ce que vos amis _____ (7) beaucoup de CD?

   — Jean-Claude _____ (8) beaucoup de CD, et Manuel et Hélène _____ (9) des DVD.

Exercice 11 Gérard is a volunteer with **Médecins sans frontières** (*Doctors without Borders*), helping out in a school that has no electricity. Form logical sentences to indicate what the following people have or do not have in this school.

1. Gérard / des livres
2. Le directeur (*school principal*) / une lampe
3. Le professeur d'anglais / un dictionnaire
4. Le professeur de maths / un ordinateur
5. Les étudiants / des iPods
6. Les enfants / des crayons
7. Vous / une télévision
8. Les profs / des vidéos

Tout ensemble!

Complete this description of Jean-Luc and his friends by selecting the correct words to go in the blanks from the list below. Be sure to conjugate the verbs correctly.

aimer	dimanche	préférer
s'amuser	être (trois fois)	résidence
avoir	jouer	rester
cours	maths	stade
danser	parler	travailler
de	piscine	une

Jean-Luc _____ (1) 18 ans. Cette année, il commence ses études à l'université de Lyon. Jean-Luc a cinq _____ (2): sciences naturelles, biologie, chimie, physique et _____ (3). Il _____ (4) les sciences naturelles—parfois, il n'y a pas beaucoup de devoirs! Comme (*Since*) Jean-Luc n(e) _____ (5) pas de la région de Lyon, il habite dans une _____ (6) universitaire près de la faculté des sciences. L'université _____ (7) excellente, mais elle n'a pas _____ (8) campus «à l'américaine». Il n'y a pas de _____ (9) pour nager (*to swim*) par exemple ou de _____ (10) pour les matches de foot et de basket. Jean-Luc et ses copains _____ (11) contents d'être indépendants. Ils _____ (12) la vie d'étudiant. Ils ne _____ (13) pas, mais ils étudient beaucoup. Jean-Luc adore _____ (14) avec ses copains et _____ (15) souvent à Lyon le week-end. Le samedi, ils _____ (16) avec leurs amis au café ou _____ (17) la salsa dans un club latin. C'est _____ (18) danse très populaire cette année. Le _____ (19), ils _____ (20) au basket.

Vocabulaire

CD1,
Tracks
27–32

Vocabulaire fondamental

Noms

Les distractions	Entertainment
le cinéma	the movies
un copain (une copine)	a friend
la danse	dance
une fête	a party; a holiday
un jeu vidéo	a video game
un match (de football)	a (soccer) game
les montagnes (f)	the mountains
la musique (classique)	(classical) music
la plage	the beach
la télévision (la télé, fam.)	television
les vacances	vacations

Mots apparentés: un CD, un concert, un film, le golf, l'Internet, le jazz, la radio, le rap, le rock, le tennis, une vidéo

Le campus	The campus
une bibliothèque	a library
la fac (fam)	university
le jardin	garden
une librairie	a bookstore
un musée	a museum
une piscine	a swimming pool
une résidence universitaire	a college dorm
un restaurant universitaire (un resto-U, fam)	a university restaurant / cafeteria

Mots apparentés: une cafétéria, un complexe sportif, un laboratoire, le latin (Latin), un parc, un théâtre, une université

Les matières	Subject matters
l'art dramatique (m)	drama
la chimie	chemistry
le commerce	business
la comptabilité	accounting
un cours	a course
le droit	law
l'économie	economics
un examen	a test, an exam
le génie civil	civil engineering
l'histoire (f)	history
l'informatique (f)	computer science
le journalisme	journalism, media studies
les langues (f pl)	languages
l'allemand (m)	German
l'anglais (m)	English
l'arabe (m)	Arabic
l'espagnol (m)	Spanish
le français	French
l'italien (m)	Italian
le japonais	Japanese
les sciences politiques (f pl)	political science
la spécialisation	major
le travail	work

Mots apparentés: l'anthropologie (f), l'art (m), la biologie, la finance, la littérature, le management, le marketing, les mathématiques (f pl; les maths, fam), la médecine, la philosophie, la physique, la psychologie, la science, le semestre, la sociologie, le trimestre

Le calendrier	The calendar
l'année (f)	year
aujourd'hui	today
une fête	a holiday
le jour	day
le mois	month
la semaine	week

Mots apparentés: la date, le week-end

Les jours de la semaine	Days of the week
lundi	Monday
mardi	Tuesday
mercredi	Wednesday
jeudi	Thursday
vendredi	Friday
samedi	Saturday
dimanche	Sunday

Les saisons	Seasons
l'automne (m)	autumn
l'été (m)	summer
l'hiver (m)	winter
le printemps	spring

Les mois de l'année	Months of the year
janvier	January
février	February
mars	March
avril	April
mai	May
juin	June
juillet	July
août	August
septembre	September
octobre	October
novembre	November
décembre	December

Verbes

adorer	to adore
aimer	to like; to love
chanter	to sing
danser	to dance
écouter	to listen (to)
étudier	to study
jouer	to play
manger	to eat
parler	to speak
regarder	to watch
rester	to stay
surfer	to surf
travailler	to work
voyager	to travel

Adverbes

assez (bien)	*fairly well*
beaucoup	*a lot*
bien	*well*
un peu	*a little*

Mots divers

mais	*but*
un nom de famille	*a last name*
où	*where*
un prénom	*a first name*
voici	*here is*

Mots apparentés: une adresse, un numéro de téléphone

Adjectifs

bon(ne)	*good*
difficile	*difficult*
ennuyeux (ennuyeuse)	*boring*
excellent(e)	*excellent*
facile	*easy*
intéressant(e)	*interesting*
pratique	*practical, useful*

Expressions utiles

(See page 45 for additional expressions.)

Je suis en première (deuxième, troisième) année.	*I am a first (second, third) year student.*
Ma spécialisation, c'est la biologie.	*My major is biology.*
Qu'est-ce que tu étudies?	*What do you study?*

(See page 48 for additional expressions.)

l'âge *(m)*	*age*
l'anniversaire *(m)*	*birthday*
J'ai cours le mardi.	*I have classes on Tuesday.*
J'ai trois ans.	*I'm three years old.*
Quel âge avez-vous?	*How old are you?*
Quel jour sommes nous?	*What day is it?*

Vocabulaire supplémentaire

CD1, Tracks 33–34

Noms

Comment exprimer ses préférences

le goût	*taste*
les informations *(f pl)* (les infos, *fam*)	*the news*
les jeux télévisés *(m pl)*	*TV game shows*
une préférence	*a preference*
une série	*TV series*
un stade	*a stadium*
un studio	*a studio apartment*
la télé-réalité	*reality TV show*
le temps libre	*free time*

Mots apparentés: une aventure, le football (américain), le golf, la musique électronique, le sport, la techno

L'université et le campus

un amphithéâtre	*an amphitheater, a lecture hall*
un arbre	*a tree*
un banc	*a bench*
un bâtiment	*a building*
le beau temps	*good weather*
le centre-ville	*downtown*
l'espace *(m)*	*space*
une exposition	*an exhibit*
une fleur	*a flower*
une salle informatique	*a computer room*
un terrain de sport	*a sports field*

Mots apparentés: un court de tennis, médiocre, silencieux (silencieuse), typiquement

Le calendrier

les études	*studies, schoolwork*
le froid	*the cold*
la montagne	*the mountain(s)*
la neige	*the snow*
la plage	*the beach*
la rentrée	*back to school or work*
le travail	*work*
les vacances *(f pl)*	*vacation*

Mots divers

moins	*less*
parfois	*sometimes*
plus	*more*
quel(s), quelle(s)	*which, what*
rarement	*rarely*
régulièrement	*regularly*
souvent	*often*
surtout	*most of all*

Deux étudiantes dans leur appartement à
Paris: est-ce qu'elles étudient?

Chez l'étudiant

This chapter expands on the topic of students' lives at home and at school. You will learn how to talk about your family and how to describe your room and your personal belongings. In the **Perspectives culturelles** sections, you will read about attitudes towards families and about the recent popularity of **colocation,** living with roommates.

La famille

Structure 3.1

Expressing relationship *Les adjectifs possessifs*

Structure 3.2

Talking about where people are from *Le verbe venir*

Structure 3.3

Another way to express relationship and possession *La possession de + nom*

To talk about your family, you will need to use possessive adjectives and the preposition **de** + **nom** to express relationships. You will also use the verb **venir** *(to come)* to talk about where relatives are from. For an explanation of possessive adjectives, see page 82. For the verb **venir,** see page 83. See page 83 for **de** + **nom**.

Arbre généalogique

Ce sont mes grands-parents!

Gérard et Soline Dubois   Guy et Marguerite Denôtre

C'est mon oncle!   C'est mon père!   C'est ma mère!   C'est ma tante!

Antoine Marianne Jeanne Thierry   Sandrine Serge   Michèle

C'est mon cousin!   C'est ma sœur!   C'est moi!   C'est mon frère!

Samuel Sara (jumeaux)   Amélie Catherine Geoffroy Pauline Manuel   Jean-Pierre

Activité 1 **La famille Dubois**

Regardez l'arbre généalogique de Pauline et répondez aux questions suivantes.

1. Combien d(e)... a-t-elle?
   a. frères   **c.** oncles   **e.** enfants
   b. cousins   **d.** cousines

2. Comment s'appelle(nt)...

a. la femme de son oncle Serge?

b. sa tante célibataire *(unmarried)*?

c. le mari de sa tante Marianne?

d. son cousin qui est fils unique *(only child)*?

e. ses cousins jumeaux *(twin)*?

f. ses sœurs?

3. Qui est/sont...

a. Samuel et Sara?

b. Gérard et Soline Dubois?

c. Thierry et Sandrine?

d. Amélie et Catherine?

e. Jean-Pierre?

f. Manuel et Geoffroy?

Notez et analysez

Take another look at **Activité 1, question 2 a.–f.** Find all the words that mean *her.* Can you explain why the forms of this word change?

Activité 2 **Les membres de la famille**

A. Quelle définition correspond à chaque membre de la famille?

1. le grand-père

2. la belle-mère

3. la tante

4. le mari

5. l'oncle

6. le neveu

a. l'époux de la femme

b. le frère de la mère ou du père

c. le fils du frère ou de la sœur

d. la mère de la femme ou du mari ou la nouvelle femme du père

e. la sœur de la mère ou du père

f. le père de la mère ou du père

Notez et analysez

Take another look at **Activité 2.** How would you say *the mother's sister* or *the father's brother* in French?

B. Trouvez quelqu'un dans la classe qui a...

a. un neveu ou une nièce

b. un frère ou une sœur

c. un beau-père ou une belle-mère

Activité 3 **C'est votre portable? Un professeur distrait *(absentminded)***

Donnez un objet de votre sac ou de votre sac à dos au professeur. Puis aidez votre professeur à rendre les objets aux étudiants.

Portraits de famille

Tam et ses amis sont étudiants à l'université, mais ils habitent avec leur famille. Ils ont des situations familiales différentes.

TAM: J'ai une assez grande famille. Mes parents viennent du Viêt-Nam et ils ont un petit restaurant vietnamien dans le Quartier latin. J'ai trois frères et une sœur. Nous travaillons tous ensemble dans le restaurant. Mon frère aîné est marié. Lui et sa femme habitent l'appartement d'à côté *(next door)*.

CAROLE: Mon père et ma mère sont divorcés. Moi, j'habite avec ma mère, mon beau-père et mon demi-frère, Serge. C'est le bébé de la famille. Il est gâté et difficile! Je passe souvent les vacances en Bretagne avec mon père. Il habite seul.

MOUSTAFA: Mes parents viennent d'Algérie, mais je suis de nationalité française. J'ai deux frères et une sœur. Mon frère aîné a 20 ans et mon frère cadet a 16 ans. Ma sœur, Feza, est institutrice. Elle est célibataire mais elle a un nouveau fiancé.

JEAN-CLAUDE: Je n'ai ni frère ni sœur; je suis fils unique. Ma mère est morte *(died)*. J'habite avec mon père et ma belle-mère, qui est super.

Activité 4 Vrai ou faux?

Indiquez si les phrases suivantes sont vraies ou fausses. Corrigez les phrases fausses.

1. La famille de Tam vient du Viêt-Nam.
2. Tam a une belle-sœur.
3. Carole est la demi-sœur de Serge.
4. Les parents de Moustafa viennent d'Afrique du Nord.
5. La belle-mère de Jean-Claude est sympathique.
6. Jean-Claude a une grande famille.

Activité 5 La parenté de gens célèbres

Quelles sont les relations entre les personnes suivantes? Posez les questions à un(e) autre étudiant(e) comme dans le modèle.

Modèle: Caroline Kennedy (sœur) / Ted Kennedy
— *Est-ce que Caroline Kennedy est la sœur de Ted Kennedy?*
— *Non, c'est sa nièce.*

1. Laura Bush (tante) / Jenna Bush Hager
2. la reine Elizabeth (belle-mère) / le prince William
3. Bart et Maggie Simpson (enfants) / Marge et Homer Simpson
4. Malia Obama (cousine) / Sasha Obama
5. Bill Gates (frère) / Melinda Gates
6. Chelsea Clinton (nièce) / Hillary Clinton

La famille française

Un nombre croissant de couples français décident de vivre ensemble sans se marier.

Comme la famille américaine, la famille française se transforme: la mère travaille, le père participe plus à l'éducation° de l'enfant et les grands-parents habitent moins souvent° avec leurs enfants. La famille nucléaire traditionnelle—homme, femme et leurs enfants—coexiste maintenant avec d'autres modèles familiaux. Le divorce (42 divorces sur 100 mariages) crée° un grand nombre de familles monoparentales°, et les remariages produisent des familles recomposées°. Un nombre croissant° de couples choisissent de vivre ensemble sans° se marier et il y a de plus en plus d'enfants nés° de ces unions libres. En 2006, 50,5% des bébés sont nés hors° mariage. Le pacte civil de solidarité (PACS), créé en 1999, offre un statut juridique° aux couples non-mariés (homme-femme ou de même sexe).

°upbringing
°less often

°creates
°single-parent families
°blended families
°growing number
°without
°born
°outside of
°legal status

Malgré° ces changements, pour les Français, la vie familiale, après la santé°, reste la chose la plus importante dans la vie. Les jeunes Français habitent souvent plus longtemps avec leur famille que les jeunes Américains. En effet, on choisit souvent une université dans une ville près de la résidence familiale. À l'âge de 24 ans, presque la moitié des étudiants habitent toujours chez les parents. Ce départ tardif° est en partie le résultat d'une économie précaire°. Les parents, pour leur part, accordent souvent plus d'indépendance ou de liberté à leurs enfants. Beaucoup de jeunes estiment° les relations avec leurs parents excellentes. Dans un monde incertain, le cocon° familial offre protection et stabilité et le foyer° est un lieu sûr° pour développer son identité personnelle.

°Despite
°health

°late departure
°weak
°regard

°nest / home / safe place

(Adapté de *Francoscopie*, 2007)

Avez-vous compris?

Indiquez si les phrases suivantes sont vraies ou fausses. Corrigez les phrases fausses.

1. Les mères françaises ne travaillent pas.
2. Il y a plus d'un *(more than one)* modèle familial en France de nos jours.
3. Dans la famille classique française, il y a un seul *(only one)* parent.
4. La famille recomposée est souvent le résultat d'un divorce et d'un deuxième mariage.
5. Les couples qui vivent en union libre sont mariés.
6. La famille joue un rôle central dans la vie des Français.
7. Les rapports entre les parents et les jeunes Français sont généralement mauvais.
8. Il est rare pour un jeune Français de 24 ans d'habiter chez ses parents.

Le père joue un rôle plus important dans l'éducation de ses enfants.

Et vous?

1. Est-ce que, pour vous et vos amis, il est préférable de vivre à la maison quand on fait ses études universitaires?
2. Est-ce un tabou aux États-Unis d'avoir un bébé hors mariage? Expliquez.
3. Quelle institution aux États-Unis est comparable au PACS?

Thème

Les caractéristiques personnelles

Structure 3.4

Describing personalities *Les adjectifs (suite)*

This **thème** presents additional adjectives for describing personal characteristics. See pages 84–85 for information on adjective placement and agreement rules.

optimiste, réaliste	pessimiste
sociable	timide, réservé(e)
sympathique, gentil(le), agréable	désagréable, snob, égoïste, méchant(e)
compréhensif (compréhensive) *(understanding)*	strict(e), sévère
heureux (heureuse), content(e)	mécontent(e), triste
intelligent(e)	stupide, bête *(fam)*
calme, décontracté(e) *(relaxed)* stressé(e)	nerveux (nerveuse),
enthousiaste, passionné(e)	indifférent(e)
travailleur (travailleuse)	paresseux (paresseuse)
dynamique, actif (active), sportif (sportive)	sédentaire
raisonnable	déraisonnable
individualiste, indépendant(e)	conformiste
sage, bien élevé(e) *(well-behaved)*	gâté(e) *(spoiled)*, mal élevé(e)

Notez et analysez

In a glossary or vocabulary list of French terms, which adjective form is presented first, the masculine form or the feminine form? What feminine endings do you find in this list?

Activité 6 Votre famille

Répondez aux questions sur la personnalité des membres de votre famille. Pour qualifier votre description, utilisez **un peu, assez** ou **très**.

> **Modèle:** pessimiste
> Étudiant(e) 1: *Qui dans ta famille est pessimiste?*
> Étudiant(e) 2: *Ma sœur est très pessimiste. / Personne n'est (No one is) pessimiste dans ma famille.*

1. calme
2. raisonnable
3. gâté(e)
4. sportif (sportive)
5. pessimiste
6. égoïste
7. nerveux (nerveuse)
8. désagréable
9. bien élevé(e)
10. dynamique

Activité 7 C'est Brad Pitt, Angelina Jolie ou les deux?

Est-ce que l'adjectif prononcé par votre professeur décrit Brad Pitt, Angelina Jolie ou les deux?

> Modèle: Vous entendez *(hear)*: blond
> Vous dites *(say)*: *C'est Brad Pitt.*

1.   3.   5.

2.   4.

Activité 8 Êtes-vous d'accord?

Un(e) ami(e) parle de votre famille. Vous êtes d'accord, mais vous atténuez *(tone down)* les remarques en suivant les modèles.

> Modèles: — Ta mère est pessimiste.
> — *Oui, elle n'est pas très optimiste.*
>
> — Ton oncle est gentil.
> — *Oui, il est assez sympathique.*
>
> — Ton cousin est nerveux.
> — *Oui, il n'est pas très calme.*

1. Comme tes grands-parents sont sympathiques!

2. Ta cousine est moche!

3. Je trouve tes frères réservés.

4. Ton chien est méchant.

5. Ta mère est très active.

6. Ton oncle est paresseux.

Astérix est un petit homme courageux. Son meilleur ami *(best friend)*, Obélix, est un gros homme fidèle. Et Garfield, le chat, comment est-il?

Notez et analysez

Most descriptive adjectives follow the nouns they modify. Which adjectives in the caption describing Astérix and Obélix follow this pattern? Some adjectives precede the nouns they modify. A simple mnemonic device that may help you remember this group of adjectives is BAGS—Beauty, Age, Goodness, and Size. Find the categories that apply to the adjectives that precede the noun in the cartoon caption.

Activité 9 Identification

Identifiez les personnes et les choses suivantes.

1. C'est une belle femme célèbre.
2. C'est le joli jardin de Monet.
3. C'est un grand compositeur français.
4. C'est une jeune joueuse de tennis française.
5. C'est une bonne montre *(watch)* suisse.
6. C'est une vieille ville italienne.
7. C'est un bel acteur français.
8. C'est un petit homme important.

a. Napoléon
b. Amélie Mauresmo
c. Romain Duris
d. Catherine Deneuve
e. Rome
f. une Swatch
g. Giverny
h. Claude Debussy

Activité 10 Ma grand-mère

Ce portrait n'est pas très descriptif. Ajoutez des adjectifs: **beau (belle); joli(e); jeune; petit(e); grand(e); vieux (vieille); nouveau (nouvelle); sympathique; moderne; bon(ne).**

1. Ma grand-mère est une femme. (deux adjectifs)
2. Elle habite avec ses quatre chats dans une maison avec un jardin. (deux adjectifs)
3. Elle adore la musique. (un adjectif)
4. Elle a aussi beaucoup de CD de jazz. (un adjectif)

Activité 11 Devinez!

En groupes de deux ou trois, choisissez une personne célèbre et écrivez cinq ou six phrases qui la décrivent. Utilisez une bonne variété d'adjectifs. Ensuite, présentez votre description à la classe. Vos camarades vont deviner *(guess)* de qui vous parlez. Combien d'adjectifs utilisez-vous avant qu'on devine le nom de votre célébrité? Le groupe qui utilise le maximum d'adjectifs gagne!

Activité 12 Interaction

Répondez directement aux questions et développez votre réponse en ajoutant une ou deux remarques.

> **Modèle:** — Est-ce que tu viens d'une famille nombreuse?
> — *Non, je viens d'une famille moyenne. J'ai une sœur et un frère. Ma sœur a 15 ans et mon frère a 20 ans.*

1. Tu viens d'une famille nombreuse?
2. D'où viennent tes parents? Où habitent-ils maintenant? Comment sont-ils?
3. Est-ce que tu préfères les petites familles ou les grandes familles? Pourquoi?
4. Tu aimes les parents de tes amis? Comment sont-ils?
5. Est-ce que tes grands-parents sont vivants *(living)*? Quel âge ont-ils?

La chambre et les affaires personnelles

Structure 3.5

Describing where things are located *Les prépositions de lieu*

In the following descriptions of two students' rooms, you will learn how to use prepositions to describe how items are arranged in space. For a list of these prepositions, see page 86.

Chez Claudine

Regardez la chambre de Claudine. Il y a un lit **entre** la table de nuit et le bureau. **Sur** le lit, il y a un joli couvre-lit à fleurs. **Derrière** le lit, il y a une fenêtre. **Sur** la table de nuit, il y a des fleurs **dans** un vase. **Dans** son placard, il y a des vêtements. **Devant** son bureau, il y a une chaise. Son petit chat blanc est **sous** la chaise. Son ordinateur est **sur** son bureau et, **au-dessus du** bureau, il y a une affiche d'Einstein. Le chapeau préféré de Claudine se trouve **sur** le tapis **près du** lit. Il y a une chaîne stéréo **sur** l'étagère.

Activité 13 Vrai ou faux?

Indiquez si les phrases suivantes sont vraies ou fausses. Corrigez les phrases fausses.

1. Dans la chambre de Claudine, il y a...
   a. une chaise devant la fenêtre
   b. un lit entre la table de nuit et le bureau
   c. un chat sous la chaise
   d. une affiche au-dessus du lit
   e. un tapis entre le placard et le lit

Chez Christian

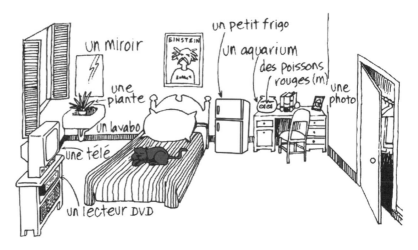

Regardez la chambre de Christian. Son miroir est **à côté de** la fenêtre. Il y a un gros chat noir **sur** le lit. **Au-dessus du** lit, il y a une affiche d'Einstein. **En face du** lit, il y a une télévision avec un lecteur DVD. Son petit frigo est **entre** le lit et le bureau. **Devant** le bureau, il y a une chaise. **Dans** un aquarium **sur** le bureau, il y a des poissons rouges. **Près de** l'aquarium, il y a des livres et une photo. Il y a une plante **dans** le lavabo.

2. Dans la chambre de Christian, il y a...
   a. un chat sur le tapis
   b. un lit entre le bureau et le petit frigo
   c. une affiche au-dessus du lit
   d. un vase de fleurs sur le bureau
   e. une plante dans le lavabo

Activité 14 Les affaires personnelles et la personnalité

Donnez vos impressions d'Anne en regardant sa chambre et ses affaires personnelles. Comment est Anne? Qu'est-ce qu'elle aime faire?

Activité 15 **Sondage (Poll) sur les affaires personnelles**

En groupes de trois ou quatre, trouvez quatre objets que tout le monde *(everyone)* possède et un objet qui n'appartient à personne *(no one has)*. Travaillez vite—le groupe qui finit le premier gagne!

> **Modèle:** un livre de Shakespeare
> — *Qui a un livre de Shakespeare?*
> — *Moi.*
> — *Moi aussi.*
> — *Et un livre de Dan Brown?*
> — *Personne* (No one).

un dictionnaire anglais-français
un lecteur DVD
une raquette de tennis
une montre
un sac à dos
un snowboard
un instrument de musique
un laptop avec wifi
un livre de Flaubert
des plantes
une calculatrice
des livres de Harry Potter
un ballon de foot
un CD de Dave Matthews

des posters
des rollers *(fam)*
un vélo
des CD de Beyoncé
un chapeau de cow-boy
un lecteur MP3
un journal intime *(diary)*
une télé
une chaîne hi-fi
un portable
un petit frigo *(fam)*
un radio-réveil
un scooter

une montre

un Blackberry

un lecteur MP3

une calculatrice

un vélo

un portable avec wifi
(prononcé *weefee*)

un ballon de foot

un radio-réveil

un iPod touch

Activité 16 **Interrogez le professeur.**

Vous avez huit questions pour identifier quatre choses que votre professeur ne possède pas. Utilisez **vous** dans vos questions.

> **Modèle:** Étudiant(e): *Vous n'avez pas de rollers, n'est-ce pas?*
> Professeur: *Mais si, j'ai des rollers!*

Des nombres à retenir
(60 à 1 000 000)

Votre numéro de téléphone? — C'est le 04 60 58 85 48.
Votre adresse? — C'est 69, avenue des Lilas.

60 soixante	**70 soixante-dix**	**80 quatre-vingts**
61 soixante et un	71 soixante et onze	81 quatre-vingt-un
62 soixante-deux	72 soixante-douze	82 quatre-vingt-deux
63 soixante-trois	73 soixante-treize	83 quatre-vingt-trois
64 soixante-quatre	74 soixante-quatorze	84 quatre-vingt-quatre
65 soixante-cinq	75 soixante-quinze	85 quatre-vingt-cinq
66 soixante-six	76 soixante-seize	86 quatre-vingt-six
67 soixante-sept	77 soixante-dix-sept	87 quatre-vingt-sept
68 soixante-huit	78 soixante-dix-huit	88 quatre-vingt-huit
69 soixante-neuf	79 soixante-dix-neuf	89 quatre-vingt-neuf

90 quatre-vingt-dix	**100 cent**	**1 000 mille**
91 quatre-vingt-onze	101 cent un	1 001 mille un
92 quatre-vingt-douze	102 cent deux	1 002 mille deux
93 quatre-vingt-treize	103 cent trois	2 000 deux mille
94 quatre-vingt-quatorze	200 deux cents	2 001 deux mille un
95 quatre-vingt-quinze	201 deux cent un	2 002 deux mille deux
96 quatre-vingt-seize	202 deux cent deux	2 500 deux mille cinq cents
97 quatre-vingt-dix-sept		
98 quatre-vingt-dix-huit	1 000 000 un million	
99 quatre-vingt-dix-neuf		

Notez et analysez

For numbers from 70 to 99, keep these "formulas" in mind: 70 = 60 +
10 (**soixante-dix**); 80 = 4 × 20 (**quatre-vingts**); 81 = 4 × 20 + 1
(**quatre-vingt-un**); 90 = 4 × 20 + 10 (**quatre-vingt-dix**); 95 = 4 × 20 + 15
(**quatre-vingt-quinze**). Try using these formulas to calculate how to say
the following numbers: **a.** 78 **b.** 85 **c.** 93. Check your answers against the
numbers in the list above.

Activité 17 Comptez!

Suivez les directives.

1. Comptez de 70 jusqu'à 100.
2. Donnez les multiples de 10 de 60 jusqu'à 120.
3. Donnez les multiples de 5 de 50 jusqu'à 80.
4. Donnez les nombres impairs (*odd*) de 71 jusqu'à 101.
5. Lisez: 13, 15, 19, 25, 61, 71, 81, 91, 101, 14, 1 000, 186, 1 000 000.

Identifiez l'objet selon *(according to)* son prix.

Modèle: Ça coûte 16,75€ (16 euros 75).
C'est la calculatrice.

Ça coûte…

1. 876 €
2. 289.90 €
3. 10 150 €

4. 265 €
5. 197 €
6. 675 €

Soldes! *(Sale!)*

une calculatrice

un lecteur CD/DVD

un iPod touch

un portable

un vélo

une voiture

un snowboard

La vogue de la coloc

used to live
Recently
friendship
choose
share
life / rent
each / average

Sometimes
house rules
living room / bathroom

you must choose carefully

hands down
launch

ads

Traditionnellement les étudiants français qui n'habitaient pas chez leurs parents logeaient° seuls dans une chambre à la résidence universitaire ou en ville. Récemment° inspirés par la série américaine *Friends* et le film *L'Auberge espagnole,* les étudiants d'aujourd'hui préfèrent l'amitié° et la solidarité à la solitude. Un bon nombre de jeunes choisissent° la colocation.

Alicia Fortin, 20 ans, étudiante à Tours, explique: «C'est sympa de partager° une expérience de vie° avec quelqu'un. En plus, le loyer° est raisonnable. Avec ma coloc Claire nous payons 315€ chacune°. C'est moins que le loyer moyen° de l'étudiant français» (388€).

Il y a évidemment des avantages, mais quels sont les risques? Parfois° les colocataires ne respectent pas les règles de vie commune°. Il y a par exemple les copains qui vont et viennent entre le salon° et la salle de bains°, les fêtes organisées quand vous avez des examens et des colocs qui refusent de ranger l'appart. Il y a aussi un risque financier: si un colocataire ne paie pas, le propriétaire peut demander aux autres de payer sa part. Donc il faut bien choisir° ses colocataires.

Et vous, vous êtes le colocataire idéal? Vous êtes aimable, respecteux, compréhensif, sociable? Vous vous adaptez aux autres? Vous avez sans conteste° le profil idéal pour vous lancer° dans cette aventure!

Où trouver un coloc? On peut consulter des sites Internet ou les petites annonces° au C.R.O.U.S. ou à la fac.

Adapté de L'Étudiant

ARMANDE17380

Dernière connexion : Il y a 3 heures

✓ EN SAVOIR PLUS

Profil :	23, Hétéro, En extérieur
Loyer Max :	€300
Emménagement :	1 Jun. 2010
Commentaires :	

Bonjour, je recherche un logement totalement meublé en colocation pour la période de juin à fin août voir plus... en effet j'ai un emploi assuré durant cette période dans le 8e arrondissement... je cherche donc une chambre sympa pas trop loin avec des gens sympas; si possibilité, accès jardin ou autre en extérieur (je fume)...

Avez-vous compris?

A. Indiquez si les phrases suivantes sont vraies ou fausses. Corrigez les phrases fausses.

1. La série *Friends* et le film *L'Auberge espagnole* ont contribué à la vogue de la colocation.

2. Un des avantages de la colocation est la solitude.

3. Alicia est contente de vivre avec sa colocataire.

4. Alicia et Claire paient plus que l'étudiant français moyen pour leur logement.

5. Il n'y a pas de risques dans la colocation.

6. La question de ranger ou non l'appartement pose parfois des problèmes entre colocataires.

7. Les autres colocataires sont responsables financièrement si un colocataire ne paie pas son loyer.

8. Le colocataire idéal est sérieux et travailleur.

B. Regardez l'annonce pour répondre aux questions suivantes.

1. Armande a _____ ans.

2. Elle cherche un appart à _____ euros par mois.

3. Elle cherche un logement (meublé, non-meublé).

4. Elle cherche un logement pour quelle saison? Le/L' _____.

5. Accès à un jardin ou une fenêtre est important parce qu'elle _____.

Et vous?

1. Avez-vous un(e) colocataire? Est-il/elle sociable et respectueux (respectueuse)?
2. Pour vous, quel est l'avantage principal de la colocation?
3. Décrivez votre coloc idéal.

1, Track 35

Voix en direct
La vie en colocation

Vivre en colocation. Qu'est-ce que ça veut dire[1] en France?

Vivre en colocation, en France, c'est partager[2] un appartement avec d'autres gens mais on ne partage pas les chambres en France, on partage juste l'appartement.

[1] *What does it mean* [2] *to share*

Manon Garcia
23 ans
Étudiante, Paris

Quelles sont les qualités d'un bon colocataire?

Euh, je pense qu'il..., il faut[3] être ordonné... euh qu'il, il faut nettoyer[4] nos affaires et tout ça; beaucoup plus que quand on vit seul[5]. Euh, qu'il faut respecter l'intimité[6] des autres et être assez ouvert, voilà.

[3] *it's necessary* [4] *to clean* [5] *lives alone* [6] *privacy*

Comment est-ce qu'on trouve un colocataire en France?

Euh, par Craig's list aussi. Maintenant on a Craig's list. Oui. Sinon[7], il y a... On peut mettre des petites annonces à l'université. Les gens, ils font beaucoup ça. Il y a différents sites sur Internet...

[7] *Otherwise*

Où habitent les étudiants qui n'habitent pas dans les résidences?

Beaucoup habitent chez leurs parents, comme moi, par exemple, j'habite chez mes parents parce que c'est, c'est plus pratique et c'est moins cher. Sinon, il faut trouver un studio ou être en colocation.

Hugo Pelc
24 ans
Étudiant, Paris

Réfléchissez aux réponses

1. Selon Manon, qu'est-ce que les colocataires en France ne partagent pas?
2. Quelles sont les qualités d'un bon colocataire selon Manon? Vous êtes d'accord avec elle?
3. Hugo pense que c'est une bonne idée pour les étudiants de vivre chez leurs parents. Pourquoi? Êtes-vous d'accord avec lui?
4. Quelles sont les deux autres options qu'il donne?

Comment louer une chambre ou un appartement

Réfléchissez et considérez

What features would you look for in an apartment? Before looking at the expressions presented here, with a partner, come up with four questions you would ask a prospective landlord. Then look to see if a French equivalent appears below.

CD1, Track 36

Expressions utiles

Est-ce que vous avez une chambre / un studio / un appartement à louer°?	*to rent*
Je cherche° un studio à louer.	*I'm looking for*
C'est combien, le loyer°?	*the rent*
Il y a des charges°?	*utility charges*
Est-ce qu'il y a une caution°?	*a deposit*
Vous avez la climatisation° (la clim, *fam*)?	*air conditioning*
Je peux° fumer?	*Can I . . .*
Je peux avoir un chat?	
Les animaux sont interdits°?	*prohibited*
Il y a un garage / un jardin / une piscine / une salle de musculation°?	*a workout room*
Je voudrais le prendre°.	*I'd like to take it.*
Je voudrais réfléchir un peu°.	*I'd like to think it over.*

Cette carte autorise les étudiants, les familles modestes et d'autres personnes gagnant *(earning)* peu d'argent, à recevoir un remboursement *(reimbursement)* de leur loyer par le gouvernement.

Activité 19 Qui parle?

Pour chaque phrase, indiquez qui parle: **a.** le propriétaire ou **b.** une personne qui cherche un appartement.

1. C'est un studio ou une chambre dans un appart? ___
2. Il y a des charges? ___
3. Les chats et les chiens sont interdits dans cet appartement. ___
4. Le loyer est très raisonnable! Je voudrais prendre le studio! ___
5. Vous fumez? Et vous avez des animaux? ___
6. Il y a des charges pour utiliser la salle de musculation? ___

Activité 20 L'appartement idéal

Pour vous, quelle est l'importance des caractéristiques suivantes? Dites si chaque aspect est essentiel, important ou pas important et expliquez pourquoi.

> **Modèle:** *Pour moi, un studio meublé* (furnished) *est essentiel.*
> *Je n'ai pas de lit.*

Un bel immeuble à 5 étages *(floors)*

1. un studio meublé
2. un studio près de la fac
3. un studio près du centre-ville *(downtown)*
4. un studio avec un garage
5. un studio dans un quartier calme
6. un studio clair *(light)* et lumineux *(bright)*
7. un loyer bon marché *(inexpensive)*
8. un studio dans un immeuble *(building)* avec d'autres étudiants
9. un studio où on accepte les animaux
10. un grand studio
11. un studio dans un immeuble avec un beau jardin et une piscine
12. d'autres qualités?

ack 37

Écoutons ensemble! Jennifer cherche une chambre à louer.

Jennifer parle à la propriétaire d'une chambre à louer. Écoutez leur conversation et complétez le tableau avec les informations appropriées.

Logement	_ appartement	_ studio	_ chambre
Description	_ calme	_ grand	_ près de la fac
Loyer par mois	_ 250 euros	_ 205 euros	_ 502 euros
Autres	_ des charges	_ une caution	_ un immeuble
Animaux acceptés	_ les chats	_ les chiens	_ les autres animaux

Activité 21 **Je cherche un studio.**

Écoutez et complétez le dialogue avec un(e) camarade de classe.

LOCATAIRE: Bonjour, madame. Vous _____ (1) un studio à _____ (2)?

PROPRIÉTAIRE: Oui, mademoiselle. Il y ___ (3) le studio numéro 25 en face du jardin.

LOCATAIRE: Est-ce qu'il est meublé?

PROPRIÉTAIRE: Oui, il y a un _____ (4), une _____ (5), des _____ (6) et un ___ (7).

LOCATAIRE: Très bien. Et vous êtes _____ (8) de la fac?

PROPRIÉTAIRE: Oui, ici nous sommes à trois kilomètres de la fac. J'ai beaucoup d'étudiants comme locataires.

LOCATAIRE: _____ (9)?

PROPRIÉTAIRE: 400 euros par mois plus les charges.

LOCATAIRE: Y _____ (10)?

PROPRIÉTAIRE: Oui, la caution est de 100 euros.

LOCATAIRE: Est-ce que _____ (11)?

PROPRIÉTAIRE: Non, les animaux sont strictement interdits.

LOCATAIRE: Je voudrais réfléchir un peu. Merci, madame.

Selon cette publicité, quelle sorte de logement est-ce que les étudiants cherchent? Quelles options offre Hestia? Comment est-ce qu'on contacte Hestia?

Situations à jouer!

1. As a landlord, you've had bad experiences with renters in the past. Interview a potential renter to decide whether or not you'll accept him/her as a tenant. Find out about what s/he studies, his/her likes and dislikes, whether s/he smokes, if s/he has pets, and so on.

2. You and several of your friends decide to look for a house to share. Discuss what you will require. Go visit the house and ask the landlord your questions in order to decide whether to rent the house or not.

Quelles affaires de cette jeune fille reflètent ce qu'elle fait ou comment elle est?

3. In groups of four or five: On a piece of paper, list four of your belongings that reflect something about you. Pass the paper to another person. S/He will write down an impression of you based on your belongings. S/He will then conceal his/her comments by folding back the paper accordion style, and s/he will pass the paper to another person. Continue until each group member has put comments on each paper. Finally, each member of the group will receive a set of comments from the other members.

Lecture

Anticipation

Degas, whose painting *La famille Bellelli* is reproduced here, is just one of the famous artists whose works are found in the **musée d'Orsay,** the former Parisian train station that now contains one of the world's finest collections of mid- to late-nineteenth-century art.

The description of Degas's painting below is excerpted from an official museum guide. By looking for cognates and guessing at meaning based on what you would expect to find in this kind of text, try to understand the gist of the reading.

Which of the following topics do you expect the guidebook to mention?

a. subject matter
b. composition and/or style
c. price
d. color
e. identity of painter's spouse

▮▮ Activité de lecture

Scan the text to find the French equivalents of the following words.

a. was started
b. a sojourn
c. baroness
d. monumental
e. portraits
f. interior
g. enriched
h. sober
i. refined
j. painting
k. family drama

La famille Bellelli

during

painting

is taking place
taste

La famille Bellelli a été commencé par Degas lors° d'un séjour à Florence chez sa tante, la baronne Bellelli. Ce tableau° monumental de portraits dans un intérieur, à la composition simple mais enrichie à l'aide de perspectives ouvertes par une porte ou un miroir, aux couleurs sobres mais raffinées (jeu des blancs et des noirs), est aussi la peinture d'un drame familial qui se joue° entre Laure Bellelli et son mari, et dans lequel on reconnaît le goût° de Degas pour l'étude psychologique.

Extrait du Guide du musée d'Orsay

Compréhension et intégration

1. Look again at the topics proposed in the **Anticipation** section. Were your predictions accurate? Explain.

2. Answer the following questions.
   a. Where was Degas when he began this painting?
   b. With whom was he staying?
   c. Is the painting small or large?
   d. What two possible sources of light in the room are suggested?
   e. What adjectives describe the quality of the color in the painting?
   f. What two colors predominate?
   g. Is Degas interested in capturing the interaction between family members?

Maintenant à vous!

1. Qui regarde qui dans le tableau?

2. Comment est l'atmosphère? Choisissez parmi les adjectifs suivants: **animée** *(lively)*, **calme, tranquille, joyeuse, décontractée, tendue** *(tense)*.

3. Quelles sont les qualités universelles de cette famille? Quels aspects de la famille trouvez-vous démodés *(out-of-date)*?

Voix en direct (suite)

Go to **iLrn** to view video clips of young people talking about their living situations. You will also see a French person talking about the two most important things / objects that students need.

Expression écrite

Moi et ma chambre

What do our rooms say about us? Imagine that someone had to get to know you, relying exclusively on a photograph of your room in its "normal" state. What would they learn about you: your personality, interests, likes and dislikes? In this composition you will write about your room and how it reflects your personality. Or, if it doesn't, explain why not—perhaps you don't have the money or time to arrange it as you would like.

■ **Première étape:** Make a list of all the items in your room, their design and color. Use as much detail as possible. For example, if you have CDs, give their titles or the artists' names. Include information about your room arrangement and whether it is usually neat (**rangée**) or messy (**désordonnée**). If you live with a roommate, mention some of the things that they have and whether or not you have or like the same things.

■ **Deuxième étape:** Write down what you think your room says (or hides) about you. Here you will use adjectives to describe your personality and you will talk about your likes and dislikes.

■ **Troisième étape:** Now you are ready to write. Begin your essay with a general introduction about your room and your living situation; i.e., do you live in a dorm, at home, in an apartment? Follow the model below.

Voici ma chambre. Elle est petite pour deux personnes, moi et ma camarade de chambre, Martha. Nous habitons dans la résidence universitaire, Dykstra. Dans ma chambre, le côté droit *(right side)* est à Martha et le côté gauche *(left side)* est à moi. Martha est très organisée et ses affaires sont rangées. Elle aime George Clooney et elle a un grand poster de *O Brother, Where Art Thou?* sur le mur à côté de son lit. Moi, je ne range *(straighten)* pas beaucoup parce que je suis très occupée. Mon lit est à côté de la fenêtre. J'ai un couvre-lit vert. J'aime le vert. Sur mon lit, il y a des vêtements. Il y a des vêtements par terre sur le tapis aussi. Mon placard est trop *(too)* petit pour tous mes vêtements. À côté de mon lit, il y a une étagère avec beaucoup de livres. J'adore lire! J'ai des livres de Hemingway, de Faulkner et de Fitzgerald. J'étudie la littérature américaine. J'ai aussi un gros livre de chimie parce que j'ai un cours de chimie très difficile!

À vos marques, prêts, bloguez!

Describe your ideal roommate. Write four sentences in French on the class blog, and then respond to one other student's posting.

SYSTÈME-D

Phrases:	describing
Grammar:	adjective agreement, adjective position, possessive adjectives: **mon, ma, mes**; prepositions
Vocabulary:	room/furniture, favorite activities/ leisure, personality

Structure 3.1

Expressing relationship *Les adjectifs possessifs*

Possessive adjectives are used to express relationship and possession. In French, they agree with the noun they modify, not with the possessor. The following chart summarizes the various possessive adjectives forms.

Subject	Possessive adjectives			
	masculine	feminine	plural	English equivalent
je	mon	ma	mes	*my*
tu	ton	ta	tes	*your*
il/elle/on	son	sa	ses	*his/her/its*
nous	notre		nos	*our*
vous	votre		vos	*your*
ils/elles	leur		leurs	*their*

Regardez M. Leclerc. Il est avec **sa** femme et **ses** enfants.
Look at Mr. Leclerc. He is with his wife and his children.

Ma tante Simone et **mon** oncle Renaud arrivent avec **leur** fille.
My aunt Simone and my uncle Renaud are arriving with their daughter.

Mes parents parlent rarement de **leurs** problèmes.
My parents rarely talk about their problems.

The masculine form (**mon, ton, son**) is used before singular feminine nouns beginning with a vowel or a mute **h.**

Mon oncle et **son** amie Susanne habitent à New York.
My uncle and his friend Susanne live in New York.

Exercice 1   Chantal is discussing her family reunions with a friend. Choose the correct form of the possessive adjective.

1. Je danse avec (mon, ma, mes) cousins.
2. Charles et (son, sa, ses) sœur regardent souvent la télé.
3. (Mon, Ma, Mes) frère et moi, nous travaillons dans la cuisine *(kitchen)*.
4. (Ton, Ta, Tes) mère prend souvent des photos.
5. (Mon, Ma, Mes) tante et (mon, ma, mes) oncle arrivent avec (leur, leurs) chien.
6. Nous chantons (notre, nos) chansons *(songs)* préférées autour du piano.

Exercice 2   Monique and Guy have struck up a conversation at the cafeteria. Complete their conversation with the correct possessive adjective (**mon, ma, mes, ton, ta, tes,** etc.).

GUY: Est-ce que tu habites à la résidence universitaire ou avec _____ (1) famille?

MONIQUE: J'habite à la résidence universitaire, mais je rentre chez _____ (2) parents le week-end. J'aime parler avec _____ (3) mère et _____ (4) père et surtout jouer avec _____ (5) petit frère, Manuel.

GUY: Est-ce que _____ (6) grands-parents habitent chez toi?

MONIQUE: Non. _____ (7) grands-parents habitent à la campagne. _____ (8) maison est très vieille et charmante. Et toi, est-ce que tu habites chez _____ (9) parents?

GUY: Non, j'habite avec _____ (10) amis François et Jean-Luc.

Structure 3.2

Talking about where people are from *Le verbe* **venir**

Venir is an irregular verb.

venir *(to come)*	
je viens	nous venons
tu viens	vous venez
il/elle/on vient	il/elles viennent

The verb **venir** can be used when talking about one's place of origin.

Je suis canadienne. Je **viens** de Toronto.
I'm Canadian. I come from Toronto.

Est-ce que vous **venez** des États-Unis?
Do you come from the United States?

Exercice 3   Ousmane is talking about his friends who live in the international residence hall. Complete his sentences with the verb **venir.**

1. Nous _____ tous de pays *(countries)* différents.
2. Moi, par exemple, je suis sénégalais. Je _____ de Dakar.
3. Mes copains Miguel et Hector _____ de Barcelone; ils ont un léger accent espagnol.
4. Kim, tu _____ de Corée, n'est-ce pas?
5. Jean-Marc et Bernard, vous _____ de Montréal, non?
6. Et il y a Tsien. Il _____ de Chine.

Structure 3.3

Another way to express relationship and possession
*La possession **de** + nom*

The preposition **de** (or **d'**) *(of)* used with nouns expresses possession and relationship. This structure is used in place of the possessive *'s* in English.

Voici la mère **de** Charles.   *Here is Charles's mother.*
J'adore la maison **d'**Anne.   *I love Anne's house.*
Quel est le numéro de l'appartement **de**   *What is your brother's apartment number?*
  ton frère?

The preposition **de** contracts with the definite articles **le** and **les.**

de + le = du	C'est le chien **du** petit garçon.
de + les = des	Je n'ai pas l'adresse **des** parents de Serge.
de + l' = unchanged	Nous écoutons les CD **de l'**oncle d'Antoine.
de + la = unchanged	Les clés **de la** voiture sont dans son sac.

Exercice 4 Henriette and Claudine are talking about the people they observe in the park. Complete their conversation with **du, de la, de l', de, des,** or **d'.**

1. Les enfants _____ tante de Sophie s'amusent sur leurs scooters.
2. Regarde le gros chien _____ petits enfants. Il est adorable!
3. J'aime beaucoup le chapeau _____ jeune homme qui écoute son iPod!
4. Regarde la robe _____ femme africaine. Elle est élégante, non?
5. Et la guitare _____ homme qui joue pour ses amis... elle est magnifique!
6. La couleur _____ vélo est très jolie, hein?

Structure 3.4

Describing personalities *Les adjectifs (suite)*

As you saw in **Module 1,** most feminine adjectives are formed by adding an **e** to the masculine ending.

Ton père est assez strict. Ta mère est-elle strict**e** aussi?

Several other common regular endings are shown in the following chart.

masculine ending	feminine ending	examples
-é	-ée	gâté (gâtée); stressé (stressée)
-if	-ive	sportif (sportive), actif (active)
-eux	-euse	nerveux (nerveuse); sérieux (sérieuse)
-eur	-euse	travailleur (travailleuse)
-on	-onne	bon (bonne); mignon (mignonne)
-os	-osse	gros (grosse)

Placement of adjectives in a sentence

As a general rule, adjectives in French follow the nouns they modify.

Elle a les cheveux **blonds** et les yeux **bleus.**
Est-ce que tu aimes les gens **actifs**?

However, a small number of adjectives precede the noun. The mnemonic device BAGS (beauty, age, goodness, size) may help you remember them.

B	A	G	S
beau (belle)	vieux (vieille)	bon (bonne)	petit(e)
joli(e)	jeune	mauvais(e)	grand(e)
	nouveau (nouvelle)		gros (grosse)
			long (longue)

La petite fille arrive avec son **gros** chat **noir.**

The litte girl is coming with her big, black cat.

Adjectives with three forms

The adjectives **beau, vieux,** and **nouveau** have a special form used when they precede a masculine singular noun beginning with a vowel or a mute **h.**

un **beau** garçon	un **bel** homme	une **belle** femme
un **vieux** livre	un **vieil** ami	une **vieille** maison
un **nouveau** film	un **nouvel** acteur	une **nouvelle** voiture

Exercice 5 Armand is in a bad mood. Complete his description of his family with the correct form of the adjective in parentheses.

Je m'appelle Armand et je suis _____ (1) (pessimiste). Ma mère est _____ (2) (ennuyeux) et peu _____ (3) (compréhensif). Mes parents ne sont pas assez _____ (4) (enthousiaste). J'ai deux sœurs, Nadine et Claire. Elles sont _____ (5) (paresseux), _____ (6) (gâté) et _____ (7) (méchant). Toute ma famille est _____ (8) (désagréable) sauf (*except*) nos deux chattes (*female cats*). Elles sont _____ (9) (mignon).

Exercice 6 Armand's sister tends to be more optimistic. Complete her family description with the correct form of the adjective in parentheses.

Je m'appelle Nadine et je suis _____ (1) (optimiste). Ma mère est très _____ (2) (actif) et mon père est _____ (3) (compréhensif). J'ai un frère, Armand, qui n'est pas _____ (4) (optimiste) comme moi. Ma sœur Claire est _____ (5) (travailleur) et _____ (6) (intelligent). Elle est très _____ (7) (bien élevé). Toute la famille est _____ (8) (gentil). Il y a deux petites exceptions: nos chattes. Elles sont trop _____ (9) (indépendant) et _____ (10) (indifférent).

Exercice 7 Expand on the following sentences by inserting the adjectives in parentheses. Be careful with both adjective agreement and placement.

> **Modèle:** Annette est une fille (jeune, sérieux).
> *Annette est une jeune fille sérieuse.*

1. C'est une chambre (lumineux, petit).
2. Je préfère la robe (blanc, joli).
3. Voilà un étudiant (jeune, individualiste).
4. J'aime les films (vieux, américain).
5. Le sénateur est un homme (vieux, ennuyeux).
6. Marc est un homme (beau, riche et charmant).
7. Le Havre est un port (vieux, important).
8. Paris est une ville (grand, magnifique).
9. J'écoute de la musique (beau, doux).

Exercice 8 Describe Jean-Claude's room using the words in parentheses.

La chambre de Jean-Claude est un désastre! Il y a une _____ (1) (photo / vieux) par terre, et une _____ (2) (plante / petit) dans le lavabo. Sur une chaise, il y a des _____ (3) (tennis / sale [dirty]) et beaucoup de _____ (4) (cassettes / vieux). Près de la photo d'une _____ (5) (fille / joli, blond) sur la table de nuit, il y a une _____ (6) (chemise / bleu) et un _____ (7) (sandwich / gros). La chambre exhale une _____ (8) (odeur / mauvais). Ce n'est pas une _____ (9) (chambre / agréable).

Structure 3.5

Describing where things are located *Les prépositions de lieu*

Prepositions are used to describe the location of people and things. The following is a list of common prepositions.

dans	*in*	loin de	*far from*
devant	*in front of*	près de	*near*
sur	*on*	en face de	*facing*
sous	*under*	au-dessus de	*above*
entre	*between*	au-dessous de	*below*
derrière	*behind*	à côté de	*next to*

Prepositions that end in **de** contract with **le** and **les,** as shown in the following examples.

La table est à côté **du** mur.   *The table is next to the wall.*
La porte est près **des** fenêtres.   *The door is near the windows.*

Exercice 9 Complete the description of Christian's room (refer to page 70) by selecting the correct preposition.

à côté de   au-dessus du   entre   sur   devant

1. Le chat de Christian est _____ le lit.
2. Les livres sont _____ l'aquarium.
3. La chaise est _____ le bureau.
4. Le petit frigo est _____ le lit et le bureau.
5. L'affiche d'Einstein est _____ lit.

Exercice 10 Lucas is a foreign student at an American university. Use the picture on page 41 to help him describe the campus to his friends in France. Use the appropriate prepositions plus the articles as needed.

1. La librairie est _____ bibliothèque.
2. _____ la bibliothèque, il y a une fontaine.
3. Le musée d'art est _____ bibliothèque.
4. La résidence est _____ cafétéria.
5. Les courts de tennis sont _____ terrain de sport.
6. Le théâtre est _____ le musée et le cinéma.

Exercice 11 Here is a description of a mixed-up room. Replace the preposition in italics to create a more typical room arrangement. Remember to make all necessary changes.

1. La télé est *dans* le lit.
2. Il y a un couvre-lit *au-dessous du* lit.
3. La table de nuit est *loin du* lit.
4. Il y a des livres *sous* l'étagère.
5. Le tapis est *derrière* le lit.
6. Il y a un miroir *dans* le lavabo.

Tout ensemble!

Complete the following paragraph with the words from the list.

belle	leurs	ses
bons	loue	son
de	meublé	travailleuse
de la	nouveau	vient
française	petit	viennent
grand	récents	
jeune	sa	

Jean-Marc est étudiant à l'université de Lyon. Il _____ (1) de Beaune, une ville pas loin _____ (2) Lyon. Il _____ (3) un studio près _____ (4) faculté des sciences. C'est un _____ (5) studio _____ (6) avec l'essentiel: un lit, un sofa, un bureau, une chaise. Sur le mur de _____ (7) studio, Jean-Marc a une _____ (8) affiche de son footballeur préféré, Zidane, ancien _____ (9) champion de l'équipe _____ (10). Il a aussi un _____ (11) lecteur de CD et beaucoup de _____ (12) CD _____ (13). Quand _____ (14) amis _____ (15) le voir *(to see him)*, ils aiment apporter _____ (16) CD préférés et ils écoutent de la musique ensemble. Le week-end, Jean-Marc va voir _____ (17) famille et passe aussi beaucoup de temps avec sa petite amie, Djamila, une _____ (18) fille _____ (19).

Vocabulaire

Vocabulaire fondamental

Noms

La famille — *Family*

un bébé	*a baby*
un(e) chat(te)	*a cat*
une femme	*a wife*
un fils	*a son*
un frère	*a brother*
un mari	*a husband*
une mère	*a mother*
un oncle	*an uncle*
un père	*a father*
une sœur	*a sister*
une tante	*an aunt*

Mots apparentés: un(e) cousin(e), une grand-mère, un grand-père, des grands-parents

La chambre — *Bedroom*

un couvre-lit	*a bedspread*
une étagère	*a bookshelf*
une fleur	*a flower*
un lit	*a bed*
des meubles *(m pl)*	*furniture*
un miroir	*a mirror*
un petit frigo *(fam)*	*a small refrigerator*
un placard	*a closet*
une plante	*a plant*
une table de nuit	*a nightstand*
un tapis	*a rug*
un vase	*a vase*

Les affaires personnelles — *Personal possessions*

une affiche	*a poster*
un ballon (de foot)	*a ball (soccer); a balloon*
une bicyclette, un vélo	*a bicycle*
une calculatrice	*a calculator*
une chose	*a thing*
un lecteur MP3	*MP3 player*
une montre	*a watch*
un sac à dos	*a backpack*
une voiture	*a car*

Mots apparentés: une chaîne stéréo, un disque compact (CD), un instrument de musique, un iPod, un laptop, une photo, un poster, un téléphone (portable), une télévision (une télé, *fam*)

Le logement — *Housing*

un appartement	*an apartment unit*
une caution	*a deposit*
les charges *(f pl)*	*utility charges*
un(e) colocataire (un[e] coloc, *fam*)	*apartment/house mate*
le loyer	*rent*
une maison	*a house*
un(e) propriétaire	*a landlord/landlady*
un studio	*a studio apartment*

Verbes

You are responsible only for the infinitive form of the verbs marked with an asterisk.

chercher	*to look for*
coûter	*to cost*
louer	*to rent*
passer	*to pass (spend) time*
*payer	*to pay*
*prendre	*to take*
*réfléchir	*to think*
venir	*to come*
*voir	*to see*

Adjectifs

agréable	*likeable*
bête *(fam)*	*stupid*
bon marché	*inexpensive*
célibataire	*unmarried*
cher (chère)	*dear; expensive*
clair(e)	*bright*
désagréable	*unpleasant*
désordonné(e)	*messy*
difficile	*difficult*
gâté(e)	*spoiled*
gros(se)	*large*
heureux (heureuse)	*happy*
marié(e)	*married*
mauvais(e)	*bad*
nouveau (nouvelle)	*new*
ordonné(e)	*neat, tidy*
paresseux (paresseuse)	*lazy*
réaliste	*realistic*
réservé(e)	*reserved*
sportif (sportive)	*athletic*
travailleur (travailleuse)	*hardworking*
triste	*sad*

Mots apparentés: actif (active), calme, content(e), divorcé(e), important(e), indifférent(e), long(ue), marié(e), pessimiste, strict(e), stupide

Adjectifs possessifs

ma, mon, mes	*my*
leur, leurs	*their*
notre, nos	*our*
sa, son, ses	*his/her*
ta, ton, tes	*your*
votre, vos	*your*

Prépositions

à côté de	*next to*
au-dessous de	*underneath, below*
au-dessus de	*above*
chez	*at the home (place) of*
dans	*in*
derrière	*behind*
devant	*in front of*

en face de	*facing*
entre	*between*
loin de	*far from*
près de	*near*
sous	*under*
sur	*on*

Expressions utiles

Comment louer une chambre ou un appartement	***How to rent a room or an apartment***
(See other expressions on page 76.)	
C'est combien, le loyer?	*How much is the rent?*
Est-ce que vous avez une chambre à louer?	*Do you have a room to rent?*

Je peux avoir un chien?	*Can I have a dog?*
Je voudrais réfléchir un peu.	*I'd like to think it over.*
Non, les animaux sont interdits.	*No, animals are not allowed.*
Vous avez la climatisation (la clim, *fam*)?	*Do you have air conditioning?*

CD1, Tracks 45–46

Vocabulaire supplémentaire

Noms

La famille — *Family*

un beau-frère, un beau-père, une belle-mère, une belle-sœur	*a brother/father/mother/sister-in-law, also a step-father/mother*
le bonheur	*happiness*
un demi-frère, une demi-sœur	*a half-brother/sister*
une famille (moyenne, nombreuse, recomposée)	*an average-sized/large/blended family*
un(e) fiancé(e)	*a fiancée, someone engaged to be married*
un fils, une fille unique	*an only brother/sister*
un frère (une sœur) aîné(e)	*an older brother/sister*
un petit-fils; des petits-enfants	*a grandson; grandchildren*

La chambre — *Bedroom*

l'aménagement (*m*)	*layout, amenities of room*
en ordre/en désordre	*neat/messy*
un lavabo	*a sink*

Le logement — *Housing*

un jardin	*a garden*
une piscine	*a swimming pool*
une salle de musculation	*a workout room*

Les objets personnels — *Personal possessions*

un journal intime	*diary*
un lecteur de CD/DVD	*a CD/DVD player*
un radio-réveil	*a radio alarm clock*
un répondeur	*an answering machine*
un réveil	*an alarm clock*

Mots apparentés: un aquarium, un dictionnaire (un dico, *fam*), une guitare, une raquette de tennis, des rollerblades (*m pl*) (rollers [*fam*] [*m pl*]), un scooter, des skis (*m pl*), un snowboard

Adjectifs

aîné(e)	*older*
bien/mal élevé(e)	*well/bad-mannered*
cadet (cadette)	*younger*
compréhensif (compréhensive)	*understanding*
décontracté(e)	*relaxed*
déraisonnable	*unreasonable*
doux (douce)	*sweet; soft; slow*
jumeau (jumelle)	*twin*
lumineux (lumineuse)	*sunny, bright*
méchant(e)	*mean*
meublé(e)	*furnished*
mort(e)	*dead*
ouvert(e)	*open*
raisonnable	*reasonable*
sage	*well-behaved*
vivant(e)	*living; lively*

Mots apparentés: conformiste, courageux (euse), enthousiaste, essentiel(le), fidèle, indépendant(e), individualiste, sédentaire, sévère, snob, stressé(e), super (*fam*), tranquille

L'Arche de la Défense à Paris. Est-ce que cette architecture
contemporaine correspond à votre image de Paris?

4

Travail et loisirs

In this chapter, you will learn to talk about your work and leisure activities and how to tell time. You will also get a glimpse of how French-speaking young people view work and sports and will read about Québec's world-famous circus, **le Cirque du Soleil.**

Thème: Les métiers
Structure 4.1: Talking about jobs and nationalities *Il/Elle est ou C'est + métier / nationalité*

Thème: Les lieux de travail
Structure 4.2: Telling where people go to work *Le verbe **aller** et la préposition **à***

Pratique de conversation: Comment dire l'heure et parler de son emploi du temps
Structure 4.3: Talking about daily activities *Les verbes pronominaux (introduction)*

Perspectives culturelles: Le travail moins traditionnel

Thème: Les activités variées
Structure 4.4: Talking about leisure activities *Les verbes **faire** et **jouer** pour parler des activités*

Perspectives culturelles: Le sport
Voix en direct: Est-ce que vous faites du sport?

Thème: Les projets
Structure 4.5: Making plans *Le futur proche*

À lire, à découvrir et à écrire
Lecture: Le Cirque du Soleil: Un spectacle mondial
ilrn **Voix en direct (suite)**
Expression écrite
À vos marques, prêts, bloguez!
Le métier pour moi

Les métiers

Le secteur juridique
L'avocat défend son client devant **la juge** au tribunal.

Le secteur médical
Le médecin examine son **patient.** **L'infirmière** prend des notes.

Le secteur marketing
Louise Armand est contente d'avoir un poste de **cadre.** Cette **directrice de marketing** parle avec sa **secrétaire.**

Le secteur mécanique auto
La voiture de cette **femme d'affaires** est en panne. Elle parle avec son **mécanicien.**

Le secteur enseignement
Une femme au foyer présente ses enfants à **l'institutrice.**

Le secteur commercial
La vendeuse aide sa **cliente**.

Le secteur des services publics
Des pompiers et **des agents de police** arrivent sur la scène de l'accident.

Le secteur agricole
Des ouvriers agricoles parlent avec **un agriculteur** sur son tracteur.

Le secteur construction
Un ingénieur dirige **des ouvriers du bâtiment.**

La recherche d'un emploi
Cet homme cherche du travail. Il est **au chômage.**

Structure 4.1

Talking about jobs and nationalities *Il/Elle est ou C'est + métier / nationalité*

When talking about professions, you will need to know the masculine and feminine forms of job titles. You will also have to choose between the structures **il/elle est** and **c'est** to state someone's profession and nationality. See pages 111–112 for more information.

 Activité 1 Classez les métiers par catégorie.

Avec un(e) camarade, trouvez les métiers où...

1. on a besoin d'un diplôme universitaire.
2. on emploie beaucoup de jeunes.
3. on gagne beaucoup d'argent.
4. on emploie traditionnellement beaucoup de femmes.
5. on voyage beaucoup.
6. on aide les autres.

 Activité 2 Quel métier?

Avec un(e) autre étudiant(e), associez chaque activité à un métier.

Modèles: Il travaille avec ses mains *(hands)*.
C'est un ouvrier.

Elle travaille avec ses mains.
C'est une ouvrière.

ACTIVITÉ	MÉTIER
1. Il répare les voitures.	un agent de police
2. Il tape à l'ordinateur et il s'occupe du bureau.	un ouvrier (une ouvrière) agricole
3. Il dirige *(manages)* la construction des bâtiments.	un chanteur (une chanteuse)
4. Elle chante dans un groupe.	un(e) mécanicien(ne)
5. Il cultive la terre *(earth)*.	un(e) artiste
6. Elle défend ses clients devant le juge.	un homme (une femme) au foyer
7. Elle reste à la maison pour s'occuper des enfants.	un(e) avocat(e)
8. Elle arrête *(arrests)* les criminels et protège les citoyens.	un(e) instituteur (institutrice)
9. Il enseigne *(teaches)* l'art aux petits de 5 ans.	un(e) secrétaire
10. Elle adore dessiner.	un ingénieur

Voici Anne Lauvergeon. **Elle est ingénieur** de formation *(by training)*. Maintenant **elle est PDG** d'Areva, un groupe de trois entreprises nucléaires et technologiques qui emploie 58 000 personnes. Dans la liste de Forbes, Lauvergeon est classée au neuvième rang *(ninth place)* des femmes les plus puissantes *(powerful)* du monde.

Voici Zinédine Zidane et Thierry Henry. **Ce sont des footballeurs** français.

Alain Mabanckou? **C'est un écrivain d'expression française. Il est congolais.** Mabanckou a obtenu le Prix Renaudot pour son livre *Mémoires de porc-épic* en 2006. Maintenant **il est professeur** à UCLA.

Activité 3 Faisons connaissance!

Les personnes suivantes sont célèbres dans le monde francophone. Décrivez-les en employant **Il/Elle est, C'est** ou **Ce sont**.

> **Modèle:** Lance Armstrong? un cycliste américain célèbre
> — *Qui est Lance Armstrong?*
> — *C'est un cycliste américain célèbre.*

1. Zinédine Zidane et Thierry Henry? des champions de football
2. Juliette Binoche? actrice
3. Céline Dion? chanteuse
4. Jean-Michel Jarre? un compositeur de musique électronique
5. Marion Cotillard? une jeune actrice française
6. Alain Mabanckou? écrivain et professeur de français

Activité 4 Jouons à *Jeopardy!*

Devinez les questions associées aux réponses suivantes.

> **Modèle:** un vieil acteur
> — *C'est un vieil acteur.*
> — *Qui est Clint Eastwood?*

C'est/Ce sont...

1. un juge célèbre
2. des hommes politiques conservateurs
3. des chanteuses populaires
4. un vieil acteur
5. un chef d'entreprise riche
6. une athlète célèbre
7. des femmes politiques
8. des journalistes célèbres
9. un artiste français
10. un musicien européen

Les lieux de travail

Structure 4.2

Telling where people go to work *Le verbe **aller** et la préposition **à***

In the working world, people are in constant movement. In this **thème,** you will learn the verb **aller** *(to go)* followed by the preposition **à** to talk about the active, everyday world of work. See page 113 for an explanation.

Activité 5 Où vont-ils?

Où est-ce que les personnes suivantes vont pour travailler? Regardez le plan de la ville et répondez en suivant le modèle.

Modèle: le cuisinier
Il va au restaurant Gaulois.

1. le médecin
2. l'agriculteur
3. le mécanicien
4. l'agent de police
5. le professeur

6. le serveur
7. l'employé(e) de banque
8. la vendeuse
9. le pilote
10. la pharmacienne

Activité 6 Où... ?

Demandez à un(e) autre étudiant(e) où il/elle va d'habitude dans les situations indiquées.

> **Modèle:** le samedi soir
> — *Où est-ce que tu vas le samedi soir?*
> — *D'habitude, je vais au cinéma.*

1. après le cours de français
2. pour travailler
3. le dimanche matin
4. pour étudier
5. pour déjeuner
6. le vendredi soir

Activité 7 C'est quel métier?

Votre professeur va vous dire où quelqu'un travaille. C'est à vous de deviner *(figure out)* le métier de la personne. Utilisez la forme masculine du métier si vous entendez **il.**

> **Modèle:** Vous entendez: Elle travaille à la boutique Naf-Naf.
> Vous écrivez: *C'est une vendeuse.*

1. _____
2. _____
3. _____
4. _____
5. _____
6. _____
7. _____
8. _____

🌐 **Explorez en ligne**

Go to *L'Étudiant*, http://www.letudiant.fr/, the webpage for *L'Étudiant* magazine for high school and college students, and click on **Guide des métiers.** Look at the thumbnails and short introductions to the stories about jobs. Select one that catches your attention. What is it about? Write down the French heading, 3 to 4 words that you understand, and something about the job or person profiled. Be prepared to share your discoveries from this site with the class.

Beaucoup de jeunes aiment faire les vendanges *(to harvest grapes)* pour gagner un peu d'argent de poche.

Comment dire l'heure et parler de son emploi du temps

Talking about daily activities *Les verbes pronominaux (introduction)*

In this **Pratique de conversation,** you will use a variety of time expressions and talk about daily activities. See page 114 for an explanation of some common daily routine verbs.

Track 47

Expressions utiles

Pour demander l'heure

(Excusez-moi,) quelle heure est-il, s'il vous plaît?

— Il est quelle heure?
— Il est midi vingt.
— Déjà? C'est l'heure de manger.

— Tu as l'heure?
— Oui, il est deux heures et demie.
— J'ai cours dans une demi-heure, à trois heures.

Pour parler de l'heure et de l'emploi du temps

La banque ouvre / ferme dans cinq minutes°.	*in five minutes*
La classe finit° à 2h00.	*finishes*
Je vais arriver vers° midi.	*about*
Tu es à l'heure / en retard°.	*on time / late*
C'est l'heure (de manger).°	*It's time (to eat).*
Qu'est-ce que tu fais le matin°?	*in the morning*
l'après-midi°?	*in the afternoon*
le soir°?	*in the evening*
Je me lève tôt / tard° le matin.	*I get up early / late*
Tu te couches avant / après° minuit?	*You go to bed before / after*
Tu as le temps° de faire la cuisine ce soir?	*Do you have time . . . ?*
Non. J'ai un emploi du temps chargé°.	*busy schedule*
Je suis très occupé(e)°.	*busy*

— Tu travailles à plein temps?
— Non. Je travaille à temps partiel, vingt heures par semaine.

— À quelle heure est-ce que tu te lèves?
— Je me lève à huit heures.

Expressions utiles (suite)

CD1, Track 48

Pour dire l'heure non officielle

Il est dix heures du matin.

Il est dix heures et quart.

Il est dix heures vingt-cinq.

Il est dix heures et demie.

Il est trois heures de l'après-midi.

Il est quatre heures moins le quart.

Il est quatre heures moins dix.

Il est neuf heures du soir.

Il est midi / minuit.

Il est midi / minuit et demi.

Réfléchissez et considérez

In French, time is often stated according to the 24-hour clock. What American institution uses this system? What are the advantages of using the 24-hour clock? Give the 24-hour equivalent of the following: **1. huit heures du matin, 2. midi, 3. trois heures de l'après-midi, 4. onze heures du soir.**

Pour dire l'heure officielle basée sur 24 heures

— À quelle heure est-ce que la banque ferme?
— La banque ferme à 18h30 (dix-huit heures trente).
— À quelle heure arrive le train?
— Le train arrive à 10h55 (dix heures cinquante-cinq).

— À quelle heure commence le film?
— À vingt heures dix.
— Zut! Nous sommes en retard!

CD1, Track 49

Écoutons ensemble! L'heure

Écoutez chaque mini-dialogue et écrivez l'heure que vous entendez.

1. _____   3. _____   5. _____

2. _____   4. _____   6. _____

Track 50

Activité 8 Réponses logiques

Vous entendez chacune des questions de la colonne A. Comment y répondre?
Choisissez la réponse logique dans la colonne B. Ensuite, écoutez l'enregistrement
audio pour vérifier vos réponses.

A	B
_____ 1. Tu as cours à quelle heure?	**a.** Oui, c'est l'heure de déjeuner.
_____ 2. Où est Michel?	**b.** Il est deux heures dix.
_____ 3. Il est midi et demi?	**c.** Non, je suis très occupée.
_____ 4. Tu es libre maintenant?	**d.** Non, je n'ai pas de montre.
_____ 5. Tu as l'heure?	**e.** Il est fermé aujourd'hui. C'est un jour férié.
_____ 6. Excusez-moi, monsieur. Quelle heure est-il?	**f.** Je ne sais pas. Il est en retard.
_____ 7. À quelle heure ouvre le musée?	**g.** Non, j'ai cours dans un quart d'heure.
_____ 8. Tu as le temps d'aller au café?	**h.** À onze heures.

Découvrez le Sénat

Le palais du Luxembourg, construit à partir de 1610, est le siège du Sénat, une des deux chambres du Parlement.

L'hémicycle *(chamber)* du Sénat

Le jardin du Luxembourg, le jardin du Sénat

Le musée du Luxembourg accueille des expositions variées.

Musée du Luxembourg: horaires de l'exposition

lundi, vendredi, samedi de 11h à 22h (nocturnes)

mardi, mercredi, jeudi de 11h à 19h

dimanche de 9h à 19h

le musée est ouvert tous les jours, jours fériés inclus

fermeture à 21h tous les dimanches du mois de mars

Activité 9 Heures d'ouverture

Vous voulez voir une exposition au musée du Luxembourg. Vérifiez l'horaire
ci-dessus pour répondre aux questions. Donnez d'abord l'heure officielle puis
l'heure non officielle.

1. À quelle heure est-ce que le musée ouvre du lundi au samedi?

2. À quelle heure est-ce qu'il ferme le soir?

3. Quelle est l'horaire le dimanche?

4. Est-ce que le musée est ouvert ou fermé les jours fériés?

Une journée avec un sénateur

Suivons le sénateur Dubois pendant tout un mardi.

6h00

Le sénateur Dubois **se lève** tôt dans sa maison de l'ouest de la France où il est maire d'une ville. En général, il **se dépêche** pour prendre le TGV.

 **8h30**

Il arrive à son bureau du Sénat et étudie les rendez-vous *(appointments)* de la journée avec son assistant parlementaire. Aujourd'hui, il a un emploi du temps chargé *(full)*.

9h00

Il étudie un projet de loi *(a bill)* avec d'autres sénateurs.

 12h30

Il retourne dans son bureau et il **se prépare** pour un discours *(speech)*. Il n'a pas beaucoup de temps, alors il déjeune dans son bureau: un sandwich.

13h30

Avant la séance *(session)* publique, le sénateur Dubois répond aux questions d'un journaliste.

 **15h00**

Dans l'hémicycle, il fait son discours *(makes a speech)*.

16h30

Le sénateur et un collègue **se retrouvent** dans un petit salon du palais du Luxembourg pour parler des prochaines élections.

 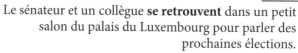 **20h30**

Avant de rentrer à son appartement à Paris, il passe par un restaurant et achète une pizza à emporter *(take out)*.

21h30

Il **se relaxe** devant la télé pendant deux heures. Finalement, il **se couche** après une longue journée.

10 **Quelle heure est-il?**

Quelle heure est-il quand le sénateur Dubois fait les activités suivantes? Donnez d'abord l'heure officielle et ensuite l'heure non officielle.

1. Il parle des prochaines élections avec un autre sénateur.
2. Il mange un sandwich.
3. Il se dépêche pour prendre le TGV.
4. Il fait un discours.
5. Il regarde son emploi du temps avec son assistant.
6. Il a un rendez-vous avec un journaliste.
7. Il achète une pizza à emporter.
8. Il se relaxe devant la télé.

Activité **11** **Comparons!**

Comparez l'horaire du sénateur avec votre horaire.

Modèle: *Le sénateur se lève tôt le matin. Moi, je me lève tôt aussi.*
ou
Moi, je ne me lève pas tôt le matin. Je me lève tard, vers 10h00.

1. Le sénateur se lève tôt le matin. Moi, je...
2. Il se dépêche pour prendre le train. Moi, je...
3. Monsieur Dubois arrive à son bureau avant 9h00. Moi, j'arrive au campus...
4. Il a un emploi du temps chargé. Moi, j'ai un emploi du temps...
5. Le sénateur étudie un projet de loi. Moi, j'étudie...
6. Il déjeune dans son bureau. Moi, je déjeune...
7. Il parle avec un ami sénateur l'après-midi. Je parle avec...
8. Au dîner, il mange de la pizza. Moi, je mange...
9. Le soir, il se relaxe devant la telé. Le soir, je...
10. Il se couche vers minuit. Moi, je...

 Activité **12** **Et votre journée?**

À tour de rôle, posez des questions sur la journée typique d'un(e) camarade de classe.

Modèle: se lever avant ou après 8h00
— *Est-ce que tu te lèves avant ou après 8 heures?*
— *Je me lève après 8h00.*
— *Moi aussi. / Moi, je me lève avant 8h00.*

1. s'habiller avant ou après le petit déjeuner *(breakfast)*
2. se dépêcher pour aller aux cours ou au travail
3. déjeuner sur le campus
4. étudier après les cours
5. se relaxer devant la télé ou l'ordi le soir
6. se coucher avant ou après minuit

Le travail moins traditionnel

Introduction

En France, la conception du travail, surtout chez les jeunes, est en évolution. Un bon salaire° est important, mais on accorde une importance prioritaire aux relations humaines dans le travail et on recherche le développement personnel.

Beaucoup de jeunes envisagent° le travail comme une aventure personnelle. Ils sont ouverts à toutes les nouvelles formes de travail et aux dernières technologies. Ils sont aussi généralement plus mobiles et considèrent tout changement de travail, d'entreprise ou de région comme une possibilité d'enrichissement professionnel.

Profils

Voici deux portraits de jeunes qui illustrent cette tendance. Pour eux, profession et passion vont ensemble.

À 30 ans, Alain Ginot fait partie de la nouvelle génération des producteurs de cinéma. Il a rencontré° son associé, Marc Mouger, à l'université. Les deux étudiants sont en première année de fac quand ils créent° Fidélité Productions et produisent° leur premier film. Pendant trois ans, parallèlement à leurs études, les associés produisent des courts métrages°. Aujourd'hui, Alain reçoit° près de vingt propositions par semaine.

À 22 ans, Sara Marceau est un «trekker» de choc. Cette accompagnatrice de randonnées touristiques° passe six mois de l'année à Madère ou à Chypre et six mois dans le Sahara. Son agence de voyage° est spécialisée dans les randonnées à pied°. Chef d'expédition, elle organise le trek—d'une ou deux semaines—de A à Z. «Je guide les touristes, je les rassure°.» Une grande responsabilité mais parfaitement adaptée à Sara qui adore les voyages.

Adapté de «Ils ont fait de leur passion leur métier» dans *L'Étudiant,* juillet et août 1999

Avez-vous compris?

A. Indiquez si les phrases suivantes sont vraies ou fausses. Corrigez les phrases fausses.

1. Pour les jeunes, un bon salaire est une priorité.
2. Beaucoup de jeunes utilisent les nouvelles technologies dans leur travail.
3. Les jeunes n'aiment pas changer de région pour leur travail.

B. Attribuez les phrases suivantes à la personne appropriée: Alain Ginot ou Sara Marceau.

1. Cette personne préfère travailler en plein air *(fresh air)*.
2. Cette personne travaille avec des clients qui cherchent l'aventure.
3. Cette personne a commencé à travailler dans le cinéma pendant ses études universitaires.
4. Cette personne a créé sa propre *(own)* entreprise avec un ami de l'université.

Et vous?

1. Quand vous cherchez un emploi, qu'est-ce qui compte le plus *(what matters most)* pour vous: un bon salaire, le développement personnel, les relations humaines, la flexibilité des horaires ou autre chose?
2. Est-ce que vous considérez le travail comme une aventure personnelle?
3. Que comptez-vous faire après vos études, rentrer chez vous ou explorer une autre région?

Alain, un producteur nouvelle génération

salary
see
met
create
produce
short films / receives

excursion guide
travel agency
walking excursions
reassure them

Sara, «trekker» dans le désert

Les activités variées

Structure 4.4

Talking about activities *Les verbes faire et jouer pour parler des activités*

In this **thème,** you will use the verbs **faire** and **jouer** to talk about a number of sports and leisure activities. For additional information about these expressions, see page 116.

Les activités de loisir

faire du vélo / faire une promenade à vélo

faire du jogging

jouer au football

faire du tennis / jouer au tennis

faire du roller

jouer du piano

faire du yoga

Les autres activités

faire le ménage

faire la cuisine

faire les devoirs

faire la grasse matinée

faire les courses

faire du travail bénévole

faire un voyage

faire du shopping

Qu'est-ce que vous faites après les cours ou après le travail? Et le week-end?

Activité 13 Qu'est-ce que vous faites?

Utilisez une expression avec **faire** pour répondre aux questions suivantes.

1. Vous voyagez ce week-end?
2. Vous jouez au tennis?
3. Vous préparez quelque chose à manger *(something to eat)*?
4. Vous aimez rester au lit tard le dimanche?
5. Vous jouez du piano?
6. Vous aimez les activités sportives?
7. Vous skiez?

Activité 14 Associations

Éliminez le mot qui ne va pas avec les autres et identifiez l'activité que vous associez à chaque liste.

1. la piscine | l'été | la plage | une balle | un maillot de bain
2. le printemps | l'argent | un sac | une liste | le supermarché
3. un match | une équipe | un ballon | un stade | l'église

Activité 15 La vie active des célébrités

Que font les personnes suivantes? Formez des phrases avec le verbe **faire**.

> **Modèle:** Tony Parker
> *Tony Parker fait du basket.*

1. Audrey Tautou
2. le rappeur MC Solaar
3. les Cowboys de Dallas
4. Zinédine Zidane
5. Emeril Lagasse
6. les astronautes
7. le prof de français
8. mes amis et moi

Activité 16 Signez ici!

Qui, dans la classe, fait les activités suivantes? Préparez une feuille de papier avec les nombres de 1 à 8. Circulez dans la classe en posant les questions appropriées jusqu'à ce que vous ayez trouvé une réponse affirmative à chaque question. La personne qui répond «oui» doit marquer son nom sur votre papier.

> **Modèle:** jouer du piano
> — *Est-ce que tu joues du piano?*
> — *Oui, je joue du piano.* (Cette personne marque son nom.)
> — *Non, je ne joue pas de piano.* (Cette personne ne marque pas son nom.)

1. jouer de la guitare
2. faire du ski sur des pistes *(slopes)* difficiles
3. jouer dans une équipe *(team)* de sport à l'université
4. faire un stage *(an internship)*
5. faire du yoga
6. faire du travail bénévole
7. faire souvent des voyages
8. faire son lit tous les jours

Activité 17 Interaction

Posez les questions suivantes à un(e) camarade de classe.

1. Quel sport est-ce que tu pratiques? Est-ce que tu préfères les sports d'équipe ou les sports individuels?
2. Est-ce que tu fais du travail bénévole? Quand? Où?
3. Chez toi, qui fait le ménage? Qui fait les courses?
4. Est-ce que tu aimes faire la cuisine?
5. Jusqu'à quelle heure est-ce que tu restes au lit quand tu fais la grasse matinée?
6. Est-ce que ton emploi du temps est très chargé cette semaine? Pourquoi?

Le sport

Le sport est important en France. Deux Français sur trois pratiquent un sport. L'éducation physique fait partie de l'enseignement obligatoire° en France (à l'école primaire, au collège et au lycée). Le sport scolaire est relativement peu important° en France, notamment comparé aux États-Unis. Les Français pratiquent surtout des activités sportives dans des associations sportives municipales ou privées. Ces associations, communément appelées des «clubs», organisent l'entraînement° et les compétitions et sont ouvertes aux jeunes et aux adultes. Pour devenir° membre, il faut acheter° une licence mais ça ne coûte pas cher du tout°. Le nombre de membres a considérablement augmenté et on compte aujourd'hui près de dix millions de licenciés°. Le football, le tennis et le judo sont les sports qui regroupent le plus° de licenciés. Le basket-ball, le handball, la pétanque°, l'équitation°, le badminton et le golf regroupent aussi de plus en plus de° membres.

is required in school

is of less importance

training

become / buy
not expensive at all

members
the most / a game similar to bocce ball / horseback riding / more and more

Le parapente dans les Alpes

Beaucoup de Français ne font pas forcément partie° d'associations mais pratiquent quand même des activités sportives. Les sports d'aventures et les sports extrêmes font de plus en plus d'adeptes° depuis quelques années. Le vélo tout terrain°, la randonnée°, l'escalade°, le parapente° et le canoë-kayak en sont quelques exemples.

do not necessarily join

followers
all terrain / hiking / rock climbing / paragliding

Comme les Américains, les Français aiment regarder le sport à la télévision. Le football, le rugby et le basket-ball sont les sports les plus regardés à la télé. Des événements° sportifs populaires sont la Coupe du Monde (de football), la Coupe d'Europe (de football), la Coupe du Monde (de rugby) et les jeux Olympiques.

events

On va à la gym pour rester en forme.

Avez-vous compris?

Dites si les phrases suivantes sont vraies ou fausses. Corrigez les phrases fausses.

1. Deux Français sur trois pratiquent un sport.
2. Le sport d'équipe est une activité très importante au lycée en France comme aux États-Unis.
3. Seuls les jeunes peuvent faire partie d'une association sportive.
4. De moins en moins *(Fewer and fewer)* de Français font partie d'un club.
5. Ces associations sportives sont gratuites *(free)*.
6. Les sports d'aventure sont de plus en plus populaires.
7. Le basket-ball est un des sports les plus regardés à la télévision.
8. Le judo est un sport qui n'est pas très populaire.

CD1, Track 51

Voix en direct
Est-ce que vous faites du sport?

Vanessa, est-ce que vous faites du sport?
Oui, je fais... J'en faisais beaucoup plus[1] avant d'arriver en France. Mais sinon, j'essaie un maximum[2], euh, quand je peux faire un peu de tennis ou quand je peux courir[3] un peu surtout. Le mieux[4] en France, c'est de courir parce qu'on a plein de[5] parcs, et euh, surtout à Paris, c'est très accessible.

Vanessa DeFrance
25 ans
Étudiante récemment arrivée à Paris du Sénégal

Vous préférez les sports individuels ou les sports d'équipe?
Euh... J'aime les deux. J'aime bien les deux. J'aime beaucoup le volley, je faisais beaucoup de beach volley à Dakar, et euh... voilà, j'aime bien les deux, c'est deux approches différentes du sport.

[1]*I used to do a lot more* [2]*I try hard* [3]*run* [4]*The best* [5]*a lot of*

Pierre-Louis, est-ce que vous pratiquez un sport?
Maintenant, le sport que je pratique, c'est la... la course à pied[6]. Dans les rues de Paris, euh, deux fois par semaine, euh, dans les rues ou quand c'est possible dans les parcs. Donc, au jardin du Luxembourg, puisque j'habite pas très très loin, ou au jardin des Plantes aussi. Ou encore au parc Montsouris, voilà, puisque c'est des... c'est des endroits qui sont accessibles... facilement.

Pierre-Louis Fort
35 ans
Professeur à l'université de Créteil

[6]*running*

Et vous, Delphin, est-ce que vous faites du sport?
Moi, je fais beaucoup de sport. J'aime beaucoup, beaucoup le sport. Ah, je fais, je joue au rugby, et c'est un sport qui est pas très populaire aux États-Unis, mais je joue au rugby depuis très longtemps[7]. C'est beaucoup plus populaire en France, surtout dans le sud-ouest[8] vers les Pyrénées.

Delphin Ruché
27 ans
Ornithologue français en séjour à Los Angeles

Quelles sont les différences entre le rugby et le football américain?
J'ai essayé de comprendre[9] les règles[10] du football, mais je comprends pas, là. C'est un jeu[11] qui est très, très différent. Très différent.

[7]*for a very long time* [8]*southwest* [9]*I tried to understand* [10]*the rules* [11]*game*

Réfléchissez aux réponses

1. Selon Vanessa et Pierre-Louis, quel sport est facile à pratiquer si on habite à Paris? Pourquoi? Donnez un synonyme de «courir».

2. Jouez-vous au rugby comme Delphin? Dans quelle partie de la France est-ce que le rugby est populaire? Selon Delphin, est-ce que le football américain ressemble au rugby?

3. Selon Vanessa, le beach volley est populaire au Sénégal. Quels sports sont populaires là où vous habitez?

Les projets

Structure 4.5

Making plans *Le futur proche*

In this **thème**, you will learn the **futur proche** to talk about your plans. See page 118 for an explanation.

Luc est un musicien qui joue du saxophone dans un groupe de jazz. Ce vendredi, il va donner un concert et sa femme est en voyage d'affaires; donc *(therefore)* il va s'occuper *(to take care of)* aussi des enfants. Quel emploi du temps chargé! Qu'est-ce qu'il va faire?

vendredi 4 octobre			
6h00	jogging	16h00	aller chercher les enfants à l'école—les déposer chez la baby-sitter
7h30	petit déjeuner		
8h00	emmener les enfants à l'école	16h30	partir pour la salle de concert—vérifier l'acoustique
11h00	faire les courses		
13h00	aller voir Rémy—directeur de production	17h30	répéter *(rehearse)*
14h30	salle de sports	20h00	Concert!

Activité 18 Les projets de Luc

Étudiez l'agenda de Luc et indiquez si les phrases suivantes sont vraies ou fausses. Corrigez les phrases fausses.

1. Il va faire une promenade dans le parc vendredi matin.
2. À huit heures, il va emmener *(to take)* ses enfants à l'école.
3. Ses enfants vont à l'école jusqu'à *(until)* trois heures de l'après-midi.
4. Il va déjeuner avec le directeur de production de son label à une heure.
5. Il va faire la sieste *(to take a nap)* avant le concert.
6. La baby-sitter va garder les enfants pendant qu'il donne son concert.

Activité 19 Organisez-vous!

A. Sur une feuille de papier, faites une liste de ce que vous allez faire aujourd'hui. Écrivez au moins sept phrases.

> **Modèle:** *Je vais aller au cours de maths.*

B. Ensuite, circulez dans la classe pour trouver quelqu'un qui va faire les mêmes choses.

> **Modèle:** — *Est-ce que tu vas aller au cours de maths?*
> — *Oui, je vais aller au cours de maths cet après-midi.*
> — *Signe ici, s'il te plaît.*

Situations à jouer!

1 You are in a bank and need to cash a traveler's check in a hurry. Ask the teller for the time and find out when the bank closes.

2 Talk to several classmates to compare what you like to do during your free time. With whom do you have the most in common?

3 Talk to several classmates to find out what profession they would like to practice after college and why they find it interesting.

> **Modèle:** — *J'aimerais être (I would like to be)*
> _____ *parce que je voudrais (gagner beaucoup d'argent, aider les gens, voyager, avoir beaucoup de vacances / des horaires flexibles / un travail intéressant).*

Lecture

Anticipation

Complete the following activities before reading the article below, which is adapted from the **Cirque du Soleil** official website.

1. Match the words in column A with the corresponding ones in column B by using your knowledge of French-English cognates.

A	B
1. un jongleur	**a.** a vacationer
2. le début	**b.** street theater
3. un vacancier	**c.** a performance
4. une centaine	**d.** the beginning
5. le théâtre de rue	**e.** a gesture
6. un spectacle	**f.** a juggler
7. une formation	**g.** training
8. un geste	**h.** a hundred

2. Cross out the word that you do NOT associate with the **Cirque du Soleil.**
   a. la créativité
   b. l'aventure
   c. l'imagination
   d. des gymnastes
   e. des musiciens
   f. des animaux

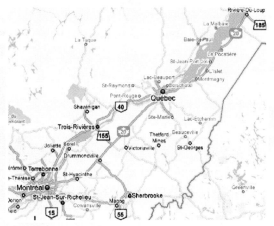

Baie-Saint-Paul, la petite ville québécoise où le Cirque du Soleil est né *(born).*

Le Cirque du Soleil: le grand spectacle

It all began

Tout a commencé° à Baie-Saint-Paul, une petite municipalité située près de la ville de Québec au début des années 80. Des personnages colorés marchent

stilts / eat fire
street theater
vacationers

sur des échasses°, jonglent, dansent, crachent le feu° et joue de la musique. C'est une troupe de théâtre de rue°, qui intrigue et impressionne les résidents de Baie-Saint-Paul et amuse les vacanciers°. En 1984, la troupe, rebaptisée Cirque du Soleil, donne des spectacles dans toute

for a year
around the world / that never stopped

la province pendant un an°, puis elle commence un voyage autour du monde° qui ne s'est jamais arrêté°.

about a hundred

Aujourd'hui, le Cirque du Soleil fait sensation dans une centaine° de villes autour du monde de Tokyo à Dubai. Avec des artistes représentant 40 nationalités et plus de 25 langues différentes, ce n'est pas toujours facile de se comprendre°! Alors, au Cirque, le langage des gestes est roi°. Quand on montre son œil du doigt, par exemple, cela veut dire «Regarde-moi»; quand un autre lève les bras en l'air, «Saute plus haut°».

understand each other
king

Jump higher

Regarde-moi.

Soixante-quinze pour cent° des membres de la troupe viennent de sports de compétition: la gymnastique artistique, le tumbling et le trampoline. Alors le défi° est de transformer ces athlètes en artistes. Ils doivent tous passer six mois de formation° dans un studio à Montréal. C'est là où ils apprennent° à danser, chanter et jouer d'un instrument de musique.

percent

challenge
training
learn

La mission du Cirque est de provoquer les sens° et l'émotion et de montrer le pouvoir° de la créativité et de l'imagination. Le résultat est un chef-d'œuvre° théâtral. Le Cirque du Soleil offre les plus beaux spectacles du monde. Mais, pour les artistes, c'est beaucoup plus que cela. «Nous travaillons et jouons ensemble, explique un membre de la troupe. Nous mangeons ensemble en parlant du spectacle. Et la nuit, nous en rêvons°. Le Cirque du Soleil est notre vie!»

the senses / power

masterpiece

dream about it

Saute plus haut.

Adapté du site Web officiel du Cirque du Soleil 26/8/08 et *Dans les coulisses du Cirque du Soleil* par Line Abrahamian

Une photo d'un numéro *(act)* de Corteo, le onzième spectacle du Cirque du Soleil

Compréhension et intégration

1. Où *(Where)* est-ce que le Cirque du Soleil est né *(was born)*?

2. Pourquoi la communication est-elle parfois difficile pour les membres du Cirque?

3. Quand les membres ne parlent pas la même langue, que font-ils pour communiquer?

4. Quel est le défi *(challenge)* des directeurs du Cirque?

5. Où vont les athlètes du Cirque pour apprendre à être de vrais artistes?

Maintenant à vous!

1. Le Cirque du Soleil n'a pas d'animaux comme dans les cirques traditionnels. Pour vous, cette différence est-elle positive ou négative? Expliquez.

2. Vous êtes journaliste et vous interviewez Guy Laliberté, le directeur du Cirque. Écrivez quatre questions de type oui/non à lui poser.

 Explorez en ligne

1. Go to the **Cirque du Soleil** website and identify two interesting facts to share, in English, with your classmates.

2. Watch a clip of the **Cirque du Soleil** of your choice on YouTube. Which show is it from? Does this clip reflect the **Cirque**'s vision? Explain in English.

Voix en direct (suite)

Go to **iLrn** to view video clips of French speakers talking about their work and their views about work.

Expression écrite

Le métier pour moi

You read about how some French speakers view work. What is your ideal job? Are you looking for adventure? Challenges? A good salary? What are you going to have to do to prepare yourself for this job? In this activity, you are going to write about your ideal job and how you will prepare for it.

■ **Première étape:** Think about the following questions and jot down your responses in French.

1. What are you looking for in a job?
2. What is your ideal job?
3. What do you need to study or do to prepare for this job?
4. Why do you think you are well suited for this job?

> **Modèle:** *Métier: diplomate*
> 1. *J'aime*
>   • *l'aventure, la politique, les challenges*
>   • *parler une autre langue, découvrir d'autres cultures, rencontrer des gens intéressants, faire des voyages*
> 2. *J'aimerais* (I would like) *être diplomate.*
> 3. *Je vais*
>   • *étudier une ou deux autres langues (le français et peut-être le chinois)*
>   • *prendre plus de cours de sciences politiques et d'histoire*
>   • *faire un stage aux Nations Unies*
>   • *beaucoup étudier et passer le «Foreign Service Exam»*
> 4. *C'est un bon métier pour moi parce que*
>   • *je suis sérieux (sérieuse), travailleur (travailleuse) et patient(e)*
>   • *j'aime beaucoup travailler en équipe*
>   • *j'aime les autres cultures*
>   • *j'aimerais représenter mon pays* (country)

■ **Deuxième étape:** Now write your description. Use the **futur proche** to discuss your plans.

> **Modèle:** *Le 5 octobre 20___*
> *J'aime l'aventure et les voyages. J'aime aussi apprendre de nouvelles langues, découvrir de nouvelles cultures et rencontrer des gens intéressants. Je suis fort(e) en sciences politiques et j'aime les challenges. J'aimerais être diplomate. Pour faire ce travail, je vais étudier une ou deux langues (le français, bien sûr, et peut-être le chinois). Je vais prendre plus de cours de sciences politiques et d'histoire. Cet été, je vais faire un stage aux Nations Unies. À la fin de mes études, je vais passer le «Foreign Service Exam». Alors je vais beaucoup étudier! Être diplomate est un bon métier pour moi parce que je suis sérieux (sérieuse), travailleur (travailleuse) et patient(e). J'aime travailler en équipe surtout avec des gens de différentes cultures. J'aimerais aussi représenter mon pays.*

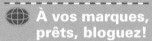

À vos marques, prêts, bloguez!

Do you do volunteer work or have a paying job? If so, what do you do? Is your work interesting? Why or why not? Do you plan to work this summer? What are going to do? Answer these questions in French in a blog entry of four or five sentences and respond to the posting of one other student.

SYSTÈME-D

Phrases:	expressing hopes and aspirations
Grammar:	future with **aller**: **futur immédiat**; verb + infinitive
Vocabulary:	dreams and aspirations; professions, studies, courses; trades, occupation

Talking about jobs and nationalities *Il/Elle est ou C'est +*
métier / nationalité

Masculine and feminine job and nationality forms

Most professions in French have a masculine and a feminine form. In many cases, they follow the same patterns as adjectives and adjectives of nationality.

ending		profession / nationality		
masculine	**feminine**	**masculine**	**feminine**	
–	-e	un avocat	une avocate	*a lawyer*
		français	française	*French*
-ien	-ienne	un musicien	une musicienne	*a musician*
		italien	italienne	*Italian*
-ier	-ière	un infirmier	une infirmière	*a nurse*
-eur	-euse	un serveur	une serveuse	*a waiter/waitress*
-eur	-rice	un acteur	une actrice	*an actor/actress*

For some professions and nationalities where the masculine form ends in **e,** the article or pronoun indicates the gender.

un secrétaire/une secrétaire	*a secretary*
un architecte/une architecte	*an architect*
Il est suisse. / Elle est suisse.	*He is Swiss. / She is Swiss.*

The word **homme** or **femme** is included in some titles.

un homme d'affaires/une femme d'affaires	*a businessman/woman*

In spite of the growing range of work options available to French women, the French language does not always immediately reflect such changes in society. The following traditionally masculine professions only have a masculine form.

Il/Elle est professeur.	*He/She is a professor.*
Il/Elle est médecin.	*He/She is a doctor.*
Il/Elle est cadre.	*He/She is an executive.*

Masculine adjectives always modify the masculine form of these professions.

Mme Vonier est un bon professeur.	*Mrs. Vonier is a good professor.*
Mlle Dulac est un excellent médecin.	*Miss Dulac is an excellent doctor.*
Mme Vivier est un cadre compétent.	*Mrs. Vivier is a competent executive.*

Some nationalities you will encounter in this textbook are:

algérien(ne)	*Algerian*	**congolais(e)**	*Congolese*
allemand(e)	*German*	**espagnol(e)**	*Spanish*
anglais(e)	*English*	**mexicain(e)**	*Mexican*
belge	*Belgian*	**russe**	*Russian*
canadien(ne)	*Canadian*	**sénégalais(e)**	*Senegalese*
chinois(e)	*Chinese*	**suisse**	*Swiss*

Selecting *Il/Elle est* or *C'est*

There are two ways to state a person's profession or nationality in French.

1. Like adjectives, without an article: subject + **être** + job or nationality. Notice that adjectives of nationality are written in lower case.

Marc est très travailleur.	*Marc is very hardworking.*
Il est avocat.	*He is a lawyer.*
Il est canadien.	*He is Canadian.*
Mes sœurs sont intelligentes.	*My sisters are intelligent.*
Elles sont médecins.	*They are doctors.*
Elles sont canadiennes.	*They are Canadian.*

2. As nouns with **c'est** or **ce sont** and the appropriate indefinite article (**un, une, des**). Note that nouns of nationality are capitalized.

C'est un architecte.	*He is an architect.*
C'est une avocate.	*She is a lawyer.*
Ce sont des étudiants.	*They are students.*
C'est une Belge.	*She's Belgian.*

Whenever you modify the profession or nationality with an adjective or a phrase, you must use **c'est** or **ce sont**.

Il est médecin.	*He is a doctor.*
C'est un bon médecin.	*He is a good doctor.*
Ils sont suisses.	*They are Swiss.*
Ce sont des Suisses de Genève.	*They're Swiss from Geneva.*

Exercice 1 Complete each sentence with the appropriate job title and/or nationality for the female described. Choose from the list, changing the masculine form to the feminine as needed.

artiste / canadien / cuisinier / employé / homme d'affaires /
instituteur / italien / musicien / serveur / vendeur

1. Francine joue du piano dans un orchestre à Lyon. Elle est _____.
2. Geneviève travaille dans une banque. C'est une _____ de banque.
3. Christine travaille dans un restaurant où elle prépare des repas et fait de bonnes sauces. Elle est _____.
4. Massa travaille dans une boutique de vêtements. Elle est _____.
5. Céline Dion est une chanteuse célèbre. Elle est _____.
6. Simone travaille au Café du Parc. C'est une _____.
7. Colette est directrice du marketing dans une grande entreprise. Elle est _____.
8. Sofia vient de Florence mais elle a son studio à Nice. C'est une _____.

Exercice 2 Mme Pham is explaining to her granddaughter where different family members and friends work, what they do, and where they're from. Complete her descriptions using **Il/Elle est** and **Ils/Elles sont** or **C'est** and **Ce sont**.

1. Ton oncle Nguyen travaille à l'université de Montréal. _____ un bon professeur.
2. Ta tante travaille dans une boutique de prêt-à-porter. _____ vendeuse.
3. M. et Mme Tranh travaillent en ville. _____ cadres.
4. Le père de ton cousin Anh est très gentil. _____ un dentiste sympathique.
5. La mère d'Anh adore dessiner des maisons modernes. _____ architecte.
6. Tes parents travaillent au restaurant Apsara. _____ de bons cuisiniers.
7. Ta cousine est mariée à Paul. _____ français.

Structure 4.2

Telling where people go to work *Le verbe **aller** et la préposition **à***

The verb **aller** *(to go)* is irregular.

aller *(to go)*	
je vais	nous allons
tu vas	vous allez
il/elle/on va	ils/elles vont

Je vais en cours.
Ils vont à Paris.

I'm going to class.
They are going to Paris.

Aller is also used to talk about how someone is feeling.

Comment allez-vous?
Ça va bien.

How are you?
I'm fine.

The preposition **à** (*to, at,* or *in*) is frequently used after verbs such as **aller** and **être.** When **à** is followed by the definite article **le** or **les,** a contraction is formed as shown in the chart.

à + le → **au**	Mon père travaille **au** commissariat de police.
à + la → **à la**	Vous allez **à la** banque?
à + l' → **à l'**	L'institutrice est **à l'**école.
à + les → **aux**	Nous travaillons **aux** champs.

Exercice 3 Élisabeth is telling her mother about her afternoon plans. Complete her description with **au, à la, à l',** or **aux.**

D'abord, j'emmène *(take)* les enfants _____ (1) école. Puis, je vais

_____ (2) hôpital pour faire du travail bénévole. Avant midi, je passe

_____ (3) banque pour déposer un chèque *(make a deposit)* et puis je retrouve

des amis _____ (4) gym *(f).* Après notre cours de yoga, nous allons déjeuner

_____ (5) café ensemble. Jean-Claude et Pierre ne déjeunent pas avec nous

parce qu'ils travaillent _____ (6) champs cet après-midi. Finalement, je vais

_____ (7) supermarché et je passe chercher les enfants _____ (8)

école à cinq heures.

Exercice 4 Where are the following people likely to go? Complete each sentence logically, using the apppropriate form of **aller** and the preposition **à** as in the model.

> **Modèle:** Vous aimez dîner en ville. Vous...
> *Vous allez au restaurant.*

1. Vous aimez skier. Vous...
2. Kevin et Christine aiment le tennis. Ils...
3. Nous aimons étudier. Nous...
4. Mon père aime écouter un bon sermon. Il...
5. Ma sœur cherche des aspirines. Elle...
6. Tu aimes acheter des livres. Tu...
7. J'aime retrouver mes amis. Je...

les courts de tennis
la montagne
le café
la librairie
le restaurant
la pharmacie
la bibliothèque
l'église

Talking about daily activities *Les verbes pronominaux (introduction)*

Some daily activities like getting up, getting dressed or going to bed are expressed in French with pronominal verbs. These verbs are conjugated like others but are accompanied by a reflexive pronoun. Often the action of the verb is reflected back on the subject; in other words, the action is done *to oneself*. Although in English "self" is usually not stated, the reflexive pronouns are required in French.

Elle **se** lève.	*She gets (herself) up.*
Je **m'**habille.	*I am getting dressed (dressing myself).*
Nous **nous** dépêchons.	*We are hurrying (ourselves).*

Note that the pronouns **me, te,** and **se** become **m', t',** and **s'** before a vowel sound. As you can see in the chart below, the infinitive form includes the pronoun **se** and the reflexive pronoun varies according to the subject.

se coucher *(to go to bed [put oneself to bed])*	
je **me** couche	nous **nous** couchons
tu **te** couches	vous **vous** couchez
il/elle **se** couche	ils/elles **se** couchent

Common pronominal verbs

You have already seen an example of a pronominal verb in **Module 1, je m'appelle,** and you will learn more in later chapters (**Modules 10** and **13**). Here are a few common pronominal verbs related to daily activities:

se dépêcher	*to hurry up*
s'habiller	*to get dressed*
se lever	*to get up*
se préparer	*to prepare oneself*
se relaxer	*to relax*
se retrouver	*to meet up with*

While **se lever** has regular **-er** verb endings, an **accent grave** is added in the **je, tu, il/elle,** and **ils/elles** forms.

se lever *(to get up)*	
je me lève	nous nous levons
tu te lèves	vous vous levez
il/elle se lève	ils/elles se lèvent

Forming the negative

When forming the negative, **ne (n')** precedes the reflexive pronoun; **pas** follows the conjugated verb.

Il **ne** se lève **pas** avant midi.
Nous **ne** nous couchons **pas** avant minuit.

He doesn't get up before noon.
We do not go to bed before midnight.

Exercice 5 It's always hectic at the Belangers' in the morning. Justin explains why. Complete his description with the appropriate reflexive pronoun.

Moi, je _____ (1) lève à sept heures et mon frère Guillaume, il _____ (2) lève à sept heures dix. Nous _____ (3) dépêchons pour arriver dans la salle de bains avant nos sœurs. Elles passent beaucoup de temps devant le miroir: elles _____ (4) habillent, elles _____ (5) regardent... Mon frère et moi, nous _____ (6) habillons vite. Nos parents _____ (7) préparent et puis ils vont dans la cuisine *(kitchen)* pour préparer le petit déjeuner *(breakfast)*. Après un bol de céréales et un café au lait, nous quittons la maison. Et toi? Est-ce que tu _____ (8) relaxes le matin ou est-ce que tu _____ (9) dépêches pour arriver à l'école à l'heure?

Exercice 6 Jean-Marc describes his schedule and that of his roommates. Use the words from the word bank to complete his description.

me dépêche	m'habille	me lève
nous relaxons	se couche	se lève

J'habite avec deux colocataires. Nos emplois du temps sont très variés. Par exemple, moi, je _____ (1) à 7h00 du matin; mon travail commence à 8h00 alors je _____ (2) et _____ (3) pour aller au bureau. Paul n'a pas cours avant 10h00 alors il reste au lit. Il _____ (4) vers 9h00. Hamadu travaille la nuit alors il rentre à 6h00 du matin et il _____ (5). Le week-end c'est le moment où nous _____ (6) ensemble.

Exercice 7 Emma and her roommates have exactly the same schedules. Complete her description logically selecting and conjugating verbs from the list.

se coucher	se dépêcher	s'habiller
se lever	se relaxer	se retrouver

Le matin, mon coloc et moi, nous _____ (1) tôt le matin. Je _____ (2) généralement en jean. Nous _____ (3) pour aller à nos cours qui commencent à 9h00. L'après-midi, nous étudions et puis nous et nos amis, nous _____ (4) au café. Après le dîner, j'étudie et ensuite nous _____ (5) devant la télé aussi. Je _____ (6) généralement vers 1h00 du matin.

Structure 4.4

Talking about activities *Les verbes* **faire** *et* **jouer** *pour parler des activités*

The verb *faire*

The irregular verb **faire** (*to do* or *to make*) is one of the most commonly used verbs in French.

faire *(to do, to make)*	
je fais	nous faisons
tu fais	vous faites
il/elle/on fait	ils/elles font

A number of expressions for talking about work and leisure activities use **faire**.

Je fais les courses le vendredi.	*I go shopping on Fridays.*
Mme Lu fait un voyage à Tokyo.	*Mrs. Lu is taking a trip to Tokyo.*
Nous faisons du ski à Noël.	*We go skiing at Christmas.*
Mon père aime faire la cuisine.	*My father likes to cook.*

Note that the question **Qu'est-ce que tu fais?** can be answered with a variety of verbs.

— Qu'est-ce que tu fais cet après-midi?
— J'étudie. Plus tard, je fais du vélo. Ensuite, je vais faire la sieste.

— *What are you doing this afternoon?*
— *I'm studying. Later on, I'm going for a bike ride. Then I'm going to take a nap.*

The verb *jouer*

Another way to talk about sports activities and games you play is with the regular -**er** verb **jouer** (*to play*). Use the following structure:

> **jouer** + **à** + definite article + sport

Je joue au tennis.	*I play tennis.*
Vous jouez aux cartes.	*You play cards.*

In most cases, either a **faire** expression or **jouer à** can be used. Compare the following:

Zinédine Zidane fait du football.
Zinédine Zidane joue au football.
} *Zinédine Zidane plays soccer.*

To talk about playing a musical instrument, use either a **faire** expression or the following construction:

> **jouer** + **de** + definite article + instrument

Il fait de la guitare.
Il joue de la guitare.
} *He plays the guitar.*

Exercice **8** Antoine is not paying attention as he is asking these questions about his roommates. Complete his questions by selecting the correct option among the ones he is stumbling on.

1. Hélène et Jasmina font... _____ ce matin?

   a. le vélo
   b. un vélo
   c. du vélo

2. Tu fais... _____ ce soir?

   a. de la cuisine
   b. la cuisine
   c. une cuisine

3. Hélène joue... _____ avec son équipe samedi?

   a. au foot
   b. du foot
   c. le foot

4. Et Jacques et Mohammed, ils font... _____ dimanche?

   a. le ski
   b. au ski
   c. du ski

5. Tu joues... _____ avec ton prof dimanche?

   a. un piano
   b. le piano
   c. du piano

Exercice **9** What are the residents of the **cité universitaire** doing today? Use the elements provided to write sentences describing their activities. Make any necessary changes.

1. Vous / faire / la grasse matinée / ce matin.
2. Évelyne / faire / ménage / quand / sa camarade de chambre / être / bureau.
3. Philippe et moi / faire / randonnée / à la campagne.
4. Les frères Thibaut / jouer / football.
5. Tu / jouer / basket-ball.
6. Je / faire / guitare / après mes cours.
7. Anne et toi / jouer / piano / ensemble.

Exercice **10** Mme Breton wants to know what everyone in the family is doing. Using the model as a guide, write five questions she might ask with the verb **faire** and five answers using the vocabulary provided.

Modèle: —*Jacques et Renée, qu'est-ce qu'ils font?*
—*Ils font une randonnée.*

Jacques et Renée	faire	une promenade
Martine	jouer	de la natation
Jean-Claude et moi		le ménage
Philippe		une randonnée
Tante Hélène		au football
les gosses *(kids) (fam)*		du ski
Papa		aux cartes
		leurs devoirs

Structure 4.5

Making plans *Le futur proche*

Aller + infinitif is used to express a future action. This construction is known as the **futur proche.**

Nous allons faire du ski.	*We're going to go skiing.*
Tu vas faire un stage cet été.	*You are going to do an internship this summer.*

To form the negative of the **futur proche,** put **ne... pas** around the conjugated form of **aller.**

Il ne va pas travailler.	*He is not going to work.*
Vous n'allez pas jouer au football.	*You are not going to play soccer.*

The following time expressions are often used with the future.

ce soir	*this evening*
la semaine prochaine	*next week*
demain	*tomorrow*
demain matin	*tomorrow morning*

Exercice 11 What are the following people going to do this weekend, given their particular circumstances? Complete the sentences with the **futur proche,** using the information in parentheses.

1. Paul et Charlotte ont rendez-vous ce week-end. Ils _____ (aller) au cinéma.

2. Nous invitons des amis à dîner. Nous _____ (faire) la cuisine.

3. Maurice a un examen lundi. Il _____ (ne pas sortir) avec ses amis.

4. Tu détestes le football. Tu _____ (ne pas aller) au match.

5. Vous allez en boîte samedi soir. Vous _____ (danser).

6. Le film commence à 22h00. Je _____ (ne pas être) en retard.

Exercice 12 Pauline describes what she is going to do on her day off from school. Use the **futur proche** of the verbs in the list to tell what is going to happen.

ne pas aller	écouter	faire (trois fois)	jouer
préparer	rester	retrouver	travailler

Demain, c'est un jour de congé *(holiday)*. Je _____ (1) à l'université. Je _____ (2) au lit jusqu'à 10 heures du matin. À 11 heures, je _____ (3) mes amis chez Michelle et nous _____ (4) du vélo. On _____ (5) des petits snacks à manger . À midi, nous _____ (6) un pique-nique et nous _____ (7) de la musique. Si nous avons le temps, nous _____ (8) au tennis dans le parc. Et vous, qu'est-ce que vous _____ (9)? Comment?! Vous _____ (10) à la bibliothèque?

Use the words from the list to complete the following passage about Sébastien.

à l'	du	métier
ans	est	se lève
au tennis	faire	se relaxer
banque	fait un stage	sportif
bénévole	informatique	travail
c'est	institutrice	va
cadre	langues	voyager
de la	médecin	

Voici Sébastien Sportiche. _____ (1) un étudiant en finance à l'École de commerce. Il a vingt-deux _____ (2).

En juin, il _____ (3) finir ses études et après *(after),* il va chercher du _____ (4) aux États-Unis.

Sébastien vient d'une famille bourgeoise. Son père est _____ (5). Il travaille _____ (6) hôpital Saint-Charles. Sa mère travaille comme _____ (7) chez L'Oréal.

Sébastien ne sait pas *(doesn't know)* exactement quel _____ (8) il va faire. Avec son diplôme, il peut *(can)* travailler dans une _____ (9), mais il trouve ça ennuyeux et il recherche l'aventure. Il a beaucoup de talents. Il _____ (10) musicien—il joue _____ (11) piano et _____ (12) guitare *(f).* Il est aussi très _____ (13). Il aime _____ (14) du vélo le week-end avec ses copains et il a toujours sa raquette pour jouer _____ (15). Une fois par semaine, il _____ (16) tôt pour faire du travail _____ (17) dans une école primaire. Il aide des enfants d'immigrés à faire leurs devoirs. Pour _____ (18), il fait la cuisine. Sébastien adore les ordinateurs et il est doué *(gifted)* en _____ (19). Il parle aussi plusieurs _____ (20). Aux États-Unis, il va _____ (21) à Yellowstone et à Yosemite avant de s'installer *(settle)* à San Francisco où il va habiter chez des amis. Sa copine, Anne, est _____ (22) dans une école bilingue français/anglais et son copain Henri _____ (23) chez Gap pour ses études de marketing.

Vocabulaire fondamental

CD1,
Tracks
52–56

Noms

Les métiers / Professions

Les métiers	Professions
un(e) acteur (actrice)	an actor (actress)
un agent de police	a policeman/woman
un(e) avocat(e)	a lawyer
un cadre	an executive
un(e) chanteur (chanteuse)	a singer
un homme (une femme) au foyer	a homemaker
un homme (une femme) d'affaires	a businessman/woman
un(e) infirmier (infirmière)	a nurse
un(e) instituteur (institutrice)	an elementary school teacher
un(e) juge	a judge
un(e) mécanicien(ne)	a mechanic
un médecin	a doctor
un(e) musicien(ne)	a musician
un(e) ouvrier (ouvrière)	a worker
un(e) secrétaire	a secretary
un(e) serveur (serveuse)	a waiter (waitress)
un(e) vendeur (vendeuse)	a salesperson

Mots apparentés: un(e) artiste, un(e) assistant(e), un(e) client(e), un(e) employé(e), un(e) journaliste, un(e) patient(e), un(e) politicien(ne)

Nationalités / Nationalities

Nationalités	Nationalities
algérien(ne)	Algerian
allemand(e)	German
anglais(e)	English
belge	Belgian
congolais(e)	Congolese
espagnol(e)	Spanish
européen(ne)	European
sénégalais(e)	Senegalese

Mots apparentés: américain(e), canadien(ne), chinois(e), italien(ne), mexicain(e), russe, suisse

Les lieux de travail / Workplaces

Les lieux de travail	Workplaces
un aéroport	an airport
un bureau	an office
un bureau de poste, une poste	a post office
une école	a school
une église	a church
une entreprise	a company
un lycée	a high school
une usine	a factory
une ville	a city, town

Mots apparentés: une banque, une boutique, un hôpital, une pharmacie, un restaurant

Les sports et les instruments de musique / Sports and musical instruments

Les sports et les instruments de musique	Sports and musical instruments
une équipe	a team
le football (foot)	soccer
le football américain	football
la guitare	guitar
la natation	swimming
une randonnée	a hike

Mots apparentés: le badminton, le basket-ball (basket, *fam*), le golf, le handball, le jogging, le judo, le piano, le roller, le rugby, le ski, le tennis, le volley-ball (volley, *fam*)

Verbes

Verbes	
aider	to help
aller	to go
aller voir	to go see, visit a person
commencer*	to begin
se coucher	to go to bed
se dépêcher	to hurry
faire	to do; to make
faire du français	to study French
faire du travail bénévole	to do charity, volunteer work
faire du vélo	to go bikeriding
faire la cuisine	to cook
faire le ménage	to do housework
faire les courses	to go (grocery) shopping
faire les devoirs	to do homework
faire une promenade	to take a walk
faire une randonnée	to take a hike, an excursion
faire un stage	to do an internship
faire un voyage	to take a trip
finir*	to finish, end
gagner	to earn
s'habiller	to get dressed
jouer à	to play (a sport)
jouer de	to play (a musical instrument)
jouer au tennis / au volley	to play tennis / volleyball
jouer aux cartes	to play cards
jouer de la guitare / du piano	to play the guitar / piano
se lever	to get up
pratiquer un sport	to practice (play) a sport
se préparer	to get prepared
se relaxer	to relax
réparer	to repair
se retrouver	to meet up with
skier	to ski

*only 3rd person form

Mots apparentés: faire du jogging, du piano, du shopping, du ski, du sport, du violon, du yoga

Adjectifs

Adjectifs	
chargé(e)	busy
fermé(e)	closed
occupé(e)	busy
ouvert(e)	open
prochain(e)	next

Mots divers

Mots divers	
au chômage	unemployed
l'argent (*m*)	money
demain	tomorrow

populaire	*popular*
un salaire	*a salary*
la semaine prochaine	*next week*

Expressions utiles

Comment dire l'heure et parler de son emploi du temps
(See other expressions on pages 97–98.)

à plein temps	*full time*
après	*after*
l'après-midi *(m)*	*afternoon, in the afternoon*
À quelle heure commence... ?	*What time does . . . begin?*
à temps partiel	*part-time*
avant	*before*
déjà	*already*
un emploi du temps	*a schedule*
en retard	*late*

l'heure	*time*
une heure	*an hour*
maintenant	*now*
le matin	*morning, in the morning*
une minute	*minute*
Quelle heure est-il?	*What time is it?*
Il est dix heures du matin.	*It's ten o'clock in the morning.*
Il est dix heures et quart.	*It's ten-fifteen.*
Il est dix heures et demie.	*It's ten-thirty.*
Il est onze heures moins le quart.	*It's a quarter to eleven.*
le soir	*evening, in the evening*
tard	*(too) late*
tôt	*(too) early*

CD1,
Tracks
57–59

Vocabulaire supplémentaire

Noms

Les métiers — *Professions*

un(e) agriculteur (agricultrice)	*an agriculturalist, a farmer*
un chef d'entreprise	*a company president*
un(e) cuisinier (cuisinière)	*a cook*
un(e) directeur (directrice)	*a director*
un écrivain	*a writer*
un footballeur	*a soccer player*
un(e) informaticien(ne)	*a computer specialist*
un ingénieur	*an engineer*
un maire	*a mayor*
un(e) pharmacien(ne)	*a pharmacist*
un PDG (Président Directeur Général)	*a CEO*
un poste	*a position (job)*
la recherche d'un emploi	*job hunting*
les secteurs *(m)*	*fields of work*
le secteur agricole	*agricultural*
— commercial	*sales*
— enseignement	*education*
— des services publics	*local services*
— juridique	*legal*

Mots apparentés: un(e) architecte, un(e) athlète, un(e) baby-sitter, un(e) champion(ne), un compositeur, un(e) pilote, le secteur construction / marketing / mécanique auto / médical, un sénateur

Les lieux de travail — *Work places*

un champ	*a field*
un commissariat	*a police station*
une ferme	*a farm*
une mairie	*a town hall*

Comment dire l'heure et parler de son emploi du temps

un bureau	*an office*
les élections *(f pl)*	*the election*
l'hémicycle *(m)*	*the Senate chamber in France*
une journée	*a day*
un musée	*a museum*

un palais	*a palace*
une pizza à emporter	*a take-out pizza*
un projet de loi	*a bill*
un sandwich	*a sandwich*
une séance	*a session*
un sénateur	*a senator*

Les sports — *Sports*

une association sportive	*a sports club*
le canoë-kayak	*canoeing-kayaking*
un club	*a sports club*
l'entraînement *(m)*	*training*

Verbes

cultiver	*to cultivate; to grow*
défendre	*to defend*
déjeuner	*to eat lunch*
déposer	*to leave, drop off*
dessiner	*to draw, design*
emmener	*to take (a person)*
employer	*to employ*
enseigner	*to teach*
explorer	*to explore*
faire la grasse matinée	*to sleep in*
faire la sieste	*to take a nap*
faire un discours	*to make a speech*
s'occuper de	*to take care of*
organiser	*to organize*
rentrer	*to return (home)*
répéter	*to rehearse*
retourner	*to return*
taper (à l'ordinateur)	*to type (on a computer)*
vérifier	*to verify, check*

Mots divers

un accident	*an accident*
une aventure	*an adventure*
conservateur (conservatrice)	*conservative*
le développement personnel	*personal development*
un prix	*a prize*
un tribunal	*a court (law)*
une voiture en panne	*a broken-down car*

Voici un café célèbre dans le Marais à Paris.
Comment s'appelle-t-il?

On sort?

The focus of this chapter is going out with friends: phoning, extending invitations, and ordering at a café. You will also learn to talk about the weather, ask questions, and practice some strategies for starting a conversation with someone you do not know. Notes on French cinema and cafés will provide you with some background on these two important aspects of French culture.

Pratique de conversation

Comment parler au téléphone

Structure 5.1

Talking about what you want to do, what you can do, and what you have to do *Les verbes vouloir, pouvoir et devoir*

You *want* to go out this weekend but you *aren't able to* because you *have to* work. You can use the verbs **vouloir** *(to want)*, **pouvoir** *(can, to be able to)*, and **devoir** *(to have to)* to talk about your work and leisure plans. To see the present tense forms of these verbs, refer to page 144.

Réfléchissez et considérez

Look at the telephone conversation between Philippe and Marie-Josée and find the common expressions used to:

answer the phone
ask to speak with someone
find out who's calling

identify yourself
politely ask to leave a message
respond to that request

PHILIPPE:	Allô?
MARIE-JOSÉE:	Allô, bonjour. Je **peux** parler à Marc, s'il vous plaît?
PHILIPPE:	C'est de la part de qui?
MARIE-JOSÉE:	De Marie-Josée.
PHILIPPE:	Marc n'est pas là pour le moment...
MARIE-JOSÉE:	Est-ce que je **peux** laisser un message?
PHILIPPE:	Ne quittez pas. Je vais chercher un crayon.

 Activité 1 Au téléphone

Dans cette activité, vous allez jouer deux rôles. D'abord, un(e) étudiant(e) vous téléphone et demande à parler à une personne qui n'est pas là. Ensuite, vous téléphonez à un(e) autre étudiant(e) et vous demandez à parler à quelqu'un. Suivez les modèles.

Modèles:
ÉTUDIANT(E) 1:	*Allô?*
ÉTUDIANT(E) 2:	*Allô, je peux parler à Henri, s'il vous plaît?*
ÉTUDIANT(E) 1:	*C'est de la part de qui?*
ÉTUDIANT(E) 2:	*De Lise.*
ÉTUDIANT(E) 1:	*Henri n'est pas là pour le moment...*
ÉTUDIANT(E) 2:	*Est-ce que je peux laisser un message?*
ÉTUDIANT(E) 3:	*Allô?*
ÉTUDIANT(E) 1:	*Allô, est-ce que je peux parler à Jennifer, s'il vous plaît?*
ÉTUDIANT(E) 3:	*C'est de la part de qui?*
ÉTUDIANT(E) 1:	*De Steve.*
ÉTUDIANT(E) 3:	*Jennifer n'est pas là pour le moment...*
ÉTUDIANT(E) 1:	*D'accord. Je vais rappeler plus tard* (call back later). *Merci. Au revoir.*

En France, comme aux États-Unis, le téléphone portable est devenu un phénomène de société. En France, l'usage du mobile est passé de *(has gone from)* 4% de la population en 1995 à plus de 89% en 2008. On utilise un portable pour téléphoner, envoyer des SMS, prendre et regarder des photos, écouter de la musique, regarder des vidéos et des programmes de télé, jouer, lire et écrire des courriels, surfer sur Internet et avoir accès à la navigation GPS.

Et moi? J'utilise mon portable pour…

_____ téléphoner

_____ prendre et regarder des photos

_____ regarder des vidéos et des programmes de télé

_____ lire et écrire des courriels

_____ avoir accès à la navigation GPS

_____ envoyer des SMS

_____ écouter de la musique

_____ jouer

_____ surfer sur Internet

, Track 60

Écoutons ensemble! Une invitation par téléphone

Listen for the following information in the telephone conversation you're about to hear between Marie-Josée and Henri.

How does Marie-Josée ask Henri if he wants to go with her to the concert?

Does he want to?

Can he go?

Why not?

How do they end the conversation?

HENRI:	Allô?
MARIE-JOSÉE:	Allô, Henri? C'est Marie-Josée.
HENRI:	Salut, Marie-Josée. Ça va?
MARIE-JOSÉE:	Oui, ça va. Dis, Henri, j'ai des billets pour un concert de jazz. Tu **veux** m'accompagner?
HENRI:	Oui, je **veux** bien. C'est quand?
MARIE-JOSÉE:	Demain à 19h00.
HENRI:	Ah, dommage. Je ne **peux** pas. Je suis occupé demain soir. Je **dois** travailler.
MARIE-JOSÉE:	C'est pas grave. Un autre jour alors.
HENRI:	D'accord. Merci quand même *(anyway)*.
MARIE-JOSÉE:	Allez, à plus.

Note de vocabulaire

This casual conversation includes a couple of examples of **le français familier**. Here, **ce n'est pas grave** is shortened to **c'est pas grave** and **à plus tard** becomes **à plus**.

Notez et analysez

Look at the boldfaced verbs in the conversation. What is the infinitive form of each?

Activité 2 **À la résidence universitaire on est bien occupé!**

Regardez l'image. Tous les résidents sont occupés. Avec un(e) camarade, posez des questions et répondez pour dire ce qu'ils font en suivant le modèle.

Modèle: ÉTUDIANT(E) 1: *Bernard, qu'est-ce qu'il fait?*
ÉTUDIANT(E) 2: *Bernard, il fait ses devoirs.*

1. Suzanne
2. Étienne
3. Mohammed
4. Maria
5. Didier
6. Marthe
7. Diane
8. Chang

 Activité 3 **Est-ce que Jacques est là?**

Vous appelez la résidence universitaire pour demander à vos copains s'ils peuvent sortir. Utilisez l'image pour créer quelques mini-dialogues.

Modèle: ÉTUDIANT(E) 1: *Allô... ici _____. Je peux parler à _____?*
ÉTUDIANT(E) 2: *Non, il/elle...*
ÉTUDIANT(E) 1: *Bon, alors est-ce que je peux parler à _____?*
ÉTUDIANT(E) 2: *À _____? Non, il/elle...*
ÉTUDIANT(E) 1: *Eh bien, tu es là, toi. Qu'est-ce que tu fais?*
ÉTUDIANT(E) 2: *Moi, je...*
ÉTUDIANT(E) 1: *Tu veux _____?*
ÉTUDIANT(E) 2: *...*

Notez et analysez

What is the polite English form for *I like* or *I want*? This "polite conditional" is commonly used in French as well. Look at the photos and their captions. Then give the polite forms for the following sentences:

1. What do you want to do this weekend?
2. I want to play tennis.
3. I like to play tennis.

Qu'est-ce que tu **voudrais** faire ce week-end? J'**aimerais** faire du snowboard. Mes amis et moi, nous **voudrions** aussi jouer au tennis mais nous ne pouvons pas. Nous devons faire nos devoirs.

Activité 4 Votre agenda

Quels sont vos projets pour demain?

A. Sur une feuille de papier, notez vos projets pour demain en vous inspirant du modèle à droite.

 B. Maintenant, vous allez poser des questions à votre partenaire pour trouver une heure de libre *(free)* pour pouvoir travailler sur un projet de français ensemble.

Quelques questions utiles:

1. Tu peux travailler sur le projet à _____ h?
2. Ton premier cours, il est à quelle heure?
3. Est-ce que tu aimerais travailler pendant le déjeuner?
4. Est-ce que tu dois travailler? Si oui, de quelle heure à quelle heure?
5. Tu dois aller en cours l'après-midi?
6. Ton dernier cours, il est à quelle heure?
7. Est-ce que tu dois faire quelque chose demain soir?
8. Est-ce que tu aimerais travailler le matin, l'après-midi ou le soir?

C. Finalement, résumez votre discussion pour la classe en ajoutant d'autres informations.

> **Modèle:** *Moi, je dois travailler l'après-midi. Et Holly, elle doit aller en cours toute la matinée. Alors, nous allons travailler sur notre projet à _____ h, après le dîner.*

8
9 cours d'anglais
10 cours de maths
11
12
13 déjeuner avec Alice — cafétéria
14 travaux pratiques
15 travaux pratiques
16 médecin
17
18
19
20 étudier avec Martine

Comment inviter

Structure 5.2

Talking about going out with friends *Les verbes comme sortir*

To talk about dating and going out with friends, you will need to use the verb **sortir** *(to go out, to leave)*. You will find the verb **sortir** as well as other verbs with the same conjugation pattern on page 145.

Réfléchissez et considérez

A. To extend an invitation appropriately requires some social skills. What initial inquiry might you make? If you're being invited and you're not sure whether you can accept, what might you say to be polite? What reason might you give to refuse an invitation without hurting someone's feelings? How would you accept with enthusiasm?

B. Look at the mini-dialogues below and decide how to express the following in French:

1. Do you want to go out tonight?
2. Is Ryan going out with Elizabeth?
3. Let's get out of here!

C. What other verb do you see that means *to leave*?

— Tiens, tu es libre ce soir? Tu veux **sortir**?

— Est-ce que Juliette **sort** avec quelqu'un?
— Oui, je crois qu'elle **sort** avec Julien.

— Tu vois? L'atmosphère dans ce club est mortelle *(dull, fam)*! Tu veux **partir**?
— Oui, **sortons** d'ici!

Expressions utiles

Pour inviter quelqu'un à faire quelque chose

Tu veux sortir ce soir?
Tu es libre° / occupé(e) ce soir?   *free*
Tu aimerais faire quelque chose°?   *something*
Tu aimes...
    danser?
    les films français?
Tu aimerais (voudrais)...
    aller en boîte°?   *to a club*
    voir le nouveau film de Luc Besson?
Ça te dit d'aller prendre un café?°   *How about going for a cup of coffee?*
Qu'est-ce que tu vas faire ce week-end?
Je t'invite.°   *It's my treat.*

Pour accepter

D'accord.°   *OK.*
Oui, j'aimerais (je veux) bien.°   *Sure, I'd like to.*
C'est une bonne / excellente idée.
Oui, à quelle heure?
Oui, cool!

Pour hésiter

Euh... je ne sais pas.
Je dois réfléchir.
Peut-être°, mais je dois regarder mon agenda.   *Maybe*
Euh... pourquoi?

Pour refuser

Non, c'est pas possible samedi *(fam)*.
Tu sais, ça (ne) m'intéresse pas trop.°   *You know, that doesn't interest me much.*
Désolé(e). Je suis occupé(e).°   *I'm sorry. I'm busy.*
Non, malheureusement°, je ne peux pas.   *unfortunately*
Je dois...
    travailler.
    étudier.
Je vais partir° pour le week-end.   *to go away, leave*

Les jeunes de nationalités différentes se rencontrent souvent le soir dans des tavernes.

▉ Écoutons ensemble! Le dîner de Véro

Véronique fait un dîner chez elle samedi soir. Écoutez les messages sur son répondeur et pour chaque invité(e), indiquez s'il/si elle peut venir, ne peut pas venir ou n'est pas encore sûr(e).

L'invité(e)	Oui	Non	Pas sûr(e)
1. Jean	_____	_____	_____
2. Yvonne	_____	_____	_____
3. Henri	_____	_____	_____
4. Rachid	_____	_____	_____
5. Rose	_____	_____	_____
6. Karima	_____	_____	_____

Activité 5 Une invitation au cinéma

Henri et Pauline essaient de trouver un moment libre pour aller au cinéma. Complétez leur conversation en vous référant aux expressions utiles à la page 129.

On fait la queue devant le cinéma.

HENRI:	Tiens, Pauline. Qu'est-ce que tu _____ ce week-end?
PAULINE:	Oh là là, je vais travailler. Je dois beaucoup étudier.
HENRI:	Est-ce que tu es _____ samedi soir?
PAULINE:	Euh, je ne sais pas. Je dois _____ mon agenda.
HENRI:	Il y a un très bon film au cinéma, un film avec Emmanuelle Béart.
PAULINE:	Ah oui? J'aime bien ses films. Voyons. _____ est le film?
HENRI:	À 20h00.
PAULINE:	Bon, d'accord, _____ bien y aller.

Activité 6 Invitations

Invitez un(e) autre étudiant(e) à faire les activités suivantes. Il/Elle accepte, hésite ou refuse.

1. faire du vélo cet après-midi
2. aller dans un restaurant élégant en ville ce soir
3. voir un film français demain soir
4. aller à une exposition d'art
5. aller au café ensemble à midi
6. aller écouter de la musique à _____ (votre choix)

Activité 7 Interactions

Posez les questions suivantes à un(e) autre étudiant(e).

1. Tu sors souvent avec tes amis? Où *(Where)* est-ce que vous allez d'habitude?
2. Quel *(Which)* film est-ce que tu veux voir en ce moment? À quel concert est-ce que tu aimerais aller?
3. Quand tu sors avec ton/ta petit(e) ami(e), qui paie *(pays)*?
4. Tu vas où d'habitude après un film ou un concert?
5. Est-ce que tu vas bientôt partir en voyage? Où vas-tu aller?

Le cinéma français

Quand on pense au cinéma, on pense généralement à Hollywood. Mais en fait, la France est le lieu de naissance° du septième art°. C'est dans un café de Paris, en 1895, que les frères Lumière ont présenté leur invention, le cinématographe, et les premiers courts métrages°.

birthplace / film is seen as the seventh art in France

short films

François Truffaut et Isabelle Adjani

Depuis°, Hollywood a pris la relève° comme centre de production cinématographique. Mais en France, le cinéma reste important. Tandis que les Américains ont leurs Oscars, chaque année en mai, le Festival International du Film de Cannes attire° l'attention du monde entier sur les meilleurs films de l'année. D'après Kenneth Turan, critique de film pour le *Los Angeles Times,* Paris est la meilleure ville du monde pour les cinéphiles°. Chaque jour à Paris, plus de films passent à l'écran° qu'à Londres, New York ou même Los Angeles! Beaucoup de Français préfèrent voir un film étranger sous-titré°—c'est une expérience plus pure, plus proche de l'original. Pourtant, généralement, les blockbusters sont doublés°.

Since then
has taken over

attracts

film lovers
are shown in movie theaters

subtitled
dubbed

Malgré la grande tradition intellectuelle du cinéma français, beaucoup de Français vont au cinéma tout simplement pour se divertir°. La preuve°? Les films comiques, les films d'aventure et les films avec des effets spéciaux—souvent des blockbusters américains—ont un grand succès au box office.

to escape / proof

Kenneth Turan, *Los Angeles Times* Travel Section, Sunday January 30, 2005

▇▇ Avez-vous compris?

Choisissez la meilleure réponse.

1. On a montré les premiers films...
   - **a.** dans un café à Paris.
   - **b.** à Hollywood.
   - **c.** à un festival de cinéma.

2. En France, le grand festival du film a lieu *(takes place)*...
   - **a.** en avril.
   - **b.** à Paris.
   - **c.** à Cannes.

3. La ville où on passe régulièrement le plus grand nombre de films, c'est...
   - **a.** Los Angeles.
   - **b.** Londres.
   - **c.** Paris.

4. En France, les blockbusters américains sont généralement...
   - **a.** doublés.
   - **b.** sous-titrés.
   - **c.** appréciés par les puristes.

▇▇ Et vous?

Vous préférez les blockbusters ou les films indépendants ou étrangers? Préférez-vous les films doublés ou sous-titrés? Expliquez.

 Explorez en ligne

Go to http://www.allocine.fr/, click on **Cinéma** and then on **Box-office** to see the top 5 films in France this week. Compare this list with the top films in the US (see **Box-office USA**). Click on the film titles to get more information. What genres are they? Write down (in English) two things you found out about French cinema by looking at these pages. Write down as well two sentences you could understand.

Rendez-vous au café

Structure 5.3

Using pronouns to give emphasis *Les pronoms accentués*

Structure 5.4

Talking about eating and drinking *Prendre, boire et les verbes réguliers en -re*

You will frequently use stress pronouns, **des pronoms accentués,** when ordering food and drinks. To order, you need the verb **prendre** *(to take, to have something to eat or drink),* an irregular verb. Several **-re** verbs, such as **boire** *(to drink)* and **attendre** *(to wait),* are also useful during conversations at the café. To learn more about stress pronouns, see pages 146–147. **Prendre, boire,** and regular **-re** verbs are explained on pages 147–148.

—Moi, je prends / je vais prendre... — Et toi?

un demi
une eau minérale
un expresso
un rouge

un Orangina une limonade
un coca
un sandwich jambon beurre

un thé citron
un café crème
des croissants
un jus d'orange
un citron pressé
un chocolat chaud

Activité 8 Catégories

Classez les boissons ci-dessus par catégorie.

1. des boissons chaudes
2. des boissons fraîches
3. des boissons pour enfants
4. des boissons alcoolisées
5. des boissons sucrées

Activité 9 Préférences

Demandez à votre camarade de classe ce qu'il/elle prend le matin, à midi, l'après-midi et le soir. Comparez vos réponses avec celles des autres étudiants de la classe. Quelles boissons sont les plus cotées *(popular)?*

Modèle: *Moi, le matin, je prends un thé. Et toi?*

1. le matin
2. à midi
3. l'après-midi
4. le soir

Activité 10 Quelque chose à boire

Avec un(e) camarade de classe, dites ce que vous prenez dans les situations suivantes.

> **Modèle:** un après-midi gris de novembre
> — *Je prends un thé au lait. Et toi?*
> — *Moi, je prends une infusion.*

1. à la terrasse d'un café en juillet
2. en février au café d'une station de ski *(ski resort)*
3. à six heures du matin à la gare *(train station)*
4. au cinéma
5. après un film un samedi soir
6. chez des amis

Commandons!

Expressions utiles

Track 63

Pour le client

S'il vous plaît!	*Waiter . . . please. (to call the waiter)*
Moi, je vais prendre...	*I'll have . . .*
C'est tout.	*That's all.*

Pour le serveur (la serveuse)

Messieurs-dames.	*Ladies and gentlemen.*
	(how waiter addresses group)
Un instant, s'il vous plaît.	*Just a moment, please.*
Vous voulez autre chose?	*Would you like something else?*
Est-ce que je peux vous encaisser?	*Can I cash you out?*

Activité 11 Je vous invite!

Vous avez invité un groupe d'amis au café. Tout le monde a fait son choix, alors vous passez la commande pour eux.

> **Modèle:** Fabien veut un jus d'orange.
> Commande: *Pour lui, un jus d'orange.*

1. Marie veut une eau minérale.
2. Suzanne et Mélanie prennent des Cocas light.
3. David et Jennifer veulent un café crème.
4. Toi et moi, nous voulons des sandwiches au fromage.
5. Je prends aussi une infusion.

Activité 12 Commandons!

Vous êtes au Café-tabac de la Sorbonne avec deux amis. Vous regardez la carte et discutez de ce que vous voulez commander. Une personne appelle le serveur (la serveuse) et passe la commande pour le groupe, comme dans le modèle.

Modèle:

ÉTUDIANT(E) 1: *Moi, je prends un thé citron.*

ÉTUDIANT(E) 2: *Un café pour moi.*

ÉTUDIANT(E) 3: *Monsieur, s'il vous plaît...*

SERVEUR: *Oui, monsieur / mademoiselle. Un instant, s'il vous plaît... (après une pause) Oui, messieurs-dames. Vous désirez?*

ÉTUDIANT(E) 3: *Un thé citron pour elle (lui), un café pour lui (elle) et un vin chaud pour moi.*

SERVEUR: *Alors, un thé citron, un café et un vin chaud.*

ÉTUDIANT(E) 1: *Et un sandwich au jambon pour moi.*

SERVEUR: *C'est tout?*

ÉTUDIANT(E) 2: *Oui, c'est tout, merci.*

Maintenant, préparez-vous à présenter votre scène devant la classe.

SANDWICHES

THON *(Tuna fish)*		4,57 €
CLUB *(Jambon, Emmental, tomate,*		4,57 €
mayonnaise) (Ham, cheese, tomato and mayonnaise)		
CRUDITÉS *(Salade, carottes râpées,*		3,96 €
tomate, œuf dur, mayonnaise)		
(Lettuce, carrots, tomato, hard boiled egg, mayonnaise)		
POULET *(Chicken sandwich)*		4,57 €
Mixte *(Jambon, Emmental)*		3,66 €
(Ham and cheese sandwich)		
Pâté *(Meat plate)*		2,74 €
Rillettes *(Minced potted pork)*		2,74 €
Jambon de Paris *(Parisian ham)*		2,74 €
Saucisson sec *(Cured sausage)*		2,74 €
Saucisson à l'ail *(Cured garlic sausage)*		2,74 €
Camembert *(Camembert cheese)*		2,74 €
Emmental *(Emmental cheese)*		2,74 €
Suppl. cornichons *(Extra for pickles)*		0,30 €
Suppl. ketchup *(Extra for ketchup)*		0,46 €
Suppl. mayonnaise		0,76 €
(Extra for mayonnaise)		

NOS BIÈRES

PRESSION

	Demi 25 cl	Sérieux 50 cl
HEINEKEN	3,35 €	6,71 €
ABBAYE DE LEFFE	3,35 €	6,71 €
CARLSBERG	3,35 €	6,71 €
KRONENBOURG 1664	3,35 €	6,71 €
PLATZEN	3,05 €	6,10 €
HŒGAARDEN *(Bière blanche)*	3,35 €	6,71 €
PICON BIÈRE	4,27 €	
TANGO - MONACO	3,35 €	

EN BOUTEILLES

KRONENBOURG 1664 *(33 cl)*	3,96 €
HEINEKEN *(33 cl)*	4,27 €
CARLSBERG *(33 cl)*	4,27 €

BOISSONS CHAUDES

Café express	1,98 €
Café décaféiné	1,98 €
Café noisette	2,06 €
Café double express	3,96 €
Café au lait *(grande tasse)*	3,35 €
Café au lait *(petite tasse)*	2,74 €
Décaféiné au lait	3,51 €
Chocolat *(grande tasse)*	3,35 €
Chocolat *(petite tasse)*	2,74 €
Chocolat ou Café Viennois	4,12 €
Cappucino	4,12 €
Lait chaud *(grande tasse)*	3,35 €
Lait chaud *(petite tasse)*	2,74 €
Thé de Ceylan	3,05 €
Thé Yunnan Impérial *(Chine)*	3,35 €
Thé citron ou lait	3,35 €
Thés verts *(Menthe, Jasmin)*	3,35 €
Thés noirs parfumés	3,35 €
(Vanille, Bergamote, Noix de coco, Mûre, Fruits de la passion)	
Infusions *(Verveine, Tilleul,*	3,35 €
Menthe, Verveine-menthe, Tilleul-menthe)	

Activité 13 Les derniers potains *(latest gossip)*

Vous bavardez avec vos copains au café. Identifiez une personne que vous connaissez qui...

1. perd souvent ses clés
2. rend toujours ses devoirs à temps
3. ne répond pas aux courriels
4. sort souvent en boîte
5. vend sa voiture ou son ordi *(fam, ordinateur)*
6. apprend le chinois

Le café

Le café fait partie de la vie française depuis le 17ᵉᵐᵉ siècle°. Au café, les gens découvraient° de nouvelles idées et discutaient de nouveaux concepts en politique, en art et en philosophie. Au 20ᵉᵐᵉ siècle, le nombre de cafés diminue. On passe plus de temps devant la télévision et on a moins de temps pour la vie de café. Alors, est-ce que le café va disparaître? Très douteux! Écoutez des jeunes qui parlent du rôle du café dans la vie française aujourd'hui.

century / discovered

Track 64

Voix en direct
Vous allez au café combien de fois par semaine?

Est-ce que vous allez souvent au café?
Oui, je dirais que j'y vais tous les jours¹ en semaine. C'est-à-dire que le week-end, j'irai pas...

Vous y allez avec des copains ou seul?
Toujours², oui. Toujours avec des copains. Ce qu'on essaie de faire, c'est trouver un café avec une bonne terrasse, en fait.

Est-ce que vous commandez souvent la même chose?
Ouais. Toujours la même chose. Un café, un espresso avec un jus d'orange pressé.

¹*every day* ²*Always, All the time*

Nicolas Konisky
24 ans
Étudiant, Paris

Et vous, Julien, vous allez souvent au café?
J'y vais beaucoup! Minimum une fois par jour, parfois deux fois, parfois trois. Ça dépend de la journée. Le matin, on y va pour un petit café et un croissant. On y reste peut-être dix minutes. À midi, on peut rester une demi-heure pour prendre un sandwich. L'après-midi, on peut rester quatre heures en terrasse d'un café avec des amis. On discute avec des amis, on discute des gens qui passent. 90% du temps, je commande un café.

Julien Romanet
23 ans
Étudiant, Paris

Vanessa, vous allez souvent au café?
Alors, euh, le plus souvent possible. C'est très parisien. Pendant les vacances³, tous les jours si je pouvais. Quand j'étais⁴ au lycée⁵, quand j'avais⁶ beaucoup plus de temps, on [y] allait tous les jours, même deux fois par jour.

Il vous arrive d'y aller seule⁷?
Ouais, pour étudier, seule. Et puis, bon, on n'est jamais seul dans un café, donc on regarde toujours les gens autour, on contemple, on écoute de la musique, on regarde les gens qui passent quand on est assis à une terrasse. On n'est jamais seul.

³*vacation* ⁴*was* ⁵*high school* ⁶*had* ⁷*alone*

Vanessa Vudo
20 ans
Étudiante, Paris

Réfléchissez aux réponses

1. Trouvez des similarités et des différences dans les réponses.
2. Est-ce que les habitudes des Américains au café sont semblables (*similar*) aux habitudes de ces Français?
3. Est-ce que vous allez souvent au café? Qu'est-ce que vous commandez?

La météo

Quel temps fait-il?

Il fait beau.

Il fait mauvais.

Il fait chaud! Il fait 32°.

Il fait doux. Il fait 20°.

Il fait froid. Il fait 5°.

Il y a du soleil.

Il y a du vent.

Il y a des nuages.

Il pleut.

Il fait lourd.

Il y a des orages.

Il y a des éclaircies.

Il neige.

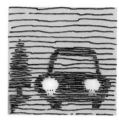

Il y a du brouillard.

Activité 14 **Quel temps fait-il?**

Demandez à un(e) camarade de classe quel temps il fait dans la ville indiquée.

Modèle: Paris
— *Quel temps fait-il à Paris?*
— *Il fait froid et il pleut.*

1. Dijon

2. Biarritz

3. Grenoble

4. Lille

5. Perpignan

6. Nantes

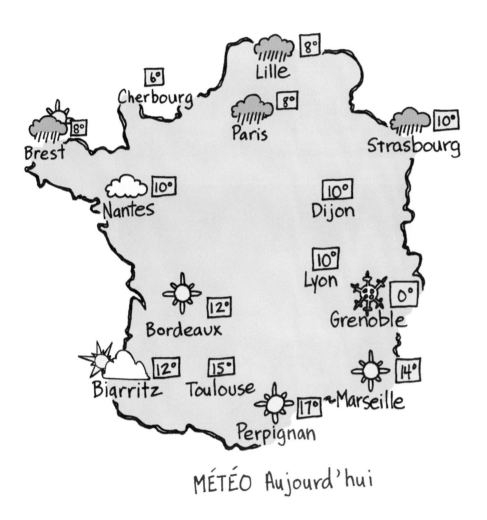

MÉTÉO Aujourd'hui

Activité 15 **La météo: Vrai ou faux?**

Vous écoutez le météorologue mais malheureusement il fait quelques erreurs!
Indiquez si chaque phrase est vraie ou fausse et corrigez ses erreurs.

1. _____

2. _____

3. _____

4. _____

5. _____

6. _____

7. _____

8. _____

Activité 16 Faites votre valise *(Pack your suitcase)*!

Vous allez faire un voyage! Quel temps fait-il là où vous allez? Nommez trois vêtements que vous allez mettre *(put)* dans votre valise *(suitcase)*.

> **Modèle:** à Chicago en mai
> *À Chicago en mai, il fait frais et il pleut. Je vais mettre un imperméable, un parapluie et un pull dans ma valise.*

un chapeau de paille *(straw)*
un short
un pull
un jean
un maillot de bain *(bathing suit)*
un blouson *(jacket)*

des lunettes de soleil
un manteau
un tee-shirt
des tongs
un parapluie

1. dans les Alpes en janvier
2. aux Antilles en mars
3. à La Nouvelle-Orléans en juin
4. à Merzouga, au Maroc, en août

Les dunes de Merzouga, Maroc

 ## Activité 17 C'est logique?

Écrivez une phrase logique et une phrase qui n'est pas logique pour décrire les vêtements que vous portez selon le temps. Ensuite, en groupes de quatre, lisez vos phrases. Les autres membres du groupe doivent décider si ce que vous dites est logique ou pas logique.

> **Modèles:** — *Quand il fait froid, je porte un pantalon.*
> — *C'est logique.*
>
> — *Quand il pleut, je fais une promenade en short.*
> — *Ce n'est pas (C'est pas [fam]) logique.*

Comment faire connaissance

Structure 5.5

Asking questions *L'interrogatif*

What are some strategies for starting a conversation with someone in French? In addition to commenting about the weather or introducing yourself, you could ask a few simple questions. To help you ask questions, interrogative expressions are presented on pages 150–151.

Réfléchissez et considérez

Before learning phrases that might be useful for making a new acquaintance, consider the advice you'd give someone for meeting other young people at a party. With a partner, come up with several suggestions. Then look over the responses given by a couple of young French people and see how your answers compare.

Comment faire connaissance entre jeunes à une soirée *(party)*?
Voici ce que dit un jeune Français.

On peut demander: «**Comment** tu es venu(e) *(came)* ici? **Qu'est-ce que** tu fais dans la vie?» Patati patata *(Blah blah blah)*. Les cours, c'est bien pour commencer: «**Qu'est-ce que** tu étudies?» Mais, rapidement! Puis, on passe à autre chose *(Then you move to another topic):* «**Qu'est-ce que** tu fais ici?» Puis, il y a la musique, le cinéma. Le football est bien si on parle avec un garçon; ça passe bien *(that works well)* en général.

Tu es étudiant, n'est-ce pas?

Qu'est-ce que tu étudies?

On va prendre un verre?

La musique, c'est pas mal, hein?

Quelle heure est-il?

Notez et analysez

Look at each question in the conversation bubbles and identify the type of question form used: **(1)** intonation, **(2) est-ce que**, **(3) n'est-ce pas** or **hein, (4)** inversion.

CD1, Track 65

Expressions utiles

Pour commencer la conversation

Pardon, est-ce que cette chaise est libre / prise°?	*free / taken*
Vous attendez (Tu attends) quelqu'un°?	*someone*
Je vous (t')en prie.°	*[signaling to chair] Go ahead and take*
Oui, oui, allez-y!°	*it. / Go ahead.*
Quel beau / mauvais temps, non?°	*What good / bad weather, isn't it?*
Qu'est-ce qu'il fait froid / chaud!°	*My, it's cold / hot!*
Quelle neige!°	*What snow!*
Je vous (te) connais?°	*Do I know you?*
On se connaît?°	*Do we know each other?*
Vous êtes (Tu es) dans mon cours de philo?	

Pour continuer la conversation

Vous êtes (Tu es) étudiant(e)?
Vous venez (Tu viens) d'où?
Qu'est-ce que vous étudiez (tu étudies)?
Qu'est-ce que vous faites (tu fais)?
Moi, je m'appelle... Moi, je suis...

Activité 18 Conversations au café

Voici deux couples qui font connaissance. Complétez leurs mini-dialogues en utilisant les expressions utiles que vous venez d'apprendre.

1. Un homme: _____, mademoiselle. Est-ce que _____ est libre?

    Une jeune femme: Oui, oui, monsieur. Allez-_____!

    Un homme: _____ mauvais temps!

    Une jeune femme: Oui, il pleut des cordes *(it's pouring)*!

    Un homme: Vous êtes _____?

    Une jeune femme: Oui, j'étudie sciences po...

2. Étudiant(e) 1: Pardon, tu es dans _____ d'anglais?

    Étudiant(e) 2: Euh, je pense que oui.

    Étudiant(e) 1: Tu _____ quelqu'un? Cette chaise est prise?

    Étudiant(e) 2: Non, non. Je _____ prie.

    Étudiant(e) 1: Moi, je _____ Françoise...

CD1, Track 66

Écoutons ensemble! Au café

Vous entendez des questions dans un café. Écoutez et choisissez la réponse logique à chacune.

_____ 1.   a. Oui, je t'en prie.
_____ 2.   b. Ils habitent à San Francisco.
_____ 3.   c. Les sciences politiques.
_____ 4.   d. Un chocolat chaud pour moi.
_____ 5.   e. Oui, j'adore la neige, moi.
_____ 6.   f. Je suis de Philadelphie.
_____ 7.   g. Oui, je suis dans ton cours de maths.

Activité 19 Quelle persistance!

Votre copain (copine) fait tout *(everything)* pour obtenir des réponses! Formez des questions à tour de rôle, comme dans le modèle, en utilisant les quatre types de question. Finalement, la dernière personne invente une réponse.

Ordre des questions: (1) intonation; (2) **hein? / non? / n'est-ce pas?** (3) **est-ce que;** (4) inversion

> Modèle: On va au cinéma.
> — *(1) On va au cinéma? (2) On va au cinéma, non?*
> *(3) Est-ce qu'on va au cinéma? (4) Va-t-on au cinéma?*
> — *Non, on ne va pas au cinéma. Nous avons trop de travail.*

1. On va à la gym ce soir.
2. Tu vas jouer au foot.
3. Vous voulez louer un DVD ce week-end.
4. Nous allons jouer à la Wii.
5. Manu a une nouvelle copine.

Activité 20 Comment faire de nouvelles connaissances?

Voici quelques suggestions pour faire connaissance avec de nouveaux étudiants.

A. Choisissez les quatre suggestions qui vous semblent les plus utiles, puis ajoutez une autre suggestion.

1. aller à la gym
2. assister à *(attend)* des matches de sport
3. passer son temps dans des magasins de CD ou des librairies
4. aller dans un cybercafé
5. passer son temps dans un bar
6. utiliser un espace «rencontres» sur Internet
7. Votre suggestion: _____

 B. Ensuite, avec un(e) autre étudiant(e), identifiez deux suggestions que vous avez en commun et une qui est différente.

 ▮▮ **Situations à jouer!**

① You try to call a friend but s/he is not home. Leave a message with his/her roommate.

② You and a friend want to get together to study for the next French test. One of you phones the other to set up a date and time for your study session. Check your schedule to make sure there are no conflicts.

③ You really want to go out with a particular person, but the first time you asked him/her out, the person was busy. Try again, making several suggestions until you finally arrange something.

④ You go to a café after class where you think you see someone who is in your biology lab sitting alone at a table. Go up to that person and strike up a conversation. Then, using the menu on page 134, order something.

⑤ You are conducting a survey of student study habits. Prepare five questions to find out when, where, how many hours, etc. students study. Then ask your questions to a classmate.

Lecture

Anticipation

Quand on échange des courriels, surtout entre amis, l'idée c'est de dire le plus possible avec le minimum de mots ou de lettres. Alors on utilise des abréviations et des symboles. Avec un(e) partenaire, dressez une liste de cinq abréviations que vous utilisez dans les courriels. Écrivez vos suggestions au tableau.

Activité de lecture

Les jeunes Français eux aussi utilisent des symboles et des abréviations dans leurs courriels et chats. Voici des exemples. Associez les éléments des deux colonnes.

_____	1. l'invit	a.	Allez, à bientôt! *(Good-bye, see you soon!)*
_____	2. le WE	b.	disponible *(available)*
_____	3. gde	c.	À plus tard.
_____	4. dispo	d.	petit
_____	5. À+	e.	grande
_____	6. p'tit	f.	l'invitation
_____	7. Aléhabiento!	g.	le week-end

Vous êtes invités à la soirée de l'année!

Mes chers amis!
Je fais 25 ans cette année!!!

gift / for

Mon plus beau cadeau° serait de tous vous voir lors de° cette occasion à LA soirée de l'année (enfin ma soirée!).

barge

Le SAMEDI 26 MARS sur la péniche° LA BALEINE BLANCHE (www.baleine-blanche.com), métro Quai de la Gare, 75013 Paris
OPEN BAR de 22h à 5h. Entrée 20 HEURES

live entertainment
really, it's too great

On commence avec une petite animation°, un cours de salsa par deux des plus grands professeurs de la capitale. Hé, si franchement c'est pas top ça°! Voyez plutôt Herminio et Carole sur http://salsanuestra.free.fr.

free
right away

Le programme: de 22h à 23h, cours, suivi d'heures de practice avec la musica salsa. Et bien sûr, c'est gratuit° pour vous! Alors soyez à l'heure! Vous pouvez dès maintenant° me confirmer par e-mail ou par tél (06.76.53.47.98) et ainsi pré-réserver!

Your devoted Lebanese friend

Aléhabiento! Votre dévoué Libanais°

RSVP (Les réponses)

ready
remaining places

Bonsoir,
Je suis toujours prête° pour une bonne péniche. Réserve-moi une place.
Cordialement, Dina

Hi / too bad
What a shame!
With pleasure!

Coucou° Manu,
Dommage!° Ce long week-end de Pâques, je vais en Normandie.
Bises. Cath

Hé, mon vieux,
Tu peux compter sur moi pour le 26. S'il reste des places disponibles°, j'aimerais bien inviter un couple d'amis, peut-être 2, mais si ce n'est pas possible, tant pis°! À plus, Jean-Luc

Avec plaisir mec!!!!° Merci pour l'invit.
bantos

to miss

Je vais voir si je peux changer mon horaire pour ne pas louper° cette gde fête, je te réponds le plus rapidement possible!!! Nathalie

Compréhension et intégration

A. Remplissez le tableau avec les informations trouvées dans l'invitation.

> C'est une fête _____
>
> Manu va avoir _____
>
> Date: _____ Heures: _____
>
> Lieu: _____
>
> Activités: _____

B. Répondez aux questions sur les RSVP.

1. Combien de réponses y a-t-il?
2. Qui va venir? Qui ne peut pas venir? Qui n'est pas sûr(e)?

Maintenant à vous!

1. Manu mélange l'anglais et l'espagnol avec le français. Est-ce que vous jouez parfois avec les langues que vous parlez? Donnez un exemple.
2. Est-ce que vous aimeriez aller à cette fête? Pourquoi ou pourquoi pas?
3. Imaginez que vous êtes à cette soirée. Décrivez tout ce que vous faites: quand vous arrivez, avec qui vous y allez, qui vous rencontrez...

Voix en direct (suite)

Go to to view video clips of young people talking about going out on a student budget.

Expression écrite

Une invitation par courriel

In this activity, you will write an e-mail to your friends inviting them to a party.

■ **Première étape:** Write down what you are celebrating and where you plan to have the party.

■ **Deuxième étape:** Jot down the weather that can be expected and three or four activities you would like to suggest to your guests.

■ **Troisième étape:** Write a sentence or two in which you make your invitation. Review **Comment inviter** (pages 128–129) for suggestions.

■ **Quatrième étape:** What other details would be helpful to the person you are inviting to the party (who else you are inviting, what to wear, what to bring, etc.). Is your invitation appealing?

■ **Cinquième étape:** Now put together the information in an e-mail using lively language. Then, with three or four of your classmates, share your invitations and respond to each invitation you receive.

> 🌐 **À vos marques, prêts, bloguez!**
>
> Cafés have become a part of American culture. In the class blog, in French, write about your café habits or those of a friend.

SYSTÈME-D	
Phrases:	inviting; describing weather; writing a letter (informal)
Grammar:	interrogative; prepositions with times and dates; **faire** expressions
Vocabulary:	leisure; sports; clothing; time expressions

Structure 5.1

Talking about what you want to do, what you can do, and what you have to do *Les verbes **vouloir, pouvoir** et **devoir***

The verbs **vouloir** *(to want),* **pouvoir** *(can, to be able to),* and **devoir** *(must, to have to)* are irregular verbs. They are presented together because they have similar, although not identical, structures and are frequently used in the same context.

vouloir *(to want)*	
je veux	nous voulons
tu veux	vous voulez
il/elle/on veut	ils/elles veulent

pouvoir *(can, to be able to)*	
je peux	nous pouvons
tu peux	vous pouvez
il/elle/on peut	ils/elles peuvent

devoir *(must, to have to)*	
je dois	nous devons
tu dois	vous devez
il/elle/on doit	ils/elles doivent

Tu veux aller au concert?	*You want to go to the concert?*
Ma sœur ne peut pas y aller.	*My sister can't go.*
Je dois travailler.	*I have to work.*

The verb **devoir** can also mean *to owe.*

Je dois dix euros à mon père.	*I owe my father ten euros.*

Making polite requests

Conditional forms of the verbs **vouloir** and **aimer** are frequently used to soften these verbs, making them sound more polite. This usage is known as the polite conditional, **le conditionnel de politesse.** Compare the following sentences.

Tu veux sortir ce soir?	*Do you want to go out tonight?*
Tu voudrais sortir ce soir?	*Would you like to go out tonight?*
J'aimerais sortir ce soir.	*I would like to go out tonight.*

You will study the conditional further in **Module 14.** For now, you will use the singular forms, **je, tu,** and **il,** shown below in bold. The other forms are presented here primarily for recognition.

vouloir: je voudrais, tu voudrais, il/elle/on voudrait, nous voudrions, vous voudriez, ils/elles voudraient

aimer: j'aimerais, tu aimerais, il/elle/on aimerait, nous aimerions, vous aimeriez, ils/elles aimeraient

Exercice 1 Jean-Marie wants to do something with his friends, but everyone is busy. Complete the conversation with the correct forms of the verbs given in parentheses.

JEAN-MARIE: Dis, Christine, tu (vouloir) _____ (1) aller au cinéma ce soir?

CHRISTINE: Je (vouloir) _____ (2) bien, mais je ne (pouvoir) _____ (3) pas. Je (devoir) _____ (4) travailler.

JEAN-MARIE: Marc, toi et Jean-Claude, vous (vouloir) _____ (5) y aller?

MARC: Non, nous ne (pouvoir) _____ (6) pas. Nous n'avons pas assez de fric *(money, fam)*.

JEAN-MARIE: Mais dites donc... Vous êtes impossibles! Et ta sœur Martine, qu'est-ce qu'elle (faire) _____ (7)? Peut-être qu'elle (pouvoir) _____ (8) y aller avec moi?

MARC: Impossible. Elle (devoir) _____ (9) garder la petite Pauline.

JEAN-MARIE: Mais je ne (vouloir) _____ (10) pas y aller tout seul!

Exercice 2 You hear the following remarks at the café. Write the verbs in parentheses in the polite conditional form.

1. J'(aimer) _____ passer le week-end chez vous.

2. Tu (vouloir) _____ voir un film?

3. Marc (aimer) _____ trouver un nouveau job.

4. Qu'est-ce que tu (vouloir) _____ faire ce soir?

5. Serge (aimer) _____ finir son livre.

6. Tu (vouloir) _____ aller en boîte samedi?

Structure 5.2

Talking about going out with friends *Les verbes comme sortir*

The verb **sortir** means *to leave, to exit an enclosed place, or to go out with friends.*

sortir *(to leave; to exit; to go out)*	
je sors	nous sortons
tu sors	vous sortez
il/elle/on sort	ils/elles sortent

Notice that the verb **sortir** has two stems, one for the singular forms (**sor-**) and one for the plural forms (**sort-**).

Tu sors avec Michel et Nicole? *You're going out with Mike and Nicole?*
Nous sortons du café à 9h00. *We leave the café at 9 o'clock.*

The following verbs are conjugated like **sortir**. Note the different singular and plural stems.

	singulier	pluriel
partir *to leave, depart*	je **par**s	nous **part**ons
servir *to serve*	je **ser**s	nous **serv**ons
dormir *to sleep*	je **dor**s	nous **dorm**ons

Le train part pour Londres. *The train is leaving for London.*
Les enfants dorment jusqu'à 10h00. *The children sleep till 10:00.*

Exercice 3 Fill in the blanks with the appropriate forms of the verbs in parentheses.

1. À quelle heure est-ce que vous _____ (partir)?

2. C'est vrai qu'elle _____ (sortir) avec Pierre ce week-end?

3. Tu viens chez nous pour le dîner ce soir? Nous _____ (servir) une fondue suisse.

4. Ne faites pas trop de bruit, les enfants _____ (dormir) toujours.

5. Je _____ (partir) en vacances la semaine prochaine.

6. Tu _____ (sortir) à sept heures ce soir, n'est-ce pas?

Exercice 4 What are the following people doing this weekend? Fill in the blanks with the correct forms of **dormir, partir, servir,** or **sortir,** according to the context.

1. Nous _____ tard ce week-end. Nous aimons faire la grasse matinée.

2. Vous _____ avec Pierre ce soir? Vous allez au cinéma?

3. Elle _____ pour son bureau à neuf heures samedi matin.

4. Mes copains _____ de la boîte à minuit parce que leur résidence ferme à 1h00.

5. Tu _____ une salade et des sandwiches à tes amis.

6. Faustine et moi, nous _____ du magasin avec beaucoup de sacs.

Structure 5.3

Using pronouns to give emphasis *Les pronoms accentués*

French has a special set of pronouns called **pronoms accentués,** or stress pronouns. The chart that follows summarizes the subject pronouns and their corresponding stress pronouns.

pronom sujet	pronom accentué	pronom sujet	pronom accentué
je	**moi**	nous	**nous**
tu	**toi**	vous	**vous**
il	**lui**	ils	**eux**
elle	**elle**	elles	**elles**

Usage

The primary function of stress pronouns is to highlight or to show emphasis. Since subject pronouns in French cannot be stressed, the stress pronoun is frequently added to the subject pronoun in conversation for emphasis. Sometimes it is added at the end of the sentence.

Moi, j'aime le jus d'orange.
J'aime le jus d'orange, moi. } ***I** like orange juice.*

Lui, il aime le café. ***He** likes coffee.*

— Qui est-ce? *— Who is it?*
— C'est moi. *— It's me.*

Stress pronouns appear in many common expressions without a verb.

J'aime le thé. Et toi? *I like tea. And you?*
Moi aussi. *Me too.*
Et lui? *And him?*

They frequently appear after prepositions.

Pour nous, deux chocolats chauds.   *For us, two hot chocolates.*
Tu vas chez toi?   *Are you going home?*
Elle vient avec eux?   *Is she coming with them?*

They can also be used with **à** to show possession.

Ce livre est à toi?   *Is this book yours?*

Exercice 5 Choose the person that corresponds to the italicized stress pronoun.

1. Philippe sort avec *elle*. (Marie-Josée / Henri)
2. Je vais dîner chez *eux*. (Luc et Jean / Émilie et Hélène)
3. Nous partons en vacances avec *elles*. (Marie-Josée et Henri / Hélène et Monique)
4. Elle travaille chez *lui*. (Max / Monique et Sophie)
5. Ils vont faire un voyage avec *nous* (Mohammed et moi / Jacques et Djamila)

Exercice 6 Max meets his friends at a café. Complete their conversation with the appropriate stress pronouns. Read each group of sentences carefully to determine which pronouns are needed.

CLAIRE: Michel, _____ (1), il aime le chocolat chaud. _____ (2), nous préférons l'eau minérale. Et _____ (3), qu'est-ce que tu préfères?

MAX: J'aime le jus de fruits, alors pour _____ (4), un jus d'orange. Et pour _____ (5), Monique et Serge? Qu'est-ce que vous voulez?

MONIQUE: _____ (6), j'aime bien le thé au lait. Et _____ (7), Serge?

SERGE: Je ne veux rien. Ah! Voilà mes frères. Je dois partir avec _____ (8). Au revoir.

MICHEL: Où sont Nicole et Sandrine? Regarde, ce sont _____ (9) à la terrasse. Mais, qui est avec _____ (10)?

MAX: Je pense que c'est Amadou. Il est très sympa. Je vais chez _____ (11) pour mes leçons de piano. Sa mère est prof de musique.

MICHEL: Et il va à l'université, _____ (12) aussi?

MAX: Oui. Et nous sommes en cours de philo ensemble, _____ (13) et _____ (14).

Structure 5.4

Talking about eating and drinking *Prendre, boire et les verbes réguliers en -re*

The verb *prendre*

The verb **prendre** *(to take)* is irregular. It is used figuratively to mean *to have something to eat or drink.*

prendre *(to take)*	
je prends	nous prenons
tu prends	vous prenez
il/elle/on prend	ils/elles prennent

Elles ne prennent pas l'autobus.   *They're not taking the bus.*
Nous prenons deux chocolats chauds.   *We'll have two hot chocolates.*

Two other verbs that are formed like **prendre** are **apprendre** *(to learn)* and **comprendre** *(to understand).*

Je ne comprends pas. *I don't understand.*
Nous apprenons le français. *We are learning French.*

The verb *boire*

The verb **boire** *(to drink)* is also irregular.

boire *(to drink)*	
je bois	nous buvons
tu bois	vous buvez
il/elle/on boit	ils/elles boivent

Après mon cours de yoga, *After my yoga class,*
   je bois de l'eau. *I drink water.*

Note that **boire** is often replaced by the verb **prendre,** which is used both for eating and drinking. One might ask: **Vous voulez quelque chose à boire** *(something to drink)*? When placing an order, however, it is more common to say: **Moi, je prends un coca.**

Regular *-re* verbs

To conjugate regular -**re** verbs, drop the -**re** ending of the infinitive and add the endings shown in the chart.

attendre *(to wait for)*	
j'attend**s**	nous attend**ons**
tu attend**s**	vous attend**ez**
il/elle/on attend	ils/elles attend**ent**

Ils attendent leurs amis au café. *They are waiting for their friends at the café.*
Je n'attends pas le bus. *I'm not waiting for the bus.*

Note that the verb **attendre** means *to wait for,* so it is never followed by a preposition. The preposition is included in the meaning of the verb.

Other common regular -**re** verbs are the following:

entendre	*to hear*
perdre	*to lose*
rendre	*to return (something)*
répondre	*to answer*
vendre	*to sell*

Tu vends ton vélo? *Are you selling your bike?*
Vous répondez vite à vos courriels. *You answer your e-mails quickly.*

Exercice 7 Paul and his friends are at the café. Complete their dialogue with the appropriate forms of the verb **prendre.**

PAUL: Qu'est-ce que vous _____ (1)?

GUY: Je _____ (2) euh... je ne sais pas. Marie, qu'est-ce que tu _____ (3)?

MARIE: Un café.

GUY: Moi, je préfère quelque chose de sucré. Alors, je voudrais un Orangina.

PAUL: Alors, Marie et moi, nous _____ (4) un café. Guy _____ (5) un Orangina.

Exercice 8 It's 11 o'clock and everyone is busy. Fill in the blanks to describe what people are doing.

1. J'(attendre) _____ ma camarade de chambre au café.
2. L'instituteur (perdre) _____ patience avec les élèves.
3. Nous (boire) _____ du thé avec nos croissants.
4. Tu (répondre) _____ au téléphone.
5. Les professeurs (rendre) _____ les devoirs aux étudiants.
6. Toi et moi, nous (attendre) _____ notre bus.
7. Christine (vendre) _____ un livre à un client à la librairie universitaire.
8. Vous (apprendre) _____ le français.

Exercice 9 Françoise is just leaving the café and sees her friend Lucienne at another table. Complete their conversation by choosing the logical verb for each sentence from the list provided and writing in the appropriate form.

entendre	**comprendre**
attendre (2 fois)	**prendre (2 fois)**
être	

FRANÇOISE: Salut, Lucienne. Ça va?

LUCIENNE: Oui, ça va.

FRANÇOISE: Tu _____ (1) quelqu'un?

LUCIENNE: J(e) _____ (2) mon ami Denis. Et toi?

FRANÇOISE: J'étudie. Écoute... qu'est-ce que c'est? Est-ce que tu _____ (3) de la musique?

LUCIENNE: Oui, ça doit être Denis. Il a toujours son iPod.

DENIS: Salut, vous deux. Vous _____ (4) quelque chose? Moi, je _____ (5) une bière.

FRANÇOISE: Bonjour, Denis. Je vous laisse. Je vais à la bibliothèque pour étudier ma leçon de chimie. Le cours _____ (6) très difficile et mes amis et moi, nous ne _____ (7) rien *(nothing)*.

LUCIENNE: Bon courage, Françoise. Au revoir et étudie bien.

Structures utiles

Structure 5.5

Asking questions *L'interrogatif*

Yes/no questions

You are already familiar with two basic ways to ask questions in French.

- By using rising intonation:

  Tu parles français? *You speak French?*

- By adding **est-ce que (qu')** to a sentence:

  Est-ce que tu parles français? *Do you speak French?*

There are two other common ways of asking yes/no questions.

- By adding the tag question **n'est-ce pas** or **non** at the end of the sentence and using rising intonation. In informal conversation, **hein** is often used.

  Tu parles français, n'est-ce pas? *You speak French, don't you?*

  C'est pas mal, hein? *It's not bad, huh?*

- By using inversion, in which the normal position of the subject and the verb is reversed.

  Tu parles français. → Parles-tu français? *Do you speak French?*

Inversion is considered somewhat formal, but it is usually used in such frequently asked questions as **Quelle heure est-il?** *(What time is it?)* and **Quel temps fait-il?** *(What's the weather like?).* Follow these guidelines for forming inversion questions:

1. When you invert the subject and verb, connect them with a hyphen.

   Allez-vous au cinéma? *Are you going to the movies?*

2. When inverting **il, elle,** or **on** with a verb that does not end in **d** or **t,** add **-t-** between the verb and the subject.

   Joue-t-elle de la guitare? *Does she play the guitar?*
   Va-t-on au café? *Are we going to the café?*

   BUT:

   Prend-il un café? *Is he having coffee?*
   Est-ce votre portable? *Is it your cell phone?*

3. When nouns are used in inversion questions, state the noun and then invert the verb with the corresponding subject pronoun.

   Ton ami fait-il le ménage? *Does your friend do housework?*
   Véronique va-t-elle en classe? *Is Véronique going to class?*

4. Inversion is generally not used when the subject is **je.** Use **est-ce que** instead.

   Est-ce que je vais chez Paul ou pas? *Am I going to Paul's or not?*

Information questions

The following question words are used to request information.

combien	*how much*	C'est combien?	*How much is it?*
combien de/d' + noun	*how much/ many*	Combien de croissants voulez-vous?	*How many croissants do you want?*
comment	*how*	Comment ça va?	*How are you?*
	what	Comment est ton frère?	*What is your brother like?*
		Comment?	*What? Huh?*
où	*where*	Où est le Café de Flore?	*Where is the Café de Flore?*
d'où	*from where*	D'où êtes-vous?	*Where are you from?*
pourquoi	*why*	Pourquoi étudies-tu l'anglais?	*Why do you study English?*
quand	*when*	Quand est-ce que tu rentres chez toi?	*When are you going home?*
que (qu')	*what*	Qu'est-ce que tu prends?	*What are you having to drink?*
quel(le)(s)	*which, what*	Quel film voulez-vous voir?	*What film do you want to see?*
qui	*who*	Qui est-ce?	*Who is it?*

Note:

1. The question **pourquoi** is usually answered with **parce que.**

   — Pourquoi étudies-tu l'anglais?
   — Parce que j'aime Shakespeare.

   — *Why are you studying English?*
   — *Because I like Shakespeare.*

2. **Quel** (*which* or *what*) is an adjective that must agree with the noun it modifies. Its four forms are **quel, quelle, quels, quelles.**

   Quel jus préfères-tu?
   Quelle heure est-il?
   Quels films veux-tu voir?
   Quelles places sont libres?

   What/Which juice do you prefer?
   What time is it?
   What movies do you want to see?
   Which seats are free?

Quel and its forms are also used to make exclamations.

   Quel beau temps!
   Quelle belle robe!

   What beautiful weather!
   What a beautiful dress!

Usage

Form information questions by using one of the following question patterns:

- **intonation,** common in casual speech

   Où tu habites?
   Tu habites où?

   Where do you live?
   You live where?

- **est-ce que,** used in formal or informal speech and writing

   Qui est-ce que tu attends?
   Qu'est-ce que tu prends?

   Who are you waiting for?
   What'll you have?

- **inversion,** generally used in formal speech and in writing

   Pourquoi vas-tu au café?
   Où va-t-elle?

   Why are you going to the café?
   Where is she going?

Exercice 10 The following questions are included in a survey about finding a perfect partner. Reformulate the questions in a more informal way that you could use when talking with your friends.

1. Aimes-tu danser? (n'est-ce pas)

2. Es-tu nerveux (nerveuse) quand tu es avec mes parents? (est-ce que)

3. Tes parents sont-ils compréhensifs? (intonation)

4. Aimes-tu lire, passer du temps sur ton ordinateur ou regarder la télévision le soir? (est-ce que)

5. Joue-t-il bien? (hein)

6. Est-il important d'être romantique et affectueux (affectueuse)? (n'est-ce pas)

Exercice 11 You work for the school paper and plan to interview a new professor from France. As you prepare your notes for this formal interview, reformulate your questions with inversion.

1. Vous êtes d'où?

2. Vous enseignez les sciences politiques?

3. C'est votre première visite aux États-Unis?

4. Votre famille est ici avec vous?

5. Vous avez des enfants?

6. Votre mari est professeur aussi?

7. Il parle anglais?

8. Vous pensez rester aux États-Unis?

Exercice 12 The following exchanges might be heard in a café as people chat. Based on the information provided in the answers, complete the questions with the appropriate question word(s).

1. — _____ sont tes parents?

   — Mes parents sont attentifs et relax.

2. — _____ habite ta sœur?

   — Elle habite à Atlanta.

3. — _____ est-ce?

   — C'est ma tante.

4. — _____ tu prends un café?

   — Parce que j'ai un examen dans une heure.

5. — _____ tu étudies?

   — J'étudie la biologie.

6. — Ton copain, _____ s'appelle-t-il?

   — Il s'appelle Marc.

7. — _____ es-tu?

   — Je suis de Minneapolis.

8. — _____ chiens as-tu?

   — J'ai deux chiens.

9. — _____ cours as-tu aujourd'hui?

   — J'ai un cours d'histoire et un cours de maths.

10. — _____ bel homme! Il est marié?

    — Oui, hélas, il est marié.

Tout ensemble!

Two friends, Kathy and Isabelle, meet at the café. Complete their conversation by selecting the appropriate words from the list.

à quelle	pourquoi	sortent
dois	prenez	toi
est-ce que	qu'est-ce que	voudrais
moi	quelle	voulez
où	devons	
pour	sors	

LE GARÇON: Mesdames, qu'est-ce que vous _____ (1)?

ISABELLE: Je _____ (2) un verre de vin rouge, s'il vous plaît.

KATHY: Et _____ (3) moi, un crème. Tiens, voilà ta sœur et son petit ami. Eux, ils _____ (4) ensemble très souvent, n'est-ce pas? _____ (5) vont-ils ce soir?

ISABELLE: Au cinéma. Ils vont voir le nouveau film d'Emmanuelle Béart. C'est mon actrice préférée. Quelle actrice _____ (6) tu préfères?

KATHY: J'aime Audrey Tautou, _____ (7).

ISABELLE: Ah oui? _____ (8)?

KATHY: Mmm, parce qu'elle est belle et puis, elle a du talent.

LE GARÇON: Voilà, mesdames. Un verre de vin rouge et un crème. Vous _____ (9) autre chose?

ISABELLE: Non, c'est tout, merci. Kathy, il est déjà neuf heures. _____ (10) heure est-ce que tu dois partir?

KATHY: Je _____ (11) rentrer chez moi vers dix heures. _____ (12) tu fais ce week-end?

ISABELLE: Ce week-end? Dimanche, nous _____ (13) aller voir ma grand-mère. Et _____ (14)?

KATHY: Je travaille. Mais je _____ (15) samedi soir avec des amis. Tu veux venir avec nous?

ISABELLE: Cool! _____ (16) bonne idée!

Vocabulaire

Vocabulaire fondamental

CD1,
Tracks
67–73

Noms

Les boissons (f) — **Drinks**

une bière	*a beer*
un café / un expresso	*a coffee, an espresso*
un (café) crème	*a coffee with steamed milk*
un chocolat chaud	*a hot chocolate*
un Coca (light)	*a (diet) Coke*
un demi	*a glass of draft beer*
une eau minérale	*a mineral water*
un jus d'orange	*an orange juice*
un thé au lait	*a hot tea with milk*
un thé citron	*a hot tea with lemon*
un thé nature	*a hot tea (plain)*
un (verre de vin) rouge	*a (glass of) red wine*

La météo — **The weather**

Il fait 30° (trente degrés).	*It's thirty degrees.*
Il fait beau.	*It's nice weather.*
Il fait chaud.	*It's hot.*
Il fait froid.	*It's cold.*
Il fait mauvais.	*It's bad weather.*
Il neige.	*It's snowing.*
Il pleut.	*It's raining.*
Il y a des nuages.	*It's cloudy.*
Il y a du soleil.	*It's sunny.*
Il y a du vent.	*It's windy.*
la neige	*snow*
le soleil	*sun*
le vent	*wind*

Adjectifs

chaud(e)	*hot*
frais (fraîche)	*cool*
froid(e)	*cold*
impossible	*impossible*
pris(e)	*taken, not available*
seul(e)	*alone*

Verbes

aller en boîte	*to go to a club*
aller voir	*to go see*
apprendre	*to learn*
attendre	*to wait for*
boire	*to drink*
commander	*to order (at a café, restaurant)*
comprendre	*to understand*
désirer	*to want*
devoir	*must, to have to; to owe*
discuter (de)	*to discuss*
dormir	*to sleep*
entendre	*to hear*
faire la connaissance (de)	*to meet, to make someone's acquaintance*
inviter	*to invite*
laisser un message	*to leave a message*
partir (en vacances)	*to leave, to depart (on vacation)*
perdre	*to lose*
pouvoir	*can, to be able to*
prendre	*to take; to have food*
rappeler	*to call back*
rendre	*to return (something)*
répondre	*to answer*
servir	*to serve*
sortir	*to leave, to exit; to go out*
vendre	*to sell*
vouloir	*to want*

Mots interrogatifs

combien (de)	*how much (how many)*
comment	*how (what, huh)*
(d')où	*(from) where*
pourquoi	*why*
quand	*when*
que	*what*
quel(le)	*which, what*

Pronoms accentués

moi	*me*
toi	*you*
elle(s)	*her (them)*
lui	*him*
nous	*us*
vous	*you*
eux	*them*

Mots divers

avec	*with*
une boîte (de nuit)	*a club*
un café	*a coffee shop*
une carte	*a menu*
un courriel	*an e-mail message*
d'habitude	*usually*
ensemble	*together*
une idée	*an idea*
parce que	*because*
une place	*a seat*
pour	*for*
quelque chose (à boire)	*something (to drink)*
quelqu'un	*someone*
un rendez-vous	*an appointment; a date*
un sandwich jambon beurre	*a ham sandwich with butter*
toujours	*all the time, always*

Mots apparentés: un croissant, un instant, un message, un moment, un portable, un sandwich

Expressions utiles

(See pages 124–125 for additional expressions.)

allô	*hello (when answering the phone)*
C'est de la part de qui?	*Who is calling?*
(C'est) Dommage.	*(That's) Too bad.*
D'accord.	*Okay.*
Je peux laisser un message?	*May I leave a message?*
Je peux parler à ___, s'il te (vous) plaît?	*May I speak with ___, please?*
Je vais rappeler plus tard.	*I will call back later.*

(See page 129 for additional expressions.)

Désolé(e). Je suis occupé(e).	*Sorry. I'm busy.*
Malheureusement, je ne peux pas.	*Unfortunately, I can't.*
Oui, je veux bien.	*Sure, I'd like to. Yes, please.*

peut-être	*maybe*
Qu'est ce que tu vas faire ce week-end?	*What are you going to do this weekend?*
Tu aimerais faire quelque chose?	*Would you like to do something?*
Tu veux sortir ce soir?	*Do you want to go out tonight?*

(See page 140 for additional expressions.)

D'où êtes-vous?	*Where are you from?*
Je vous (te) connais?	*Do I know you?*
Pardon, est-ce que cette place est libre?	*Excuse me, is this seat free?*
Quel beau temps, n'est-ce pas?	*What nice weather, isn't it?*
Vous attendez (Tu attends) quelqu'un?	*Are you waiting for someone?*

Vocabulaire supplémentaire

CD1, Tracks 74–78

Noms

Rendez-vous au café

un citron pressé	*a fresh-squeezed lemonade*
une infusion	*an herbal tea*
un jus de pomme	*an apple juice*
une limonade	*a lemon-lime soda*
un Orangina	*an orange soda (brand name)*
une terrasse	*an outdoor seating area of a café*

Adjectifs

alcoolisé(e)	*containing alcohol*
sucré(e)	*sweetened*

Verbes

appeler	*to call*
continuer	*to continue*
rappeler	*to call back*

Expressions utiles

Il fait doux.	*It's mild.*
Il fait lourd.	*It's humid.*
Il y a des éclaircies.	*It's partly cloudy.*
Il y a des orages.	*It's stormy.*
Il y a du brouillard.	*It's foggy.*
Ça te dit d'aller prendre un café?	*How about going for a coffee?*
Je t'invite.	*It's my treat.*

Mots divers

un billet	*a ticket*
C'est pas grave. *(fam)*	*It's not important.*
Ne quittez pas.	*Please hold (on phone).*
quand même	*anyway*
une soirée	*an evening (party)*

Un kiosque à Nice, sur la Côte d'Azur. Quel journal lisez-vous?

Module 6

Qu'est-ce qui *s'est passé?*

In this chapter, you will learn how to talk about past events: what you did over the weekend, where you went on your last vacation. You will also learn how to recount a brief anecdote and be an active listener. **Perspectives culturelles** will help you understand why the French are well known for their vacations and how to follow the French press. You will also learn how to talk about the lives of several historical figures in the French-speaking world.

Hier

Structure 6.1

Talking about what happened *Le passé composé avec* **avoir**

The **thème Hier** focuses on what you did yesterday and highlights the **passé composé,** a verb tense used to tell what happened and to recount past events. See pages 181–182 for a discussion of this tense. Time expressions that explain when an event took place appear on page 182.

Qu'est-ce que vous avez fait hier?

Angèle a étudié pour un examen.

M. et Mme Montaud ont joué aux cartes.

Serge a regardé une série à la télévision.

Mme Ladoucette a fait une promenade dans le parc avec son chien.

Véronique a pris des photos du coucher de soleil.

Stéphane a attendu le bus sous la pluie.

Notez et analysez

In the picture captions, you can see that the **passé composé** form has two parts, first the auxiliary, or helping verb, and then a form of the base verb called the past participle. Identify the auxiliary verb. What forms of that verb do you see? Locate the past participles and give their infinitives.

Hier après-midi, Jérôme a joué avec un petit bateau dans le bassin du jardin du Luxembourg. Et vous, qu'est-ce que vous avez fait hier?

Activité 1 Les activités d'hier

Indiquez si vous avez fait les activités suivantes hier.

	Oui	Non
1. J'ai fait du sport.	_____	_____
2. J'ai regardé les infos *(news)* en ligne.	_____	_____
3. J'ai pris des photos.	_____	_____
4. J'ai regardé mes courriels.	_____	_____
5. J'ai surfé sur Internet.	_____	_____
6. J'ai perdu mon téléphone portable.	_____	_____
7. J'ai mangé à la cafétéria.	_____	_____
8. J'ai travaillé.	_____	_____

 ## Activité 2 Hier soir

Qu'est-ce que les étudiants de la classe ont fait *hier soir*? Posez les questions suivantes à un(e) camarade.

1. Tu as regardé la télé? Qu'est-ce que tu as regardé?

2. Tu as parlé au téléphone? Avec qui?

3. Est-ce que tu as travaillé? Quand? Où?

4. Est-ce que tu as dîné au restaurant? Où? Avec qui?

5. Tu as retrouvé des amis? Qui? Où?

6. Est-ce que tu as étudié? Pour quel cours?

Expressions utiles

CD2, Track 2

Quelques expressions de temps

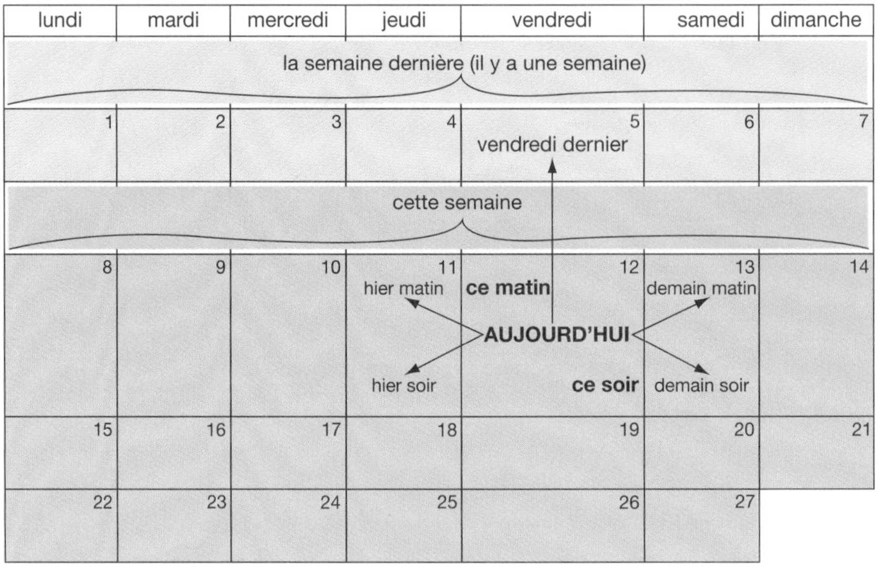

Notez et analysez

Find the expressions on the time line for *last week* and *last Friday*. How would you say *last year*? **L'année...** *Last month*? **Le mois... Il y a une semaine** means *a week ago*. How would you say *two days ago*?

Activité 3 La dernière fois...

Avec un(e) partenaire, dites quand vous avez fait les activités suivantes pour la dernière fois *(last time)*. Utilisez une expression de temps au passé dans votre réponse.

Modèle: parler anglais en classe
— Quelle est la dernière fois que tu as parlé anglais en classe?
— J'ai parlé anglais en classe ce matin. Et toi?

Quelle est la dernière fois que tu as...

1. téléphoné à tes parents
2. fait un voyage
3. été en retard pour un rendez-vous
4. cherché un(e) ami(e) sur Facebook
5. perdu tes clés *(keys)*
6. dormi en classe
7. lu un bon livre

Activité 4 Vous êtes curieux (curieuse)!

A. Qu'est-ce que votre professeur a fait hier? Vous avez un maximum de six questions pour trouver trois de ses activités. Il/Elle va répondre **oui** ou **non.**

Modèle: *Est-ce que vous avez regardé la télévision?*

B. Faites la même activité avec un(e) camarade de classe. Utilisez **tu** avec votre camarade.

Modèle: *Est-ce que tu as regardé la télévision?*

Comment raconter et écouter une histoire (introduction)

Nicole, raconte ce qui s'est passé.

Eh ben, c'est comme ça...

2, Track 3

Expressions utiles

Si vous écoutez une histoire...

Pour commencer

Qu'est-ce qui s'est passé?
Qu'est-ce qui est arrivé? } *What happened?*

Pour réagir

Ah oui?	*Really?*
Et alors?	*And then (what)?*
Ah bon?	*Yes? (Go on . . .)*
Vraiment?	*Really?*
Pas possible!	*Unbelieveable!*
Dis donc!	*Wow!*
Oh là là!	*Oh, my goodness! / Unbelievable!*
Formidable! Super!	*Great!*
Zut alors! / Mince!	*Oh no!*

Si vous racontez une histoire...

Pour commencer

Voilà, c'est comme ça...	*So it happened like this . . .*
Alors...	*So . . .*

Pour continuer

D'abord...	*First . . .*
Et puis...	*And then . . .*
Alors... / Ensuite...	*Then . . .*
Euh...	*Uh, um . . .*
Après...	*Then . . .*
Enfin...	*Finally . . .*

Réfléchissez et considérez

When we speak with others, especially when telling a story, we like to know people are listening. Active listeners give feedback.

1. First, how do you ask someone to tell you what happened? When you're listening to the answer, how do you express surprise? How do you indicate your interest and encourage the speaker to continue?

2. When you're telling a story, what words do you use to order the events?

3. Look at the list of **Expressions utiles** and find the French equivalents for the English expressions you've identified.

CD2, Track 4

Écoutons ensemble! Au restau-U

Vous êtes dans le restaurant universitaire où vous entendez des conversations.

A. Lisez d'abord les commentaires dans la colonne de gauche. Puis, trouvez la réponse appropriée à chacun dans la colonne de droite. Ensuite, écoutez les conversations et vérifiez vos réponses.

1. Tu sais, Marc a eu un accident de moto sur l'autoroute!
2. Dis, Claire, je pense que je vais avoir une promotion!
3. J'ai vu la cousine de Mohammed. Elle dit qu'il est parti pour Paris.
4. Hervé m'a invitée à aller en vacances avec sa famille!
5. Sylvie, tu es toute rouge! Pourquoi?
6. Cet après-midi, nous allons nous balader à vélo.
7. J'ai perdu mon livre de français.

a. Vraiment? Félicitations!
b. Ah oui? Qu'est-ce qu'il va faire à Paris?
c. Eh ben, voilà ce qui s'est passé. Je t'explique...
d. Zut alors. Qu'est-ce que tu vas faire?
e. Ah oui? Qu'est-ce que vous allez faire après?
f. Dis donc! Tu vas y aller?
g. Oh là là! C'est grave? Il est à l'hôpital?

B. Maintenant, lisez les mini-dialogues avec un(e) partenaire. Puis, inventez votre propre dialogue et jouez-le pour vos camarades.

 Activité 5 Une conversation entre amis

Faites des mini-échanges avec votre partenaire à tour de rôle en suivant le modèle.

Modèle: — J'ai perdu mon agenda.
— Vraiment? Qu'est-ce que tu vas faire?

1. J'ai deux examens demain!
2. Mon coloc a pris mes lunettes de soleil.
3. J'ai oublié de rendre mon devoir de chimie.
4. Mon ex-copain m'a envoyé (*sent me*) un message sur Facebook.
5. Mes parents arrivent demain.
6. J'ai perdu mon portable.

 Activité 6 Un voyage récent

Quelle ville avez-vous visitée récemment? Suivez le modèle pour décrire brièvement votre visite. Votre partenaire réagit en utilisant les expressions de la liste à la page 161.

Modèle: — J'ai voyagé à Madrid.
— Ah oui?
— J'ai vu la Puerta del Sol et j'ai visité le Prado.
— Vraiment? / Dis donc!

Activité 7 **Routines logiques?**

Arrangez les activités dans l'ordre chronologique et ajoutez **d'abord, puis, ensuite, alors** et **enfin.** Lisez votre réponse à la classe; un(e) étudiant(e) doit réagir avec des expressions comme **Vraiment?** ou **Ah oui?**

1. **Une soirée entre amis.** Le week-end dernier, j'ai invité des amis chez moi pour une soirée. D'abord, j'ai...

   a. préparé le dîner.
   b. fait les présentations.
   c. téléphoné à mes amis pour les inviter.
   d. fait les courses.

2. **Un examen.** Vendredi dernier, Manuel avait un examen d'histoire. D'abord, il a...

   a. retrouvé un groupe d'amis pour étudier ensemble.
   b. passé l'examen pendant deux heures.
   c. révisé les notes de classe.
   d. beaucoup dormi après l'examen.

3. **Un match de tennis.** Samedi dernier, tu as joué au tennis. D'abord, tu as...

   a. réservé un court au stade municipal.
   b. pris une douche *(shower)* avant de rentrer.
   c. joué deux sets de tennis.
   d. retrouvé ton partenaire au stade.

4. **Une soirée au cinéma.** Le week-end dernier, nous avons vu un film avec des amis. D'abord, nous avons...

   a. vu le film.
   b. pris le métro pour aller au cinéma Rex.
   c. dîné dans un restaurant qui reste ouvert jusqu'à minuit.
   d. cherché un bon film dans *Pariscope.*

5. **Pour louer un appartement.** D'abord, Marianne a...

   a. surfé sur Internet pour trouver un studio pas cher.
   b. décidé de le louer.
   c. téléphoné à la propriétaire pour prendre rendez-vous.
   d. vu le studio.

6. **La fin de la journée.** D'abord, j'ai...

   a. fait mes devoirs.
   b. décidé d'aller au lit.
   c. commencé à regarder un mauvais film.
   d. regardé les infos à la télé.

Parlons de nos vacances

Structure 6.2

Narrating in the past *Le passé composé avec* **être**

You have just learned to form the **passé composé** with the auxiliary verb **avoir.** French also has a small number of verbs conjugated with **être** in the **passé composé.** Many of them involve movement. You will use these verbs to talk about your travels: where you went, when you arrived, when you returned, and so forth. For a complete discussion of the **passé composé** with **être,** see page 183.

Notez et analysez

The **Auberge Vandertramps** is a mnemonic device to help you remember key verbs that are conjugated with **être** in the **passé composé.** Try looking for the verbs that correspond to each letter in the name VANDERTRAMPS. What verb begins with a "V?" The "A" is for what verbs? Which two verbs do NOT involve movement?

Activité 8 — Notre premier jour à l'auberge

Lisez la description et indiquez si c'est vrai ou faux.

	Vrai	Faux
1. Le taxi est arrivé devant l'auberge.	_____	_____
2. L'homme d'affaires est monté dans le taxi.	_____	_____
3. Une jeune fille est entrée dans l'auberge.	_____	_____
4. Un petit chat est tombé de l'arbre.	_____	_____
5. Un petit oiseau est mort.	_____	_____
6. Une vieille femme est allée chercher un taxi.	_____	_____
7. Une femme est retournée à l'auberge à vélo.	_____	_____
8. Une femme est sortie de l'auberge avec un sac à dos.	_____	_____

 ## Activité 9 — Votre dernier voyage

Avec votre partenaire, parlez de votre dernier voyage. Où est-ce que vous êtes allé(e)? Quand est-ce que vous êtes parti(e)? Qu'est-ce que vous avez fait? Quand est-ce que vous êtes rentré(e) chez vous? Après, racontez à la classe ce que votre partenaire a fait.

Modèle:

ÉTUDIANT(E) 1: *Je suis allé(e) dans le Colorado. Je suis parti(e) le 15 juillet. J'ai fait du camping à la montagne. Je suis rentré(e) chez moi le 30 juillet.*

ÉTUDIANT(E) 2: *Mon/Ma partenaire est allé(e) dans le Colorado. Il/Elle est parti(e) le 15 juillet. Il/Elle a fait du camping à la montagne. Il/Elle est rentré(e) chez lui/elle le 30 juillet.*

 ## Activité 10 — L'inquisition d'un parent possessif

Un parent possessif veut tout savoir sur le voyage que son fils (sa fille) a fait le week-end dernier. Avec un(e) camarade, jouez le rôle du parent et du fils (de la fille). **Suggestion:** Prenez une minute pour regarder les questions et pensez aux réponses avant de commencer.

Modèle: — *Tu es parti(e) avec qui?*
— *Je suis parti(e) avec des copains.*

1. Tu es parti(e) avec qui?
2. À quelle heure est-ce que vous êtes parti(e)s?
3. Où est-ce que vous êtes allé(e)s?
4. À quelle heure est-ce que vous êtes arrivé(e)s?
5. Qu'est-ce que vous avez fait?
6. Quand est-ce que vous êtes revenu(e)s?

 ## Activité 11 — Interaction

Posez les questions suivantes à un(e) camarade. Ensuite, donnez sa réponse la plus intéressante à la classe.

Expedia.fr
Le voyage que je veux.

1. Où est-ce que tu as passé tes meilleures *(best)* vacances?
2. Comment est-ce que tu as voyagé? (En voiture? En avion? En train?)
3. Tu es allé(e) en vacances avec qui?
4. Pendant combien de temps tu es resté(e) à...?
5. Qu'est-ce que tu as vu d'intéressant?
6. Qu'est-ce que tu as fait pendant la journée? le soir?
7. Tu aimerais y retourner l'année prochaine?

Activité **12** Un voyage mal commencé

CD2, Track 5   Regardez les images et écoutez l'histoire. Ensuite, recomposez l'histoire vous-même.

1.

2.

3.

4.

5.

6.

7.

8.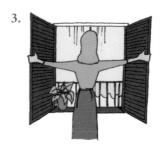

9.

10.

Expressions utiles: aller chercher l'équipement de camping, amener le chat, fermer les volets, ranger les bagages dans le coffre, accrocher la caravane, sortir de la maison, chercher les clés, trouver, partir, rester derrière.

Activité **13** Des vacances ratées ou réussies?

Est-ce que vos dernières vacances ont été merveilleuses, médiocres ou désastreuses? Avec un(e) partenaire, dites pourquoi, en utilisant les éléments des deux colonnes. Commencez avec le modèle.

Modèle: — *Tu as passé de bonnes vacances?*
— *Oui et non.*
— *Comment? Qu'est-ce qui s'est passé?*
— *Bon, voilà, je commence...*

DES VACANCES RATÉES

1. J'ai perdu mon argent / passeport.
2. Il a plu.
3. Les hôtels ont coûté trop cher.
4. Ma voiture est tombée en panne *(broke down)*.
5. J'ai raté *(missed)* mon avion.
6. Je suis tombé(e) malade *(sick)*.

DES VACANCES RÉUSSIES

1. J'ai trouvé de bons restaurants.
2. Mes parents ont payé le voyage.
3. Je suis sorti(e) dans des clubs super!
4. Il a fait beau.
5. J'ai rencontré des gens sympas.
6. J'ai trouvé une plage *(beach)* exotique.

Les congés payés

paid vacation

Dates importantes dans l'histoire des congés payés en France

1936 deux semaines

1956 trois semaines

1969 quatre semaines

1982 cinq semaines

Les Français aujourd'hui sont les champions du monde du congé payé avec 39 jours de congés annuels. Ce chiffre les place avant les Allemands avec 27 jours et les Britanniques avec 24 jours. Les non-Européens arrivent bien derrière. Les Canadiens ont 19 jours et aux États-Unis, où 14 jours de vacances est typique, les congés payés ne sont pas garantis par la loi°.

Les travailleurs français ont gagné le droit° aux congés payés pour la première fois en 1936 et, depuis°, «les vacances pour tous» est devenue° une valeur sociale importante. Avant cette victoire pour les travailleurs, le tourisme était réservé aux gens aisés°.

Les Français prennent d'habitude la plupart de leurs vacances—trois semaines—pendant les grandes vacances°, surtout au mois d'août. Les jours des «grands départs», les autoroutes sont bondées°: des voitures roulent en direction de la plage laissant° la capitale presque déserte. Dans ce pays, on prend les vacances au sérieux. C'est une période d'évasion des soucis° du travail. Seul 18 pour cent des Français consultent leurs messageries électroniques° pendant leurs congés.

law

right

since then
has become
well-off

summer vacation
crowded
leaving

worries
e-mail

(Étude internationale Expedia-Harris 2006; *www.tourmag.com/Les-Francais-champions-du-monde-des-jours-de-conges_a13442.html - 61k*)

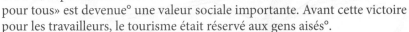 **Avez-vous compris?**

Dites si les phrases suivantes sont vraies ou fausses. Corrigez les réponses fausses.

	Vrai	Faux
1. Les Américains ont droit à deux semaines de vacances par an.	_____	_____
2. Les vacances des Français sont plus longues que les vacances des Québécois.	_____	_____
3. Juin est le mois des grands départs pour les vacances en France.	_____	_____
4. La mer est une destination favorite des vacanciers français.	_____	_____
5. En Grande-Bretagne comme en Allemagne, les congés payés sont un droit.	_____	_____
6. Le concept de «working vacation» est populaire chez les Français.	_____	_____

Thème

Les informations et les grands événements *(events)*

Structure 6.3

Using verbs like *choisir* *Les verbes comme* **choisir**

Structure 6.4

Avoiding repetition *Les pronoms d'objet direct:* **le, la, les**

In this **thème,** in addition to learning how to read the French press, you will use regular **-ir** verbs like **choisir** *(to choose)* and pronouns that help you avoid repetition. See page 184 for **-ir** verbs and page 185 for direct object pronouns.

Forum de discussion: La presse jeune		
Est-il préférable d'être informé(e) des actualités *(news)* ou d'ignorer les nouvelles *(news)* (souvent négatives) et de vivre comme un imbécile heureux?	**Répondre à ce sujet**	**Créer un sujet**
Je **choisis** de garder les yeux ouverts. Je lis au moins deux journaux *(newspapers)* par jour. Je **les** regarde en ligne. **Répondre**	*Khalid* **Membre**	
Moi, je suis passionné par les nouvelles. Quand je trouve un article intéressant je **l'**envoie à mes copains ou je **l'**affiche sur Facebook. **Répondre**	*Manu* **Membre**	
Le journal télévisé? Chez moi, nous **le** regardons pendant le dîner. Puis ma sœur et moi, nous allons dans notre chambre et nous **finissons** nos devoirs. La télé en général? Je **la** regarde assez peu. **Répondre**	*Sylvie* **Membre**	

Notez et analysez

Look over this discussion forum where young people posted their opinions about the importance of keeping up with the news. The participants in the forum use pronouns to avoid repeating items they've already mentioned.

1. What word replaces **deux journaux** in Khalid's comment?
2. When Manu uses the pronoun **l'** (**le**), what is he referring to?
3. Look at Sylvie's posting and figure out how you would say: *The radio? I don't listen to it a lot.*

Activité 14 Dans un forum de discussion

Voici des questions posées dans un forum de discussion. Donnez une réponse en remplaçant les mots soulignés par un pronom.

1. Est-ce que tu lis le journal tous les jours?
2. Tu regardes les actualités en ligne?
3. Est-ce que tu envoies *(send)* les articles qui t'intéressent à tes copains?
4. Tu écoutes les nouvelles à la radio?
5. Tu aimes les blogs?

Activité 15 On écoute une conversation au téléphone

Élodie écoute sa mère qui parle au téléphone avec sa tante. De quoi parle sa tante?

A. D'abord, avec votre partenaire, identifiez l'élément dont elles parlent.

1. Oui, je les aime bien. (les actualités sur TV5 / la série *Grey's Anatomy*)
2. Non, nous ne la regardons pas beaucoup. (les actualités sur TV5 / la série *Grey's Anatomy*)
3. Oui, tu peux l'emprunter *(borrow)* demain. (mon DVD de *Lost* / tes clés)
4. Oui, je l'ai déjà regardé. (*Lost* / les actualités)
5. Je vais les voir ce week-end. (notre mère / nos parents)

B. Jouez le dialogue en posant les questions que sa tante a propablement posées à sa mère.

> Le monde entier a accès aux programmes de télévision en français grâce à TV5. La chaîne *(channel)* offre aussi des leçons de français en ligne.

Activité 16 Le sommaire du *Point*

Parcourez *(Scan)* le sommaire, à la page 170, avec un(e) partenaire pour répondre aux questions suivantes.

1. On trouve une photo de qui sur la couverture du magazine (page 60 dans le sommaire)?
2. Qui écrit l'éditorial principal?
3. Sous la rubrique *(section)* «Monde», on parle d'une rébellion dans quel pays?
4. Sous quelle rubrique est-ce qu'on trouve un article sur:
   a. l'homme qui a gagné le prix Nobel?
   b. l'aide de John McCain?
   c. le parti socialiste (PS)?
   d. la crise *(economic crisis)* et le sport?
5. Quel problème, qui semble toucher la France et le monde en général, est identifié dans ce numéro *(edition)* du *Point* publié en octobre 2008?

SOMMAIRE 1883

Le Point is published weekly by Société d'exploitation de l'hebdomadaire Le Point-Sebdo - 74, avenue du Maine, 75682 Paris Cedex 14, France. The US subscription price is $ 200. Airfreight and mailing in the USA by: IMX, C/O USA Agent, Cargo Bldg. 141, Suite 115-117, J.F.K. Int'l Airport, Jamaica, NY 11430. Periodical postage pending at Jamaica Post Office 11431. US POSTMASTER: send address change to: IMX, C/O USA Agent, Cargo Bldg. 141, Suite 115-117, J.F.K. Int'l Airport, Jamaica, NY 11430. Copyright Le Point 2008.
PRINTED IN FRANCE

Lisez les informations et ensuite, posez des questions à vos camarades de classe sur les événements récents.

Modèle: — *Qu'est-ce qui s'est passé en 2003?*
— *Les États-Unis ont commencé la guerre contre l'Irak.*

2001 Des terroristes ont attaqué les deux tours du World Trade Center à New York et le Pentagone à Washington DC.

2002 L'euro est devenu la seule monnaie utilisée dans l'Union européenne.

2003 Les États-Unis et la Grande-Bretagne ont lancé l'opération Liberté en Irak contre le régime de Saddam Hussein.

2004 Deux joueuses de tennis francophones, une Belge, Justine Henin-Hardenne, et une française Amélie Mauresmo, ont gagné des médailles olympiques à Athènes. Un séisme a provoqué un tsunami en Indonésie. Des centaines de milliers de gens sont morts.

2005 Les banlieues pauvres près de Paris ont explosé en émeutes *(riots)*. L'Américain Lance Armstrong a gagné le Tour de France une septième fois.

2006 Saddam Hussein a été condamné à mort. Un jeune rat est devenu la star du film d'animation *Ratatouille*.

2007 Nicolas Sarkozy a été élu président de la République française par une large majorité des Français.

2008 La Chine a accueilli *(welcomed)* les athlètes du monde entier pour la grande célébration des jeux Olympiques. L'Europe a salué l'élection de Barack Obama au poste de président des États-Unis.

2009 La crise des subprimes a provoqué un krach financier. Barack Obama est devenu président des États-Unis. Michael Jackson est mort.

Avez-vous une bonne mémoire? Répondez aux questions suivantes.

> **Modèle:** — *Quand est-ce que Sarkozy est devenu président de la France?*
> — *Sarkozy est devenu président de la France en 2007.*

1. Quand est-ce que l'euro a remplacé officiellement le franc?
2. En quelle année est-ce qu'il y a eu un tsunami en Indonésie?
3. Quand est-ce que *Ratatouille* a eu du succès au box-office?
4. Quel pays a été l'hôte des jeux Olympiques en 2008?
5. Qui a gagné le Tour de France en 2005?
6. Quand est-ce que les États-Unis ont lancé l'opération Liberté en Irak?
7. En quelle année est-ce que la crise des subprimes a déclenché *(triggered)* le krach financier?

 Activité **19** **Les années 2000**

Choisissez un des titres d'article dans le sommaire du *Point* (page 170). Expliquez à un(e) camarade de classe pourquoi cet article vous intéresse. À son tour, votre camarade choisit un titre et vous donne les raisons de son choix *(choice)*.

> **Modèle:** — *Je choisis l'article sur Nicolas Sarkozy.*
> — *Pourquoi?*
> — *Parce que je pense que Nicolas Sarkozy est un homme intéressant et important.*

🌐 **Explorez en ligne**

Work in groups of three or four to find out about the French press. Are the major French and Canadian newspapers putting the same stories on their front page (**à la Une**) as the major American newspapers? Choose one of the following newspapers: **Le Monde, Le Figaro, Libération, France-Soir, Le Devoir, Cyberpress.ca.** Using French and Canadian search engines (yahoo.fr or google.fr; google.ca), access a newspaper, look at the top stories, and, in English, write down a brief summary of two of the stories. In addition, write down three French words or expressions you learned. Go to the *New York Times* online for the same day and write down any stories that appear both in the American and the Francophone press. Could you understand the stories in the Francophone newspapers? Did the *New York Times* and the Francophone press post the same stories? Did you learn anything new?

Les infos se transforment

Vous voulez suivre les actualités publiées par la presse française et francophone? Avec un moteur de recherche français tel que *google* ou *yahoo,* les quotidiens traditionnels publiés en France et dans le monde francophone sont immédiatement à votre disposition°. La version en ligne des journaux publiés chaque jour, tel que *Le Monde, Le Figaro* ou *Libération,* est enrichie par des photos,

available

Beaucoup de Français aiment toujours *(still)* acheter leurs journaux et magazines dans les kiosques malgré *(despite)* la popularité des informations en ligne.

vidéoclips, éditoriaux, blogs et forums de discussion. Si vous préférez le journal télévisé, allez sur TV5, parmi d'autres chaînes de télévision. Ou bien, vous pouvez écouter les infos à la radio. Aujourd'hui, en France comme aux États-Unis, l'Internet est la première source d'informations pour les 15–25 ans.

Pour les gens qui préfèrent feuilleter° un journal ou un magazine, on peut trouver des revues de loisirs (sport, automobile, bricolage°, télévision, cinéma), des magazines féminins, tels que *Marie-Claire* et *Elle,* et des publications d'actualité générale° comme *Le Point* et *L'Express,* comparables à *Time* ou *Newsweek.* Et puis il faut mentionner la presse «people» qui suit la vie privée des stars. En dépit° de son succès grandissant, peu de gens admettent° lire ces magazines.

leaf through
do-it-yourself projects

general news

Despite
admit

▮▮ Avez-vous compris?

Répondez aux questions suivantes.

1. Comment s'appelle un journal qui est publié tous les jours?
2. Comment dit-on *TV news* en français?
3. Quel groupe de Français regarde les nouvelles principalement en ligne?
4. Quels magazines français sont comparables à *Time* ou *Newsweek*?

▮▮ Et vous?

1. Quels sont les journaux les plus lus aux États-Unis? Quel journal est-ce que vous aimez lire?
2. Comment est-ce que vous vous informez: en lisant un journal, en regardant les infos à la télé ou en lisant les infos en ligne?
3. Est-ce que vous lisez parfois les magazines «people»? Sous quel format?

Voix en direct
Comment est-ce que vous vous informez?

Vanessa Vudo
20 ans
Étudiante, Paris

Mademoiselle, les jeunes comme vous, comment est-ce que vous vous informez?
Beaucoup de jeunes lisent *Le Monde, Libération*... Chaque journal est engagé[1] plus à droite[2], plus à gauche[3]. ... Parfois les gens vont lire plus le journal que les parents achètent, hein. Mais, euh, bon, certains... ils préfèrent lire *Le Métro* ou les *20 minutes*. Ce sont les magazines gratuits[4] qu'on... distribue dans le métro, donc c'est pas très engagé, on va dire...

[1]*represents a political position* [2]*on the right* [3]*on the left* [4]*free*

Pierre-Louis Fort
35 ans
Professeur à l'université de Créteil, France

Monsieur, qu'est-ce que vous faites pour rester au courant[5]?
J'ai, ben, plusieurs[6] sources d'information. J'écoute la radio... Toutes les dix minutes, il y a un nouveau bulletin. J'aime bien lire le journal aussi, le matin. Quand je prends le métro ou le bus pour aller travailler, j'aime bien lire le journal. Donc, à ce moment-là, j'achète soit[7] *Libération* soit *Le Monde*. Mais si je suis en train de travailler chez moi[8], sur mon ordinateur, je regarde sur, euh, ben, par exemple, «Google actualités[9]» ou la page d'accueil[10] de mon fournisseur d'accès Internet[11] et j'aime bien aussi regarder les informations à la télévision, pour avoir des images[12]...

[5]*up-to-date* [6]*several* [7]*either . . . or* [8]*if I'm working at home* [9]*news* [10]*homepage* [11]*Internet provider* [12]*pictures*

Réfléchissez aux réponses

1. Est-ce que vous vous intéressez aux informations? Quels journaux ou magazines est-ce que vous aimez lire?

2. Est-ce que vous aimez lire le même journal que vos parents? Les mêmes magazines? Pourquoi ou pourquoi pas?

3. Quels journaux Vanessa et Pierre-Louis mentionnent-ils? Est-ce que le journal que vous lisez est «engagé», c'est-à-dire, est-ce qu'il présente une perspective politique de droite ou de gauche?

4. Quand est-ce que vous écoutez les infos à la radio? Quand est-ce que vous regardez les infos sur Internet? Est-ce que vous aimez regarder les infos à la télé? Pourquoi ou pourquoi pas?

Pour ceux qui n'ont pas beaucoup de temps pour lire les infos, il y a deux quotidiens parisiens gratuits qui sont distribués dans le métro.

Personnages historiques

Structure 6.5

Using verbs like *venir* and telling what just happened *Les verbes comme **venir** et **venir de** + infinitif*

This **thème** presents a set of irregular **-ir** verbs conjugated like **venir**. You will also be working with **venir de** followed by the infinitive to talk about what has just taken place. See page 186 for further information.

Notez et analysez

All of the boldfaced verbs in the biography of Napoleon below are conjugated like **venir**. Identify the infinitives of these verbs.

Napoléon Bonaparte, empereur français

Né en 1769, Napoléon Bonaparte **vient** d'une famille corse°. Après une éducation militaire en France, il **devient** soldat°. En 1796, il **obtient** le commandement de l'armée d'Italie où il remporte des victoires. Le Gouvernement l'envoie au Moyen-Orient° où il occupe une partie de l'Égypte et bat° les Turcs en Syrie.

Après ses campagnes militaires, il **revient** en France où les modérés dans le Gouvernement° l'aident dans un coup d'état. Napoléon **devient** premier consul et **obtient** de plus en plus de pouvoir° grâce à la constitution autoritaire qu'il impose.

Il gagne beaucoup de territoires pour la France en conquérant des pays voisins et amasse un empire européen. Napoléon **tient à**° la gloire et il se proclame empereur des Français en 1804. Mais, Napoléon ne réussit pas à **maintenir**° son Grand Empire.

Après plusieurs défaites° militaires qui finissent par l'invasion de la France, Napoléon doit abdiquer et il part en exil sur l'île d'Elbe. En 1815, il **revient** en France, où il reste pendant cent jours. Mais son armée est battue° à Waterloo et il doit abdiquer une seconde fois. Les Anglais l'envoient en exil à l'île de Sainte-Hélène, où il meurt quelques années plus tard en 1821.

Napoléon Bonaparte

from the island of Corsica
soldier

Middle East
defeats

political moderates

power

seeks
to maintain
defeats

beaten

Activité 20 Un test sur Napoléon

Répondez aux questions suivantes.

1. D'où vient Napoléon?
2. Qu'est-ce qu'il obtient en 1796?
3. Comment devient-il premier consul?
4. Est-ce un homme de paix ou de guerre?
5. Reste-t-il sur l'île d'Elbe après son premier exil?
6. Quel est le lieu célèbre où son armée a été vaincue (*defeated*)?

Vous allez faire un bref portrait d'un des personnages historiques suivants. Dites où il/elle est né(e) et en quelle année, où il/elle a grandi, sa profession, sa contribution historique et l'année de sa mort.

Modèle: *Napoléon est né en 1769. Il vient de Corse. Il a grandi en France. Il est devenu soldat. Il a amassé un grand empire en Europe et s'est proclamé empereur. Il est mort en 1821.*

1.

    Nom: Léopold Sédar Senghor
    Lieu et date de naissance: 1906, Joal, Sénégal
    Jeunesse: Sénégal
    Profession: écrivain, homme politique, premier président du Sénégal
    Contribution: À 22 ans, il a obtenu une bourse *(scholarship)* pour faire des études en France. Il est devenu professeur, puis homme de lettres et écrivain. Il a lutté pour la dignité africaine. À l'indépendance de son pays, il est devenu le premier président du Sénégal.
    Mort: 2001

2. **Nom:** Marie Curie
    Date et lieu de naissance: 1867, Varsovie, Pologne
    Jeunesse: Pologne
    Profession: savante, chercheuse
    Contribution: Avec son mari, Pierre Curie, elle a découvert le radium.
    Mort: 1934, par exposition au radium

3.

    Nom: Charles de Gaulle
    Date et lieu de naissance: 1890, Lille, France
    Jeunesse: Lille
    Profession: général et président
    Contribution: Général et homme d'État français, il a refusé l'armistice pendant la Seconde Guerre mondiale. De Londres, il a lancé un appel à la résistance et a été à la tête de la France Libre *(Free France)*. En 1944, il est devenu président de la République française. Il a démissionné *(left office)* en 1969.
    Mort: 1970

4. **Nom:** Jean-Paul Sartre
    Date et lieu de naissance: 1905, Paris, France
    Jeunesse: Paris
    Profession: écrivain, philosophe
    Contribution: Il a développé un courant philosophique appelé «existentialisme». Ses livres *Huis clos* et *La Nausée* ont beaucoup influencé la pensée intellectuelle de son époque.
    Mort: 1980

Activité 22 **Histoire personnelle**

Répondez aux questions suivantes et ensuite, utilisez les mêmes *(same)* questions pour interviewer votre camarade.

1. D'où viennent tes ancêtres?
2. Pourquoi est-ce qu'ils sont venus aux États-Unis?
3. Où est-ce que tes grands-parents sont nés?
4. Ils ont eu combien d'enfants?
5. Où est-ce que tes parents ont grandi?
6. Est-ce que quelqu'un dans ta famille est devenu célèbre? Pourquoi?

Activité 23 **Qu'est-ce qu'on vient de faire?**

A. Lisez les descriptions suivantes et imaginez ce que ces personnages viennent de faire.

> **Modèle:** Jean-Marc est couvert de sueur *(perspiration)*.
> *Il vient de courir dix kilomètres.*

1. Étienne rentre de la bibliothèque.
2. Les Dupuis défont *(unpack)* leurs valises.
3. Nous quittons le cinéma.
4. Tu attends tes boissons au café.
5. Maurice raccroche *(hangs up)* le téléphone.

 B. Maintenant, écrivez cinq questions sur ce qui vient de se passer sur votre campus ou dans le monde actuel. En groupes de quatre, posez les questions à vos camarades de classe. Qui est la personne la plus branchée *(up-to-date)*?

> **Modèles:** *Quel groupe vient de donner un concert en ville?*
> *Quels acteurs viennent de se marier (divorcer)?*

 Situations à jouer!

1 **«20 questions».** Form two teams and choose two to three names of famous people to assign to members of the opposing team. A name is pinned on someone of the opposing team who must go to the front of the class and can ask up to twenty questions to figure out his/her identity.

> **Modèle:** — *Est-ce que je suis mort(e)?*
> — *Non.*

2 **L'année passée.** Make a list of five events that have taken place over the last year on your campus or in your town / state. Write what happened on one side of the card and put the date on the other side. Mix up the cards and see if your partner can put the events in the proper order without looking at the dates. Check by turning the cards over.

Lecture

Anticipation

1. En France comme aux États-Unis, les années 60 ont été une période de rébellion des jeunes contre l'autorité. À Paris, les étudiants ont manifesté *(protested)* contre le Gouvernement. Quelle université américaine est-ce que vous associez aux manifestations américaines des années 60?

2. D'après le titre de la lecture, est-ce que Jacques Brel est considéré comme un chanteur conformiste ou anticonformiste?

3. La bourgeoisie est une classe sociale de gens relativement aisés *(well-off)* qui ne font pas de travail manuel. Certaines valeurs sociales *(social values)* sont traditionnellement associées à la bourgeoisie. Quels adjectifs est-ce que vous associez à la bourgeoisie: riche, pauvre, conservatrice, traditionnelle, ouverte, fermée, conformiste, anticonformiste, capitaliste, socialiste, hypocrite, scandaleuse?

4. On dit qu'avec sa chanson *(song)* «Les bourgeois», Jacques Brel est devenu le porte-parole *(spokesperson)* de sa génération. Quel chanteur a été le porte-parole des années 60 aux États-Unis? Quel chanteur est le porte-parole de votre génération?

Jacques Brel: *Chanteur en rébellion*

1   Jacques Brel, auteur et compositeur, est né en 1929 en Belgique.

    Il a quitté l'usine° familiale pour aller chanter avec sa guitare dans les cabarets
5   de Paris. Ses chansons les plus célèbres, souvent composées sur le rythme d'une valse, sont «Quand on n'a que l'amour», «Ne me quitte pas», reprise par Nina Simone, «Le port d'Amsterdam» et «Les
10   amants».

    Il parle de la solitude, de la vie quotidienne, de l'amour, de la mort et de la bêtise° des gens. Mais il a surtout décrit et critiqué la classe bourgeoise française et
15   ce qu'elle a représenté dans les années 60: la peur° du changement et de tout risque, l'étroitesse° d'esprit, le conformisme et le désir de maintenir le pouvoir° par l'argent.

    Il a fait beaucoup de portraits satiriques. Avec sa chanson «Les
20   bourgeois», qui dit que la liberté est le contraire de la sécurité, il est devenu le porte-parole de la rébellion de beaucoup de jeunes contre l'autorité et les contraintes de toutes sortes. Contre la guerre°, il a chanté la force et la violence de l'amour, de la jeunesse, de l'espoir.

    En 1966, fatigué de son succès, il a arrêté de faire des concerts° pour vivre ses
25   passions: Il a appris à piloter et il a navigué autour du monde. En 1972, l'Amérique l'a invité à fêter° sa carrière. Il a écrit ses dernières chansons sur le thème de la mort et a fini sa vie à Tahiti en 1978, atteint d'un cancer, à l'âge de 49 ans.

factory

stupidity

fear
narrowness
power

war

touring

to celebrate

Activités de lecture

1. La chronologie des événements est souvent importante dans une biographie. Parcourez *(Scan)* le texte pour repérer *(find)* toutes les dates et leur importance.
2. Parcourez le texte pour trouver les chansons les plus célèbres de Jacques Brel.

Expansion de vocabulaire

1. Utilisez le contexte et les mots apparentés pour trouver l'équivalent anglais des mots en italique.
   a. Ses chansons célèbres, souvent composées sur le rythme d'une *valse,* sont...
   b. La classe bourgeoise a représenté la peur du changement et de tout *risque...*
   c. Il a critiqué le désir de la classe bourgeoise de *maintenir* le pouvoir par l'argent.
   d. «Les bourgeois» disaient que la liberté était le *contraire* de la sécurité.
   e. Une rébellion contre l'autorité et les *contraintes* de toutes sortes...
2. Dans ce texte, il y a beaucoup de mots, comme **autorité,** qui se terminent en **-ité** ou **-été.** Ces mots représentent souvent une idée abstraite.
   a. Trouvez tous les mots qui se terminent en **-té** et notez leur genre.
   b. Traduisez les mots suivants en français: *society, fraternity, quality, maturity, identity, complexity.*

Compréhension et intégration

1. Où est-ce que Jacques Brel est né?
2. Quelle était sa nationalité?
3. Quel a été son premier acte de rébellion?
4. De quoi parlait-il dans ses chansons?
5. Quel groupe est-ce qu'il a critiqué et pourquoi?
6. Qu'est-ce qu'il a fait en 1966?
7. Comment et où est-ce qu'il est mort?

Maintenant à vous!

1. Écoutez une chanson de Jacques Brel. Quel aspect de la société est-ce qu'il critique dans cette chanson?
2. Choisissez un(e) étudiant(e) pour jouer le rôle d'un(e) musicien(ne) célèbre. La classe va l'interviewer pour savoir: où il/elle est né(e), où il/elle a grandi, où il/elle est allé(e) au lycée, quand il/elle a commencé à faire de la musique ou à chanter, ce qu'il/elle pense de l'amour, de la vie, de la société, de la musique, etc.
3. D'après ce texte, quel(le) chanteur (chanteuse) contemporain(e) ressemble le plus à Jacques Brel? Faites une liste de chanteurs qui ressemblent à Brel et une autre liste de chanteurs qui ne lui ressemblent pas. Trouvez des adjectifs pour décrire chaque chanteur. Ensuite, en groupes de trois ou quatre, échangez vos idées et présentez vos listes à la classe.

OUI	ADJECTIFS	NON	ADJECTIFS
Bob Dylan	anticonformiste	Britney Spears	superficielle

Voix en direct (suite)

Go to **iLrn** to view video clips of young French speakers talking about what they like to do when they are on vacation.

Expression écrite

 À vos marques, prêts, bloguez!

Sélectionnez un des événements des années 2000 à nos jours (consultez la liste de la page 171 si nécessaire). Dans votre billet, expliquez en français ce qui s'est passé et pourquoi vous avez choisi cet événement. Lisez et répondez à au moins deux billets de vos camarades de classe.

 Mes vacances

We all look forward to vacations. Sometimes everything goes as planned and other times we have to deal with surprises, some good, some bad. In this essay, you are going to recount a memorable vacation.

■ **Première étape:** Think about the vacation you wish to write about. Was it with family? with friends? alone? Where did you go? What made this vacation memorable?

■ **Deuxième étape:** Use the following questions to guide your writing. They are phrased to help you use the **passé composé,** and avoid needing to use another past tense that you will learn in **Module 9 (l'imparfait).** For vocabulary suggestions, see **Activités 9, 10,** and **11** (page 165).

- When did you leave?
- How did you travel?
- Where did you go?
- Who traveled with you?
- What did you see?
- What did you like the most?

- Did you spend a lot of money?
- Did anything go wrong?
- Did you lose anything?
- When did you return?
- Would you like to return there?

■ **Troisième étape:** Now, write your story. Be sure to use linking words such as **d'abord, ensuite, puis, finalement.** Include an introduction and a conclusion.

■ **Quatrième étape:** Before preparing the final draft for your instructor, exchange papers with a classmate for peer editing. Use this guide to help you give feedback.

A. Checklist
- ☐ Story is clear
- ☐ Includes requested information
- ☐ Uses linking words effectively
- ☐ Uses **passé composé** correctly

B. Feedback
- Underline your favorite sentence.
- Add one suggestion for improvement.

SYSTÈME-D

Phrases:	sequencing events; talking about past events
Grammar:	compound past tense, verbs with auxiliary **être**; verbs with auxiliary **avoir** or **être**; adverbs of time, direct object **le, la, l', les**
Vocabulary:	countries; days of the week; entertainment / leisure; means of transportation; monument; time expressions; traveling

Talking about what happened *Le passé composé avec **avoir***

The **passé composé** *(compound past)* is used to talk about past events. Its English equivalent will depend on the context.

J'ai vu un bon film.

{
I saw a good movie.
I have seen a good movie.
I did see a good movie.

Formation

The **passé composé** has two parts: a helping or auxiliary verb, **l'auxiliaire,** and a past participle, **le participe passé.** The verb **avoir** is the most common auxiliary.
Here is the verb **voyager** conjugated in the **passé composé.**

j'ai voyagé	nous avons voyagé
tu as voyagé	vous avez voyagé
il/elle/on a voyagé	ils/elles ont voyagé

The past participle is formed by adding an ending to the verb stem. Regular verbs take the following endings:

regular past participles		
-er verbs take **-é:** parler	→	parlé
-ir verbs take **-i:** finir	→	fini
choisir	→	choisi
-re verbs take **-u:** perdre	→	perdu
répondre	→	répondu

Many verbs have irregular past participles that you'll need to memorize.

irregular past participles			
infinitive	past participle	infinitive	past participle
avoir	eu	lire	lu
boire	bu	pleuvoir	plu
devoir	dû	prendre	pris
être	été	recevoir	reçu
faire	fait	voir	vu

Usage

- For negative sentences, place the **ne... pas** around the auxiliary verb; then add the past participle.

  Je **n**'ai **pas** trouvé la clé.

- To form a question, use intonation, **est-ce que,** or inversion. In the case of inversion questions, invert the pronoun and the auxiliary.

Tu as trouvé la clé?
Est-ce que tu as trouvé la clé?   *Did you find the key?*
As-tu trouvé la clé?

Common expressions used with the *passé composé*

The following expressions of past time generally appear at the beginning or end of a sentence.

hier matin / après-midi / soir	*yesterday morning / afternoon / evening*
ce matin / cet après-midi / ce soir	*this morning / this afternoon / this evening*
le week-end dernier / le mois dernier	*last weekend / last month*
la semaine dernière	*last week*
il y a + *time expressions*	
il y a un an	*a year ago*
il y a deux jours	*two days ago*
il y a longtemps	*a long time ago*
pendant deux heures	*for two hours*

La semaine dernière, j'ai vu un vieil ami.   *Last week I saw an old friend.*
J'ai commencé mes études à la fac il y a un an.   *I started my university studies a year ago.*
J'ai attendu le train pendant une heure.   *I waited for the train for an hour.*

Exercice 1 Écrivez le participe passé des verbes suivants.

1. parler
2. voyager
3. faire
4. voir
5. jouer
6. avoir
7. prendre
8. dormir
9. recevoir
10. choisir
11. finir
12. être

Exercice 2 Complétez les phrases suivantes avec le participe passé du verbe approprié: **prendre, perdre, finir, téléphoner, trouver, parler, recevoir, voir, faire, répondre.**

1. Tu as _____ le dernier film de Johnny Depp?
2. J'ai _____ mes clés; tu as _____ des clés?
3. Est-ce que vous avez _____ vos devoirs?
4. Hélène a _____ la lettre, mais elle n'y a pas encore _____.
5. J'ai _____ à ma famille et nous avons _____ pendant une heure.

Exercice 3 Racontez le voyage en Amérique d'Arnaud et de son copain Renaud en mettant les verbes en italique au passé composé.

1. Arnaud et Renaud *saluent* leurs copains à l'aéroport.
2. Ils *voyagent* pendant huit heures.
3. Dans l'avion, Renaud *regarde* deux films, mais Arnaud *écoute* de la musique, puis il *dort*.
4. Arnaud *appelle* un taxi pour aller à l'hôtel.
5. Renaud *prend* beaucoup de mauvaises photos en route pour l'hôtel.
6. Après un peu de repos, ils *boivent* une bière au restaurant de l'hôtel et *regardent* les gens.

Exercice **4**   Lola parle avec une nouvelle copine. Choisissez l'expression appropriée pour compléter sa conversation: **ce matin, ce soir, hier soir, il y a, l'été dernier.**

Je suis étudiante en anglais. J'ai commencé à étudier cette langue _____ cinq ans. _____, j'ai fait un séjour linguistique en Angleterre. Maintenant, j'ai pas mal de travail en cours de littérature. Heureusement, j'ai lu deux chapitres de *Great Expectations* _____ parce que _____ nous avons eu un quiz sur ce roman. _____, je n'ai pas de devoirs. Nous pouvons peut-être sortir.

Structure 6.2

Narrating in the past *Le passé composé avec* **être**

A small group of verbs is conjugated in the **passé composé** with the auxiliary **être** instead of **avoir.** Here is a list of the most common verbs conjugated with **être.** (Most of these verbs are included in the mnemonic device you saw on page 164: VANDERTRAMPS.) Irregular past participles are indicated in parentheses.

aller *to go*
arriver *to arrive*
descendre *to go down; to get off*
devenir (*p.p.* devenu) *to become*
entrer *to enter*
monter *to go up; to get in / on (a vehicle)*
mourir (*p.p.* mort) *to die*
naître (*p.p.* né) *to be born*
partir *to leave*

passer *to pass (by)*
rentrer *to go back; to go home*
rester *to stay*
retourner *to return (somewhere)*
revenir (*p.p.* revenu) *to come back*
sortir *to go out; to leave*
tomber *to fall*
tomber en panne *to break down*
venir (*p.p.* venu) *to come*

The past participle of verbs conjugated with **être** agrees in gender and number with the subject.

feminine singular: add -**e**   masculine plural: add -**s**   feminine plural: add -**es**

Mon père est resté à la maison.
La voiture est tombé**e** en panne.
Éric et Claudine sont sorti**s** ensemble.
Ma sœur et sa copine sont parti**es** à l'heure.

My father stayed home.
The car broke down.
Éric and Claudine went out together.
My sister and her friend left on time.

When **on** has the plural meaning *we,* the past participle often ends in -**s.**

On est arrivé**s** en taxi.   *We arrived by taxi.*

Exercice **5**   Nicolas écrit une composition sur la visite d'un château avec des copains le week-end dernier. Mettez les verbes entre parenthèses au passé composé avec **être.** Attention à l'accord du participe passé.

Dimanche, on (aller) _____ (1) visiter un château. D'abord, nous (arriver) _____ (2) dans un parc magnifique. Puis, nous (entrer) _____ (3) dans le hall du château. Des guides (venir) _____ (4) nous chercher pour la visite. On (monter) _____ (5) dans la tour *(tower)* par un escalier étroit *(a narrow staircase).* Céline (rester) _____ (6) au premier étage à admirer les tapisseries. Son frère, Jean-Guillaume, (tomber) _____ (7) dans l'escalier. Ensuite, Céline (descendre) _____ (8) aux oubliettes *(dungeon).* Beaucoup de prisonniers y (mourir) _____ (9)! Céline avait peur *(was afraid)* et elle (remonter) _____ (10) très vite! Nous (ressortir, *to go back out*) _____ (11) par une grande porte. À la fin de la visite, nous (remonter) _____ (12) dans l'autocar et je (repartir) _____ (13) chez moi.

Exercice 6 Complétez cette description d'une randonnée en montagne au passé composé.

Rappel! Choissisez l'auxiliaire approprié (*être* ou *avoir*).

La semaine dernière, nous (aller) _____ (1) en montagne. On (prendre) _____ (2) les sacs à dos et on (emprunter *[to borrow]*) _____ (3) la tente aux voisins. Nous (quitter) _____ (4) la ville très tôt le matin. En route, nous (passer) _____ (5) devant un magasin. Jean (sortir) _____ (6) de la voiture pour acheter des boissons. Nous (rouler *[to drive]*) _____ (7) toute la journée. Enfin, quand nous (arriver) _____ (8) au camping, Jean et moi, nous (installer) _____ (9) la tente tout de suite et on (dormir) _____ (10). Nous (partir) _____ (11) en randonnée le matin.

Using verbs like *choisir* Les verbes comme *choisir*

You have already learned a type of irregular **-ir** verb (**dormir, sortir...**). **Choisir** (*to choose*) follows a slightly different pattern.

choisir *(to choose)*	
je choisis	nous choisissons
tu choisis	vous choisissez
il/elle/on choisit	ils/elles choisissent

passé composé: j'ai **choisi**

Nous choisissons de partir tout de suite.   *We choose to leave right away.*

Other regular **-ir** verbs of this type include **finir** *(to finish)*, **réfléchir** *(to think)*, **obéir** *(to obey)*, **agir** *(to act)*, **réagir** *(to react)*, and **réussir** *(to succeed; to pass [a class, test]).*

Mon chien ne m'obéit pas.   *My dog doesn't obey me.*
Nous réussissons à tous nos cours.   *We are successful in all our classes.*
Tu finis tes devoirs à temps.   *You finish your homework on time.*

A number of regular **-ir** verbs conjugated like **choisir** are derived from adjectives, as in the examples shown here.

ADJECTIVE	VERB	MEANING
grand(e)	grandir	*to grow (up)*
rouge	rougir	*to redden; to blush*
maigre	maigrir	*to lose weight*
gros(se)	grossir	*to gain weight*

Tu ne manges pas assez;   *You aren't eating enough; you're*
  tu maigris!   *losing weight!*
Est-ce que vous rougissez de gêne?   *Do you blush from embarrassment?*

Exercice 7 Complétez les phrases suivantes avec la forme correcte des verbes entre parenthèses.

1. Est-ce que vous (maigrir) _____ ou bien est-ce que vous (grossir) _____ quand vous êtes stressé(e)?
2. Je suis impulsive. Je ne (réfléchir) _____ pas assez avant d'agir.
3. Vous (choisir) _____ de rester ici, n'est-ce pas?
4. Nous (finir) _____ nos devoirs et puis nous sortons.
5. Les enfants (grandir) _____ trop vite!
6. Nous, les roux, nous (rougir) _____ au soleil.
7. Est-ce que tu (obéir) _____ toujours à tes parents?
8. Ma sœur (réussir) _____ toujours à ses examens.

Exercice 8 Monique, à table chez elle, se plaint de *(is complaining about)* M. Éluard, son professeur d'anglais. Complétez le passage avec les verbes de la liste.

agir	**réussir**	**choisir**
rougir	**finir**	**obéir**

Je ne comprends pas pourquoi M. Éluard _____ (1) (passé composé) d'être professeur. Il n(e) _____ (2) pas à maintenir l'ordre en classe parce qu'il n(e) _____ (3) pas avec autorité. Ses étudiants n(e) _____ (4) pas à ses ordres. Ils n(e) _____ (5) jamais *(never)* leurs devoirs et ils n(e) _____ (6) pas à leurs examens. Le pauvre professeur est timide et il _____ (7) quand il parle à la classe.

Structure 6.4

Avoiding repetition *Les pronoms d'objet direct* **le, la, les**

Direct objects follow the verb without an intervening preposition. They can be replaced with pronouns to avoid repeating the noun.

Je regarde la télévision. → Je **la** regarde.
sujet   verbe   objet direct

The third person forms of these pronouns are: **le, la, l', les.**

Some common verbs that take direct objects are: **aimer, connaître, chercher, écouter, faire, lire, prendre, regarder,** and **voir.**

Placement of direct object pronouns

The pronoun precedes the conjugated verb.

Les informations? Je **les** regarde à la télévision.
Ce film? Je **l'**ai vu la semaine dernière.

When there is a conjugated verb followed by an infinitive such as in the **futur proche,** the pronoun is placed immediately before the infinitive.

Les courses? Je vais **les** faire demain.
Tu veux écouter ce CD? Oui, je veux **l'**écouter.

Exercice 9 Parlez de vos habitudes quotidiennes *(daily)*. Répondez aux questions suivantes en remplaçant l'élément souligné par un pronom.

1. Tu aimes <u>les films</u> étrangers?
2. Tu regardes <u>la télé</u> avec tes amis?
3. Tu écoutes <u>la musique</u> à la radio ou avec ton iPod?
4. Tu vas voir <u>ta mère</u> ce week-end?
5. Tu as acheté <u>tes livres</u> en ligne?
6. Tu cherches <u>ta clé?</u>

Structure 6.5

Using verbs like *venir* and telling what just happened
Les verbes comme **venir** *et* **venir de** + *infinitif*

You learned the verb **venir** in **Module 3.** Here are some other useful verbs conjugated like **venir.** Derivations of **venir** are conjugated with **être** in the **passé composé.** Derivations of **tenir** are conjugated with **avoir.**

venir *(to come)*	
je viens	nous venons
tu viens	vous venez
il/elle/on vient	ils/elles viennent

passé composé: je suis **venu(e)**

être *auxiliary*	avoir *auxiliary*	
devenir *(to become)*	tenir *(to hold; to keep)*	maintenir *(to maintain)*
revenir *(to come back)*	tenir à *(to want to)*	obtenir *(to obtain)*

Après huit ans d'études universitaires, Paul **est devenu** professeur de chimie.	*After eight years of university studies, Paul became a chemistry professor.*
Elle **est revenue** en train?	*Did she come back by train?*
Les enfants **tiennent** la main de leur mère.	*The children are holding their mother's hand.*

Tiens and **tenez** can be used idiomatically in conversation to attract the listener's attention.

— **Tiens,** Jacques est à l'heure!	— *Well (Hey), Jacques is on time!*
— Tu n'as pas de nouvelles de Claude? **Tiens,** je te donne son adresse e-mail.	— *You don't have any news from Claude? Here, I'll give you his e-mail address.*

Expressing what just happened with *venir de* + *infinitif*

In French, the **passé récent,** which indicates that an action has just happened, is formed by using the present tense of **venir** followed by **de** and the infinitive.

— Avez-vous faim?	— *Are you hungry?*
— Non, je **viens de** manger.	— *No, I just ate.*
Nous sommes fatigués. Nous **venons de** courir cinq kilomètres.	*We're tired. We just ran five kilometers.*

Exercice 10 Regardez les images à la page 158. Dites ce que les gens suivants viennent de faire.

Modèle: Angèle
Angèle vient d'étudier pour un examen.

1. M. et Mme Montaud
2. Serge
3. Mme Ladoucette
4. Véronique
5. Stéphane

Exercice 11 Complétez ce profil de Marjan. Choisissez les verbes appropriés et mettez-les au **présent** ou au **passé composé** selon le contexte.

devenir   obtenir   revenir   tenir   venir

Marjan _____ (1) de finir ses études universitaires à Aix-en-Provence. Il y a un mois, elle _____ (2) son diplôme universitaire. Maintenant, elle cherche un bon poste au Gouvernement. Elle n'a rien trouvé à Aix, donc Marjan _____ (3) habiter chez ses parents. Elle _____ (4) à trouver du travail rapidement. Elle _____ (5) anxieuse à l'idée de ne pas pouvoir être indépendante.

Tout ensemble!

Marie-Josée parle de son premier jour à son poste de juge. Complétez son histoire avec les mots de la liste et mettez les verbes au passé composé.

apprendre	devenir	partir
arriver	entrer	rentrer
avoir	être	tomber
commencer	il y a	venir de (d') (présent)
dernière	ne pas pouvoir	

J(e) _____ (1) être nommée *(named)* à mon poste de juge _____ (2) un mois. J'ai commencé ce nouveau travail la semaine _____ (3)—et ma première journée a été inoubliable *(unforgettable)* pour beaucoup de raisons. D'abord, mon radio-réveil n'a pas sonné et je _____ (4) de chez moi vingt minutes en retard. En sortant de mon appartement, j(e) _____ (5) dans l'escalier! Ensuite, en route, je pensais à mes nouvelles responsabilités sans faire trop attention à ma vitesse *(speed)*— et voilà, un agent de police m'a arrêtée *(stopped me)*! Il _____ (6) gentil avec moi et j(e) _____ (7) de la chance: pas de contravention *(ticket)*. Puis, quand je _____ (8) à mon bureau, j(e) _____ (9) trouver la clé.

Finalement, à dix heures, je _____ (10) dans la salle du tribunal *(courtroom)*. Tout le monde *(Everyone)* _____ (11) silencieux. J'ai donné l'impression d'être calme, mais à l'intérieur, j'étais très nerveuse. Une fois que le procès *(trial)* _____ (12), j'ai oublié *(forgot)* mes difficultés. Après ça, tout s'est bien passé. J(e) _____ (13) une bonne leçon: ce qui commence mal peut bien finir. Quand je _____ (14) chez moi le soir, j'étais fatiguée mais contente.

Vocabulaire

Vocabulaire fondamental

Noms

les actualités (les actus, *fam*) (*f pl*)	*the news*
un arbre	*a tree*
une auberge	*an inn*
un avion	*an airplane*
les congés payés (*m pl*)	*paid vacation*
une couverture	*a cover*
le droit	*the right*
un événement	*an event*
un forum de discussion	*a discussion forum*
une histoire	*a story*
les informations (les infos, *fam*) (*f pl*) (en ligne)	*the (online) news*
le journal (télévisé)	*the newspaper (TV news)*
un oiseau	*a bird*
une photo (en couleurs)	*a (color) photo*
la presse (écrite / en ligne)	*the (print / online [media]) press*
une rubrique	*a (news) category; column*
un taxi	*a taxi*
les vacances (*f pl*)	*vacation*
une valise	*a suitcase*

Mots apparentés: un article, un blog, un éditorial, un kiosque, un magazine, un site Internet, un vidéoclip

Verbes

choisir	*to choose*
contribuer	*to contribute*
envoyer	*to send*
grandir	*to grow; to grow up*
grossir	*to gain weight*
s'informer	*to be informed*
maigrir	*to lose weight*
obéir (à)	*obey*
raconter	*to tell*
réagir (à)	*to react (to)*
réfléchir (à)	*to think about*
réussir (à)	*to succeed*
vivre (*p.p.* vécu)	*to live*

Verbes conjugués avec l'auxiliaire *être*

devenir (*p.p.* devenu)	*to become*
entrer (dans)	*to enter*
monter	*to go up*
mourir (*p.p.* mort[e])	*to die*
naître (*p.p.* né[e])	*to be born*
passer	*to pass (by)*
rentrer	*to return (home)*
réserver	*to reserve*
retourner	*to return*
revenir (*p.p.* revenu)	*to come back*
tomber	*to fall*

Pronoms

le, la, les	*him/it; her/it; them*

Expressions utiles

hier	*yesterday*
ce matin / soir	*this morning / evening*
hier (soir / après-midi / matin)	*yesterday (evening / afternoon / morning)*
il y a (deux semaines / un mois / longtemps)	*(two weeks / a year / a long time) ago*
la (première / deuxième / dernière) fois	*the (first / second / last) time*

Comment raconter et écouter une histoire	*How to tell and listen to a story*

(See additional expressions on page 161.)

alors / ensuite	*so / then*
après	*then*
d'abord	*first*
Dis donc!	*Wow!*
enfin	*finally*
euh	*uh, um*
Formidable! Super!	*Great!*
puis	*then*
Qu'est-ce qui est arrivé?	*What happened?*
Qu'est-ce qui se passe?	*What's happening? / What's going on?*
Vraiment?	*Really*
Zut alors! / Mince!	*Oh no!*

Mots divers

une élection	*an election*
élu(e)	*elected*
mal	*badly*
même	*same*
peu	*little*

CD2,
Tracks
12–13

Vocabulaire supplémentaire

Noms

un ancêtre	*ancestor*
une autoroute	*a highway*
la banlieue	*suburb*
un bruit	*a sound*
une caravane	*a trailer, caravan*
un château	*a castle*
un(e) chercheur (chercheuse)	*a scientist*
un coffre	*a car trunk*
le coucher de soleil	*the sunset*
la crise	*the (economic) crisis*
l'équipement de camping *(m)*	*camping equipment*
une guerre	*a war*
les jeux Olympiques *(m pl)*	*the Olympic games*
une médaille d'or (d'argent)	*a gold (silver) medal*
la paix	*peace*
les provisions *(f pl)*	*food*
un quotidien	*a daily (publication)*
un rendez-vous	*an appointment; a date*
un(e) voisin(e)	*a neighbor*

Verbes

accrocher	*to hook; to hitch on*
agir	*to act*
amener	*to bring*
causer	*to cause*
conduire	*to drive*
courir *(p.p.* couru)	*to run*
découvrir *(p.p.* découvert)	*to discover*
s'informer	*to keep up with the news*
lire *(p.p.* lu)	*to read*
obtenir *(p.p.* obtenu)	*to obtain*
ranger	*to put; to arrange*
recevoir *(p.p.* reçu)	*to receive*
réviser	*to review*
tenir *(p.p.* tenu)	*to hold*
tenir à	*to want*
tomber en panne	*to break down*

Regardez ces beaux produits au marché! Quels légumes aimeriez-vous acheter?

On mange bien

Food plays an important role in French culture. In this chapter you will learn about French meals, specialty food shops, purchasing food, and how to order in a restaurant. You will also learn about popular dishes associated with various countries in the francophone world.

Thème: Manger pour vivre

Structure 7.1: Writing verbs with minor spelling changes *Les verbes avec changements orthographiques*

Structure 7.2: Talking about indefinite quantities (*some*) *Le partitif*

Perspectives culturelles: Les Français à table

Voix en direct: Est-ce que vous mangez avec votre famille?

Perspectives culturelles: Où faire les courses?

Thème: Les courses: un éloge aux petits commerçants

Structure 7.3: Talking about food measured in specific quantities and avoiding repetition *Les expressions de quantité et le pronom* **en**

Thème: Les plats des pays francophones

Structure 7.4: Referring to people and things that have already been mentioned and talking about placement *Les pronoms d'objet direct* **me, te, nous** *et* **vous** *et le verbe* **mettre**

Thème: L'art de la table

Structure 7.5: Giving commands *L'impératif*

Pratique de conversation: Comment se débrouiller au restaurant

À lire, à découvrir et à écrire

Lecture: *Déjeuner du matin* par Jacques Prévert

iLrn **Voix en direct (suite)**

Expression écrite
À vos marques, prêts, bloguez!
Un scénario: une scène au restaurant

Manger pour vivre

Les groupes alimentaires

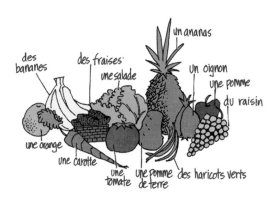

Les fruits et les légumes

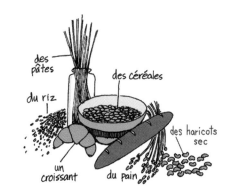

Les céréales et les légumes secs

Les produits laitiers

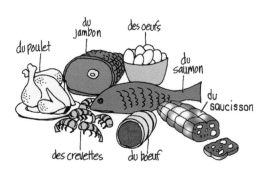

La viande, le poisson et les œufs

Skim the dialogue, making note of the words in bold. Then, with a partner decide what determines the form of the boldfaced articles.

On parle des repas

JEAN-PIERRE: Moi, au petit déjeuner, je mange souvent **du** pain avec **du** beurre et **de la** confiture—une tartine—et avec ça, je prends un café crème.

ANNE: Moi, je mange **des** céréales le matin. Puis, pour le déjeuner, je vais au resto-U. On commence par une salade et puis on prend **de la** viande avec **du** riz ou **des** pommes de terre comme plat principal. Parfois, ils nous servent **du** yaourt ou **de la** glace comme dessert.

JEAN-PIERRE: Moi, je ne mange pas **de** viande. Qu'est-ce qu'il y a pour les végétariens au resto-U?

ANNE: Alors là! Pas grand-chose *(Not much)*!

Activité 1 Goûts personnels

A. Pour chaque catégorie, indiquez les aliments:
   a) que vous aimez beaucoup,
   b) que vous aimez assez et
   c) que vous n'aimez pas du tout.

> Modèle: les fruits et les légumes
> *J'aime beaucoup les pommes mais je n'aime pas du tout les bananes. J'aime assez les fraises.*

1. les fruits et les légumes
2. les céréales et les légumes secs
3. les produits laitiers
4. la viande, le poisson et les œufs

B. Maintenant, pour chaque catégorie, dites:
   a) ce que vous mangez souvent,
   b) ce que vous mangez rarement et
   c) ce que vous ne mangez pas.

> Modèle: les fruits et les légumes
> *Je mange souvent des oranges mais je mange rarement des ananas. Je ne mange pas de bananes.*

1. les fruits et les légumes
2. les céréales et les légumes secs
3. les produits laitiers
4. la viande, le poisson et les œufs

Activité 2 Liste d'achats

Qu'est-ce qu'on achète pour préparer les choses suivantes?

> Modèle: un sandwich
> *Pour préparer un sandwich, on achète du pain, du fromage, de la salade et de la moutarde.*

une salade mixte

une omelette

une salade de fruits

une soupe

une tarte aux fraises

Activité 3 Les régimes *(Diets)*

Pour chaque personne, décrivez une chose qu'elle peut manger ou boire et une autre chose qu'elle ne peut pas manger ou boire.

> Modèle: une personne qui est allergique au lait
> *Elle ne peut pas manger de glace ou boire de milkshake.*
> *Elle peut boire du lait de soja.*

1. un(e) végétarien(ne)
2. une personne au régime
3. une personne qui ne mange pas certaines choses pour des raisons religieuses
4. une personne qui est allergique aux fruits de mer *(shellfish)*
5. un(e) végétalien(ne) *(vegan)*
6. une personne qui fait le régime Atkins

Les Français à table

Un petit déjeuner typique

La cuisine est une passion chez les Français et les repas organisent le rythme de la vie. Pendant la semaine, ils sont assez simples. Le matin, on prend le **petit déjeuner,** un repas léger° composé de pain, de confiture et de café au lait. Les enfants aiment de plus en plus manger des céréales. Entre midi et deux heures, c'est l'heure du **déjeuner.** On mange souvent une entrée, un plat principal (bifteck ou poulet-frites) avec un petit dessert ou du fromage et un café. On prend le déjeuner à la maison, au restaurant ou à la cafétéria du lieu de travail. Les enfants déjeunent souvent à la cantine de l'école.

light

Le déjeuner à la cafétéria du travail

En France, le dîner, pris vers huit heures du soir, est l'occasion de se retrouver en famille. On mange à table et non sur un plateau devant la télévision. Les repas de fêtes familiales ou amicales sont plus élaborés! Le dimanche, le jour où presque° tous les magasins sont fermés, ce n'est pas rare pour toute la famille (oncles, tantes, cousins) de se retrouver chez les grands-parents. On passe la journée à préparer quelque chose de plus copieux. Bien sûr, il faut arroser° les plats variés avec du vin. On profite de° ce moment agréable de détente° pour discuter de la bonne cuisine, du bon vin, des événements de l'actualité° et des nouvelles° de la famille. Contrairement° aux Américains, les Français ne mangent pas entre les repas. On grignote° très peu. Mais on peut prendre le thé (du thé, un café ou un chocolat chaud) ou pour les enfants, le goûter, vers quatre heures de l'après midi.

almost

wash down
takes advantage of / relaxation
news events / news
Unlike
snacks

◼ Avez-vous compris?

Indiquez si les phrases suivantes sont vraies ou fausses. Corrigez les phrases fausses.

1. Les Français mangent des œufs le matin.
2. Si on travaille ou si on va à l'école, on ne prend pas le déjeuner à la maison.
3. Un déjeuner typiquement français est composé d'un sandwich, d'une salade et d'un fruit.
4. En général, tous les membres de la famille prennent le dîner ensemble.
5. Pour beaucoup de familles, le repas du dimanche est une tradition importante.

Le repas de famille est un moment de convivialité.

Et vous?

1. Pensez à votre famille ou aux familles de vos amis. Est-ce que tous les membres de votre famille se retrouvent pour dîner ensemble? Qu'est-ce qui peut perturber *(interfere with)* un dîner: un match de sport, un coup de téléphone, les devoirs, du travail, les amis, une émission de télé?
2. Le week-end, vous mangez souvent avec toute votre famille: grands-parents, cousins, tantes et oncles?
3. Combien de temps passez-vous à table typiquement?
4. Est-ce que vous grignotez entre les repas?

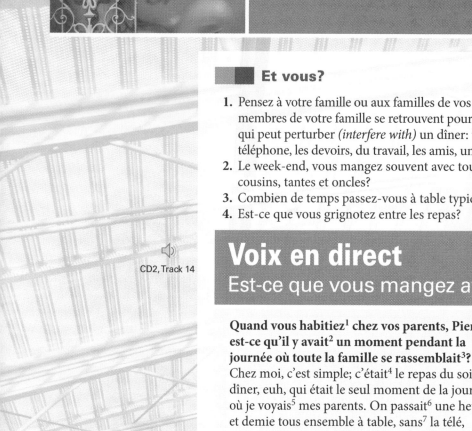

Voix en direct
Est-ce que vous mangez avec votre famille?

Quand vous habitiez[1] chez vos parents, Pierre, est-ce qu'il y avait[2] un moment pendant la journée où toute la famille se rassemblait[3]?
Chez moi, c'est simple; c'était[4] le repas du soir, le dîner, euh, qui était le seul moment de la journée où je voyais[5] mes parents. On passait[6] une heure et demie tous ensemble à table, sans[7] la télé, sans musique, sans perturbation extérieure et on discutait tous ensemble de 9 heures à 10 heures et demie. Oui, c'était comme ça tous les soirs. C'était le moment familial le plus important, euh, enfin... [Sans ça,... il n'y a pas] de cohésion familiale.

Pierre Paquot
Étudiant, 24 ans
Paris, France

[1]*lived* [2]*was* [3]*got together* [4]*was* [5]*saw* [6]*spent* [7]*without*

Et pour vous, Julien?
Pour moi, c'était essentiellement le soir, pour le dîner. Je passais toute la journée en cours. On dînait ensemble entre 8 heures et 9 heures, tous les soirs.

Est-ce que vous regardiez la télé?
Non, non. Parfois, ça arrivait[8]. S'il y avait un événement très important à la télé. C'est rare, quand même, c'est rare.

Julien Romanet
Étudiant, 24 ans
Paris, France

Est-ce que le repas du soir est un moment agréable?
Ouais, c'est un moment super agréable. C'est le plaisir d'être avec les gens qu'on aime et on discute de la journée, de ce qui va bien, de ce qui ne va pas bien, des projets, de ce qu'on va faire. C'est une heure de break.

[8]*happened*

Chez vous, est-ce que toute votre famille se rassemblait pour manger ensemble?
Euh, moi, c'était plutôt le matin, parce que mes parents rentraient[9] tard du travail le soir. Donc, je devais[10] dormir. Et c'était plutôt le matin... où, je passais du temps au petit déj[11] avec mon père et ma mère pour discuter, quoi, un peu, avant de partir à l'école.

Nicolas Konisky
Étudiant, 26 ans
Paris, d'origine
libanaise

[9]*got home* [10]*had to* [11]*petit déjeuner (fam)*

CD2, Track 14

Vanessa, est-ce que vous preniez le repas du soir avec votre famille?

Euh, eh bien, non, parce que c'est très spécial chez moi. Personne n'avait les mêmes horaires. Donc, euh, non. C'est très, très rare qu'on se voie[12] tous en même temps, à part[13] le dimanche, peut-être. Souvent dans les familles françaises, c'est à 19 heures ou à 20 heures, on mange. C'est l'heure de dîner. Tout le monde va être là. Mais moi, chez moi, c'était pas comme ça, et donc, chacun dînait un peu... je suis fille unique, hein. Donc chacun dînait un peu à l'heure qu'il voulait, qu'il pouvait, et donc voilà. On ne se voyait pas tous en même temps.

Vanessa Vudo
Étudiante, 20 ans
Paris, d'origine
vietnamienne

[12]*see each other* [13]*except*

Réfléchissez aux réponses

1. Selon Pierre et Julien, pourquoi est-ce que le dîner est un moment important dans le rythme de la journée?

2. Pourquoi est-ce que Vanessa et Nicolas ne prennent pas le dîner avec leur famille? Est-ce qu'ils essaient *(try)* d'expliquer pourquoi? Est-ce que cela *(this)* indique qu'ils trouvent leur situation différente de la norme?

3. Comparez les repas dans votre famille avec les repas chez Julien, Pierre, Nicolas et Vanessa.

 Activité 4 Interaction

Posez les questions suivantes à un(e) camarade de classe.

1. Le matin, est-ce que tu prends le petit déjeuner? Tu préfères quel jus de fruit: le jus d'orange, le jus de pomme, le jus d'ananas... ?

2. Où est-ce que tu déjeunes d'habitude? Qu'est-ce que tu manges au déjeuner?

3. À quelle heure est-ce que tu dînes?

4. Tu aimes grignoter *(to snack)*? Qu'est-ce que tu manges quand tu as faim entre les repas?

5. Où est-ce que tu as dîné hier soir? À quelle heure? Qu'est-ce que tu as mangé?

Activité 5 Sondage sur les goûts alimentaires de vos camarades de classe. Faites signer!

Trouvez quelqu'un qui...

1. déteste le broccoli.
2. ne mange pas de chocolat.
3. a horreur de *(can't stand)* la mayonnaise.
4. aime le sushi.
5. ne boit pas de café.
6. mange des légumes frais tous les jours.
7. aime les escargots.
8. sait préparer les crêpes.
9. n'a pas faim.

Où faire les courses?

Faire les courses tous les jours chez les commerçants du quartier fait partie du rythme de la vie française. On va acheter du pain à **la boulangerie,** des légumes frais à **l'épicerie,** de la viande chez **le boucher** et du porc à **la charcuterie.**

Ces petits commerces offrent plusieurs avantages: des produits frais locaux, un service personnalisé et aussi l'occasion de parler avec les voisins.

town square
honey

Les consommateurs français ont aussi d'autres possibilités. Il y a **le marché en plein air,** un véritable spectacle qui a lieu une ou deux fois par semaine sur une place° ou dans une rue spécifique. Là, les agriculteurs de la région vendent leurs produits: miel°, confiture maison, fromage, charcuterie, fruits et légumes, fleurs, olives, viande et poissons frais... Ces marchés, très pittoresques, offrent l'occasion d'admirer et de profiter de l'abondance et de la qualité des produits français.

supermarkets
better
to save time

local products

Comme aux États-Unis, les Français font aussi leurs achats au supermarché. Grâce à la quantité de produits vendus en grandes surfaces°, les prix sont généralement meilleurs° que dans les petits commerces. La variété de produits permet aux clients de gagner du temps°; il n'est pas nécessaire d'aller d'un petit magasin à un autre pour trouver ce qu'on cherche. Mais les Français restent attachés aux petits commerces et aux aliments du terroir° qui font le charme des petits magasins.

L'étiquette chez les petits commerçants: Quand on entre dans un petit commerce, on dit «Bonjour, monsieur/madame». Quand on part, on dit «Merci, monsieur/madame, au revoir».

Avez-vous compris?

Quelle(s) option(s) pour faire les courses associez-vous aux descriptions suivantes? Complétez les phrases en choisissant entre **à la boulangerie, à la boucherie, à l'épicerie, à la charcuterie, au marché** et **au supermarché.**

1. On trouve des produits régionaux...
2. On peut faire les courses tous les jours...
3. On fait les courses à l'extérieur...
4. On trouve du pain frais trois à quatre fois par jour...
5. Le service est impersonnel, mais les prix sont bons...
6. On trouve des saucissons...

Et vous?

1. Vous préférez acheter vos provisions *(food)* dans un supermarché ou dans des petits commerces? Pourquoi?
2. Est-ce qu'il y a un marché où l'on vend des produits gourmets et internationaux près de chez vous?
3. Qu'est-ce qui détermine votre choix de commerce: la qualité des produits, la variété des produits, les prix?

Les courses: un éloge aux petits commerçants

Structure 7.3

Talking about food measured in specific quantities and avoiding repetition *Les expressions de quantité et le pronom **en***

Food is bought, sold, and prepared in measured amounts or specific containers: a liter, a can, a teaspoonful, and so on. In this **thème,** you will learn these expressions. In addition you will learn how to use the pronoun **en.**

J'*en* voudrais un kilo.   *I would like a kilo **of them.***

For further explanation, see pages 216–217.

Expressions utiles

Track 15

cinq cents grammes / une livre *a pound*	une boîte *a can / a carton*
une bouteille	un verre *a glass / a cup*
une douzaine	un morceau *a piece*
un kilo	un pot *a jar / a container*
un litre	une tranche *a slice*

Activité 6 Les petits commerçants

Où est-ce qu'on va pour acheter ces produits?

> **Modèle:** *On achète du fromage à l'épicerie ou à la fromagerie.*

du fromage

Petits commerces:

le marché en plein air
l'épicerie
la boulangerie / la pâtisserie

la boucherie / la charcuterie
la poissonnerie
la crémerie / la fromagerie

1. une baguette

2. une douzaine de moules *(f)*

3. une tranche de pâté de campagne

4. une livre d'asperges *(f)*

5. un pot de confiture

6. des tartelettes *(f)* au citron

7. des côtelettes *(f)* de porc

8. un pot de glace

9. une barquette de fraises

Activité 7 Au supermarché

Qu'est-ce que vous allez mettre dans votre caddie (*shopping cart*)?

Modèle: *Je vais acheter une tranche de jambon.*

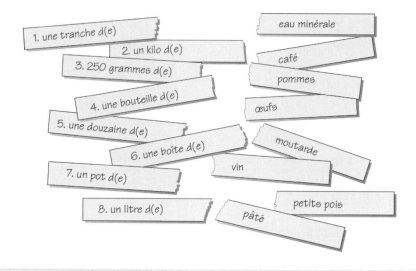

1. une tranche d(e)
2. un kilo d(e)
3. 250 grammes d(e)
4. une bouteille d(e)
5. une douzaine d(e)
6. une boîte d(e)
7. un pot d(e)
8. un litre d(e)

eau minérale
café
pommes
œufs
moutarde
vin
petits pois
pâté

Notez et analysez

Look at the drawings to accompany **Activité 8.** What produce do you think the pronoun **en** replaces in the third and fourth bubbles?

Activité 8 Faisons les courses!

CD2, Track 16

A. Vous êtes à l'épicerie et vous entendez la conversation à la page 200. Écoutez la conversation et remplissez les blancs.

Image 1: Bonjour, madame. Vous _____?
Image 2: Je voudrais des _____.
Image 3: Combien _____ voulez-vous?
Image 4: J'en voudrais _____ cents grammes.
Image 5: Voilà. Ça _____ 1,50€. Et avec _____?
Image 6: C'est _____, merci.

 B. Maintenant, c'est votre tour! Avec un(e) camarade de classe, jouez la scène entre l'épicier et le/la client(e) qui veut acheter les produits indiqués.

> **Modèle:** pommes, cinq cents grammes (1,50€)
> — *Bonjour, mademoiselle. Vous désirez?*
> — *Je voudrais des pommes, s'il vous plaît.*
> — *Combien en voulez-vous?*
> — *J'en voudrais cinq cents grammes.*
> — *Voilà. Ça fait un euro cinquante.*

1. spaghettis, un paquet (0,70€)
2. confiture de fraises, un pot (1,47€)
3. Orangina, une bouteille (1,39€)
4. camembert, 250 g (2,21€)
5. tomates, une livre (2,50€)
6. beurre, 250 g (1,59€)

Activité 9 Au marché en plein air

Vous achetez des provisions avec un(e) ami(e) au marché en plein air. Votre ami(e) remarque la qualité des produits. Il/Elle vous demande combien vous voulez en acheter. Répondez selon les indications en utilisant le pronom **en.**

> **Modèle:** Ces tomates sont bien rouges! (un kilo)
> — *Ces tomates sont bien rouges! Combien en veux-tu?*
> — *J'en veux un kilo.*

1. Quelles belles cerises! (cinq cents grammes)
2. Ces carottes ont l'air *(seem)* délicieuses. (un kilo)
3. Regarde les fraises! (deux barquettes)
4. J'adore la confiture maison. (un pot)
5. Voici du fromage fait à la ferme. (250 grammes)

Activité 10 Vos habitudes alimentaires

Quelles sont vos habitudes alimentaires? Posez des questions à un(e) camarade de classe en utilisant les éléments suivants. Faites une liste des habitudes alimentaires que vous avez en commun.

> **Modèle:** verres de lait par jour
> — *Combien de verres de lait est-ce que tu bois par jour?*
> — *J'en bois deux. / Je n'en bois pas.*

1. tasses de café le matin
2. pizzas / hamburgers / tacos par semaine
3. verres d'eau par jour
4. boules *(scoops)* de glace chaque semaine
5. tranches de pain par jour
6. bols *(bowls)* de céréales par semaine

Coupe glacée aux fruits rouges

Le parfait dessert d'été

Savez-vous manger pour vivre? Répondez aux questions suivantes.

1. On doit consommer au moins _____ portions de fruits et de légumes par jour.

   a. deux   **c.** cinq
   b. trois   **d.** sept

2. Les légumes à feuilles vert foncé _____ le risque de certains cancers.

   a. diminuent   **c.** n'affectent pas
   b. augmentent   **d.** éliminent

3. Une alimentation équilibrée doit être _____ en matières grasses et en calories mais _____ en fibres.

   a. pauvre, pauvre   **c.** riche, pauvre
   b. pauvre, riche   **d.** riche, riche

4. N'oubliez pas de boire _____ chaque jour.

   a. un litre d'eau   **c.** deux verres de vin
   b. un litre de lait   **d.** deux tasses de café

5. Un adulte a besoin de _____ calories par jour.

   a. 1 000 à 1 500   **c.** 2 000 à 2 500
   b. 1 500 à 2 000   **d.** 2 500 à 3 000

 Explorez en ligne

To help French people improve the quality of their lives, the Government of France has set up a website with information about nutrition and health: www.mangerbouger.fr. In French, write three suggestions that you find on the site and share the advice with the class.

Que contient une galette complète (160 g) ?

353 kcal

- 23,1 g de protéines
- 21,1 g de lipides
- 16,9 g de glucides

Une galette est une sorte de crêpe, mais elle est salée et on la mange en plat principal.

Les plats des pays francophones

Referring to people and things that have already been mentioned and talking about placement *Les pronoms d'objet direct* **me, te, nous** *et* **vous** *et le verbe* **mettre**

In **Module 6** you learned how to use the third person direct object pronouns: **le, la, les.** Here you will review these pronouns and add **me, te, nous,** and **vous.** You will also learn how to use **mettre** in the context of setting a table and talking about seating arrangements. For more information about direct object pronouns and the verb **mettre** see pages 219–220.

En Suisse, la fondue est un plat traditionnel. On **la** prépare avec de l'emmental ou du gruyère, du vin blanc et un peu de kirsch *(cherry liqueur).*

En Algérie, en Tunisie et au Maroc, le couscous est un plat typique. On doit **le** servir dans un grand plat au centre de la table.

Voici des accras de morue *(codfish fritters),* une sorte de beignets antillais. On **les** trouve dans les restaurants martiniquais.

Notez et analysez

First, read the photo captions to learn about these traditional dishes from the francophone world. Then study them again, paying attention to the pronouns in bold. For each pronoun, find its antecedent—the noun that it replaces.

 Activité 12 Voulez-vous goûter *(taste)* ce plat?

Vous êtes à un festival francophone. Quels plats voulez-vous goûter? Travaillez avec un(e) partenaire.

Modèle: la fondue suisse
ÉTUDIANT(E) 1: *On va la goûter, la fondue suisse?*
ÉTUDIANT(E) 2: *Pas moi. Je ne veux pas la goûter.*
ÉTUDIANT(E) 1: *Moi, j'aimerais la goûter. / Moi non plus. Je ne veux pas la goûter.*

1. la fondue suisse
2. la choucroute alsacienne *(sauerkraut)*
3. le jambalaya acadien *(cajun)*
4. le couscous algérien
5. les accras de morue
6. la tarte canadienne au sirop d'érable *(maple syrup)*
7. la salade niçoise

Vous voulez vous installer dans un appartement avec d'autres étudiants. Répondez à leurs questions en remplaçant les mots soulignés par un pronom.

Modèle: Tu gardes *(keep)* la cuisine propre *(clean)*?
*Oui, je **la** garde très propre.*

1. L'appartement, tu le trouves bien?
2. Tu préfères la chambre avec le balcon?
3. Tu veux prendre la chambre?
4. Tu peux payer le loyer au début du mois?
5. Tu aimes les plats exotiques?
6. Tu veux nous retrouver au restaurant Marrakech pour dîner demain soir?

Évelyne, je **te** mets là; à côté de Marc.

Et **nous**? Tu **nous** mets à côté de Marc?

Où est-ce que tu **me** mets?

Euh... voyons voir... Nou **vous** mettons à côté de Da Il va **vous** amuser avec ses his

CD2, Track 17

Écoutons ensemble! Où placer ses amis à table?

Claudine prépare un dîner marocain entre amis. Ses invités veulent savoir où ils doivent se placer à table. Écoutez le dialogue et choisissez le pronom approprié pour remplir *(fill in)* les blancs.

MAURICE: Où est-ce que tu _____ (le / te / me) mets?
HÔTESSE: Maurice, je _____ (me / te / le) mets à côté d'Érika. Tu _____ (le / la / les) connais bien. Érika, tu sais que Maurice est très drôle. Tu vas aimer _____ (le / l' / les) écouter.
RENÉE: Et moi?
HÔTESSE: Toi, Renée, tu peux _____ (m' / t' / l') aider un peu dans la cuisine. Alors, j'aimerais _____ (me / vous / te) mettre à côté de moi tout près de la cuisine.
RENÉE: Bon, ça va. Et Charles, tu _____ (le / la / les) mets où?
HÔTESSE: Charles et Momo, je _____ (le / les / la) mets en face de Maurice.
IAN ET CHANTAL: Et nous?
HÔTESSE: Je _____ (te / vous / les) mets à côté de mon mari. Vous pouvez _____ (m' / l' / les) aider à passer les plats.

L'art de la table

Giving commands *L'impératif*

When giving directions, commands or making suggestions, the imperative can be used. The formation of the imperative (**l'impératif**) is explained on pages 221–222.

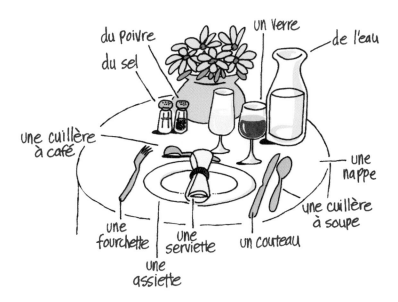

Activité 14 Comment mettre la table à la française

Votre ami américain explique comment mettre la table mais il fait des erreurs. Corrigez ses instructions.

Nouveau vocabulaire:

à gauche (de)   *to the left (of)*
à droite (de)   *to the right (of)*

1. D'abord, couvrez la table avec la serviette.
2. Ensuite, placez une assiette par personne sur la table.
3. Placez les fourchettes au-dessus de l'assiette.
4. Mettez le couteau à côté de la petite cuillère.
5. Mettez la cuillère à soupe à droite du couteau.
6. N'oubliez pas les verres; ils vont à gauche, au-dessus de la fourchette.
7. Placez la serviette au milieu de l'assiette.
8. Finalement, mettez de l'eau dans l'assiette.

Activité 15 Les bonnes manières

Lesquelles de ces bonnes manières sont françaises, lesquelles sont américaines et lesquelles sont partagées par les deux cultures? Classez-les.

BONNES MANIÈRES	FRANÇAISES	AMÉRICAINES	TOUTES LES DEUX
1. Quand on vous invite à la maison, apportez un petit cadeau (fleurs, bonbons...) pour l'hôtesse.			
2. Ne posez pas les coudes *(elbows)* sur la table.			
3. Tenez la fourchette dans la main gauche.			
4. Ne demandez pas de ketchup.			
5. Ne parlez pas la bouche pleine *(full)*.			
6. Ne buvez pas de Coca avec le repas.			
7. Posez les mains sur la table, pas sur les genoux *(lap)*.			
8. Ne commencez pas à manger avant l'hôtesse.			
9. Tenez-vous droit. *(Sit up straight.)*			

Activité 16 Un nouveau régime

Votre petit(e) ami(e) veut commencer un nouveau régime. Regardez les suggestions suivantes et utilisez l'impératif pour lui expliquer ce qu'il/elle doit et ne doit pas faire.

1. faire les courses dans un magasin bio
2. être sédentaire
3. boire huit verres d'eau par jour
4. manger dans les fast-foods
5. boire de la bière
6. manger beaucoup de légumes frais
7. grignoter entre les repas
8. avoir de la patience. Ça va marcher!

Comment se débrouiller au restaurant

Réfléchissez et considérez

Think about the typical "script" that accompanies going out to a restaurant. What is the first exchange between the waiter or host and guests as they enter the restaurant? What kinds of questions might one ask the waiter? What kinds of comments might be made about the food? Before looking at the expressions presented here, with a partner come up with three typical exchanges between a waiter and guests. Then look to see if they appear below. Be prepared to discuss any differences you notice with the class.

Track 18

Expressions utiles

Pour réserver ou demander une table

(au téléphone) Je voudrais réserver une table pour six à 20h00 ce soir.
(au restaurant) Une table pour six, s'il vous plaît.

Pour appeler le serveur ou la serveuse

S'il vous plaît...

Pour prendre la commande, le serveur dit...

Que désirez (voulez)-vous comme...	*What would you like for a (an)/the . . .*
hors-d'œuvre?	*appetizer?*
entrée?	*small first course?*
plat principal?	*main course?*
dessert?	
boisson?	*drink?*
Vous êtes prêt(e) à commander?	*Are you ready to order?*
Votre steak, vous le voulez	*How do you want your steak*
à quelle cuisson, saignant,	*cooked, rare, medium,*
à point ou bien cuit?	*or well-done?*

Pour commander

Qu'est-ce que vous nous conseillez?	*What do you recommend?*
Moi, je vais prendre le menu à 15 euros.	
Pour commencer, je vais prendre...	
Ensuite, je voudrais...	
C'est tout.	*That's all.*

Pour parler de son appétit

J'ai (très) faim.	*I'm (very) hungry.*
J'ai soif.	*I'm thirsty.*
J'ai bien mangé. Je n'ai plus faim.	*That was good. I'm full.*

BRASSERIES FLO

La Coupole
01 43 20 14 20 Paris XIV
Julien
01 47 70 12 06 Paris X
Les Grandes Marches
01 43 42 90 32 Paris XII
Bœuf sur le Toit
01 53 93 65 55 Paris VIII
Bofinger
01 42 72 87 82 Paris IV
Vaudeville
01 40 20 04 62 Paris II
Brasserie Flo
01 47 70 13 59 Paris X
Terminus Nord
01 42 85 05 15 Paris X

des menus chics
à prix plaisir

22,90 €
entrée & plat
ou
plat & dessert

32,90 €
entrée, plat & dessert

boisson comprise

Ces brasseries offrent aux clients un choix de menus. Expliquez ces choix.

Pour parler de la cuisine

C'est...
    chaud / froid.
    délicieux / sans goût.   *delicious / bland.*
    parfait.
    piquant / salé / sucré.   *spicy / salty / sweet.*
    tendre / dur.   *tender / tough.*

Pour régler l'addition

L'addition, s'il vous plaît.   *The check, please.*
Le service est compris?   *Is the tip included?*
Vous acceptez les cartes bancaires?
On laisse un petit pourboire?   *Should we leave a tip?*

CD2, Track 19

Écoutons ensemble! Rendez-vous au restaurant

Marie-Claire et son copain Charles ont rendez-vous au restaurant. D'abord, écoutez la scène jouée en regardant les images. Puis mettez-vous en groupes de trois (deux clients et un serveur) et inventez votre propre dialogue.

Note de vocabulaire

In France, restaurants frequently offer **un menu à prix fixe** that consists of a limited set of options among three or four courses. The typical menu includes **une entrée** or **un hors-d'œuvre, un plat principal,** and **un dessert.** This is considerably less expensive than ordering **à la carte.** Menus are differentiated by price: **le menu à 18 euros, à 25 euros,** and so on.

Activité 17 Aux Anciens Canadiens

Regardez le menu de ce restaurant canadien et identifiez les plats offerts. Quels plats ou ingrédients vous semblent typiquement canadiens? Quels plats sont typiquement français?

Notre table d'hôte - Menu Complet
Entrée
Potage
Plat principal
Dessert
Café ou thé

Nos Entrées

	Table d'hôte	À la carte
Salade verte, crème fraîche et ciboulette	suppl. 1.00	7.25
Marmite de fèves au lard[4]	Inclus	6.75
Escargots à l'ail façon « Jean Michel »	suppl. 4.00	10.25
Fromage de chèvre grillé en salade parfumé au basilic	suppl. 6.25	13.00

Nos Plats Principaux

Volailles	Table d'hôte	À la carte
Suprême de poulet en feuilleté	42.50	29.50
Médaillons de dindon[1], grillés, sauce au parfum de noisettes[2]	41.50	28.50

Spécialités Québécoises et Gibiers		
Tourtière[3] du Lac St-Jean et son mijoté de bison	43.50	30.50
Caribou à la crème et au vin de bleuets	58.50	45.50

Viandes et poissons		
Filet d'agneau grillé, sauce à la menthe et au sherry	47.50	34.50
Mignon de boeuf, sauce bordelaise	50.50	37.50
Assiette de fruits de mer et sa fricassée de légumes	63.50	50.50
Filet de saumon frais, sauce bisque de crevettes	42.50	29.50

Plat végétarien		
Jardinière de légumes frais	39.50	26.50

Nos Potages

	Table d'hôte	À la carte
Potage du chef en soupière	Inclus	6.25
Soupe aux pois Grand-mère	suppl. 1.50	7.25
Soupe à l'oignon gratinée	suppl. 4.50	10.25

Nos Desserts

	Table d'hôte	À la carte
Tarte au sirop d'érable[5] et crème fraîche	Inclus	9.25
Tarte au fudge, coulis[6] de framboises	Inclus	9.25
Gâteau au chocolat et noisettes, coulis de fraises	Inclus	9.25
Glace maison à la vanille et coulis de fruits frais	Inclus	9.25
Assiette de fromages	suppl. 4.50	13.75

[1]*turkey*
[2]*hazelnuts*
[3]*meat pie*
[4]*pot of baked beans*
[5]*maple syrup*
[6]*purée*

Le Kismet

AUTHENTIQUE
• Tandoorie et Cari
• Restaurant authentique des Indes
• Licence complète
• Musique relaxante des Indes
• Gastronomie dans une ambiance intime
• Escompte pour groupes

**780, rue St-Jean, Québec
Réservation : (418) 523-0798**

Quelle est la spécialité du Kismet? C'est de la cuisine de quel pays? Dans quel pays se trouve le restaurant? Qu'est-ce qui indique qu'on y sert de l'alcool?

A. Les personnes suivantes sont au restaurant Aux Anciens Canadiens. Étudiez la carte à la page 209, puis choisissez des plats appropriés pour chaque personne.

1. une femme qui est végétarienne
2. un homme qui a très faim
3. une touriste qui aime goûter les spécialités régionales
4. un enfant qui aime les plats sucrés
5. un homme / une femme qui ne veut pas grossir
6. vous-même

B. Maintenant, avec un(e) camarade de classe, jouez le rôle de ces personnes au restaurant.

Situations à jouer!

 1 **Une soirée entre amis.** It is time to seat guests around the dining room table. In groups of 5 or 6, using a table in the classroom, one student will play the role of host/hostess and let his/her guests know where to sit. Once everyone is seated, have a short conversation.

Modèle: HÔTE/HÔTESSE: *Evan, je te mets là, à côté de Kate.*
IAN: *Où est-ce que tu me mets?*
HÔTE/HÔTESSE: *Je te mets au bout de la table. Tu peux m'aider à servir les plats.*

 2 **Au restaurant.** Block out a dialogue and discuss vocabulary you will need with your group before you try acting it out. Be prepared to perform for the class.

Step 1: You're on a diet (**au régime**) and your dinner companion tries to tempt you with suggestions from the menu that are fattening.

Step 2: You can't make up your mind about what to order. Ask the waiter for a suggestion and then order.

Step 3: The waiter mixes up the orders. Once you have tasted your meal, comment on the food to your dinner companion.

Step 4: The bill arrives. Find out if you can pay with a credit card and if the service was included or if you need to leave a tip.

Lecture

Anticipation

The following poem was written by Jacques Prévert, a famous French surrealist poet and screenwriter. Here, Prévert reveals his genius for treating universal subjects in simple, everyday language. Before you read this poem, imagine how the final breakup of a relationship might be revealed over a morning cup of coffee, without a word being spoken. Then, as you listen to the poem, visualize each gesture as if you were to stage it.

Jacques Prévert

Déjeuner du matin

2, Track 20

par Jacques Prévert

1 Il a mis le café	
Dans la tasse	
Il a mis le lait	
Dans la tasse de café	
5 Il a mis le sucre	
Dans le café au lait	
Avec la petite cuiller	
Il a tourné	
Il a bu le café au lait	
10 Et il a reposé° la tasse	set down
Sans me parler	
Il a allumé	
Une cigarette	
Il a fait des ronds°	smoke rings
Avec la fumée	
15 Il a mis les cendres°	ashes
Dans le cendrier°	ashtray
Sans me parler	
Sans me regarder	
Il s'est levé°	stood up
20 Il a mis	
Son chapeau sur sa tête	
Il a mis	
Son manteau de pluie	
Parce qu'il pleuvait°	was raining
Et il est parti	
25 Sous la pluie	
Sans une parole	
Sans me regarder	
Et moi j'ai pris	
Ma tête dans ma main	
Et j'ai pleuré°.	cried

Activité de lecture

Deux étudiants (un homme et une femme) jouent les deux rôles du poème pendant que le professeur (ou la classe) le lit à haute voix.

Compréhension et intégration

1. Qui sont les deux personnages du poème?
2. Qui quitte qui? Comment le savez-vous?
3. Pourquoi la voix *(voice)* du narrateur est-elle si triste?
4. Quelle est la première indication que l'homme va partir?
5. Expliquez le rapport entre le temps et le ton *(tone)* du poème.

Maintenant à vous!

1. Lisez le poème plusieurs fois.
2. Avec un(e) partenaire, imaginez la raison de la rupture *(breakup)*. Partagez votre explication avec vos camarades de classe.

Voix en direct (suite)

Go to  to view video clips of French people talking about family meals and their eating habits.

Expression écrite

🌐 À vos marques, prêts, bloguez!

Allez sur notre blog et écrivez, en français, un billet sur votre restaurant favori. Il sert quelle sorte de cuisine (mexicaine, chinoise, italienne, américaine)? Qu'est-ce que vous aimez commander dans ce restaurant? Êtes-vous végétarien(ne)? Est-ce qu'il y a un plat que vous n'aimez pas? Après, lisez les billets de deux autres camarades de classe et répondez à ces billets.

Un scénario: une scène au restaurant

You are going to write a script for a restaurant scene with three characters: two dining companions and a waiter.

■ **Première étape:** Look over the four steps of the restaurant scene in the **Situation à jouer!** on page 210. This is your basic outline. Supplement Step 3 with a conversation about a topic of interest to you. Make a list of expressions you might need.

■ **Deuxième étape:** Write out the dialogue. Make sure to include several object pronouns (**le, la, les...**) and **en.**

Structure 7.1

Use the **iLrn** platform for more grammar and vocabulary practice.

Writing verbs with minor spelling changes *Les verbes avec changements orthographiques*

Some -**er** verbs in French have regular endings but require slight spelling changes in the present tense to reflect their pronunciation.

The verbs **préférer** *(to prefer),* **espérer** *(to hope for),* and **répéter** *(to repeat)* follow this pattern:

è → é when followed by a pronounced ending		
je préfère	BUT	nous préf**é**rons
ils préfèrent	BUT	vous préf**é**rez

Verbs such as **acheter** have a slightly different change:

è → mute e when followed by a pronounced ending		
ils achètent	BUT	nous achetons
tu achètes	BUT	vous achetez

For the verb **appeler** and most verbs ending in **e** + consonant + **er,** the final consonant doubles when preceded by a pronounced **e.**

nous appelons	BUT	j'appelle
vous appelez	BUT	tu appelles

Verbs ending in -**ger,** such as **manger** and **nager,** have the following change:

g → ge before -**ons** to maintain the soft **g** sound		
je mange	BUT	nous mang**e**ons

Verbs ending in -**cer,** such as **commencer,** have the following change:

c → ç before -**ons** to maintain the soft **c** sound		
je commence	BUT	nous commen**ç**ons

Note: The **nous** and **vous** forms of these verbs always have the same stem as the infinitive.

The **passé composé** of these verbs with spelling changes is formed regularly:

appeler → j'ai appelé	acheter → j'ai acheté
espérer → j'ai espéré	manger → j'ai mangé
répéter → j'ai répété	commencer → j'ai commencé

Structures utiles

Exercice 1   On fait une enquête *(poll)* sur les habitudes des consommateurs au supermarché. Complétez les questions et les réponses avec la forme du verbe indiqué qui convient.

1. préférer

ENQUÊTEUR: Madame, qu'est-ce que vous _____ comme légume?

CLIENTE: Moi, je _____ la salade; mon mari _____ les haricots verts et nos enfants _____ les pommes de terre.

2. acheter

ENQUÊTEUR: Et vous _____ des aliments surgelés *(frozen)*?

CLIENTE: Pas très souvent. Nos voisins _____ souvent des produits surgelés mais nous, nous _____ surtout des légumes frais. Euh, parfois quand je n'ai pas le temps de cuisiner, j(e) _____ un paquet d'épinards surgelés ou un sac de pommes frites surgelées.

3. manger

ENQUÊTEUR: Qu'est-ce que vous _____ quand vous êtes pressés *(in a hurry)*?

CLIENTE: Oh, je ne sais pas. Nous _____ un peu de tout. Les enfants aiment _____ des tartines. Mon mari, lui, il _____ un sandwich au fromage. Et moi, euh, je _____ des fruits.

4. commencer, espérer

ENQUÊTEUR: Et pour _____ un dîner typique, que prenez-vous?

CLIENTE: Nous _____ avec une soupe ou un peu de charcuterie.

ENQUÊTEUR: Eh bien, j(e) _____ que vous allez trouver tout ce qu'il vous faut ici au supermarché Champion. Merci, madame, de votre collaboration.

CLIENTE: Je vous en prie.

Exercice 2   Fabienne parle de ses projets pour un repas de fête. Complétez ses remarques avec la forme du verbe entre parenthèses qui convient. Choisissez entre le présent et le passé composé.

Aujourd'hui, c'est l'anniversaire de mon ami et il _____ (1) (préférer) dîner à la maison qu'aller au restaurant. Alors, je prépare un repas de fête délicieux.

Hier, j(e) _____ (2) (commencer) les préparatifs. J(e) _____ (3) (appeler) des copains pour les inviter. Il va donc y avoir six personnes. J(e) _____ (4) (espérer) que tout le monde aime le bœuf parce que j(e) _____ (5) (acheter) un bon filet à la boucherie ce matin.

La dernière fois que nous _____ (6) (manger) ensemble, nous avons apporté le vin, alors cette fois-ci, Richard et Jules _____ (7) (acheter) deux bouteilles de vin rouge. Et quoi d'autre? Ah oui, le dessert! Nicole _____ (8) (acheter) un beau gâteau d'anniversaire. On va bien manger!

Talking about indefinite quantities (*some*) *Le partitif*

By their nature, some nouns cannot be counted. For example, we can count grains of rice but we can't count rice. We can count a glass of water, but we can't count water. In French, the partitive article is used to refer to *some* or a *part* of such noncount nouns.

de la viande	*some meat*
de l'eau	*some water*
du temps	*some time*
des légumes	*some vegetables*

The partitive is also used with abstract nouns.

Il a du courage.	*He is brave (has some courage).*

Although the English equivalent for the partitive (*some* or *any*) can be omitted, the partitive article is necessary in French. Here are the forms of the partitive article.

de + le → **du**	Vous prenez du vin.	*You're having some wine.*
de + la → **de la**	Il y a de la soupe à l'oignon.	*There is (some) onion soup.*
de + l' → **de l'**	Je bois de l'eau minérale.	*I drink mineral water.*
de + le → **des**	Je mange des céréales.	*I eat cereal.*

In negative sentences, the partitive article becomes **de** (or **d'** before a vowel sound).

Il n'y a pas de tarte.	*There isn't any pie.*
Elle ne mange pas **d'**ail.	*She doesn't eat garlic.*

Choosing between the *article défini, indéfini* and *partitif*

The following guidelines will help you choose the appropriate article.

1. Verbs that frequently require the partitive article are **prendre, manger, boire, avoir,** and **acheter.**

Vous prenez **du** café?	*Are you having coffee?*
Mon père ne boit pas **de** café.	*My father doesn't drink (any) coffee.*
Est-ce qu'il y a **de la** confiture?	*Is there any jam?*

2. When they precede some nouns, the indefinite article or the partitive change their meaning slightly.

Je voudrais **une** salade.	*I'd like a salad.*
Je voudrais **de la** salade.	*I'd like some salad.*
Je voudrais **un** café.	*I'd like a (cup of) coffee.*
Je voudrais **du** café.	*I'd like coffee.*

3. Preference verbs such as **aimer, préférer, adorer,** and **détester** take the definite article (**le, la, les**).

J'adore **la** viande mais je n'aime pas **le** poisson.	*I love meat but I don't like fish.*

4. Use the definite article when referring to a specific item visible by all at the table, previously mentioned in the conversation, or when ordering a particular dish on a menu.

Passez-moi **le** sel, s'il vous plaît.	*Pass me the salt, please.*
Je voudrais **le** saumon.	*I'd like the salmon.*

Structures utiles

Exercice 3 Anaïs explique ses habitudes culinaires. Complétez les phrases avec l'article partitif ou indéfini approprié.

1. Je suis toujours pressée *(in a hurry)* le matin, donc je mange peu pour le petit déjeuner. Je prends _____ pain grillé avec _____ beurre et _____ confiture. Avec ça, je prends _____ chocolat chaud ou _____ café au lait; je ne bois pas _____ jus de fruits.

2. Normalement, à midi, je retrouve mes amis au resto-U et nous déjeunons ensemble. Parfois, je mange _____ soupe avec _____ poulet et _____ haricots verts. Généralement, je prends _____ eau minérale avec mes repas.

3. Le soir, je n'ai pas très faim et je n'ai pas _____ talent pour la cuisine. J'aime préparer _____ salade. Ma salade préférée est la salade composée. On utilise _____ salade, _____ tomates, _____ olives, _____ champignons, _____ jambon et _____ fromage. Et pour moi, pas _____ «French dressing» à l'américaine. Je prends _____ vinaigrette *(f)*.

Exercice 4 Émilie décrit sa routine du matin. Complétez le paragraphe avec la forme de l'article défini, indéfini ou partitif qui convient.

Alors, voici ma routine du matin pendant la semaine. D'abord, à 8h00, si j'ai _____ (1) énergie, je fais du jogging. Vers 8h30, je fais ma toilette et je prépare le petit déjeuner. D'abord, je prends _____ (2) jus de fruit; je préfère _____ (3) jus d'orange. Ensuite, je me prépare _____ (4) café. Je ne prends pas _____ (5) sucre dans mon café, mais j'aime ajouter _____ (6) lait. Puis je mange _____ (7) tartines de pain—je n'aime pas _____ (8) baguettes—avec _____ (9) beurre et _____ (10) confiture d'abricots. S'il n'est pas trop tard, je prépare _____ (11) salade pour midi. À 9h00, je pars pour mon bureau en métro, car je n'ai pas _____ (12) voiture. C'est une matinée bien remplie!

Structure 7.3

Talking about food measured in specific quantities and avoiding repetition *Les expressions de quantité et le pronom **en***

Quantity expressions have the following structure:

Quantité + *de* + nom		
Elle achète... beaucoup	de	beurre.
une bouteille	d'	eau minérale.
un morceau	de	chocolat.

Note that **d(e)** is used alone rather than with an article.

Il y a trop **d'**huile dans la salade.   *There is too much oil in the salad.*
Elle a peu **de** patience.   *She has little patience.*

In the metric system, liquids are usually measured in **litres** *(liters)* and solids in **grammes** *(grams)* or **kilos** *(kilograms)*. If you want to talk about one pound of an item, you use **500 grammes** or **une livre.** Sometimes the packaging determines the quantity. In France milk comes in bottles **(bouteilles)** or cartons **(boîtes, packs),** and jam and mustard come in jars **(pots).**

un demi-litre d'huile	*a half liter of oil*
un kilo de pommes de terre	*a kilo of potatoes*

Exercice 5 Anne veut préparer un gâteau. Elle examine ce qu'elle a dans sa cuisine. Complétez ses pensées en choisissant la réponse parmi les options données entre parenthèses.

Bon, dans le réfrigérateur il y a _____ (1) (un kilo de, assez de, un sac de) lait. Mais je n'ai pas _____ (2) (d', des, les) œufs. Que faire alors? Peut-être que je peux emprunter *(to borrow)* _____ (3) (d', des, un) œufs à la voisine. Et, dans le placard... il y a _____ (4) (de, de la, un litre de) farine *(flour)* et _____ (5) (des, un litre de, du) sucre. Il y a encore _____ (6) (la, de la, de) vanille *(f)* dans la bouteille. Selon la recette, il faut aussi _____ (7) (de, le, 100 g de) chocolat. Où est mon chocolat? Zut! Pas de chocolat! Je dois donc aller au supermarché. Je vais acheter _____ (8) (une douzaine d', une boîte d', un pot d') œufs et _____ (9) (de, du, un) chocolat. Je vais me dépêcher *(to hurry)*. Je n'ai pas beaucoup _____ (10) (du, des, de) temps!

Exercice 6 C'est mercredi, le jour du marché. Composez des phrases avec les éléments donnés pour indiquer ce que chaque personne achète. Ensuite, devinez le plat qu'on va préparer avec ces ingrédients.

1. M. Laurent: paquet / beurre; douzaine / œufs; et 200 g / fromage
2. Paulette: litre / huile d'olive; bouteille / vinaigre; 500 g / tomates; et salade
3. Jacques: trois tranches / pâté; un morceau / fromage; baguette; et bouteille / vin
4. Mme Pelletier: un peu / ail; 250 g / beurre; et douzaine / escargots
5. Nathalie: 1 melon; 1 ananas; 3 bananes; et barquette / fraises

The pronoun *en*

In French, the pronoun **en** is used to replace noncount nouns, i.e., nouns preceded by the partitive **(du, de la, de l', des)** or an indefinite article **(un, une, des).**

— Y a-t-il **des fraises**?	— *Are there any strawberries?*
— Oui, il y **en** a.	— *Yes, there are (some).*
— Tu veux **un Coca**?	— *Do you want a Coke?*
— Non, je n'**en** veux pas.	— *No, I don't want one (any).*

Notice that in the following sentences **en** replaces the noun but the quantity still needs to be stated.

— Combien de baguettes voulez-vous?	— *How many baguettes do you want?*
— J'**en** veux **deux.**	— *I want two (of them).*
— Achètes-tu beaucoup de bananes?	— *Do you buy a lot of bananas?*
— Non, je n'**en** achète pas **beaucoup.**	— *No, I don't buy a lot (of them).*

The order of *en* in a sentence

En precedes the conjugated verb and the expressions **voilà** and **voici.** This means that **en** precedes the auxiliary **avoir** or **être** in the **passé composé.**

Il y **en** a cinq.   *There are five (of them).*
J'**en** ai beaucoup mangé.   *I ate a lot (of it).* (**passé composé**)
En voilà une!   *There's one!*

In sentences with a conjugated verb followed by an infinitive, **en** precedes the infinitive. This means that **en** precedes the infinitive in the **futur proche.**

Je vais **en** prendre.   *I'll have some.* (**futur proche**)
Nous voulons **en** acheter.   *We want to buy some.*

Exercice 7   Trouvez la question illogique pour les réponses suivantes.

1. J'en veux un kilo.
   a. Tu veux du beurre?
   b. Tu veux du jambon?
   c. Tu veux des carottes?
   d. Tu veux un Coca?

2. Nous en avons deux.
   a. Vous avez combien de voitures?
   b. Vous avez des enfants?
   c. Vous avez combien de riz?
   d. Vous avez une maison?

3. J'en ai acheté une boîte.
   a. Tu as trouvé du thon *(tuna)*?
   b. Tu as acheté des raviolis?
   c. Tu as acheté du vin?
   d. Tu as pris de la sauce tomate?

4. J'en ai trois.
   a. Tu as combien de cours maintenant?
   b. Tu as une camarade de chambre?
   c. Tu as beaucoup de cours ce trimestre?
   d. Tu as du lait?

5. Oui, elle en a beaucoup.
   a. Marthe a beaucoup de travail?
   b. Marthe a des amis?
   c. Marthe a un mari?
   d. Marthe a des problèmes?

Exercice 8   Voici des morceaux d'une conversation à table. Répondez selon les indications. Employez le pronom **en** pour éviter la répétition.

1. Voulez-vous des pommes de terre gratinées? (oui)
2. Vous allez prendre du pâté? (non)
3. Prennent-ils du vin? (oui)
4. Vous prenez de la salade verte? (non)
5. Moi, je prends des escargots. Et toi? (oui)
6. Mangez-vous souvent du pain? (oui)

Referring to people and things that have already been mentioned and talking about placement *Les pronoms d'objet direct me, te, nous et vous et le verbe mettre*

You have learned to use the direct object pronouns **le, la,** and **les** to avoid repeating an object. The table below shows you the complete list of these pronouns:

singular	plural
me, m' (before vowel)	nous
te, t' (before vowel)	vous
le, la, l' (before vowel)	les

Les haricots verts? Elle **les** aime.
Je **t'**invite à prendre un verre.

*Green beans? She likes **them.***
I'm inviting you to have a drink.

Placement of direct object pronouns

The pronoun precedes the conjugated verb.

Ces pommes? Je **les** mets dans mon sac.
Khalid et Léa, je **vous** ai vus hier.

These apples? I'm putting them in my bag.
Khalid and Lea, I saw you yesterday.

When a conjugated verb is followed by an infinitive, such as in the **futur proche,** the pronoun is placed immediately before the infinitive:

Le pourboire? Je vais **le** laisser
    sur la table.
Elle veut **nous** voir ce soir?

The tip? I'm going to leave
    it on the table.
Does she want to see us this evening?

Choosing between the direct object pronoun and *en*

If you want to use a pronoun to replace a noun, choose **en** if the noun is preceded by **un, une, du, de la, de l'** or **des.**

— Y a-t-il **des** oranges dans le frigo?
— Oui, il y **en** a.

— Are there any oranges in the fridge?
— Yes, there are (some).

Use **le, la, les** if the noun is preceded by a definite article.

— Tu aimes **la** glace au chocolat?
— Oui, je **l'**aime beaucoup.

— Do you like chocolate ice cream?
— Yes, I like it a lot.

Mettre

The verb **mettre** is followed by a direct object.

mettre *(to put, place, or put on)*	
je mets	nous mettons
tu mets	vous mettez
il/elle/on met	ils/elles mettent

passé composé: j'ai **mis**

The verbs **remettre** *(to put on again),* **permettre** *(to permit),* and **se mettre à** *(to begin)* have similar conjugations.

Structures utiles

Usage

The following sentences illustrate the various uses of **mettre**.

— Qui met la table?   — *Who is setting the table?*
— Moi, je la mets.   — *I'm setting it.*
Qu'est-ce que tu vas mettre aujourd'hui?   *What are you putting on (wearing) today?*
Vous me mettez à côté de Jean-Pierre?   *You're putting me next to Jean-Pierre?*
Vous permettez? (expression idiomatique)   *May I?*
Je me mets à servir le dessert.   *I'm starting to serve the dessert.*

Exercice 9   On a invité de la famille à dîner. Complétez la conversation avec la forme appropriée de **mettre, permettre** ou **se mettre**.

1. Vous _____ la table? On va manger dans une heure!

2. Je _____ la table maintenant. Où est-ce qu'on _____ Mémé et Pépé?

3. Nous les _____ à côté de Tante Irène.

4. La petite Nathalie a faim. Elle _____ à manger avant l'hôtesse. Ce n'est pas très poli!

5. Ton père et moi, nous ne te _____ pas de manger de la glace avant le dîner.

Exercice 10   Dans les phrases suivantes, les pronoms en italique peuvent représenter un ou plusieurs noms. Trouvez l'élément (ou les éléments) que le pronom **peut** représenter.

1. Je *les* aime beaucoup.
   a. les bonbons   c. la confiture
   b. du sucre   d. mes cousins

2. Ma mère va *la* préparer ce soir.
   a. le bœuf bourguignon   c. la salade niçoise
   b. la fondue suisse   d. le steak au poivre

3. On ne *l'*a pas vu depuis une semaine.
   a. mon oncle   c. le livre de recettes
   b. mon oncle et ma tante   d. le CD de Ricky Martin

4. Stéphanie *m'*a invité au cinéma.
   a. toi et moi   c. moi et mes amis
   b. moi   d. nous

5. Cédric *en* boit beaucoup.
   a. le vin   c. l'autobus
   b. de la bière   d. du lait

6. Tu vas *le* mettre sur la table.
   a. la pomme   c. le plat
   b. le verre   d. les tartelettes

7. J'*en* ai acheté.
   a. des crevettes   c. la viande
   b. du pain   d. de la glace

8. Vous *nous* avez invités au restaurant.
   a. moi   c. elle et moi
   b. toi et ton copain   d. Marc et moi

Exercice 11 François aide sa mère à préparer le dîner. Complétez ce que sa mère lui dit avec le pronom d'objet direct qui convient.

1. Voici les tomates. Pourrais-tu _____ ajouter à la salade?

2. Je viens d'acheter cette baguette. Maintenant nous devons _____ couper en tranches.

3. N'oublie pas la charcuterie. Tu devrais _____ apporter à table.

4. Voici les fourchettes. On _____ met à gauche des assiettes.

5. Et le sel? Où est-ce que je _____ ai laissé?

6. Ah, le téléphone sonne. Qui _____ appelle?

7. Va te reposer un peu. Je _____ appelle quand les autres arrivent.

Exercice 12 Julie et Daniel sont jeunes mariés *(newlyweds)*. Julie pose beaucoup de questions à Daniel. Répondez à ses questions en employant un pronom d'objet direct ou **en** pour éviter la répétition des mots en italique.

1. Je trouve tes parents très gentils. Comment est-ce qu'ils *me* trouvent?

2. Est-ce que je peux voir *les photos de toi petit garçon*?

3. Tu voudrais *une tasse de café*?

4. Est-ce que nous allons inviter *tes parents* à dîner bientôt?

5. J'utilise les recettes de ma mère quand je fais la cuisine. Aimes-tu *ses recettes*?

6. Nous mangeons toujours *de la dinde* à Noël. Et ta famille?

Structure 7.5

Giving commands *L'impératif*

The imperative verb form is used to give commands and directions and to make suggestions. The three forms of the imperative, **tu, nous,** and **vous,** are similar to the present tense, but the subject pronoun is omitted.

Présent	Impératif	
tu achètes	Achète du pain.	*Buy some bread.*
nous achetons	Achetons du fromage.	*Let's buy some cheese.*
vous achetez	Achetez des crevettes.	*Buy some shrimp.*

For the **tu** command form of **-er** verbs, including **aller,** drop the **s** from the **tu** form of the present tense verb.

Mange tes légumes.   *Eat your vegetables.*
Va à la boulangerie.   *Go to the bakery.*

With **-ir** and **-re** verbs, the **s** remains.

Finis ton dîner.   *Finish your dinner.*
Prends du sucre.   *Have some sugar.*

Structures utiles

Avoir and être have irregular imperative forms.

avoir	aie, ayons, ayez	
	Ayez de la patience.	*Have patience.*
être	sois, soyons, soyez	
	Sois sage.	*Be good.*

In negative commands, the **ne** precedes the verb and the **pas** follows it.

Ne bois pas de café après 16h00.	*Don't drink coffee after 4 o'clock.*
N'allons pas au restaurant.	*Let's not go to the restaurant.*

The imperative form can sound harsh. A common way to avoid the imperative is by using **on** + verb.

On prend un café?	*Shall we get a cup of coffee?*

Exercice 13 La famille Gilbert est à table et Mme Gilbert donne des ordres à tout le monde. Complétez ce qu'elle dit avec la forme du verbe qui convient.

aider	boire	passer
aller	être	prendre
attendre	ne pas manger	

1. _____ votre père. Il arrive dans un instant.

2. _____-moi le sel, s'il te plaît.

3. Jeannot, _____ avec les doigts.

4. Chéri, _____ encore des haricots.

5. _____ chercher du pain dans la cuisine, Alexia.

6. _____ patiente avec ton petit frère.

7. Les enfants, _____-moi avec les assiettes.

8. _____ ton eau minérale.

Exercice 14 C'est l'anniversaire de votre amie Carole. Faites des projets avec vos amis en acceptant ou en refusant leurs suggestions selon l'indication entre parenthèses.

Modèle: On fête l'anniversaire de Carole? (oui)
Oui, fêtons l'anniversaire de Carole.

1. On invite Jérôme? (oui)

2. On fait un pique-nique? (non)

3. On va dîner dans un restaurant? (oui)

4. On rentre chez nous après? (oui)

5. On achète un gros gâteau au chocolat? (oui)

6. On achète aussi de la glace? (non)

7. On prend du champagne? (oui)

Tout ensemble!

Thomas et sa femme, Janine, font les courses ensemble à Casino. Complétez leur conversation en conjugant les verbes entre parenthèses ou en utilisant les mots de la liste.

belles	la	des
côtelettes	pain	en
de	boucherie	te
de la	d'	
du	de l'	

THOMAS: Tu as la liste d'achats que nous avons préparée?

JANINE: _____ (1) voilà. _____ (2) (commencer) par les légumes et les fruits.

THOMAS: Voici de _____ (3) salades. Tu _____ (4) veux?

JANINE: Absolument! Si nous allons suivre notre régime *(diet),* nous devons manger beaucoup _____ (5) salades. Nous allons en acheter deux.

THOMAS: Avec ça, prenons _____ (6) tomates.

JANINE: Thomas, _____ (7) (choisir) trois belles tomates bien rouges.

THOMAS: Qu'est-ce qu'on va manger demain pour le déjeuner?

JANINE: Euh... peut-être des _____ (8) de porc avec _____ (9) riz.

THOMAS: Pas de pommes de terre?

JANINE: Si, si tu _____ (10) (préférer)... Et achète 500 grammes _____ (11) asperges et _____ (12) eau en bouteille.

THOMAS: Et au dessert?

JANINE: Thomas, n'oublie pas que nous sommes au régime. _____ (13) (prendre) des fruits. Ces pommes ont l'air délicieuses.

THOMAS: Nous _____ (14) (manger) trop de pommes. _____ (15) (acheter) plutôt des poires.

JANINE: D'accord. Tu les _____ (16) (mettre) dans le caddie *(shopping cart)*?

THOMAS: Est-ce que nous avons fini?

JANINE: Non, il nous faut *(we need)* aussi _____ (17) viande, du lait et du _____ (18). _____ (19) (aller) chercher le pain et le lait pendant que je vais à la _____ (20).

THOMAS: _____ (21) (ne pas acheter) de bœuf—c'est trop gras.

JANINE: Bien. J(e) _____ (22) (espérer) trouver des côtelettes bien maigres...

THOMAS: Je _____ (23) retrouve à la boucherie alors.

Vocabulaire

Vocabulaire fondamental

Noms

La nourriture — *Food*

des asperges *(f pl)*	*asparagus*
une baguette	*a loaf of French bread*
le beurre	*butter*
le bœuf	*beef*
des céréales *(f pl)*	*cereals; grains*
la charcuterie	*deli; cold cuts*
la confiture	*jam*
des fraises *(f pl)*	*strawberries*
le fromage	*cheese*
la glace	*ice cream*
des haricots (verts) (secs) *(m pl)*	*(green) (dry) beans*
le jambon	*ham*
le lait	*milk*
un légume	*a vegetable*
la moutarde	*mustard*
un œuf	*an egg*
le pain	*bread*
le pâté (de campagne)	*(country style) meat spread*
les pâtes *(f pl)*	*pasta*
le poisson	*fish*
le poivre	*pepper*
une pomme	*an apple*
une pomme de terre	*a potato*
des pommes frites *(f pl)* (frites, *fam*)	*French fries*
le porc	*pork*
le poulet	*chicken*
du raisin	*grapes*
le riz	*rice*
la salade	*salad; lettuce*
un saucisson	*a dry sausage*
le sel	*salt*
une tarte(lette)	*a tart(let), a pie*
la viande	*meat*
le yaourt	*yogurt*

Mots apparentés: une banane, une carotte, le dessert, le fast-food, un fruit, la mayonnaise, une orange, une soupe, une tomate

Les repas — *Meals*

la cuisine	*food; cooking*
une entrée	*hot or cold dish served before the main course*
les hors-d'œuvre *(m pl)*	*appetizers*
le menu (à prix fixe)	*menu (fixed price)*
le petit déjeuner	*breakfast*
un plat (principal)	*a (main) course, dish*
un pourboire	*a tip*
le service	*service*
le service (non) compris	*tip (not) included*
un(e) végétarien(ne)	*a vegetarian*

Les petits commerces — *Shops*

une boucherie	*a butcher shop*
une boulangerie-pâtisserie	*a bread and pastry shop*
une charcuterie	*a delicatessen*
une épicerie	*a neighborhood grocery store*
un marché (en plein air)	*a(n) (open-air) market*
une pâtisserie	*a pastry shop*
un supermarché	*a supermarket*

Les ustensiles de cuisine — *Kitchen utensils*

une assiette	*a plate*
un bol	*a bowl*
un couteau	*a knife*
une cuillère (à soupe)	*a (soup) spoon*
une fourchette	*a fork*
une serviette	*a napkin*
une tasse	*a cup*
un verre	*a glass*

Les quantités — *Quantities*

assez (de)	*enough (of)*
beaucoup (de)	*a lot (of)*
une boîte (de)	*a box, can (of)*
une bouteille (de)	*a bottle (of)*
cinq cents grammes	*500 grams, ½ kilo, approx. 1 lb.*
une douzaine (de)	*a dozen (of)*
un gramme (de)	*a gram (of)*
un kilo (de)	*a kilogram (of)*
un (demi-)litre (de)	*a (half) liter (of)*
une livre	*a pound*
un morceau (de)	*a piece (of)*
un paquet (de)	*a packet (of)*
(un) peu (de)	*(a) little (of)*
un pot (de)	*a jar (of)*
un sac (de)	*a sack, bag (of)*
une tranche (de)	*a slice (of)*
trop (de)	*too many, too much (of)*
un verre (de)	*a glass, cup (of)*

Verbes

acheter	*to buy*
appeler	*to call*
s'appeler	*to be named*
avoir faim	*to be hungry*
avoir soif	*to be thirsty*
commander	*to order*
espérer	*to hope (for)*
être au régime	*to be on a diet*
mettre (la table)	*to put; to set (the table)*
oublier	*to forget*
réserver	*to reserve*
se mettre (à)	*to begin*

Adjectifs

à point	*medium*
bien cuit(e)	*well-done*
biologique (bio, *fam*)	*organic*
délicieux (délicieuse)	*delicious*
dur(e)	*tough*
frais (fraîche)	*fresh*
saignant(e)	*rare*
sucré(e)	*sweetened*
tendre	*tender*

Mots divers

une carte bancaire	*a credit card*
un ingrédient	*an ingredient*
par jour / semaine	*per day / week*
un pays francophone	*a country where French is spoken*
une recette	*a recipe*
un régime	*a diet*

Expressions utiles

Comment se débrouiller au restaurant	*How to get along at a restaurant*

(See pages 207–208 for additional expressions.)

C'est délicieux / tendre.	*It's delicious / tender.*
J'ai faim / soif.	*I'm hungry / thirsty.*
Le service est compris?	*Is the tip included?*
Pour commencer, je vais prendre...	*To start with, I'll have . . .*
Que désirez-vous comme plat principal?	*What do you want for your main course?*
Une table pour six, s'il vous plaît.	*A table for six, please.*
Votre steak, vous le voulez à quelle cuisson, saignant, à point ou bien cuit?	*How do you want your steak cooked, rare, medium, or well-done?*

Vocabulaire supplémentaire

CD2, Tracks 26–28

Noms

La nourriture	*Food*
l'ail *(m)*	*garlic*
l'alimentation *(f)*	*food*
un ananas	*a pineapple*
une barquette de fraises	*a basket of strawberries*
une cerise	*a cherry*
un champignon	*a mushroom*
une côtelette	*a meat cutlet*
une crémerie	*a shop selling dairy products*
une crêpe	*a crepe (thin pancake)*
les crevettes *(f pl)*	*shrimp*
une fromagerie	*a cheese shop*
les fruits de mer *(m pl)*	*seafood*
un gâteau	*a cake*
un goût	*a taste*
un goûter	*an afternoon snack*
l'huile *(f)* (d'olive)	*(olive) oil*
une nappe	*a tablecloth*
un oignon	*an onion*
les petits pois *(m pl)*	*peas*
une poissonnerie	*a fish shop*
un produit laitier	*a dairy product*
le saumon	*salmon*
une tartine	*bread with butter*
le thon	*tuna*
la vinaigrette	*salad dressing made with oil and vinegar*

Verbes

ajouter	*to add*
conseiller	*to recommend, to advise*
couper	*to cut*
se débrouiller	*to manage, to make do*
éviter	*to avoid*
goûter	*to taste*
grignoter	*to snack*
mélanger	*to mix*
promettre	*to promise*

Adjectifs

allergique	*allergic*
culinaire	*culinary*
fondu(e)	*melted*
garni(e)	*garnished*
gratiné(e)	*with melted cheese*
grillé(e)	*grilled*
léger (légère)	*light*
végétalien(ne)	*vegan*

Une excursion scolaire au palais de Fontainebleau. Vous souvenez-vous d'une excursion scolaire de votre enfance?

Souvenirs

In this chapter, you will read and talk about childhood memories and recall important events from the past. You will make the acquaintance of several characters familiar to French young people: cartoon characters Titeuf, Tintin and Astérix, and Alceste, from the classic stories of *Le Petit Nicolas*.

Souvenirs d'enfance

Structure 8.1

Talking about how things used to be *L'imparfait*

The **thème "Souvenirs d'enfance"** highlights the imperfect, **l'imparfait**. This past tense verb form is suited for talking about memories because it describes how things were. Whereas the **passé composé** tells what happened, the **imparfait** is descriptive. For further information on the **imparfait**, see pages 247–248.

CD2, Track 29

Quand j'étais petit(e)...

Voici Marie Leclerc. Comment était sa vie quand elle était petite?

Ma mère **restait** à la maison avec nous, les enfants.

Nous **habitions** une petite maison à la campagne.

Je **dormais** dans une chambre avec ma sœur.

Mes parents n'**avaient** pas de télévision. Ils **écoutaient** la radio.

Nous **avions** une vieille Renault.

Les hommes **jouaient** aux boules sur la place.

Après l'école, je **jouais** à la poupée ou je **chassais** les papillons avec mon frère.

L'été, nous **allions** à la mer.

Notez et analysez

The boldfaced verbs in the picture captions on page 228 and above are in the imperfect tense. Look at the endings for the following forms: **je**, **il/elle**, **ils/elles**. Circle them. Now listen to the recorded description and focus on the pronunciation of these endings. What conclusion do you draw? Is the ending of the **nous** form in the imperfect tense the same as its present tense ending?

Activité 1 La première année au lycée...

A. Cochez toutes les options qui décrivent votre vie pendant votre première année au lycée.

_____ J'avais un chien / chat.

_____ Je jouais dans une équipe de sport.

_____ J'allais voir les matches de football américain.

_____ Je rendais souvent visite à mes grands-parents.

_____ Je mangeais souvent de la pizza.

_____ J'avais des leçons de gymnastique.

_____ J'étais très studieux (studieuse).

_____ J'allais au centre commercial avec mes amis le week-end.

_____ En été, j'allais à la mer avec mes parents.

_____ J'avais mon propre téléphone portable.

_____ Je jouais à la Wii.

_____ Je regardais *One Tree Hill (Les Frères Scott)* à la télé.

_____ J'achetais de la musique en ligne pour mon iPod.

B. Maintenant, avec un(e) autre camarade de classe, comparez vos listes et dites ce que vous avez en commun.

    Modèle: *Nous deux, nous avions un chien.*
        OU: *Moi, j'avais un chien et Patrick avait un chat.*

Activité 2 **Interaction. Quand tu étais petit(e)...**

Posez les questions suivantes à un(e) camarade de classe.

1. Où est-ce que tu habitais?
2. Est-ce que tu avais un ordinateur? À quels jeux est-ce que tu jouais?
3. Qu'est-ce que tu faisais après l'école? Avec qui?
4. Est-ce que tu allais en vacances avec ta famille? Où?
5. Qu'est-ce que tu n'aimais pas manger?
6. Est-ce que tu avais beaucoup de copains dans ton quartier *(neighborhood)*?

Comment fêtait-on les anniversaires chez vous?

 Activité 3 **Fêtes traditionnelles**

Demandez à un(e) camarade de classe comment on célébrait les fêtes suivantes dans sa famille quand il/elle était petit(e). Suivez le modèle. Utilisez la liste d'expressions utiles pour développer vos réponses.

Expressions utiles:	
acheter un cadeau *(gift)*	préparer un grand repas de fête
aller à la mer / chez mes grands-parents	inviter des amis
aller voir les feux d'artifice *(fireworks)*	manger du gâteau / des bonbons...
allumer une bougie *(to light a candle)*	porter des déguisements *(costumes)*
décorer la maison	faire un voyage / un pique-nique
donner une carte de vœux *(card)*	rester à la maison

Fêtes:		
la fête des mères	Hanoukka	le 4 juillet
un anniversaire	le Ramadan	Halloween
Noël		

Modèle: ÉTUDIANT(E) 1: *Dans ta famille, est-ce qu'on célébrait la fête des mères?*
ÉTUDIANT(E) 2: *Oui, on célébrait la fête des mères.*
ÉTUDIANT(E) 1: *Comment?*
ÉTUDIANT(E) 2: *On invitait ma mère au restaurant. On lui donnait une carte de vœux et un cadeau.*

Les enfants et l'école

L'information scolaire, photographie de
Robert Doisneau, 1956

Selon les valeurs° républicaines françaises, former les citoyens° est la responsabilité de l'école. Tous les enfants doivent bénéficier de l'égalité des chances°. C'est pourquoi en France, l'enseignement° public et privé est centralisé. C'est le Ministère de l'Éducation nationale qui établit° et dirige° les programmes d'études.

values

citizens

equal opportunity

education

establishes
directs

Tout commence avec l'école maternelle. Elle accueille actuellement° la quasi-totalité des enfants de 3 à 6 ans. C'est à la maternelle que l'enfant apprend à vivre en communauté, à agir° suivant certaines règles° établies et à respecter les autres. À l'école primaire (de 6 à 10 ans), les enfants continuent à développer leurs aptitudes et leurs connaissances°. Le programme comprend des cours de langue française, langue étrangère ou régionale, mathématiques, sciences, arts et éducation physique et civique. Ainsi, les années passées à l'école primaire sont très importantes. Une certaine nostalgie pour cette étape de la vie est souvent traitée° dans les films. C'est le cas d'*Au Revoir les enfants* et d'*Être et avoir*.

serves today

to act / rules

knowledge

treated

Cependant°, la réalité n'est pas toujours en accord avec cette image idéalisée. On trouve des inégalités, surtout dans les milieux° défavorisés en raison de leur environnement social, économique et culturel. Ces dernières années, le Gouvernement a établi des zones d'éducation prioritaire (ZEP) dans ces secteurs difficiles pour consacrer plus de ressources pour réduire les inégalités et améliorer la réussite scolaire° des élèves.

However

areas

academic success

Avez-vous compris?

Dites si les phrases suivantes sont vraies ou fausses.

1. Selon les principes de la République française, l'école doit offrir les mêmes chances à tous les jeunes en France.

2. Presque cinquante pour cent (50%) des enfants vont à l'école maternelle.

3. L'enseignement privé est dirigé par le Ministère de l'Éducation nationale.

4. À l'école maternelle, on apprend à suivre les règles pour vivre en harmonie avec les autres.

5. Les enfants de 6 à 12 ans vont à l'école primaire.

6. On étudie une langue étrangère ou une langue régionale à l'école primaire.

7. Les ZEP ont été établies pour donner plus de soutien *(support)* aux écoles dans les quartiers riches.

Voix en direct
Vous vous souvenez de votre école primaire?

Pourriez-vous nous décrire votre école primaire?
Quand j'**étais** jeune, il y **avait** une école pour les filles et une autre école pour les garçons. Il n'y **avait** pas d'école mixte.

Mon école **était** dans un vieux bâtiment[1] autour d'une cour[2]; il n'y **avait** pas de pelouse[3], pas de terrain de sport. À l'intérieur, il y **avait** des pupitres en rang[4]. Sur le mur, il y **avait** une carte de la France. La première leçon du matin **était** l'instruction civique, ce qu'on **appelait** «la leçon de morale». L'instituteur **écrivait** un proverbe au tableau que nous **copiions** dans nos cahiers. En France, les élèves **copiaient** beaucoup dans leurs cahiers.

Régine Montaut
56 ans
Institutrice à
Montpellier

Et comment était la discipline?
La discipline **était** sévère. Il **fallait** lever le doigt[5] pour parler. Et comme punition, il y **avait** le châtiment corporel[6]. La maîtresse **tirait** les oreilles[7], elle **tapait** sur les doigts[8] avec une règle, on **allait** au coin[9]; et souvent elle **envoyait** les élèves chez la directrice.

[1]*building* [2]*courtyard* [3]*grass* [4]*in a row* [5]*raise your finger* [6]*corporal punishment* [7]*pulled our ears* [8]*snapped our fingers* [9]*we had to stand in the corner*

Vous vous souvenez de votre école primaire?
Oui, bien sûr, et j'en garde un excellent souvenir. C'**était** à Nantes. Et je me rappelle de mes classes, des camarades de classe, des instituteurs et des institutrices qui **étaient** formidables. J'ai un bon souvenir de toutes mes classes de primaire, en fait. Dans l'ensemble, c'**était** sympa, l'école primaire.

Gwenaëlle Maciel
30 ans
Professeur d'anglais
dans un collège de
la région de Paris

Est-ce que l'école primaire d'aujourd'hui est différente d'il y a vingt ans?
Oui, je pense. C'était assez différent dans le relationnel[10] avec les enfants. Je pense qu'aujourd'hui le comportement[11] des enfants est plus spontané et... l'ambiance[12] moins rigide qu'elle ne l'était à l'époque où moi j'étais enfant en primaire. Et peut-être le contenu[13] de l'enseignement est plus ludique[14], moins rigoureux[15]; mais en dehors de ça, non, je ne constate pas[16] d'énormes différences.

[10]*interaction* [11]*behavior* [12]*atmosphere* [13]*content* [14]*playful* [15]*rigorous* [16]*do not note*

Réfléchissez aux réponses

1. Comment était votre première école? Décrivez la salle de classe. Il y avait un terrain de sport? Est-ce que les filles et les garçons jouaient ensemble?

2. Comment étaient les rapports entre les instituteurs et les élèves—plutôt positifs ou plutôt négatifs? Les instituteurs étaient stricts ou relaxes?

3. Est-ce que la discipline était sévère? Est-ce que vous vous souvenez d'une punition que quelqu'un a eue?

Avez-vous compris?

Selon les souvenirs de Régine (R) et de Gwenaëlle (G), indiquez si les phrases suivantes sont vraies ou fausses. Corrigez les phrases fausses.

R:
1. Quand Régine était jeune, elle étudiait dans une école mixte.
2. Pendant la récréation, les enfants jouaient sur le terrain de sport.
3. Les instituteurs étaient très gentils avec les élèves.
4. L'humiliation était une forme de punition.

G:
5. Gwenaëlle se souvient surtout de ses difficultés à l'école primaire.
6. Aujourd'hui, les instituteurs sont plus autoritaires qu'avant.
7. Les leçons sont plus difficiles aujourd'hui.
8. L'enseignement est moins strict aujourd'hui.

L'album de photos

Linking ideas *Les pronoms relatifs **qui, que** et **où***

The following activities introduce relative pronouns, **les pronoms relatifs,** which are used for joining clauses to form complex sentences. To read more about relative pronouns, see page 249.

C'est moi avec mon ballon de foot **qui** était presque mon meilleur ami.

Et voilà notre vieille 2CV («deux-chevaux») Citroën **que** nous avons achetée d'occasion *(used).*

C'est l'endroit **où** mes grands-parents aimaient danser.

Notez et analysez

Look at the caption for each photo. What words are the relative pronouns **qui, que,** and **où** replacing? The words they replace are called their antecedents, **antécédents.**

Activité 4 **Le hit-parade de votre enfance**

Posez des questions à un(e) camarade en suivant le modèle. Ensuite, mettez-vous en groupes de six pour trouver les souvenirs que vous avez en commun. Présentez-les à la classe.

> **Modèle:** un chanteur que tu écoutais?
> — *Est-ce qu'il y avait un chanteur que tu écoutais?*
> — *Oui, Céline Dion.*

1. un lieu où tu aimais aller?

2. un film qui était populaire?

3. une chanson qui passait toujours à la radio?

4. une émission de télévision que tu regardais?

5. une activité que tu n'aimais pas faire?

6. une marque *(brand)* de vêtements que tout le monde portait?

Activité 5 **L'album de photos**

Marc montre son album de photos à un ami qui lui pose des questions. Complétez avec **qui, que** ou **où**.

UN AMI: Qui est ce petit garçon en short?

MARC: C'est Serge, le voisin _____ chassait les papillons *(butterflies)* avec moi.

UN AMI: Et le jeune homme à côté de lui?

MARC: C'est un garçon _____ sortait avec ma sœur. L'homme _____ tu vois à côté de lui, c'est mon grand-père.

UN AMI: Où est-ce qu'on a pris cette photo?

MARC: Sur la place du village _____ les hommes âgés jouaient aux boules et les vieilles femmes bavardaient.

UN AMI: Et le vieux bâtiment? Qu'est-ce que c'est?

MARC: C'est la mairie _____ il y avait une salle de cinéma. J'adorais tous les films _____ sortaient au village. L'autre bâtiment est l'église.

— Est-ce que **tu te souviens** de ton premier jour à l'école?

— Oui, **je me souviens** très bien de ce jour-là. J'avais quatre ans...

Notez et analysez

Notice the reflexive pronoun after the subject and before the verb. In the **tu** form, the pronoun is **te**. What is the pronoun used with the **je** form? What is the infinitive form of this verb? You were introduced to pronominal verbs in **Module 4** (**se lever,** for example) and you will learn more about them in **Module 10.**

Activité 6 Est-ce que tu te souviens de… ? (Do you remember . . . ?)

A. D'abord, utilisez les éléments suivants pour former six à huit questions que vous voulez poser à vos camarades de classe. Ensuite, écoutez et vérifiez la forme de vos questions.

> **Modèle:** *Est-ce que tu te souviens d'une activité qui était interdite?*

une activité		était interdite *(forbidden)*
un président		tu admirais
un pays		tu voulais aller
un(e) musicien(ne)	qui	tes parents écoutaient
un film	que	tout le monde critiquait / adorait
un lieu	où	tu ne pouvais pas aller
un(e) acteur (actrice)		a influencé ta vie
une chose		tes parents répétaient
une personne		était toujours très gentille envers *(towards)* toi

B. Maintenant mettez-vous en groupes de quatre et posez vos questions aux autres membres du groupe. Qu'est-ce que vous avez en commun? Expliquez à la classe deux des réponses les plus fréquentes.

> **Modèle:** — *Est-ce que tu te souviens d'une activité qui était interdite?*
> — *Oui, je ne pouvais pas sortir pendant la semaine.*

Activité 7 Vos souvenirs

Travaillez en petits groupes pour apprendre autant de détails que possible sur les souvenirs de vos camarades.

> **Modèle:** *Parle-moi un peu de tes copains.*
> *Est-ce que tu te souviens de ton premier meilleur copain? Comment s'appelait-il?*
> *Est-ce qu'il habitait près de chez toi? Comment est-ce qu'il était?*
> *Qu'est-ce que vous faisiez ensemble?*

1. copains
2. anniversaires
3. vacances
4. animaux domestiques
5. passe-temps

Un enfant avec ses animaux domestiques

Communiquer en famille

Structure 8.3

Reading, speaking, and writing to others *Les verbes **lire**, **dire** et **écrire** avec les pronoms d'objet indirect*

Because they involve transferring information from one source to another, communication verbs are commonly used with an indirect object. Here, you will learn to use some common verbs associated with communication, **lire, dire** and **écrire,** and indirect object pronouns (**me, te, lui, nous, vous,** and **leur**). For the verbs, see page 250. For a full explanation of the use of indirect object pronouns, see page 251.

Jules écrit à ses parents. Il **leur** écrit pour **leur** demander de l'argent.

Jacquot est déçu (*disappointed*) car son père **lui** a dit de ne pas sortir.

Mon père **nous** lisait des BD (bandes dessinées) d'Astérix et de Tintin.

Notez et analysez

In the picture captions, the boldfaced words are pronouns. What words do these pronouns replace? Look at the pronouns **me** and **m'** in the last caption. Which one represents an indirect object? a direct object? The pronouns **me, te, nous,** and **vous** replace both direct and indirect objects.

Est-ce que ta grand-mère **t'**a donné ce joli vélo tout neuf (*brand-new*)?

Est-ce que Charles va **me** téléphoner? Il **m'**a dit qu'il allait **m'**inviter au cinéma...

 Activité 8 **Associations rapides**

Avec un(e) partenaire, répondez aussi vite que possible.

> **Modèle:** envoyer des messages sur Facebook
> — *Qui t'envoie des messages sur Facebook?*
> — *Mes copains m'envoient des messages sur Facebook.*

1. parler de ses problèmes
2. inviter à sortir
3. écouter

4. téléphoner souvent
5. écrire des textos
6. donner de l'argent

Activité 9 **Un père inquiet**

Le jeune Nicolas, qui part en colonie de vacances *(summer camp)*, doit rassurer son père que tout va bien se passer. Dans chaque réponse, utilisez un pronom d'objet direct ou indirect pour remplacer les mots en italiques.

> **Modèle:** — Tu vas *me* téléphoner demain?
> — Oui, je vais *te* téléphoner en arrivant *(upon arrival)*.

1. Tu vas *nous* écrire souvent?
2. Tu vas prendre *tes vitamines* le matin?
3. Tu vas obéir *aux moniteurs (counselors)*?
4. Tu vas suivre *(follow) tous les règlements (rules)*?
5. Tu as *ton billet de train* et *ta carte d'identité*?
6. Est-ce que tu as dit au revoir *à tante Irène*?
7. Tu as donné mon numéro de téléphone *au directeur*?

 Activité 10 **À qui est-ce que vous écrivez?**

Quand est-ce que vous écrivez aux personnes suivantes? Et quand est-ce qu'elles vous écrivent? En groupes de deux, posez les questions et répondez comme dans le modèle. Utilisez le pronom d'objet indirect approprié dans votre réponse.

> **Modèle:** ta tante et ton oncle
> — *Quand est-ce que tu écris à ta tante et à ton oncle?*
> — *Je leur écris une carte de vœux à Noël.*
> — *Quand est-ce qu'ils t'écrivent?*
> — *Ils m'écrivent pour mon anniversaire.*

1. ta grand-mère
2. ton (ta) meilleur(e) ami(e)
3. tes amis
4. ta mère
5. ton père
6. tes frères ou tes sœurs
7. tes cousins
8. ta tante ou ton oncle

 Activité 11 **Interview avec Jean-Luc Moncourtois, metteur en scène**

Avec un(e) camarade, associez les questions et les réponses pour reconstruire l'interview.

1. Vous aimiez beaucoup regarder des films quand vous étiez jeune?
2. Et vous alliez souvent au cinéma?
3. Vos parents comprenaient votre passion pour le cinéma?
4. Donc, vous ne leur parliez pas de votre fascination?
5. Est-ce que vous aviez une idole?
6. Êtes-vous content de votre nouveau film?
7. Qu'est-ce que vous dites aux jeunes qui veulent faire du cinéma?
8. Vous pouvez nous parler de votre nouvelle copine Brigitte?
9. Pourquoi avez-vous choisi de quitter Hollywood et de revenir en France?
10. Merci, M. Moncourtois, de nous avoir accordé cette interview.

a. Je leur dis de ne jamais abandonner.
b. Non, ils ne me comprenaient pas. Ils étaient trop occupés par leurs propres affaires.
c. Oui, c'était Belmondo. Je l'adorais.
d. Non. Je ne veux pas vous parler de ma vie privée.
e. J'y allais tous les samedis.
f. Oui, j'adorais ça! C'était une affaire de cœur. J'étais un vrai fana!
g. Comment répondre? C'est mon meilleur travail jusqu'ici, mais je ne suis jamais satisfait. Je suis perfectionniste.
h. Non, je ne pouvais pas leur en parler. De toute façon, on se parlait peu chez moi.
i. Je vous en prie. C'était un plaisir.
j. Ce retour, j'y ai réfléchi pendant des années. Après tout, je suis un metteur en scène français!

Pratique de conversation

Comment comparer (introduction)

Making comparisons *Le comparatif (introduction)*

When we think about the past, we frequently compare our present situation with "the good old days" or **le bon vieux temps.** We make lots of other comparisons as well—age, abilities, qualities, and so on. For a full explanation of the comparative, see pages 252–253.

CD2, Track 32

Expressions utiles

Pour comparer

Quand j'étais jeune, j'étais **moins grand que** mon frère Frédéric, mais j'étais **plus sportif que** lui.

Nous étions **moins riches que** nos voisins, les Lefèvre. Ils avaient une **meilleure voiture que** notre vieille Citroën.

Septembre–Octobre 2006	DEVOIRS			LEÇONS			Nom: Jean-Pierre OBSERVATIONS DU PROFESSEUR
Philosophie							
Français (grammaire et orthographe)	4	7		8	2	4	Ne travaille pas régulièrement à la maison. M. Tremblay
Français (composition et dissertation)							Faible participation M. Tremblay
Récitation							Mauvais travail—Doit améliorer la participation en classe Mlle Blanchard
Cinéma	8	9		7	9	6	
Anglais (littérature)							
Thème Anglais							
Version Anglaise							
Histoire	8	5					Un travail plus intensif doit pouvoir améliorer les résultats M. Legrand
Algèbre	5	7		6	5	7	
Géométrie			6	6			Doit travailler plus M. Sequin
Économie							

Voici un de mes anciens bulletins scolaires *(report cards).* Hélas, mes notes étaient souvent **pires que** les notes de mon frère. En fait, elles étaient lamentables!

Pour demander une comparaison

Est-ce que tu es très différent(e) de ta sœur?
Est-ce que tu ressembles plutôt à ta mère ou à ton père?
Est-ce que tu es comme ton (ta) meilleur(e) ami(e)?
Est-ce que ta mère est plus compréhensive que ton père?
Est-ce que tu es aussi sérieux (sérieuse) que ton frère?

Écoutons ensemble! Alceste se compare à Jérôme

Écoutez Alceste qui se compare à son cousin Jérôme. Pour chaque chose indiquée, cochez *(check)* la colonne appropriée, d'après la description d'Alceste.

	+ PLUS	– MOINS	= AUSSI
1. maison (près de l'école)	_____	_____	_____
2a. voiture (vieille)	_____	_____	_____
2b. voiture (grande)	_____	_____	_____
3a. maths (fort)	_____	_____	_____
3b. langues (fort)	_____	_____	_____
4. parents (ouverts)	_____	_____	_____

Activité 12 Comparaisons

Quand vous étiez petit(e), comment s'appelait votre meilleur(e) ami(e)? Comparez-vous avec lui ou elle en utilisant **plus, moins, aussi, meilleur(e)** et **pire.**

1. âge: jeune / âgé(e)
2. côté personnalité: sociable / timide, sympathique / désagréable, idéaliste / réaliste / pessimiste
3. côté physique: grand(e) / petit(e), mince / gros(se)
4. à l'école: studieux (studieuse), sérieux (sérieuse), meilleur(e), fort(e) en maths (langues, sciences...)
5. autres: sportif (sportive), actif (active), passionné(e) par la politique (le shopping, le cinéma, les jeux vidéo...)

Activité 13 Comparez les époques.

Que pensez-vous des phrases suivantes? Selon vous, sont-elles vraies ou fausses? Corrigez celles qui sont fausses.

1. La France des années 50 était plus homogène ethniquement que la France d'aujourd'hui.
2. L'environnement est en plus grand danger maintenant que pendant les années 50.
3. On trouve de meilleurs ordinateurs aujourd'hui qu'il y a dix ans.
4. Les jeunes filles de notre époque sont généralement aussi indépendantes que leurs mères.
5. La génération de nos parents était moins conservatrice que notre génération.
6. La violence dans les écoles américaines est pire qu'avant.
7. Un Français avec son béret et sa baguette est une image plus stéréotypée que correcte.
8. Aujourd'hui, les films animés sont moins bons qu'il y a dix ans.

Ces petits garçons jouent au bord d'un lac. Qu'est-ce que vous aimiez faire avec votre meilleur(e) ami(e) d'enfance?

Les BD

Quel est le personnage° de BD (bande dessinée) que vous préférez? Voici la question posée dans un sondage° récent de Ifop (2005). Pour les adultes comme pour les jeunes Français, deux classiques arrivent en tête°: *Tintin* et *Astérix*. Tintin, créé par le dessinateur° belge Hergé (1907–1983), est un jeune reporter qui voyage partout dans le monde avec son chien Milou. Ses vingt-quatre aventures ont été publiées en 40 langues différentes. Une adaptation filmée de Spielberg doit même sortir en 2011.

Tintin

Astérix, un Gaulois de petite taille avec une moustache et un gros nez, protège son village des invasions romaines grâce à° une potion magique. Avec l'aide de son grand ami Obélix, ils triomphent de leurs adversaires. Cette œuvre° de René Goscinny et Albert Uderzo, publiée en 70 langues, est surtout connue pour son humour et la qualité des dessins.

Astérix

Chez les jeunes de 15–24 ans, une autre BD est très appréciée: *Titeuf*. Créé par le dessinateur suisse Zep, Titeuf représente sa génération. Avec sa mèche° blonde toujours en l'air et ses rollers, lui et ses copains partagent° les difficultés de la vie adolescente avec humour. Titeuf et sa bande d'amis font passer le message: il faut être heureux malgré tout°; on peut s'adapter au monde si° on a des amis.

Titeuf

On a aussi adapté ces BD en dessins animés° à la télé et au cinéma, ce qui augmente la popularité de cet art qui n'est pas uniquement pour les jeunes. En effet, les BD, c'est un loisir transgénérationnel.

▇▇ Avez-vous compris?

Répondez aux questions suivantes.

1. Associez ces descriptions à Tintin, Astérix ou Titeuf.

   _____ **a.** un garçon et son chien
   _____ **b.** un guerrier *(warrior)* gaulois
   _____ **c.** une bande de jeunes amis
   _____ **d.** des voyages dans des pays différents

   _____ **e.** Hergé
   _____ **f.** Zep
   _____ **g.** 70 langues
   _____ **h.** un jeune garçon aux cheveux blonds
   _____ **i.** une histoire qui se passe pendant l'Empire romain

2. Quelle est la morale de Titeuf?

▇▇ Et vous?

1. Est-ce que vous connaissez une bande dessinée ou un dessin animé qui ressemble à *Titeuf*? Comparez Titeuf au héros de cette BD.

2. Quelles bandes dessinées lisiez-vous quand vous étiez plus jeune? Laquelle est-ce que vous préfériez? Quel(le) était le message (la morale) de cette BD?

3. Quelle BD est-ce que vous préférez maintenant? Pourquoi l'aimez-vous?

4. Est-ce que vous considérez les bandes dessinées comme un loisir transgénérationnel?

Souvenirs d'une époque

STRUCTURE 8.5

Narrating in the past *Le passé composé et l'imparfait (introduction)*

In the following activities, you will begin to use the **imparfait** and the **passé composé** together. Remember to use the **imparfait** for description and background information and the **passé composé** to talk about specific events. For further comparison of these two tenses, see pages 253–254.

Activité 14 **À chaque génération ses goûts!**

Comparez ce qui était à la mode quand vos parents étaient jeunes avec vos préférences à vous.

Quand j'étais au collège, mes meilleurs amis **avaient** un portable mais moi, non. Quelle bonne surprise quand mes parents m'**ont offert** un portable pour mon douzième anniversaire!

LA MUSIQUE

1. Quand mes parents étaient au lycée, ils écoutaient _____.
   a. Santana
   b. les Beatles
   c. Bruce Springsteen
   d. Stevie Wonder
   e. Bob Dylan
2. Moi, au lycée, j'écoutais _____.

LA MODE

3. Quand ma mère était au lycée, les _____ étaient très à la mode pour les filles.
   a. mini-jupes
   b. vêtements hippies
   c. pantalons à patte d'éléphant (bell-bottoms)
   d. polos
   e. tennis Adidas
4. Quand mon père avait dix-huit ans, les _____ étaient à la mode pour les garçons.
   a. barbes
   b. moustaches
   c. cheveux longs
   d. cheveux courts
   e. boucles d'oreille (earrings)
5. Moi, quand j'étais au lycée, les _____ étaient très à la mode.

Notez et analysez

Which verbs in the photo caption above describe what was going on? Which verb tells what happened?

LA TÉLÉ

6. Quand mes parents étaient à l'école primaire, ils regardaient _____ à la télévision.
   a. *Bewitched*
   b. *Sesame Street*
   c. *Mister Rogers' Neighborhood*
   d. *Leave It to Beaver*
   e. *Saved by the Bell*
7. Quand j'étais à l'école primaire, je regardais _____ à la télévision.

LES CÉLÉBRITÉS

8. Quand ma mère avait dix-huit ans, _____ était le mythe (legend) le plus connu.
   a. Marilyn Monroe
   b. Madonna
   c. Jane Fonda
   d. Tina Turner
   e. Angelina Jolie
9. Quand j'avais 18 ans, _____ était le mythe le plus connu.

Un couple des années 60

Activité 15 **Quel âge avais-tu quand... ?**

Posez la question à un(e) autre étudiant(e). Vous pouvez répondre en donnant votre âge ou en disant que vous étiez à l'école primaire, au collège *(middle school)* ou au lycée. Suivez le modèle.

> **Modèle:** — *Quel âge est-ce que tu avais quand Heath Ledger est mort?*
> — *J'avais quatorze ans. / J'étais au lycée.*

1. des terroristes ont attaqué le World Trade Center à New York
2. tu as conduit pour la première fois
3. Barack Obama est devenu président des États-Unis
4. tu as commencé tes études universitaires
5. le film *Shrek* est sorti
6. l'ouragan Katrina a ravagé La Nouvelle-Orléans
7. le troisième millénaire a commencé
8. Michael Phelps a gagné 8 médailles d'or aux jeux Olympiques de Pékin

Activité 16 **L'arrivée à la fac**

Lisez le passage suivant et faites une liste des verbes qui décrivent *(describe)* et de ceux qui racontent *(say what happened)*.

— Vous souvenez-vous de votre premier jour à la fac ici aux États-Unis?
— Oui, **c'était** le mois de septembre et il **faisait** très chaud. Je **portais** une robe d'été. J'**avais** peur *(I was afraid)* parce que mon anglais n'**était** pas très bon et je **me sentais** très seule. Quand je **suis arrivée** dans ma chambre, j'**ai vu** une blonde assise sur le lit qui **remplissait** *(was filling in)* une fiche *(a form)*. Elle m'**a dit** «bonjour» avec un bel accent texan. Nous **sommes parties** ensemble à la cafétéria où j'**ai rencontré** ses amis.

Décrire (liste)	Raconter ce qui s'est passé (liste)
C'était	

Activité 17 **Une anecdote**

Créez une anecdote en répondant aux questions. Vous pouvez ainsi collaborer à une composition avec la classe.

VOTRE DERNIÈRE SORTIE AU CINÉMA

1. C'était quel jour de la semaine?
2. Quel temps faisait-il?
3. Est-ce que vous étiez seul(e)?
4. Où était le cinéma?
5. Comment est-ce que vous y êtes allé(e)(s)?
6. Vous êtes arrivé(e)(s) à l'heure, en avance ou en retard?
7. Combien est-ce que vous avez payé votre billet?
8. Vous avez acheté du pop-corn ou une boisson?
9. Comment était le film?
10. Qu'est-ce que vous avez fait après le film?

Activité 18 Une photo sur Facebook

Voici la dernière photo que Katie a affichée *(posted)* sur Facebook. Décrivez la photo en répondant aux questions suivantes.

1. Est-ce qu'il faisait jour ou nuit?
2. Quel temps faisait-il ce jour-là?
3. Où est-ce qu'elle était quand la photo a été prise?
4. Qu'est-ce qu'elle portait?
5. Est-ce qu'elle était heureuse? Imaginez pourquoi ou pourquoi pas.
6. Imaginez ce qu'elle a fait après...

Oui, je sais toujours faire des roues *(cartwheels)*.

Situations à jouer!

1 Bring an old photograph to class and describe an earlier period of your life. Who / What is in the picture? What year was it? How old were you? Where were you living? What were you wearing? What were you (or the people in the picture) like? Compare the people in the picture to each other or to yourself. If it is a picture of you, compare yourself at the time the picture was taken to how you are today.

2 You run into an old friend whom you haven't seen since high school. Find out about each other's lives: **Ah, bonjour, Robert. Ça fait longtemps qu'on ne s'est pas vus! Qu'est-ce que tu fais maintenant? Tu travailles? Quand est-ce que tu as fini tes études?,** etc. Feel free to embellish your experiences.

3 Write down three childhood memories, two true and one imagined, on a sheet of paper. Try to be as creative as you can so your classmates will not know which statements are true and which is false. After you read your sentences out loud, the class will vote on each statement. Keep a tally to determine how many students mistakenly believe the false statement. The student who tricks the most students wins.

Modèle: *J'avais une collection de papillons.*
J'ai dansé le rôle de Clara dans le ballet Casse-Noisette *(The Nutcracker).*
J'avais neuf chiens et trois chats.

Lecture

Anticipation

1. Un élève qui se comporte *(behaves)* mal à l'école est parfois renvoyé *(suspended)* de l'école pendant quelques jours. Imaginez les raisons possibles pour renvoyer un élève de l'école.

2. Dans ce texte, les enfants appellent le surveillant, la personne responsable de la discipline, «le Bouillon». Quand vous étiez jeune, aviez-vous un nom spécial pour les adultes que vous n'aimiez pas? Expliquez.

Alceste a été renvoyé

Jean-Jacques Sempé et René Goscinny

1 Il est arrivé une chose terrible à l'école: Alceste a été renvoyé!

Ça s'est passé pendant la deuxième récré du matin. Nous étions tous là à jouer à la balle au chasseur, vous savez comment on y joue: celui qui a la balle, c'est le chasseur; alors, avec la balle il essaie de taper° sur un copain
5 et puis le copain pleure° et devient chasseur à son tour. C'est très chouette°. Les seuls qui ne jouaient pas, c'étaient Geoffroy, qui est absent; Agnan, qui repasse toujours ses leçons pendant la récré; et Alceste, qui mangeait sa dernière tartine à la confiture du matin. Alceste garde toujours sa plus grande tartine pour la deuxième récré, qui est un peu plus longue que les autres. Le
10 chasseur, c'était Eudes, et ça n'arrive pas souvent: comme il est très fort, on essaie toujours de ne pas l'attraper avec la balle, parce que quand c'est lui qui chasse, il fait drôlement mal°. Et là, Eudes a visé° Clotaire, qui s'est jeté par terre avec les mains sur la tête; la balle est passée au-dessus de lui, et bing! elle est venue taper dans le dos d'Alceste qui a lâché° sa tartine, qui est tombée
15 du côté de la confiture. Alceste, ça ne lui a pas plu°; il est devenu tout rouge et il s'est mis à pousser des cris; alors, le Bouillon—c'est notre surveillant—il est venu en courant pour voir ce qui s'est passé, ce qu'il n'a pas vu, c'est la tartine, et il a marché dessus, il a glissé et il y est presque° tombé. Il a été étonné°, le Bouillon, il avait tout plein de confiture sur sa chaussure. Alceste,
20 ça a été terrible, il a agité les bras et il a crié:

> — Nom d'un chien, zut! Pouvez pas faire attention où vous mettez les pieds? C'est vrai, quoi, sans blague°!

tries to hit
cries / cool

it really hurts / aimed at

let go of
he didn't like it

almost
surprised

no kidding

Il était drôlement en colère, Alceste; il faut dire qu'il ne faut jamais faire le guignol° avec sa nourriture, surtout quand c'est la tartine de la deuxième récré. Le Bouillon, il n'était pas content non plus.

to play around

— Regardez-moi bien dans les yeux, il a dit à Alceste: qu'est-ce que vous avez dit?

— J'ai dit que nom d'un chien, zut, vous n'avez pas le droit de marcher sur mes tartines! a crié Alceste.

Alors, le Bouillon a pris Alceste par le bras et il l'a emmené avec lui. Ça faisait chouic°, chouic, quand il marchait, le Bouillon, à cause de la confiture qu'il avait au pied....

squish

Et puis le directeur a dit à Alceste de prendre ses affaires. Alceste y est allé en pleurant°, et puis il est parti, avec le directeur et le Bouillon.

crying

Nous, on a tous été très tristes. La maîtresse aussi.

Adapté de Sempé et Goscinny: «Alceste a été renvoyé», *Les récrés du petit Nicolas.*
© Éditions Denoël.

▨ Expansion de vocabulaire

1. **La balle au chasseur** ressemble au jeu de...
   - **a.** *hide and seek.*
   - **b.** *freeze tag.*
   - **c.** *dodge ball.*
   - **d.** *keep away.*

2. En anglais, le mot **chasseur** se dit...
   - **a.** *it.*
   - **b.** *out.*
   - **c.** *referee.*
   - **d.** *hunter.*

3. L'occupation favorite d'Alceste, c'est...
   - **a.** manger.
   - **b.** jouer avec ses copains.
   - **c.** repasser ses devoirs.
   - **d.** aller à l'école.

4. Quelle action ne se fait pas avec une balle?
   - **a.** jouer
   - **b.** pleurer
   - **c.** attraper
   - **d.** lâcher

5. On ne vise pas avec...
   - **a.** un revolver.
   - **b.** une balle.
   - **c.** un ballon.
   - **d.** une télévision.

6. Agnan doit toujours **repasser** ses leçons pendant la récré parce qu(e)...
   - **a.** il ne prépare pas assez ses leçons.
   - **b.** il n'aime pas jouer avec ses amis.
   - **c.** il est trop sérieux.
   - **d.** son instituteur ne l'aime pas.

7. Alceste était **drôlement** en colère. Un synonyme de **drôlement** est...
   - **a.** un peu.
   - **b.** souvent.
   - **c.** très.
   - **d.** jamais.

8. Ce que le Bouillon n'a pas vu, c'est la tartine. Il a marché dessus, il a **glissé** et il y est presque tombé. On peut **glisser** sur...
   - **a.** une banane.
   - **b.** une balle.
   - **c.** une voiture.
   - **d.** du chewing gum.

Compréhension et intégration

1. Geoffroy, Agnan et Alceste ne jouaient pas pendant la récréation. Que faisaient-ils?
2. Pourquoi est-ce qu'on a peur quand Eudes est chasseur?
3. Pour quelle raison est-ce qu'Alceste a laissé tomber sa tartine?
4. Qui a marché sur la tartine d'Alceste?
5. Qu'a dit Alceste au surveillant?
6. Quelles sont les indications qui montrent que c'est un enfant qui raconte l'histoire? Parlez du langage, du point de vue, etc.

Maintenant à vous!

Racontez une anecdote au sujet d'un enfant qui a eu des ennuis *(got into trouble)* à l'école. Inspirez-vous de votre propre expérience.

Voix en direct (suite)

 Go to **iLrn** to view video clips of two French speakers recounting a childhood memory.

Expression écrite

L'arrivée au campus

In this assignment, you will write about your arrival as a new student on campus.

■ **Première étape:** Using the **imparfait,** answer the following questions, elaborating whenever possible.

1. What time of year was it?
2. What was the weather like?
3. Whom were you with?
4. What were you wearing?
5. What were your first impressions of the campus?
6. Were you nervous, calm, excited (**enthousiasmé[e]),** or worried (**inquiet/inquiète)**?

■ **Deuxième étape:** Answer the following questions in detail using the **passé composé.**

1. What is the first thing you did upon your arrival? Whom did you meet?
2. What happened after your arrival? (What did you see? Where did you go? What did you do?)
3. How did you feel at the end of the day (**à la fin de la journée**)?

■ **Troisième étape:** Now using the material above, develop your composition. You may want to share your work in groups of three by reading it out loud and asking for feedback.

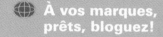 **À vos marques, prêts, bloguez!**

Lorsque vous étiez en «fourth» ou «fifth grade», qu'est-ce que vous faisiez après l'école tous les jours? Décrivez, en français, un après-midi de semaine typique pour vous. Utilisez l'imparfait. Répondez à un(e) autre étudiant(e) et dites si vous faisiez la même chose.

SYSTÈME-D

Phrases:	describing the past, expressing time relationships, sequencing events, talking about past events
Grammar:	imperfect, compound past tense, adverbs of time, verbs with auxiliary **avoir** or **être**
Vocabulary:	clothing, days of the week, people, studies / courses, seasons, time of day, time expressions, university

---

Structure 8.1   Use the **iLrn** platform for more grammar and vocabulary practice.

Talking about how things used to be *L'imparfait*

In **Module 6** you studied the **passé composé,** a verb tense used for discussing what happened in the past. The **imparfait** is another past tense, but it serves a different function.

Using the *imparfait*

The **imparfait** is used in the following situations:

- to describe how things were in the past:

  J'habitais en ville avec ma mère et mon père. Mes parents **étaient** très indulgents envers moi, leur fille unique.

  I lived in town with my mother and father. My parents were very indulgent toward me, their only daughter.

- to describe what people used to do:

  Quand je **rentrais** de l'école, je **prenais** mon goûter devant la télé et puis je **faisais** mes devoirs.

  When I returned from school, I would have my snack in front of the TV and then I would do my homework.

- to describe feelings and attitudes:

  J'étais triste parce que je **savais** que ma meilleure amie **allait** déménager.

  I felt sad because I knew that my best friend was going to move.

Forming the *imparfait*

To form the **imparfait,** remove the **-ons** ending from the **nous** form of the present tense and add the following endings to this stem:

-ais	-ions
-ais	-iez
-ait	-aient

parler	
je parlais	nous parlions
tu parlais	vous parliez
il/elle/on parlait	ils/elles parlaient

finir	
je finissais	nous finissions
tu finissais	vous finissiez
il/elle/on finissait	ils/elles finissaient

vendre	
je vendais	nous vendions
tu vendais	vous vendiez
il/elle/on vendait	ils/elles vendaient

Structures utiles

Structures utiles   *deux cent quarante-sept* **247**

The verb **être** has an irregular stem in the imperfect.

être	
j'étais	nous étions
tu étais	vous étiez
il/elle/on était	ils/elles étaient

Quand j'avais quinze ans, je voulais conduire, mais j'étais trop jeune.	*When I was fifteen, I wanted to drive, but I was too young.*

To form the **imparfait** of verbs whose infinitives end in **-cer,** you must add a cedilla (**cédille**) to the **c** before an **a.**

commencer	
je commen**ç**ais	nous commencions
tu commen**ç**ais	vous commenciez
il/elle/on commen**ç**ait	ils/elles commen**ç**aient

For infinitives ending in **-ger,** you add an **e** before an **a.**

manger	
je mang**e**ais	nous mangions
tu mang**e**ais	vous mangiez
il/elle/on mang**e**ait	ils/elles mang**e**aient

The verb **devoir** *(must, to have to)* changes its meaning slightly in the **imparfait.** It means *was supposed to.*

Il **devait** arriver avant minuit.	*He was supposed to arrive before midnight.*
Est-ce que nous **devions** lui téléphoner?	*Were we supposed to phone her/him?*

The expression **il faut** becomes **il fallait** in the imperfect.

Il **fallait** marcher jusqu'à l'école.	*It was necessary to walk to school.*

Note de prononciation

Except for the **nous** and **vous** forms, all the imperfect endings sound alike.

Exercice 1 Aurélie raconte les souvenirs qu'elle a de sa grand-mère. Mettez les verbes entre parenthèses à l'imparfait.

Quand j'étais jeune, je passais les week-ends chez ma grand-mère qui (habiter) _____ (1) une petite maison entourée de fleurs. La maison (être) _____ (2) blanche avec des volets bleus. Mamie y (vivre) _____ (3) seule avec ses chats et ses oiseaux. Elle avait une passion pour son jardin. Quand elle y (travailler) _____ (4), elle (porter) _____ (5) toujours un grand chapeau de paille *(straw)*. Je (rester) _____ (6) toujours à côté d'elle et j'(enlever *[to pull]*) _____ (7) les mauvaises herbes *(weeds)*.

Mes parents (arriver) _____ (8) le dimanche. Ils l'(aider) _____ (9) à préparer le repas du dimanche pendant que nous, les enfants, nous (jouer) _____ (10) dehors. Et puis on (manger) _____ (11) tous ensemble autour d'une grande table. Nous (devoir) _____ (12) partir de bonne heure *(early)* pour nous préparer pour l'école.

Linking ideas *Les pronoms relatifs **qui, que** et **où***

Relative pronouns enable you to create complex sentences and avoid repetition by combining two sentences, or clauses. The noun referred to by a relative pronoun is called its antecedent (**antécédent**).

Qui

Qui is used to replace the subject of a sentence—a person, thing, or idea. The English equivalent of **qui** is *who, which,* or *that.* Note that **qui** is immediately followed by a verb.

| subj. | | verb |

J'ai un chien. Le chien adore jouer. → J'ai un chien **qui** adore jouer.

| subj. | | verb |

J'ai une voiture. Elle roule très vite. → J'ai une voiture **qui** roule très vite.

Que (Qu')

Que (Qu') refers to the direct object of a sentence—a person, thing, or idea. The English equivalent of **que** is *who, whom, which,* or *that.* Note that **que** is immediately followed by a subject and a verb.

| dir. obj. | subj. | + | verb |

La maison était dans ce village. Elle aimait <u>la maison</u>. → La maison **qu'**elle aimait était dans ce village.

| dir. obj. | subj. | + | verb |

L'étudiant est ici. Tu connais <u>cet étudiant</u>. → L'étudiant **que** tu connais est ici.

Où

Où refers to places or expressions of time. Its English equivalent is *where, that,* or *when.* Although it can sometimes be omitted in English, it is obligatory in French.

Voilà le café **où** j'ai rencontré Serge.   *There's the café where I met Serge.*
C'était l'année **où** il a commencé l'école.   *It was the year (that) he started school.*

Exercice 2   Complétez ces phrases concernant la France avec **qui, que** ou **où**.

1. 2008 est l'année _____ Le Clézio a reçu le Prix Nobel de littérature.
2. Édith Piaf était une chanteuse française _____ a séduit le monde entier.
3. Le cinématographe est un appareil _____ a été inventé en France.
4. La 4CV était la voiture _____ on préférait pendant les années 60.
5. Le café Les Deux Magots est un lieu _____ les jeunes intellectuels se rencontraient.
6. La tour Eiffel est un monument _____ on vend beaucoup de souvenirs touristiques.
7. St. Tropez était l'endroit _____ Brigitte Bardot passait ses vacances.
8. C'étaient les Bleus _____ ont gagné le championnat du monde en 1998.
9. La dernière fois _____ la France a reçu les jeux Olympiques d'hiver, c'était en 1992.

Structure 8.3

Reading, speaking, and writing to others *Les verbes **lire**, **dire** et **écrire** avec les pronoms d'objet indirect*

The verbs *lire*, *dire*, and *écrire*

These verbs have similar conjugations.

lire *(to read)*	
je lis	nous lisons
tu lis	vous lisez
il/elle/on lit	ils/elles lisent

passé composé: j'**ai lu**   imparfait: je **lisais**

dire *(to say; to tell)*	
je dis	nous disons
tu dis	vous **dites**
il/elle/on dit	ils/elles disent

passé composé: j'**ai dit**   imparfait: je **disais**

écrire *(to write)*	
j'écris	nous écrivons
tu écris	vous écrivez
il/elle/on écrit	ils/elles écrivent

passé composé: j'**ai écrit**   imparfait: j'**écrivais**

Vous **lisez** le journal le matin.	*You read the paper in the morning.*
Qu'est-ce que vous **avez dit**?	*What did you say?*
Comment **dit**-on «I'm sorry» en français?	*How do you say "I'm sorry" in French?*
Elle **écrit** régulièrement à son petit ami.	*She writes regularly to her boyfriend.*

The verb **décrire** *(to describe)* is conjugated like its base verb **écrire**, and **relire** *(to reread)* follows the pattern of **lire.**

Exercice 3 Grâce à la technologie, Marc est toujours en contact avec les membres de sa famille. Complétez les phrases en utilisant le présent des verbes **dire, lire** ou **écrire.**

1. Ma cousine Fatima _____ qu'elle va venir nous voir à Paris.
2. Nous _____ une lettre à notre grand-père une fois par mois. Il faut l'envoyer par la poste. Grand-père n'utilise pas d'ordinateur.
3. Tante Marie-Anne explique qu'elle vient d(e) _____ le nouveau roman de Le Clézio.
4. Et Oncle Patrice, qu'est-ce qu'il _____? Un autre récit historique!
5. Pour son anniversaire, j(e) _____ un poème pour Sophie.
6. Nous _____ immédiatement tous les courriels que nous recevons.
7. Mes parents m(e) _____ au moins une fois par semaine.
8. _____-vous des textos à vos parents?
9. Tu _____ que tu as une nouvelle adresse de courriel?

Indirect object pronouns

In **Module 7,** you learned how to use direct object pronouns.

— Tu aimes **cette musique**?	— *You like this music?*
— Oui, je **l'**aime beaucoup!	— *Yes, I like it a lot!*

Communication verbs like **dire** and **écrire** generally include the notion of transferring information from one source to another. They are, therefore, commonly used with an indirect object, or an object preceded by a preposition.

Nous écrivons **au professeur.**	*We're writing **to the professor.***

Indirect objects can be replaced by indirect object pronouns to avoid repeating the noun.

— Tu vas parler **à ton prof de sciences po**?	— *Are you going to talk to your poli-sci professor?*
— Oui, je vais **lui** parler demain après-midi.	— *Yes, I'm going to talk to him (her) tomorrow afternoon.*
— Je veux savoir si ton train arrive à l'heure.	— *I want to know if your train is arriving on time.*
— Je **te** téléphone tout de suite.	— *I'll call you right away.*

Indirect object pronouns are presented in the following chart along with direct object pronouns for comparison. Note that only the third person pronouns (in boldface) are different.

direct object pronouns		indirect object pronouns	
singular	**plural**	**singular**	**plural**
me (m')	nous	me (m')	nous
te (t')	vous	te (t')	vous
le, la (l')	**les**	**lui**	**leur**

Verbs involving any kind of transfer from one person to another take indirect objects.

Verbs involving communication		Verbs involving other kinds of transfer	
parler à	*to talk to*	donner à	*to give to*
dire à	*to say to*	emprunter à	*to borrow from*
écrire à	*to write to*	envoyer à	*to send to*
expliquer à	*to explain to*	montrer à	*to show to*
poser (une question) à	*to ask (a question)*	offrir à	*to offer to*
téléphoner à	*to phone*	payer à	*to pay*
demander à	*to ask*	prêter à	*to lend to*
		rendre (quelque chose) à	*to return (something) to*

Word order with pronouns

Direct and indirect object pronouns precede the main verb of a sentence.

Elle **vous** donne son opinion.	*She's giving you her opinion.*

In the **passé composé,** they precede the auxiliary verb **avoir** or **être.**

Le journaliste **t'**a posé des questions?	*Did the journalist ask you questions?*
Il **nous** a parlé de ses ambitions.	*He spoke to us about his ambitions.*

In the **futur proche** or any other two-verb sentence, the pronoun precedes the infinitive.

Je vais **te** téléphoner ce soir.	*I'm going to phone you this evening.*
J'aimerais **lui** raconter l'histoire.	*I'd like to tell him the story.*

Exercice 4 Indiquez si les pronoms en caractères gras *(in bold)* représentent des pronoms d'objet direct ou indirect en écrivant **D** ou **I**.

1. Vous **m'**irritez avec vos histoires! _____
2. Tu **nous** as déjà posé cette question. _____
3. Elle **m'**a répondu tout de suite. _____
4. Est-ce que tu **me** comprends? _____
5. Quand je **te** dis non, c'est non! _____
6. J'arrive. Je ne **t'**ai pas oublié. _____
7. Je devais **lui** dire la vérité. _____
8. Est-ce que la fumée *(smoke)* **vous** ennuie? _____
9. Je **le** voyais souvent au travail. _____
10. Peux-tu **nous** prêter vingt euros? _____

Exercice 5 Camille quitte la Martinique pour aller en France. Ses meilleures amies lui parlent à l'aéroport. Associez les questions et les réponses.

_____ 1. Est-ce que tu vas nous écrire?

_____ 2. Tu vas nous donner ton adresse de courriel?

_____ 3. Quand est-ce qu'on peut te téléphoner?

_____ 4. Est-ce que nous t'ennuyons avec toutes ces questions?

_____ 5. Nous pouvons te rendre visite à Noël?

    a. J'aimerais vous voir à Noël, mais je serai chez des amis en Espagne.
    b. Non, avec vous, c'est toujours l'interrogatoire. J'ai l'habitude.
    c. Je vous l'ai déjà donnée.
    d. Oui, je vous écrirai toutes les semaines. C'est promis.
    e. Vous pouvez me téléphoner chez ma tante ce week-end.

Exercice 6 Bénédicte essaie d'avoir de très bonnes relations avec les différents membres de sa famille. Répondez logiquement aux questions en employant le pronom d'objet indirect **lui** ou **leur.**

1. Est-ce qu'elle offre un cadeau d'anniversaire à son père?
2. Est-ce qu'elle prête ses vêtements à ses sœurs?
3. Est-ce qu'elle téléphone régulièrement à sa grand-mère?
4. Est-ce qu'elle dit à sa mère de nettoyer *(to clean)* sa chambre?
5. Est-ce qu'elle a emprunté de l'argent à son cousin?
6. Est-ce qu'elle va envoyer une carte de Noël à sa tante et à son oncle?
7. Est-ce qu'elle va demander des conseils *(advice)* à son frère?
8. Est-ce qu'elle a expliqué à ses parents pourquoi elle a eu une mauvaise note en chimie?

Structure 8.4

Making comparisons *Le comparatif (introduction)*

The following structures are used in descriptions that compare people and things.

+	plus (adjectif) que
−	moins (adjectif) que
=	aussi (adjectif) que

Ma classe de sciences économiques est **plus grande que** ma classe d'italien.	*My economics class is bigger than my Italian class.*
J'étais toujours **moins prudent que** mon frère.	*I was always less careful than my brother.*
Est-ce que ta mère était **aussi stricte que** ton père?	*Was your mother as strict as your father?*

The irregular adjective **bon** has three comparative forms:

+	meilleur(e)(s) que	*better than*
–	moins bon(ne)(s) que / pire que	*worse than*
=	aussi bon(ne)(s) que	*as good as*

Je suis **meilleur** en lettres **qu'**en
   sciences.
Ce film n'était pas **aussi bon que**
   le dernier.
Est-ce que tu es **pire que** Pierre
   en anglais?

*I'm better in the humanities than
   in science.*
*That film wasn't as good as the
   last one.*
*Are you worse than Peter
   in English?*

Exercice 7 Comparez les éléments suivants en utilisant les adjectifs entre parenthèses.
Attention à la forme de l'adjectif.

1. Mon frère aîné / mon frère cadet (+ fort)
2. Brad Pitt / en France / aux États-Unis (= populaire)
3. le rap français / le rap américain (– violent)
4. les robes des couturiers comme Christian Lacroix / les robes de prêt-à-porter (+ cher)
5. le casino de Monte Carlo / les casinos de Las Vegas (+ classique)
6. une Porsche / une Ferrari (= rapide)

Exercice 8 Comparez les éléments suivants en utilisant la forme appropriée de **bon** ou
de **mauvais**.

1. le pain au supermarché / le pain à la boulangerie (– bon)
2. la bière allemande / la bière américaine (+ bon)
3. l'hiver à Paris / l'hiver à Nice (– bon)
4. les pâtisseries françaises / les beignets *(donuts)* au supermarché (+ bon)
5. le vin anglais / le vin français (– bon)
6. la circulation *(traffic)* à Paris / la circulation hors de la ville (– bon)
7. le chocolat belge / le chocolat suisse (= bon)

Structure 8.5

Narrating in the past *Le passé composé et l'imparfait (introduction)*

As you have seen, the **passé composé** and the **imparfait** are both used for talking about the
past, but they serve different functions. The **imparfait** sets the scene by describing what
things and people were like, as in a stage setting before the action has begun. The **passé
composé** moves the story forward; it recounts events. The guidelines here will help you
decide which tense to use.

Passé composé

In general, you will use the **passé composé** to

- tell what happened:

  Hier, j'**ai eu** un accident de voiture.
  Les États-Unis **ont déclaré** leur indépendance en 1776.

- narrate a sequence of events:

  Ce matin, j'**ai préparé** le petit déjeuner pour la famille. Nous **avons mangé** ensemble,
  puis nous **sommes partis** pour l'école.

Imparfait

In general, you will use the **imparfait** to describe

- feelings and thoughts:

  J'**étais** triste parce que mon meilleur copain n'était pas à l'école.
  Paul **avait** froid *(was cold)* parce qu'il ne portait pas de chapeau.

- what was going on or what used to happen

  Les jeunes filles ne **portaient** pas de pantalons à l'école.

- age:

  Jean-Luc **avait** seize ans quand il a appris à conduire.

- weather:

  Il **faisait** beau quand nous sommes sortis pour faire une promenade.

- time:

  Il **était** déjà six heures quand le train est arrivé.

Exercice 9   Read the following passage, paying careful attention to the verb tenses used. Then retell the story in English in response to the prompts provided. Identify the French verb tense associated with each prompt.

C'était une nuit d'hiver à Grenoble; il faisait très froid et la neige tombait à gros flocons *(flakes)*. Dans la maison, j'écoutais du Beethoven et j'écrivais une lettre à Maurice, mon copain qui étudiait à Cambridge. Soudain, j'ai entendu du bruit. C'était comme si quelque chose tapait contre le mur de la maison. J'ai ouvert la porte mais il n'y avait rien. J'ai recommencé ma lettre. Quelques minutes plus tard, boum! Une boule de neige a explosé contre la fenêtre. J'ai regardé à travers les rideaux *(curtains)* et là, dans le jardin, j'ai aperçu un homme. J'allais téléphoner à la police mais, quand il s'est tourné vers moi, j'ai reconnu le visage de Maurice! Il était de retour.

1. What kind of night was it?
2. What was going on inside the house?
3. What happened to break up the activity that was taking place?
4. How did the narrator respond?
5. What happened next?
6. What did the narrator do? What did she see?
7. What was she thinking of doing when she saw the man?
8. Then what happened?

Exercice 10

A. Read the following sentences in English, and identify which tense you would use to write these same sentences in French. Use **PC** for **passé composé,** and **I** for **imparfait.**

1. It was September first. _____
2. The weather was warm and sunny. _____
3. I was walking to the library to work on some homework. _____
4. I was thinking about what I needed to do at the library. _____
5. Suddenly, I heard someone. _____
6. I turned to see who it was. _____
7. It was my friend Michel. _____
8. Michel invited me to go have some pizza with him. _____
9. I thought about the work I needed to do, and I knew I couldn't go out. _____
10. I told Michel that I would go to the library now, and maybe we could get pizza later. _____

B. Now, write the sentences above in French.

2. _____

5. _____

7. _____

8. _____

Tout ensemble!

Mathieu a trouvé un vieil album dans son grenier *(attic)* avec des photos d'un été qu'il a passé dans une colonie de vacances dans le sud de la France. Il écrit à son copain Jeff pour lui raconter ses souvenirs. Conjuguez les verbes entre parenthèses à l'imparfait ou au passé composé et utilisez les éléments suivants:

qui	plus	me
que (deux fois)	moins (deux fois)	te
où	aussi	

Cher Jeff,

Hier, je regardais un ancien album de photos _____ (1) j'ai trouvé chez mes parents. Il y avait une photo de toi au lac à Menton _____ (2) nous _____ (3) (aller) à pied avec toute la colonie. Tu _____ (4) (être) si fier, car tu _____ (5) (pouvoir) faire de la planche à voile *(to windsurf)* sans tomber dans l'eau. Moi, je _____ (6) (vouloir) être _____ (7) fort que toi, mais j'_____ (8) (être) tout maigre et maladroit *(clumsy)*!

Tu te souviens de Georges? C'_____ (9) (être) le garçon _____ (10) _____ (11) (manger) toujours des bonbons _____ (12) sa mère lui _____ (13) (envoyer). Il a un bon poste chez France Télécom maintenant, et heureusement, il est _____ (14) gros!

J(e) _____ (15) (trouver) une photo de Marie-Laure aussi, notre idole, tu t'en souviens? Nous l'_____ (16) (espionner, *to spy on*) dans sa cabane. Maintenant, elle est étudiante à la fac de Bordeaux, et elle _____ (17) téléphone de temps en temps. Elle est _____ (18) belle qu'avant, mais elle est _____ (19) gentille!

Et toi, tu vas bien? Est-ce que Pierre _____ (20) _____ (21) (écrire [*présent*])? Donne-moi de tes nouvelles!

Amitiés,
Mathieu

Vocabulaire fondamental

CD2,
Tracks
34–38

Noms

Le monde de l'école	*School*
un album (de photos)	*a (photo) album*
un ballon (de foot)	*a (soccer) ball*
un bâtiment	*a building*
une carte	*a map*
un(e) directeur (directrice)	*a principal*
la discipline	*discipline*
une école maternelle	*a kindergarten*
une école primaire	*an elementary school*
un(e) élève *(m, f)*	*a pupil (pre-university)*
l'enfance *(f)*	*childhood*
un lycée	*a high school*
la récréation (la récré, *fam*)	*recess*
un souvenir	*a memory*

Verbes

chasser	*to chase*
comparer	*to compare*
copier	*to copy*
critiquer	*to criticize*
dire	*to say; to tell*
donner	*to give*
écrire	*to write*
emprunter	*to borrow*
être à la mode	*to be in fashion*
expliquer	*to explain*
irriter	*to irritate*
lire	*to read*
partager	*to share*
poser (une question)	*to ask (a question)*
prêter	*to loan; to lend*
ressembler	*to resemble*
se souvenir de	*to remember*
	(conjugated like venir*)*

Expressions utiles

Comment comparer	*How to make comparisons*

(See page 238 for additional expressions.)

aussi... que	*as ... as*
comme	*like, as*
meilleur(e) (que)	*better (than)*
moins... que	*less ... than*
pire (que)	*worse (than)*
plus... que	*more ... than*
plutôt	*rather*
Quelles sont les différences entre... ?	*What are the differences between ... ?*

Adjectifs

différent(e)	*different*
élégant(e)	*elegant*
privé(e)	*private*

Mots divers

une adresse (courriel)	*an (e-mail) address*
à l'époque	*at that time*
une bande dessinée (une BD, *fam*)	*a cartoon*
une chanson	*a song*
un dessin animé	*an animated cartoon*
envers	*toward*
une époque	*an era*
un lieu	*a place*
un quartier	*a neighborhood*
vite	*fast*

CD2, Tracks 39–41

Vocabulaire supplémentaire

Noms

un bulletin scolaire	*a report card*
le châtiment corporel	*corporal punishment*
le collège	*middle school*
une cour	*a courtyard*
un mythe	*a legend*
un papillon	*a butterfly*
une pelouse	*a lawn*
une punition	*a punishment*
un quartier	*a neighborhood*
une règle	*a ruler; a rule*
un(e) surveillant(e)	*a person in charge of discipline*

Adjectifs

inquiet (inquiète)	*worried*
satisfait(e)	*satisfied*
seul(e)	*alone*
suivant(e)	*following*

Mots apparentés: homogène, lamentable, perfectionniste, turbulent(e)

Verbes

avoir peur	*to be afraid*
se comporter	*to behave*
conduire (*p.p.* conduit)	*to drive*
décrire	*to describe*
ennuyer	*to bother*
envoyer	*to send*
influencer	*to influence*
jouer à la poupée	*to play with dolls*
jouer aux boules	*to play **boules***
offrir	*to offer*
protéger	*to protect*

VERBES AUXILIAIRES: AVOIR et ÊTRE

Infinitif Participe passé	Présent	Passé composé	Imparfait	Passé simple
avoir	ai	ai eu	avais	
	as	as eu	avais	
eu	a	a eu	avait	eut
	avons	avons eu	avions	
	avez	avez eu	aviez	
	ont	ont eu	avaient	eurent
être	suis	ai été	étais	
	es	as été	étais	
été	est	a été	était	fut
	sommes	avons été	étions	
	êtes	avez été	étiez	
	sont	ont été	étaient	furent

Indicatif			Présent du conditionnel	Présent du subjonctif	Impératif
Plus-que-parfait	**Futur**	**Futur antérieur**			
avais eu	aurai	aurai eu	aurais	aie	
avais eu	auras	auras eu	aurais	aies	aie
avait eu	aura	aura eu	aurait	ait	
avions eu	aurons	aurons eu	aurions	ayons	ayons
aviez eu	aurez	aurez eu	auriez	ayez	ayez
avaient eu	auront	auront eu	auraient	aient	
avais été	serai	aurai été	serais	sois	
avais été	seras	auras été	serais	sois	sois
avait été	sera	aura été	serait	soit	
avions été	serons	aurons été	serions	soyons	soyons
aviez été	serez	aurez été	seriez	soyez	soyez
avaient été	seront	auront été	seraient	soient	

Verbes conjugués avec **être** au passé composé			
aller	entrer	partir	revenir
arriver	monter	rentrer	sortir
descendre	mourir	rester	tomber
devenir	naître	retourner	venir

VERBES RÉGULIERS

Infinitif Participe passé				
	Présent	**Passé composé**	**Imparfait**	**Passé simple**
parler	parle	ai parlé	parlais	
	parles	as parlé	parlais	
parlé	parle	a parlé	parlait	parla
	parlons	avons parlé	parlions	
	parlez	avez parlé	parliez	
	parlent	ont parlé	parlaient	parlèrent
dormir	dors	ai dormi	dormais	
(partir, sortir)	dors	as dormi	dormais	
	dort	a dormi	dormait	dormit
dormi	dormons	avons dormi	dormions	
	dormez	avez dormi	dormiez	
	dorment	ont dormi	dormaient	dormirent
finir (choisir, grossir,	finis	ai fini	finissais	
réfléchir, réussir)	finis	as fini	finissais	
	finit	a fini	finissait	finit
	finissons	avons fini	finissions	
	finissez	avez fini	finissiez	finirent
fini	finissent	ont fini	finissaient	
vendre (attendre,	vends	ai vendu	vendais	
rendre, répondre)	vends	as vendu	vendais	
	vend	a vendu	vendait	vendit
	vendons	avons vendu	vendions	
vendu	vendez	avez vendu	vendiez	
	vendent	ont vendu	vendaient	vendirent

VERBES PRONOMINAUX

Infinitif Participe passé				
	Présent	**Passé composé**	**Imparfait**	**Passé simple**
se laver	me lave	me suis lavé(e)	me lavais	
	te laves	t'es lavé(e)	te lavais	
lavé	se lave	s'est lavé(e)	se lavait	
	nous lavons	nous sommes lavé(e)s	nous lavions	se lava
	vous lavez	vous êtes lavé(e)(s)	vous laviez	
	se lavent	se sont lavé(e)s	se lavaient	se lavèrent

Indicatif			Présent du conditionnel	Présent du subjonctif	Impératif
Plus-que-parfait	**Futur**	**Futur antérieur**			
avais parlé	parlerai	aurai parlé	parlerais	parle	
avais parlé	parleras	auras parlé	parlerais	parles	parle
avait parlé	parlera	aura parlé	parlerait	parle	
avions parlé	parlerons	aurons parlé	parlerions	parlions	parlons
aviez parlé	parlerez	aurez parlé	parleriez	parliez	parlez
avaient parlé	parleront	auront parlé	parleraient	parlent	
avais dormi	dormirai	aurai dormi	dormirais	dorme	
avais dormi	dormiras	auras dormi	dormirais	dormes	dors
avait dormi	dormira	aura dormi	dormirait	dorme	
avions dormi	dormirons	aurons dormi	dormirions	dormions	dormons
aviez dormi	dormirez	aurez dormi	dormiriez	dormiez	dormez
avaient dormi	dormiront	auront dormi	dormiraient	dorment	
avais fini	finirai	aurai fini	finirais	finisse	
avais fini	finiras	auras fini	finirais	finisses	finis
avait fini	finira	aura fini	finirait	finisse	
avions fini	finirons	aurons fini	finirions	finissions	finissons
aviez fini	finirez	aurez fini	finiriez	finissiez	finissez
avaient fini	finiront	auront fini	finiraient	finissent	
avais vendu	vendrai	aurai vendu	vendrais	vende	
avais vendu	vendras	auras vendu	vendrais	vendes	vends
avait vendu	vendra	aura vendu	vendrait	vende	
avions vendu	vendrons	aurons vendu	vendrions	vendions	vendons
aviez vendu	vendrez	aurez vendu	vendriez	vendiez	vendez
avaient vendu	vendront	auront vendu	vendraient	vendent	

Indicatif			Présent du conditionnel	Présent du subjonctif	Impératif
Plus-que-parfait	**Futur**	**Futur antérieur**			
m'étais lavé(e)	me laverai	me serai lavé(e)	me laverais	me lave	
t'étais lavé(e)	te laveras	te seras lavé(e)	te laverais	te laves	lave-toi
s'était lavé(e)	se lavera	se sera lavé(e)	se laverait	se lave	
nous étions lavé(e)s	nous laverons	nous serons lavé(e)s	nous laverions	nous lavions	lavons-nous
vous étiez lavé(e)(s)	vous laverez	vous serez lavé(e)(s)	vous laveriez	vous laviez	lavez-vous
s'étaient lavé(e)s	se laveront	se seront lavé(e)s	se laveraient	se lavent	

VERBES AVEC CHANGEMENTS ORTHOGRAPHIQUES

Infinitif Participe passé	Présent	Passé composé	Imparfait	Passé simple
acheter (se lever, se promener) acheté	achète achètes achète achetons achetez achètent	ai acheté as acheté a acheté avons acheté avez acheté ont acheté	achetais achetais achetait achetions achetiez achetaient	 acheta achetèrent
appeler (jeter) appelé	appelle appelles appelle appelons appelez appellent	ai appelé as appelé a appelé avons appelé avez appelé ont appelé	appelais appelais appelait appelions appeliez appelaient	 appela appelèrent
commencer (prononcer) commencé	commence commences commence commençons commencez commencent	ai commencé as commencé a commencé avons commencé avez commencé ont commencé	commençais commençais commençait commencions commenciez commençaient	 commença commencèrent
manger (changer, nager, voyager) mangé	mange manges mange mangeons mangez mangent	ai mangé as mangé a mangé avons mangé avez mangé ont mangé	mangeais mangeais mangeait mangions mangiez mangeaient	 mangea mangèrent
payer (essayer, employer) payé	paie paies paie payons payez paient	ai payé as payé a payé avons payé avez payé ont payé	payais payais payait payions payiez payaient	 paya payèrent
préférer (espérer, répéter) préféré	préfère préfères préfère préférons préférez préfèrent	ai préféré as préféré a préféré avons préféré avez préféré ont préféré	préférais préférais préférait préférions préfériez préféraient	 préféra préférèrent

Indicatif			Présent du conditionnel	Présent du subjonctif	Impératif
Plus-que-parfait	Futur	Futur antérieur			
avais acheté	achèterai	aurai acheté	achèterais	achète	
avais acheté	achèteras	auras acheté	achèterais	achètes	achète
avait acheté	achètera	aura acheté	achèterait	achète	
avions acheté	achèterons	aurons acheté	achèterions	achetions	achetons
aviez acheté	achèterez	aurez acheté	achèteriez	achetiez	achetez
avaient acheté	achèteront	auront acheté	achèteraient	achètent	
avais appelé	appellerai	aurai appelé	appellerais	appelle	
avais appelé	appelleras	auras appelé	appellerais	appelles	appelle
avait appelé	appellera	aura appelé	appellerait	appelle	
avions appelé	appellerons	aurons appelé	appellerions	appelions	appelons
aviez appelé	appellerez	aurez appelé	appelleriez	appeliez	appelez
avaient appelé	appelleront	auront appelé	appelleraient	appellent	
avais commencé	commencerai	aurai commencé	commencerais	commence	
avais commencé	commenceras	auras commencé	commencerais	commences	commence
avait commencé	commencera	aura commencé	commencerait	commence	
avions commencé	commencerons	aurons commencé	commencerions	commencions	commençons
aviez commencé	commencerez	aurez commencé	commenceriez	commenciez	commencez
avaient commencé	commenceront	auront commencé	commenceraient	commencent	
avais mangé	mangerai	aurai mangé	mangerais	mange	
avais mangé	mangeras	auras mangé	mangerais	manges	mange
avait mangé	mangera	aura mangé	mangerait	mange	
avions mangé	mangerons	aurons mangé	mangerions	mangions	mangeons
aviez mangé	mangerez	aurez mangé	mangeriez	mangiez	mangez
avaient mangé	mangeront	auront mangé	mangeraient	mangent	
avais payé	paierai	aurai payé	paierais	paie	
avais payé	paieras	auras payé	paierais	paies	paie
avait payé	paiera	aura payé	paierait	paie	
avions payé	paierons	aurons payé	paierions	payions	payons
aviez payé	paierez	aurez payé	paieriez	payiez	payez
avaient payé	paieront	auront payé	paieraient	paient	
avais préféré	préférerai	aurai préféré	préférerais	préfère	
avais préféré	préféreras	auras préféré	préférerais	préfères	préfère
avait préféré	préférera	aura préféré	préférerait	préfère	
avions préféré	préférerons	aurons préféré	préférerions	préférions	préférons
aviez préféré	préférerez	aurez préféré	préféreriez	préfériez	préférez
avaient préféré	préféreront	auront préféré	préféreraient	préfèrent	

VERBES IRRÉGULIERS

Infinitif Participe passé	Présent	Passé composé	Imparfait	Passé simple
aller allé	vais vas va allons allez vont	suis allé(e) es allé(e) est allé(e) sommes allé(e)s êtes allé(e)(s) sont allé(e)s	allais allais allait allions alliez allaient	 alla allèrent
boire bu	bois bois boit buvons buvez boivent	ai bu as bu a bu avons bu avez bu ont bu	buvais buvais buvait buvions buviez buvaient	 but burent
conduire conduit	conduis conduis conduit conduisons conduisez conduisent	ai conduit as conduit a conduit avons conduit avez conduit ont conduit	conduisais conduisais conduisait conduisions conduisiez conduisaient	 conduisit conduisirent
connaître (paraître) connu	connais connais connaît connaissons connaissez connaissent	ai connu as connu a connu avons connu avez connu ont connu	connaissais connaissais connaissait connaissions connaissiez connaissaient	 connut connurent
courir couru	cours cours court courons courez courent	ai couru as couru a couru avons couru avez couru ont couru	courais courais courait courions couriez couraient	 courut coururent
croire cru	crois crois croit croyons croyez croient	ai cru as cru a cru avons cru avez cru ont cru	croyais croyais croyait croyions croyiez croyaient	 crut crurent
devoir dû	dois dois doit devons devez doivent	ai dû as dû a dû avons dû avez dû ont dû	devais devais devait devions deviez devaient	 dut durent

| Indicatif | | | Présent du conditionnel | Présent du subjonctif | Impératif |
Plus-que-parfait	Futur	Futur antérieur			
étais allé(e)	irai	serai allé(e)	irais	aille	
étais allé(e)	iras	seras allé(e)	irais	ailles	va
était allé(e)	ira	sera allé(e)	irait	aille	
étions allé(e)s	irons	serons allé(e)s	irions	allions	allons
étiez allé(e)(s)	irez	serez allé(e)(s)	iriez	alliez	allez
étaient allé(e)s	iront	seront allé(e)s	iraient	aillent	
avais bu	boirai	aurai bu	boirais	boive	
avais bu	boiras	auras bu	boirais	boives	bois
avait bu	boira	aura bu	boirait	boive	
avions bu	boirons	aurons bu	boirions	buvions	buvons
aviez bu	boirez	aurez bu	boiriez	buviez	buvez
avaient bu	boiront	auront bu	boiraient	boivent	
avais conduit	conduirai	aurai conduit	conduirais	conduise	conduis
avais conduit	conduiras	auras conduit	conduirais	conduises	
avait conduit	conduira	aura conduit	conduirait	conduise	conduisons
avions conduit	conduirons	aurons conduit	conduirions	conduisions	conduisez
aviez conduit	conduirez	aurez conduit	conduiriez	conduisiez	
avaient conduit	conduiront	auront conduit	conduiraient	conduisent	
avais connu	connaîtrai	aurai connu	connaîtrais	connaisse	
avais connu	connaîtras	auras connu	connaîtrais	connaisses	connais
avait connu	connaîtra	aura connu	connaîtrait	connaisse	
avions connu	connaîtrons	aurons connu	connaîtrions	connaissions	connaissons
aviez connu	connaîtrez	aurez connu	connaîtriez	connaissiez	connaissez
avaient connu	connaîtront	auront connu	connaîtraient	connaissent	
avais couru	courrai	aurai couru	courrais	coure	
avais couru	courras	auras couru	courrais	coures	cours
avait couru	courra	aura couru	courrait	coure	
avions couru	courrons	aurons couru	courrions	courions	courons
aviez couru	courrez	aurez couru	courriez	couriez	courez
avaient couru	courront	auront couru	courraient	courent	
avais cru	croirai	aurai cru	croirais	croie	
avais cru	croiras	auras cru	croirais	croies	crois
avait cru	croira	aura cru	croirait	croie	
avions cru	croirons	aurons cru	croirions	croyions	croyons
aviez cru	croirez	aurez cru	croiriez	croyiez	croyez
avaient cru	croiront	auront cru	croiraient	croient	
avais dû	devrai	aurai dû	devrais	doive	
avais dû	devras	auras dû	devrais	doives	dois
avait dû	devra	aura dû	devrait	doive	
avions dû	devrons	aurons dû	devrions	devions	devons
aviez dû	devrez	aurez dû	devriez	deviez	devez
avaient dû	devront	auront dû	devraient	doivent	

Infinitif Participe passé	Présent	Passé composé	Imparfait	Passé simple
dire	dis	ai dit	disais	
	dis	as dit	disais	
dit	dit	a dit	disait	dit
	disons	avons dit	disions	
	dites	avez dit	disiez	
	disent	ont dit	disaient	dirent
écrire (décrire)	écris	ai écrit	écrivais	
	écris	as écrit	écrivais	
écrit	écrit	a écrit	écrivait	écrivit
	écrivons	avons écrit	écrivions	
	écrivez	avez écrit	écriviez	
	écrivent	ont écrit	écrivaient	écrivirent
envoyer	envoie	ai envoyé	envoyais	
	envoies	as envoyé	envoyais	
envoyé	envoie	a envoyé	envoyait	envoya
	envoyons	avons envoyé	envoyions	
	envoyez	avez envoyé	envoyiez	
	envoient	ont envoyé	envoyaient	envoyèrent
faire	fais	ai fait	faisais	
	fais	as fait	faisais	
fait	fait	a fait	faisait	fit
	faisons	avons fait	faisions	
	faites	avez fait	faisiez	
	font	ont fait	faisaient	firent
falloir				
fallu	faut	a fallu	fallait	fallut
lire	lis	ai lu	lisais	
	lis	as lu	lisais	
lu	lit	a lu	lisait	lut
	lisons	avons lu	lisions	
	lisez	avez lu	lisiez	
	lisent	ont lu	lisaient	lurent
mettre (permettre, promettre, remettre)	mets	ai mis	mettais	
	mets	as mis	mettais	
	met	a mis	mettait	mit
	mettons	avons mis	mettions	
	mettez	avez mis	mettiez	
mis	mettent	ont mis	mettaient	mirent
mourir	meurs	suis mort(e)	mourais	
	meurs	es mort(e)	mourais	
mort	meurt	est mort(e)	mourait	mourut
	mourons	sommes mort(e)s	mourions	
	mourez	êtes mort(e)(s)	mouriez	
	meurent	sont mort(e)s	mouraient	moururent

Indicatif			Présent du conditionnel	Présent du subjonctif	Impératif
Plus-que-parfait	**Futur**	**Futur antérieur**			
avais dit	dirai	aurai dit	dirais	dise	
avais dit	diras	auras dit	dirais	dises	dis
avait dit	dira	aura dit	dirait	dise	
avions dit	dirons	aurons dit	dirions	disions	disons
aviez dit	direz	aurez dit	diriez	disiez	dites
avaient dit	diront	auront dit	diraient	disent	
avais écrit	écrirai	aurai écrit	écrirais	écrive	
avais écrit	écriras	auras écrit	écrirais	écrives	écris
avait écrit	écrira	aura écrit	écrirait	écrive	
avions écrit	écrirons	aurons écrit	écririons	écrivions	écrivons
aviez écrit	écrirez	aurez écrit	écririez	écriviez	écrivez
avaient écrit	écriront	auront écrit	écriraient	écrivent	
avais envoyé	enverrai	aurai envoyé	enverrais	envoie	
avais envoyé	enverras	auras envoyé	enverrais	envoies	envoie
avait envoyé	enverra	aura envoyé	enverrait	envoie	
avions envoyé	enverrons	aurons envoyé	enverrions	envoyions	envoyons
aviez envoyé	enverrez	aurez envoyé	enverriez	envoyiez	envoyez
avaient envoyé	enverront	auront envoyé	enverraient	envoient	
avais fait	ferai	aurai fait	ferais	fasse	
avais fait	feras	auras fait	ferais	fasses	fais
avait fait	fera	aura fait	ferait	fasse	
avions fait	ferons	aurons fait	ferions	fassions	faisons
aviez fait	ferez	aurez fait	feriez	fassiez	faites
avaient fait	feront	auront fait	feraient	fassent	
avait fallu	faudra	aura fallu	faudrait	faille	
avais lu	lirai	aurai lu	lirais	lise	
avais lu	liras	auras lu	lirais	lises	lis
avait lu	lira	aura lu	lirait	lise	
avions lu	lirons	aurons lu	lirions	lisions	lisons
aviez lu	lirez	aurez lu	liriez	lisiez	lisez
avaient lu	liront	auront lu	liraient	lisent	
avais mis	mettrai	aurai mis	mettrais	mette	
avais mis	mettras	auras mis	mettrais	mettes	mets
avait mis	mettra	aura mis	mettrait	mette	
avions mis	mettrons	aurons mis	mettrions	mettions	mettons
aviez mis	mettrez	aurez mis	mettriez	mettiez	mettez
avaient mis	mettront	auront mis	mettraient	mettent	
étais mort(e)	mourrai	serai mort(e)	mourrais	meure	
étais mort(e)	mourras	seras mort(e)	mourrais	meures	meurs
était mort(e)	mourra	sera mort(e)	mourrait	meure	
étions mort(e)s	mourrons	serons mort(e)s	mourrions	mourions	mourons
étiez mort(e)(s)	mourrez	serez mort(e)(s)	mourriez	mouriez	mourez
étaient mort(e)s	mourront	seront mort(e)s	mourraient	meurent	

Infinitif Participe passé		Présent	Passé composé	Imparfait	Passé simple
naître		nais	suis né(e)	naissais	
		nais	es né(e)	naissais	
né		naît	est né(e)	naissait	naquit
		naissons	sommes né(e)s	naissions	
		naissez	êtes né(e)(s)	naissiez	
		naissent	sont né(e)s	naissaient	naquirent
offrir (souffrir)		offre	ai offert	offrais	
		offres	as offert	offrais	
offert		offre	a offert	offrait	offrit
		offrons	avons offert	offrions	
		offrez	avez offert	offriez	
		offrent	ont offert	offraient	offrirent
ouvrir (couvrir,		ouvre	ai ouvert	ouvrais	
découvrir)		ouvres	as ouvert	ouvrais	
		ouvre	a ouvert	ouvrait	ouvrit
ouvert		ouvrons	avons ouvert	ouvrions	
		ouvrez	avez ouvert	ouvriez	
		ouvrent	ont ouvert	ouvraient	ouvrirent
pleuvoir					
plu		pleut	a plu	pleuvait	plut
pouvoir		peux	ai pu	pouvais	
		peux	as pu	pouvais	
pu		peut	a pu	pouvait	put
		pouvons	avons pu	pouvions	
		pouvez	avez pu	pouviez	
		peuvent	ont pu	pouvaient	purent
prendre (apprendre,		prends	ai pris	prenais	
comprendre)		prends	as pris	prenais	
		prend	a pris	prenait	prit
		prenons	avons pris	prenions	
pris		prenez	avez pris	preniez	
		prennent	ont pris	prenaient	prirent
recevoir		reçois	ai reçu	recevais	
		reçois	as reçu	recevais	
reçu		reçoit	a reçu	recevait	reçut
		recevons	avons reçu	recevions	
		recevez	avez reçu	receviez	
		reçoivent	ont reçu	recevaient	reçurent
savoir		sais	ai su	savais	
		sais	as su	savais	
su		sait	a su	savait	sut
		savons	avons su	savions	
		savez	avez su	saviez	
		savent	ont su	savaient	surent

Indicatif			Présent du conditionnel	Présent du subjonctif	Impératif
Plus-que-parfait	Futur	Futur antérieur			
étais né(e)	naîtrai	serai né(e)	naîtrais	naisse	
étais né(e)	naîtras	seras né(e)	naîtrais	naisses	nais
était né(e)	naîtra	sera né(e)	naîtrait	naisse	
étions né(e)s	naîtrons	serons né(e)s	naîtrions	naissions	naissons
étiez né(e)(s)	naîtrez	serez né(e)(s)	naîtriez	naissiez	naissez
étaient né(e)s	naîtront	seront né(e)s	naîtraient	naissent	
avais offert	offrirai	aurai offert	offrirais	offre	
avais offert	offriras	auras offert	offrirais	offres	offre
avait offert	offrira	aura offert	offrirait	offre	
avions offert	offrirons	aurons offert	offririons	offrions	offrons
aviez offert	offrirez	aurez offert	offririez	offriez	offrez
avaient offert	offriront	auront offert	offriraient	offrent	
avais ouvert	ouvrirai	aurai ouvert	ouvrirais	ouvre	
avais ouvert	ouvriras	auras ouvert	ouvrirais	ouvres	ouvre
avait ouvert	ouvrira	aura ouvert	ouvrirait	ouvre	
avions ouvert	ouvrirons	aurons ouvert	ouvririons	ouvrions	ouvrons
aviez ouvert	ouvrirez	aurez ouvert	ouvririez	ouvriez	ouvrez
avaient ouvert	ouvriront	auront ouvert	ouvriraient	ouvrent	
avait plu	pleuvra	aura plu	pleuvrait	pleuve	
avais pu	pourrai	aurai pu	pourrais	puisse	
avais pu	pourras	auras pu	pourrais	puisses	
avait pu	pourra	aura pu	pourrait	puisse	
avions pu	pourrons	aurons pu	pourrions	puissions	
aviez pu	pourrez	aurez pu	pourriez	puissiez	
avaient pu	pourront	auront pu	pourraient	puissent	
avais pris	prendrai	aurai pris	prendrais	prenne	
avais pris	prendras	auras pris	prendrais	prennes	prends
avait pris	prendra	aura pris	prendrait	prenne	
avions pris	prendrons	aurons pris	prendrions	prenions	prenons
aviez pris	prendrez	aurez pris	prendriez	preniez	prenez
avaient pris	prendront	auront pris	prendraient	prennent	
avais reçu	recevrai	aurai reçu	recevrais	reçoive	
avais reçu	recevras	auras reçu	recevrais	reçoives	reçois
avait reçu	recevra	aura reçu	recevrait	reçoive	
avions reçu	recevrons	aurons reçu	recevrions	recevions	recevons
aviez reçu	recevrez	aurez reçu	recevriez	receviez	recevez
avaient reçu	recevront	auront reçu	recevraient	reçoivent	
avais su	saurai	aurai su	saurais	sache	
avais su	sauras	auras su	saurais	saches	sache
avait su	saura	aura su	saurait	sache	
avions su	saurons	aurons su	saurions	sachions	sachons
aviez su	saurez	aurez su	sauriez	sachiez	sachez
avaient su	sauront	auront su	sauraient	sachent	

Infinitif Participe passé	Présent	Passé composé	Imparfait	Passé simple
suivre	suis	ai suivi	suivais	
	suis	as suivi	suivais	
suivi	suit	a suivi	suivait	suivit
	suivons	avons suivi	suivions	
	suivez	avez suivi	suiviez	
	suivent	ont suivi	suivaient	suivirent
venir (devenir,	viens	suis venu(e)	venais	
revenir, tenir)	viens	es venu(e)	venais	
	vient	est venu(e)	venait	vint
venu	venons	sommes venu(e)s	venions	
	venez	êtes venu(e)(s)	veniez	
	viennent	sont venu(e)s	venaient	vinrent
vivre	vis	ai vécu	vivais	
	vis	as vécu	vivais	
vécu	vit	a vécu	vivait	vécut
	vivons	avons vécu	vivions	
	vivez	avez vécu	viviez	
	vivent	ont vécu	vivaient	vécurent
voir	vois	ai vu	voyais	
	vois	as vu	voyais	
vu	voit	a vu	voyait	vit
	voyons	avons vu	voyions	
	voyez	avez vu	voyiez	
	voient	ont vu	voyaient	virent
vouloir	veux	ai voulu	voulais	
	veux	as voulu	voulais	
voulu	veut	a voulu	voulait	voulut
	voulons	avons voulu	voulions	
	voulez	avez voulu	vouliez	
	veulent	ont voulu	voulaient	voulurent

Indicatif			Présent du conditionnel	Présent du subjonctif	Impératif
Plus-que-parfait	Futur	Futur antérieur			
avais suivi	suivrai	aurai suivi	suivrais	suive	
avais suivi	suivras	auras suivi	suivrais	suives	suis
avait suivi	suivra	aura suivi	suivrait	suive	
avions suivi	suivrons	aurons suivi	suivrions	suivions	suivons
aviez suivi	suivrez	aurez suivi	suivriez	suiviez	suivez
avaient suivi	suivront	auront suivi	suivraient	suivent	
étais venu(e)	viendrai	serai venu(e)	viendrais	vienne	
étais venu(e)	viendras	seras venu(e)	viendrais	viennes	viens
était venu(e)	viendra	sera venu(e)	viendrait	vienne	
étions venu(e)s	viendrons	serons venu(e)s	viendrions	venions	venons
étiez venu(e)(s)	viendrez	serez venu(e)(s)	viendriez	veniez	venez
étaient venu(e)s	viendront	seront venu(e)s	viendraient	viennent	
avais vécu	vivrai	aurai vécu	vivrais	vive	
avais vécu	vivras	auras vécu	vivrais	vives	vis
avait vécu	vivra	aura vécu	vivrait	vive	
avions vécu	vivrons	aurons vécu	vivrions	vivions	vivons
aviez vécu	vivrez	aurez vécu	vivriez	viviez	vivez
avaient vécu	vivront	auront vécu	vivraient	vivent	
avais vu	verrai	aurai vu	verrais	voie	
avais vu	verras	auras vu	verrais	voies	vois
avait vu	verra	aura vu	verrait	voie	
avions vu	verrons	aurons vu	verrions	voyions	voyons
aviez vu	verrez	aurez vu	verriez	voyiez	voyez
avaient vu	verront	auront vu	verraient	voient	
avais voulu	voudrai	aurai voulu	voudrais	veuille	
avais voulu	voudras	auras voulu	voudrais	veuilles	veuille
avait voulu	voudra	aura voulu	voudrait	veuille	
avions voulu	voudrons	aurons voulu	voudrions	voulions	veuillons
aviez voulu	voudrez	aurez voulu	voudriez	vouliez	veuillez
avaient voulu	voudront	auront voulu	voudraient	veuillent	

Réponses aux exercices

Module 1
Exercice 1
    1. vous 2. tu 3. vous 4. tu 5. tu
    6. vous 7. vous
Exercice 2
    1. e 2. d 3. a 4. c 5. b
Exercice 3
    1. f 2. g 3. c 4. a 5. d 6. b 7. f
Exercice 4
    1. Est-ce que c'est une table?
    2. Est-ce qu'il s'appelle Patrick?
    3. Qu'est-ce que c'est?
    4. Qui est-ce?
    5. Est-ce que c'est une chaise?
Exercice 5
    1. des professeurs 2. des
    étudiants 3. des pupitres
    4. des portes 5. des cahiers
    6. des bureaux
Exercice 6
    1. un 2. des 3. un 4. une 5. des
    6. une 7. un 8. des
Exercice 7
    1. tu 2. elle 3. ils 4. nous 5. elles
    6. vous
Exercice 8
    1. êtes 2. suis 3. est 4. sommes
    5. est 6. est 7. sont 8. sont 9. es
Exercice 9
    1. blonde 2. intelligente
    3. vieille, verte 4. beau 5. gentille
Exercice 10
    1. belle 2. intelligente 3. blonds
    4. courts 5. bruns 6. fort
    7. contents
Tout ensemble!
    1. allez-vous 2. Ça va 3. Et toi
    4. merci 5. une question
    6. grande 7. Qui est-ce 8. une
    9. bleue 10. un 11. s'appelle
    12. de 13. est 14. sommes

Module 2
Exercice 1
    1. aimes 2. préfères 3. chante
    4. cherchent, préfèrent
    5. regardez 6. habitons
Exercice 2
    1. écoutez, e 2. joue, d 3. parle, f
    4. manges, c 5. portons, a
    6. voyagent, b

Exercice 3
    1. Il aime bien danser.
    2. J'aime beaucoup les films...
    3. Elle n'aime pas du tout la
    musique classique.
    4. J'aime assez la musique
    brésilienne...
    5. Marc aime bien le cinéma...
Exercice 4
    1. danser 2. jouons 3. écoutez
    4. adorer
Exercice 5
    1. Vous ne regardez pas la
    télévision.
    2. Joëlle et Martine aiment le
    cinéma.
    3. Tu n'habites pas à Boston.
    4. Nous fermons la porte.
    5. Marc et moi, nous
    n'écoutons pas la radio.
    6. Tu n'étudies pas l'anglais.
    7. J'écoute le professeur.
Exercice 6
    1. la 2. les 3. la 4. l' 5. le
    6. l' 7. la 8. le 9. les 10. le
    11. le 12. le
Exercice 7
    1. le 2. la 3. la 4. les 5. le
    6. le 7. le 8. la 9. le 10. le
    11. Les 12. le
Exercice 8
    1. un 2. de 3. un 4. de 5. une
    6. de 7. des 8. de
Exercice 9
    1. le 2. le 3. le 4. le 5. le 6. de
    7. des 8. un 9. les 10. les 11. l'
    12. un 13. des 14. un (le)
Exercice 10
    1. ai 2. a 3. avez 4. avons 5. as
    6. ai 7. ont 8. a 9. ont
Exercice 11
    1. Gérard a des livres.
    2. Le directeur n'a pas de lampe.
    3. Le professeur d'anglais a un
    dictionnaire.
    4. Le professeur de maths n'a
    pas d'ordinateur.
    5. Les étudiants n'ont pas d'iPods.
    6. Les enfants ont des crayons.
    7. Vous n'avez pas de télévision.
    8. Les profs n'ont pas de vidéos.

Tout ensemble!
    1. a 2. cours 3. maths 4. préfère
    5. est 6. résidence 7. est 8. de
    9. piscine 10. stade 11. sont
    12. aiment 13. travaillent
    14. s'amuser (parler) 15. rester
    16. parlent (s'amusent)
    17. dansent 18. une
    19. dimanche 20. jouent

Module 3
Exercice 1
    1. mes 2. sa 3. Mon 4. Ta 5. Ma,
    mon, leur 6. nos
Exercice 2
    1. ta 2. mes 3. ma 4. mon 5. mon
    6. tes 7. Mes 8. Leur 9. tes 10. mes
Exercice 3
    1. venons 2. viens 3. viennent
    4. viens 5. venez 6. vient
Exercice 4
    1. de la 2. des 3. du 4. de la
    5. de l' 6. du
Exercice 5
    1. pessimiste 2. ennuyeuse
    3. compréhensive 4. enthousiastes
    5. paresseuses 6. gâtées
    7. méchantes 8. désagréable
    9. mignonnes
Exercice 6
    1. optimiste 2. active
    3. compréhensif 4. optimiste
    5. travailleuse 6. intelligente
    7. bien élevée 8. gentille
    9. indépendantes
    10. indifférentes
Exercice 7
    1. C'est une petite chambre
    lumineuse.
    2. Je préfère la jolie robe
    blanche.
    3. Voilà un jeune étudiant
    individualiste.
    4. J'aime les vieux films
    américains.
    5. Le sénateur est un vieil
    homme ennuyeux.
    6. Marc est un bel homme
    riche et charmant.
    7. Le Havre est un vieux port
    important.

8. Paris est une grande ville magnifique.

9. J'écoute de la belle musique douce.

Exercice 8

1. vieille photo 2. petite plante 3. tennis sales 4. vieilles cassettes 5. jolie fille blonde 6. chemise bleue 7. gros sandwich 8. mauvaise odeur 9. chambre agréable

Exercice 9

1. sur 2. à côté de 3. devant 4. entre 5. au-dessus du

Exercice 10

1. à côté de la 2. Devant 3. derrière la 4. en face de la 5. loin du 6. entre

Exercice 11

1. La télé est en face du lit.
2. Il y a un couvre-lit sur le lit.
3. La table de nuit est près du lit.
4. Il y a des livres sur l'étagère.
5. Le tapis est devant le lit.
6. Il y a un miroir au-dessus du lavabo.

Tout ensemble!

1. vient 2. de 3. loue 4. de la 5. petit 6. meublé 7. son 8. belle 9. grand 10. française 11. nouveau 12. bons 13. récents 14. ses 15. viennent 16. leurs 17. sa 18. jeune 19. travailleuse

Module 4

Exercice 1

1. musicienne 2. employée 3. cuisinière 4. vendeuse 5. canadienne 6. serveuse 7. femme d'affaires 8. artiste italienne

Exercice 2

1. C'est 2. Elle est 3. Ils sont 4. C'est 5. Elle est 6. Ce sont 7. Il est

Exercice 3

1. à l' 2. à l' 3. à la 4. à la 5. au 6. aux 7. au 8. à l'

Exercice 4

1. Vous allez à la montagne.
2. Ils vont aux courts de tennis.
3. Nous allons à la bibliothèque.
4. Il va à l'église.
5. Elle va à la pharmacie.
6. Tu vas à la librairie.
7. Je vais au café.

Exercice 5

1. me 2. se 3. nous 4. s' 5. se 6. nous 7. se 8. te 9. te

Exerice 6

1. me lève 2. m'habille 3. me dépêche 4. se lève 5. se couche 6. nous relaxons

Exercice 7

1. nous levons 2. m'habille 3. nous dépêchons 4. nous retrouvons 5. nous relaxons 6. me couche

Exercice 8

1. c 2. b 3. a 4. c 5. c

Exercice 9

1. Vous faites la grasse matinée ce matin.
2. Évelyne fait le ménage quand sa camarade de chambre est au bureau.
3. Philippe et moi faisons de la (une) randonnée à la campagne.
4. Les frères Thibaut jouent au football.
5. Tu joues au basket-ball.
6. Je fais de la guitare après mes cours.
7. Anne et toi jouez du piano ensemble.

Exercice 10

Answers will vary. Sample answers:

1. Martine, qu'est-ce qu'elle fait? Elle fait une promenade.
2. Jean-Claude et moi, qu'est-ce que nous faisons? Nous jouons aux cartes.
3. Philippe, qu'est-ce qu'il fait? Il joue au football.
4. Les gosses, qu'est-ce qu'ils font? Ils font leurs devoirs.
5. Tante Hélène, qu'est-ce qu'elle fait? Elle fait le ménage.
6. Papa, qu'est-ce qu'il fait? Il fait de la natation.

Exercice 11

1. vont aller 2. allons faire 3. ne va pas sortir 4. ne vas pas aller 5. allez danser 6. ne vais pas être

Exercice 12

1. ne vais pas aller 2. vais rester 3. vais retrouver 4. allons faire 5. va prendre 6. allons faire 7. allons écouter 8. allons jouer 9. allez faire 10. allez rester

Tout ensemble!

1. C'est 2. ans 3. va 4. travail 5. médecin 6. à l' 7. cadre 8. métier 9. banque 10. est 11. du 12. de la 13. sportif 14. faire 15. au tennis 16. se lève 17. bénévole 18. se relaxer 19. informatique 20. langues 21. voyager 22. institutrice 23. fait un stage

Module 5

Exercice 1

1. veux 2. veux 3. peux 4. dois 5. voulez 6. pouvons 7. fait 8. peut 9. doit 10. veux

Exercice 2

1. aimerais 2. voudrais 3. aimerait 4. voudrais 5. aimerait 6. voudrais

Exercice 3

1. partez 2. sort 3. servons 4. dorment 5. pars 6. sors

Exercice 4

1. dormons 2. sortez 3. part 4. partent 5. sers 6. sortons

Exercice 5

1. Marie-Josée 2. Luc et Jean 3. Hélène et Monique 4. Max 5. Mohammed et moi

Exercice 6

1. lui 2. Nous 3. toi 4. moi 5. vous 6. Moi 7. toi 8. eux 9. elles 10. elles 11. lui 12. lui 13. lui 14 moi

Exercice 7

1. prenez 2. prends 3. prends 4. prenons 5. prend

Exercice 8

1. attends 2. perd 3. buvons 4. réponds 5. rendent 6. attendons 7. vend 8. apprenez

Exercice 9

1. attends 2. attends 3. entends 4. prenez 5. prends 6. est 7. comprenons

Exercice 10

1. Tu aimes danser, n'est-ce pas?
2. Est-ce que tu es nerveux (nerveuse) quand tu es avec mes parents?
3. Tes parents sont compréhensifs?
4. Est-ce que tu aimes lire, passer du temps sur ton ordinateur ou regarder la télévision le soir?
5. Il joue bien, hein?

6. Il est important d'être romantique et affectueux (affectueuse), n'est-ce pas?

Exercice 11

1. D'où êtes-vous?
2. Enseignez-vous les sciences politiques?
3. Est-ce votre première visite aux États-Unis?
4. Votre famille est-elle ici avec vous?
5. Avez-vous des enfants?
6. Votre mari est-il professeur aussi?
7. Parle-t-il anglais?
8. Pensez-vous rester aux États-Unis?

Exercice 12

1. Comment 2. Où 3. Qui
4. Pourquoi 5. Qu'est-ce que
6. comment 7. D'où
8. Combien de 9. Quels 10. Quel

Tout ensemble!

1. voulez 2. voudrais 3. pour
4. sortent 5. Où 6. est-ce que
7. moi 8. Pourquoi 9. prenez
10. À quelle 11. dois
12. Qu'est-ce que 13. devons
14. toi 15. sors 16. Quelle

Module 6

Exercice 1

1. parlé 2. voyagé 3. fait 4. vu
5. joué 6. eu 7. pris 8. dormi
9. reçu 10. choisi 11. fini 12. été

Exercice 2

1. vu 2. perdu, trouvé 3. fait
4. reçu, répondu 5. téléphoné, parlé

Exercice 3

1. ont salué 2. ont voyagé
3. a regardé, a écouté, a dormi
4. a appelé 5. a pris
6. ont bu, ont regardé

Exercice 4

il y a, L'été dernier, hier soir, ce matin, Ce soir

Exercice 5

1. est allé 2. sommes arrivés
3. sommes entrés
4. sont venus 5. est monté
6. est restée 7. est tombé
8. est descendue 9. sont morts
10. est remontée 11. sommes ressortis 12. sommes remontés
13. suis reparti

Exercice 6

1. sommes allés 2. a pris

3. a emprunté 4. avons quitté
5. sommes passés 6. est sorti
7. avons roulé 8. sommes arrivés 9. avons installé
10. a dormi 11. sommes partis

Exercice 7

1. maigrissez, grossissez
2. réfléchis 3. choisissez
4. finissons 5. grandissent
6. rougissons 7. obéis 8. réussit

Exercice 8

1. a choisi 2. réussit 3. agit
4. obéissent 5. finissent
6. réussissent 7. rougit

Exercice 9

1. Oui, je les aime. (Non, je ne les aime pas.)
2. Oui, je la regarde avec mes amis. (Non, je ne la regarde pas avec mes amis.)
3. Je l'écoute à la radio. (Je l'écoute avec mon iPod.)
4. Oui, je vais la voir. (Non, je ne vais pas la voir.)
5. Oui, je les ai achetés en ligne. (Non, je ne les ai pas achetés en ligne.)
6. Oui, je la cherche. (Non, je ne la cherche pas.)

Exercice 10

1. M. et Mme Montaud viennent de jouer aux cartes.
2. Yvette vient de travailler à l'ordinateur.
3. Mme Ladoucette vient de faire une promenade dans le parc avec son chien.
4. Véronique vient de prendre des photos du coucher de soleil.
5. Stéphane vient de perdre ses lunettes.

Exercice 11

1. vient 2. a obtenu 3. est venue
4. tient 5. devient

Tout ensemble!

1. viens d' 2. il y a 3. dernière
4. suis partie 5. suis tombée
6. a été 7. ai eu 8. suis arrivée
9. n'ai pas pu 10. suis entrée
11. est devenu 12. a commencé
13. ai appris 14. suis rentrée

Module 7

Exercice 1

1. préférez, préfère, préfère, préfèrent
2. achetez, achètent, achetons, achète

3. mangez, mangeons, manger, mange, mange
4. commencer, commençons, espère

Exercice 2

1. préfère 2. ai commencé
3. ai appelé 4. espère 5. ai acheté
6. avons mangé 7. ont acheté (achètent) 8. a acheté (achète)

Exercice 3

1. du, du, de la, du (un), du (un), de 2. de la (une), du, des, de l' (une) 3. de, de la (une), de la (une), des, des, des, du, du, de, de la

Exercice 4

1. de l' 2. du (un) 3. le
4. du (un) 5. de 6. du 7. des
8. la 9. du 10. de la
11. de la (une) 12. de

Exercice 5

1. assez de 2. d' 3. des 4. de la
5. du 6. de la 7. 100 g de 8. une douzaine d' 9. du 10. de

Exercice 6

1. M. Laurent achète un paquet de beurre, une douzaine d'œufs et 200 g de fromage (une omelette au fromage).
2. Paulette achète un litre d'huile d'olive, une bouteille de vinaigre, 500 g de tomates et une salade (une salade de tomates).
3. Jacques achète trois tranches de pâté, un morceau de fromage, une baguette et une bouteille de vin (des sandwichs au fromage et au pâté).
4. Mme Pelletier achète un peu d'ail, 250 g de beurre et une douzaine d'escargots (des escargots à l'ail).
5. Nathalie achète un melon, un ananas, trois bananes et une barquette de fraises (une salade de fruits).

Exercice 7

1. Tu veux un coca? (d)
2. Vous avez combien de riz? (c)
3. Tu as acheté du vin? (c)
4. Tu as du lait? (d)
5. Marthe a un mari? (c)

Exercice 8

1. Oui, j'en veux.
2. Non, je ne vais pas en prendre.

3. Oui, ils en prennent.

4. Non, je n'en prends pas.

5. Oui, j'en prends.

6. Oui, j'en mange souvent.

Exercice 9

1. mettez 2. mets, met

3. mettons 4. se met

5. permettons

Exercice 10

1. b, d 2. b, c 3. a, c, d 4. b

5. b, d 6. b, c 7. a, b, d 8. c, d

Exercice 11

1. les 2. la 3. l' 4. les 5. l'

6. nous (m') 7. t'

Exercice 12

1. Ils te trouvent très gentille aussi.

2. Oui, tu peux les voir.

3. Oui, j'en voudrais une.

4. Oui, nous allons les inviter à dîner bientôt.

5. Oui, je les aime beaucoup.

6. Oui, ma famille en mange toujours aussi.

Exercice 13

1. Attendez 2. Passe

3. ne mange pas 4. prends

5. Va 6. Sois 7. aidez 8. Bois

Exercice 14

1. Oui, invitons Jérôme.

2. Non, ne faisons pas de pique-nique.

3. Oui, allons dîner dans un restaurant.

4. Oui, rentrons chez nous après.

5. Oui, achetons un gros gâteau au chocolat.

6. Non, n'achetons pas de glace.

7. Oui, prenons du champagne.

Tout ensemble!

1. La 2. Commençons 3. belles

4. en 5. de 6. des 7. choisis

8. côtelettes 9. du 10. préfères

11. d' 12. de l' 13. Prenons

14. mangeons 15. Achetons

16. mets 17. de la 18. pain

19. Va 20. boucherie

21. N'achète pas 22. espère 23. te

Module 8
Exercice 1

1. habitait 2. était 3. vivait

4. travaillait 5. portait

6. restais 7. enlevais

8. arrivaient 9. aidaient

10. jouions 11. mangeait

12. devions

Exercice 2

1. où 2. qui 3. qui 4. qu' 5. où

6. où 7. où 8. qui 9. que

Exercice 3

1. dit 2. écrivons 3. lire 4. lit

5. écris 6. lisons 7. écrivent

8. Écrivez 9. dis

Exercice 4

1. D 2. I 3. I 4. D 5. I 6. D 7. I

8. D 9. D 10. I

Exercice 5

1. d 2. c 3. e 4. b 5. a

Exercice 6

1. Oui, elle lui offre un cadeau d'anniversaire.

2. Non, elle ne leur prête pas ses vêtements.

3. Oui, elle lui téléphone régulièrement.

4. Non, elle ne lui dit pas de nettoyer sa chambre.

5. Non, elle ne lui a pas emprunté d'argent.

6. Oui, elle va leur envoyer une carte de Noël.

7. Oui, elle va lui demander des conseils.

8. Oui, elle leur a expliqué pourquoi elle a eu une mauvaise note en chimie.

Exercice 7

1. Mon frère aîné est plus fort que mon frère cadet.

2. Brad Pitt est aussi populaire en France qu'aux États-Unis.

3. Le rap français est moins violent que le rap américain.

4. Les robes des couturiers comme Christian Lacroix sont plus chères que les robes de prêt-à-porter.

5. Le casino de Monte Carlo est plus classique que les casinos de Las Vegas.

6. Une Porsche est aussi rapide qu'une Ferrari.

Exercice 8

1. Le pain au supermarché est moins bon que le pain à la boulangerie.

2. La bière allemande est meilleure que la bière américaine.

3. L'hiver à Paris est moins bon que l'hiver à Nice.

4. Les pâtisseries françaises sont meilleures que les beignets au supermarché.

5. Le vin anglais est moins bon que le vin français.

6. La circulation à Paris est moins bonne que la circulation hors de la ville.

7. Le chocolat belge est aussi bon que le chocolat suisse.

Exercice 9

1. It was a winter night in Grenoble; it was very cold and snow was falling with huge snowflakes. (imparfait)

2. In the house, the narrator was listening to Beethoven and was writing a letter to Maurice, her friend who was studying at Cambridge. (imparfait)

3. Suddenly, she heard some noise. It was as if something was thumping against the wall of the house. (passé composé, imparfait)

4. She opened the door but there wasn't anything. (passé composé, imparfait)

5. She started writing her letter again. (passé composé)

6. A few minutes later, a snowball exploded against the window. She looked through the curtains and there, in the yard, she saw a man. (passé composé)

7. She was going to call the police. (imparfait)

8. But, when he turned himself towards her, she recognized Maurice's face. He was back. (passé composé, imparfait)

Exercice 10

Partie A

1. I 2. I 3. I 4. I 5. PC 6. PC

7. I 8. PC 9. PC 10. PC

Partie B

2. Le temps était doux et ensoleillé.

5. Soudain, j'ai entendu quelqu'un.

7. C'était mon ami Michel.

8. Michel m'a invité à aller manger de la pizza avec lui.

Tout ensemble!

1. que 2. où 3. allions 4. étais

5. pouvais 6. voulais 7. plus

8. étais 9. était 10. qui

11. mangeait 12. que

13. envoyait 14. moins 15. ai

trouvé 16. espionnions 17. me 18. moins 19. aussi 20. t' 21. écrit

Module 9

Exercice 1
1. Ottawa 2. Les États-Unis 3. le Québec 4. St-Pierre-et-Miquelon 5. Le Manitoba 6. au nord-ouest du 7. Le Maine

Exercice 2
1. de, en 2. d', à 3. du, au 4. du, aux 5. d', à 6. d', au

Exercice 3
1. à, au, d', les 2. du, en, à, au, au 3. de, du, de la, la, la, Au

Exercice 4
1. a, b, d 2. a, b, d 3. c, e 4. b, d

Exercice 5
1. Oui, il y en a. 2. Oui, il y en a. 3. Oui, il y en a. 4. Oui, il y en a quatre. 5. Non, il y en a deux. 6. Non, il n'y en a pas.

Exercice 6
1. Tu veux y aller avec moi? 2. Euh, je ne peux pas y aller parce que je dois aller à l'université. 3. À l'université? Pourquoi est-ce que tu y vas aujourd'hui? 4. Eh bien, normalement, je n'y vais pas le samedi après-midi, mais j'ai un examen important lundi. 5. À quelle heure est-ce que tu y vas? 6. Non, je n'y pense pas trop. 7. Il faut que j'y pense si je veux devenir médecin.

Exercice 7
1. moins de 2. plus de 3. plus de 4. d'aussi 5. mieux 6. mieux

Exercice 8
Partie A
1. f 2. d 3. e 4. c 5. a 6. b
Partie B
1. les meilleurs joueurs de hockey 2. la chanteuse francophone la plus connue 3. le sirop d'érable le plus délicieux

Exercice 9
1. plus de, plus 2. moins bien 3. la plus, plus de 4. la plus 5. mieux 6. plus de 7. aussi bien

Exercice 10
1. il vaut mieux prendre

2. il vaut mieux faire 3. il ne faut pas réserver 4. il vaut mieux parler 5. il faut montrer 6. Il faut porter

Exercice 11
1. Tu connais Paul, n'est-ce pas? / Tu sais que Paul est en Égypte, n'est-ce pas? / Tu sais quand il pense revenir? 2. Elle sait que nous préférons un billet moins cher. / Elle sait trouver les meilleurs prix. / Elle connaît bien la Suisse. 3. Vous savez que moi, je suis très impatiente. / Vous savez la date de mon départ? / Vous connaissez les meilleurs centres de vacances? 4. Nous savons le numéro de téléphone de l'Hôtel d'Or. / Nous savons où se trouve l'Hôtel Roc. / Nous connaissons tous les hôtels de la région. 5. Sais-tu parler italien? / Connais-tu les catacombes? / Connais-tu une bonne pizzeria?

Exercice 12
1. connais, sait 2. Connaissez, Savez, sais 3. Connais, sais, connaissent 4. connais, ai connu, savait, connaît

Tout ensemble!
1. à 2. projets 3. tour 4. agence de voyages 5. vol 6. classe touriste 7. De 8. au 9. connaît 10. sait 11. francophone 12. plus 13. désert 14. climat 15. aussi 16. en 17. Il faut 18. frontières 19. sèche 20. océan

Module 10

Exercice 1
1. ne me lève pas 2. se lève 3. se douche 4. me rase 5. me brosse 6. nous habillons 7. nous amusons 8. me coucher

Exercice 2
1. se 2. se regarde 3. les 4. regarde 5. se lève 6. lave 7. vous 8. s'

Exercice 3
1. Je me suis levée à neuf heures. 2. Je me suis douchée. 3. Je ne me suis pas lavé les cheveux.

4. Ensuite, j'ai bu du café et je me suis dépêchée d'aller chez ma copine Anaïs. 5. Nous nous sommes promenées au parc jusqu'à midi. 6. Et toi, est-ce que tu t'es amusé(e) samedi matin?

Exercice 4
1. s'est réveillée 2. s'est lavé 3. ne s'est pas rasée 4. s'est brossé les dents 5. s'est promenée

Exercice 5
1. s'est levé 2. a pris 3. avons eu 4. nous sommes dépêchés 5. a déjeuné 6. nous sommes reposés 7. nous sommes promenés 8. avons écouté 9. ai joué 10. nous sommes couchés

Exercice 6
1. Dépêche-toi! On t'attend. 2. Ferme (Fermez) la porte à clé. 3. Prenons le bus. 4. Achetons les provisions à l'épicerie Dupont. 5. Va chercher le jus d'orange. Moi, je m'occupe du pain. 6. Ne vous disputez pas. Cette marque est aussi bonne que l'autre. 7. Paie avec ton argent. J'ai payé la dernière fois. 8. N'utilisons pas de sacs en plastique!

Exercice 7
Partie A
1. Levez-vous plus tôt. 2. Ne te rase pas alors. 3. Lave-toi les mains. 4. Couche-toi moins tard. 5. Séchez-vous. 6. Brossez-vous les dents.
Partie B
1. Il faut se lever plus tôt. 2. Il ne faut pas se raser alors. 3. Il faut se laver les mains. / Tu veux bien te laver les mains? 4. Il faut se coucher moins tard. 5. Il faut se sécher. 6. Il faut se brosser les dents.

Exercice 8
1. La chambre d'Émilie par contre n'est jamais bien rangée. 2. Mais, personne ne téléphone à Emmanuelle. 3. ...mais Emmanuelle n'habite plus chez ses parents. 4. Émilie ne travaille pas et elle ne gagne rien.

5. Sa sœur, elle, n'a pas encore de rendez-vous.
6. Moi non plus.
7. Mais si, elles s'entendent bien!

Exercice 9
1. Je n'ai qu'une sœur.
2. Vous n'êtes arrivé qu'hier?
3. Tu ne veux te reposer qu'en regardant la télé?
4. Je n'aime que toi.
5. Ils ne vont qu'au supermarché.

Tout ensemble!
1. se réveille 2. se lève
3. salle de bains 4. se douche
5. se sèche 6. se maquille
7. s'habille 8. chambre
9. réveille 10. cuisine 11. frigo
12. four à micro-ondes
13. qu' 14. jamais 15. leur
16. se dépêcher

Module 11
Exercice 1
1. aurai 2. sera 3. trouverons
4. parlera 5. ferons 6. fabriqueront
7. pourra 8. sera

Exercice 2
1. seront, visiteront 2. sera, ira
3. serons, prendrons 4. seras, feras 5. serai, me baignerai

Exercice 3
Answers may vary. Possible answers:
1. Tu auras de bonnes notes si tu étudies.
2. Si vous ne mangez pas mieux, vous tomberez malade.
3. Ma mère viendra au campus quand elle pourra.
4. Je resterai chez moi ce soir si j'ai besoin d'étudier.
5. Nous serons en retard si nous ne nous dépêchons pas.
6. Mes parents ne seront pas contents si je rate mes examens.
7. Si mon copain (ma copine) oublie mon anniversaire, je me mettrai en colère.

Exercice 4
1. de 2. d'un 3. de 4. de
5. de 6. d'une

Exercice 5
1. Avec qui est-ce que tu voyages?
2. À qui est-ce nous pouvons demander des renseignements?

3. À qui est-ce que le guide parle?
4. De quoi est-ce que vous avez besoin?
5. De qui est-ce qu'elle a besoin?
6. À qui est-ce qu'elle pense?
7. À quoi est-ce que vous assistez?
8. À qui est-ce que tu apportes des fleurs?

Exercice 6
Answers may vary. Possible answers:
1. Non, je ne les ai pas regardées.
2. Oui, je les ai faits.
3. Oui, je l'ai écoutée.
4. Non, je ne les ai pas vus.
5. Oui, je l'ai pris.
6. Non, je ne les ai pas arrosées.
7. Oui, je l'ai fait.
8. Non, je ne les ai pas lues.

Exercice 7
1. mangés 2. vues 3. rencontrés
4. laissées 5. achetés 6. faites
7. achetés

Exercice 8
1. crois 2. vois 3. vois 4. vois
5. croient 6. voient 7. crois 8. voir

Tout ensemble!
1. crois 2. recevrez 3. serai
4. avons rencontrés 5. ont trouvée 6. irons 7. d' 8. ne voit pas 9. ferai (vais faire)
10. ai achetés 11. prendrons
12. arriverons 13. pourrai
14. Avec 15. reverrons

Module 12
Exercice 1
1. Ce qui m'ennuie, c'est le conformisme.
2. Ce que j'apprécie, ce sont mes copains et ma famille.
3. Ce que je n'aime pas, c'est être malade.
4. Ce que je désire, c'est trouver quelqu'un de bien qui me comprend.
5. Ce qui m'ennuie, ce sont les gens qui parlent toujours d'eux-mêmes.
6. Ce qui m'impressionne, c'est la cuisine marocaine.
7. Ce qui m'énerve, c'est l'hypocrisie.

Exercice 2
1. ce qui, ce qui 2. ce que 3. ce qu' 4. Ce qui 5. ce que 6. Ce qui

Exercice 3
1. ces, ces 2. ce, ce 3. cette, ce
4. ce, cette 5. cette, ce

Exercice 4
1. Cette 2. Ces 3. Ce 4. Ces
5. Ce 6. Cet

Exercice 5
1. Lequel? Ce jean-ci ou ce jean-là?
2. Laquelle? Cette chemise-ci ou cette chemise-là?
3. Lequel? Ce pull-over-ci ou ce pull-over-là?
4. Lequel? Ce livre-ci ou ce livre-là?
5. Lesquelles? Ces baskets-ci ou ces basket-là?

Exercice 6
1. c 2. e 3. f 4. b 5. a 6. g 7. d

Exercice 7
1. la lui 2. les leur 3. la lui
4. y en 5. la leur

Exercice 8
1. Je te la prête. 2. Non, je ne les y ai pas vues. 3. Donne-le moi.
4. Achètes-en. 5. Moi, j'aimerais bien vous en préparer. / Ne m'en prépare pas.

Exercice 9
1. m'ennuie 2. paies 3. essaie
4. envoie 5. essaie 6. payons
7. dépenses

Exercice 10
1. gagnons 2. dépensons
3. essaie 4. dépense 5. paie
6. épargnent 7. envoient
8. payer (dépenser) 9. ennuie

Tout ensemble!
1. Ce qui 2. ce sont
3. consommation 4. dépensent
5. fringues 6. ciné 7. portable
8. le lui 9. paient 10. leur 11. y
12. leur en 13. ce que

Module 13
Exercice 1
1. Rachid a mal à la gorge.
2. Nous avons mal aux jambes.
3. Vous avez mal aux yeux.
4. Sacha et Karina ont mal aux oreilles.
5. Vanessa a mal à la cheville.
6. Il a mal au dos.

Exercice 2
1. a sommeil 2. a mal à la tête
3. as l'air 4. ai du mal à 5. ai hâte d' 6. a l'occasion 7. envie
8. a peur 9. avoir de la chance

10. a honte 11. avez de la patience 12. tort

Exercice 3

1. Ces femmes ont l'air très jeunes.
2. Ces garçons ont l'air de bien s'amuser.
3. Cet homme a l'air d'attendre quelqu'un.
4. La mère sur le banc a l'air très ennuyée.
5. La petite blonde a l'air malheureuse.
6. L'homme au chapeau a l'air de chercher quelque chose.

Exercice 4

1. Anne a de terribles migraines depuis l'âge de dix ans.
2. Simone répète la même phrase depuis dix ans.
3. Agnès a peur de l'eau depuis son accident de bateau.
4. Sophie a horreur des hôpitaux depuis son enfance.
5. Monsieur Monneau a peur de monter dans un avion depuis que son parachute ne s'est pas ouvert.
6. Jeanne fait une dépression depuis que son chien est mort.
7. Madame Leclerc n'a pas conduit depuis son accident il y a cinq ans.
8. Guy n'est pas sorti avec ses copains depuis sa rupture avec Alice.

Exercice 5

1. franc 2. absolu 3. différent 4. évident 5. naturel 6. vague 7. actif 8. suffisant

Exercice 6

1. silencieusement
2. naturellement 3. constamment
4. heureusement 5. apparemment
6. régulièrement 7. vraiment
8. récemment 9. couramment
10. doucement

Exercice 7

1. lentement 2. tranquillement
3. fixement 4. silencieusement
5. énergiquement 6. patiemment

Exercice 8

1. mangiez 2. mette 3. soyons
4. preniez 5. fasse 6. aies

Exercice 9

1. sorte 2. aller 3. sois 4. boire
5. prennent 6. dormir
7. puissiez 8. fassions

Exercice 10

1. écrive 2. finissions 3. soyons
4. étudier 5. répondent 6. aille
7. inviter 8. fassions

Exercice 11

1. Il faut que tu mettes de la crème solaire pour protéger ta peau.
2. Il est nécessaire que vous fassiez un régime et brûliez des calories en faisant de l'exercice chaque jour.
3. Il vaut mieux que tu dormes davantage.
4. Je vous recommande de faire de la musculation.
5. Je vous conseille de faire du yoga.
6. Il est essentiel que tu te brosses les dents après chaque repas.
7. Tu dois te laver le visage régulièrement avec du savon.
8. Il faut étudier plus souvent.

Tout ensemble!

1. besoin 2. franchement
3. envie 4. air 5. mal 6. sommeil
7. Évidemment 8. travaille
9. vachement 10. finalement
11. Malheureusement
12. peur 13. absolument
14. honte 15. vraiment
16. faire 17. sortes
18. téléphoner 19. fasses
20. régulièrement

Module 14

Exercice 1

1. s'écrivent, se téléphonent
2. se voient 3. déteste
4. s'entendait, se disputer
5. marier 6. nous revoyons
7. demandent

Exercice 2

1. s'occupe 2. vous rendez compte 3. se dépêcher 4. vous fâchez 5. me demande

Exercice 3

1. amusé(e)s 2. brossé 3. parlé
4. rencontrés, écrit, retrouvés
5. dépêchée 6. vues, parlé

Exercice 4

1. ceux 2. celui 3. ceux 4. celle
5. celui 6. celui 7. celles 8. celles

Exercice 5

1. Tu devrais... 2. Nous préférerions... 3. Nous voudrions... 4. Pourriez-vous... 5. Serait-il... 6. Vous devriez...

Exercice 6

1. verrais 2. aurait 3. étudierais
4. aurions 5. offrirais
6. passerait 7. devraient
8. répondrais

Exercice 7

1. s, S 2. c, I 3. s, S 4. c, I 5. s, S
6. d, S

Exercice 8

1. Je regrette que tu ne fasses pas de sport.
2. Nous sommes contents que vous arriviez demain.
3. François est triste que Jeanne ne veule pas le revoir.
4. Nous avons peur qu'elle perde son argent.
5. Ma mère est furieuse que je sorte avec Pierre.
6. Je suis heureux que tu puisses venir tout de suite.
7. Anne-Marie est désolée que son ami soit malade.
8. Nous sommes surpris que vous aimiez ce film.

Exercice 9

1. sait 2. sont 3. vienne 4. a
5. dise 6. fassiez

Tout ensemble!

1. doit 2. celle 3. équilibrer
4. prenne 5. se disputer
6. iraient 7. fasse 8. a 9. aille
10. comprenne 11. est 12. celui
13. se méfient

Vocabulaire français–anglais

This list contains the words and expressions actively taught in *Motifs,* including the **Vocabulaire fondamental** and other frequently used supplemental words. The number references indicate the chapter where the words are introduced; **s** following the number indicates that the word appears within the **Vocabulaire supplémentaire.** To facilitate study at home, words used in exercise directions are also listed. In subentries, the symbol — indicates the repetition of the key word.

Nouns are presented with their gender, irregular plural forms, and familiar forms. Adjectives are listed in the masculine form with regular feminine endings and irregular feminine forms following in parentheses. Verb irregularities such as spelling changes and irregular past participles are also included. Words marked with * begin with an **h aspiré.**

The following abbreviations are used.

adv. adverb	*m.* masculine
conj. conjunction	*pl.* plural
f. feminine	*p.p.* past participle

A

à to, at, in; **— côté (de)** next to, by 3; **— droite (de)** to the right (of) 11; **— gauche (de)** to the left (of) 11; **— pied** on foot 4; **au bout de** at the end of 11 s; **au-dessous (de)** underneath 3; **au-dessus (de)** above 3; **au printemps** in spring 7 **au revoir** good-bye 1
absolument absolutely 13
accident *m.* accident 4 s
accompagner to accompany
accord *m.* agreement; **d'—** OK, all right 5
accorder to grant
accouchement *m.* delivery (of a baby) 13 s
accrocher to hook, hitch on 6 s
accueillir to welcome, greet 11 s
achat *m.* purchase 12
acheter (j'achète) to buy 7
acteur/trice *m., f.* actor 1 s, 4
actif(-ive) active 3
activement actively 13
activité *f.* activity 1
actualités (les actus, *fam***)** *f. pl.* news 6
addition *f.* check, tab (at a restaurant) 5
admirer to admire 11
adorer to love, adore 2
adresse *f.* address 2; **— courriel** *f* e-mail address 1
adulte *m., f.* adult 6
adultère *m.* adultery 14 s
aérobic *f.* aerobics; **faire de l'** — to do aerobics 9 s
aéroport *m.* airport 4
affaire *f.* affair, business; **une bonne** — a bargain 12 s; **homme (femme) d'affaires** *m., f.* businessman (businesswoman) 4
affiche *f.* poster 3
africain(e) African
Afrique *f.* Africa
âge *m.* age 2; **quel — avez-vous?** how old are you? 2; **d'un certain —** middle aged 1
âgé(e) old, elderly (person) 1
agence *f.* agency; **— de voyages** travel agency 9

agenda *m.* personal datebook 4
s'agenouiller to kneel 13 s
agent *m.* agent 4; **— de police** *m., f.* policeman/woman 4; **— de voyages** *m., f.* travel agent 9; **— immobilier** real estate agent
agir to act 6; **il s'agit de…** it's about…Récap
agneau *m.* lamb 7 s, 15 s
agréable likeable 3
agriculteur(-trice) *m., f.* agriculturalist, farmer 4 s
aider to help 4
ail *m.* garlic 7 s
ailleurs elsewhere
aimer to like, love 2; **— bien** to like 2; **— mieux** to prefer 2
aîné(e) older (brother/sister) 3 s
ainsi thus
air *m.* air; **avoir l'— de** to seem, look 13; **en plein —** outdoors 7
ajouter to add 7 s
album de photos *m.* photo album 8
alcoolisé(e) containing alcohol
alimentation *f.* food, diet 7 s
allégé(e) reduced fat/calories 7 s
allemand(e) German 4; *m.* German language 2
aller to go 4; **— voir** to go see 5; **comment allez-vous?** how are you? 1; **s'en —** to go away 14 s
allergie *f.* allergy 13 s
allergique allergic 7 s
alliance *f.* wedding ring 14 s
allô hello (on the telephone) 5
allumette *f.* match 11 s
alors then, therefore; **et —?** and then? 6
alphabétisme *m.* literacy rate 9
amant(e) *m., f.* lover 15 s
ambitieux(-ieuse) ambitious 14 s
aménagé(e) with all the amenities 11 s
aménagement *m.* amenities, layout of a room 3 s
amener (j'amène) to bring, take along (a person) 6
américain(e) American
Amérique *f.* America, the Americas; **— du Nord** North America; **— du Sud** South America

ami(e) *m., f.* friend 1; **petit(e) —** boyfriend/girlfriend
amitié *f.* friendship 14
amour *m.* love 14
amoureux(-euse) in love; **tomber — de** to fall in love with 14
amphithéâtre *m.* amphitheater, lecture hall 2 s
amusant(e) funny 1
amuser to amuse; **s'—** to have fun, enjoy oneself 2, 10
an *m.* year 2; **avoir (dix-huit) ans** to be (18) years old 2
ananas *m.* pineapple 7 s
ancêtre *m., f.* ancestor 6 s
anchois *m.* anchovies 7 s
ancien(ne) former, old 9
anglais(e) English 4; *m.* English language 2
animal *m.*(*pl.* **animaux**) animal 3; **— familier, — domestique** house pet 8
animé(e) lively 9 s, 11
année *f.* year 2 s
anniversaire *m.* birthday 2
annoncer to announce
anthropologie *f.* anthropology 2
antilope *f.* antilope 9 s
août August 2
apercevoir to see 14 s; **s'—** to notice 14 s
appareil *m.* device; **— ménager** appliance 10; **— photo** camera 12
appartement *m.* (*fam.* **appart**) apartment 3
appartenir à to belong to 6 s
appeler (j'appelle) to call 5 s, 7; **Comment vous appelez-vous?** What is your name?; **je m'appelle** my name is 1; **s'—** to be named 7
appétit: bon — enjoy your meal 10
apporter to bring, carry 11
apprécier to appreciate 12
apprendre (*p.p.* **appris**) to learn 5
apprentissage *m.* apprenticeship 16
approprié(e) appropriate
après after 4; then 6
après-midi *m.* afternoon 4
aquarium *m.* aquarium 3 s
association caritative *f.* charity, non-profit organization 14 s

arabe *m.* Arabic 2

arbre *m.* tree 2 s

architecte *m., f.* architect 4 s

ardoise *f.* writing slate 8 s

argent *m.* money 4

armoire *f.* armoire, closet 10

s'arranger to resolve itself, work out 10 s

arrête! stop it! 8

arrêter to stop; to arrest; — (de) to stop (doing something) 10 s, 13

arriver to arrive 4; to happen 10 s

art dramatique *m* drama 2

article *m.* article 6

artiste *m., f.* artist 4 s

ascenseur *m.* elevator 11

Asie *f.* Asia

asperges *f. pl.* asparagus 7

aspirateur *m.* vacuum cleaner 10; passer l' — to vacuum 10

aspirine *f.* aspirin 13

asseoir (*p.p.* assis) to seat; asseyez-vous sit down 1; s'— to sit down

assez somewhat, sort of 1; — bien fairly well 2; — de enough of 7

assiette *f.* plate 7

assister (à) to attend 11

assurance *f.* insurance 13 s

athlète *m., f.* athlete 4 s

atmosphère *f.* atmosphere 11

attaquer to attack Récap

attendre to wait (for) 5; s'— à to expect to 14

attention *f.* attention

attirer to attract Récap

attraction *f.* attraction 11

attraper to catch

auberge *f.* inn 11; — de jeunesse youth hostel 11

augmenter to increase 16

aujourd'hui today 2

auparavant previously

aussi also 1; —...que as . . . as 8; moi — me too 1

aussitôt que as soon as 11

austère austere, simple 11 s

Australie *f.* Australia

autant as much, as many 9; — de (travail) que... as much (work) as . . . 9

auteur *m.* author Récap

autobus *m.* bus 9

autocar *m.* bus 9

automne *m.* autumn 2; en — in autumn 9

autoroute *f.* highway 6 s

autre other, another 9

autrefois formerly, in the past 14 s

avaler to swallow 13 s

avance: en — early 4

avancé(e) advanced 4 s, 16

avant before 4

avantage *m.* advantage 11

avec with 5

avenir *m.* future 11

avenue *f.* avenue 11

averse *f.* rain shower 5 s, 9

avion *m.* airplane 6 s, 9

avis *m.* opinion Récap; à mon — in my opinion

avocat(e) *m., f.* lawyer 4

avoir (*p.p.* eu) to have 2; — besoin de to need 11; — chaud to be hot 13; — de la chance to be lucky 13; — de la patience

to be patient 13; — du mal à to have difficulty 13; — envie de to desire, feel like 13; — faim to be hungry 7; — froid to be cold 13; — hâte de to look forward to 13; — honte to be ashamed 13; — l'air to seem, look 13; — l'occasion de to have the opportunity 13; — lieu to take place 13; — mal à la tête to have a headache 13; — bonne/mauvaise mine to look good/to not look good 13 s; — peur (de) to be afraid 8 s, 13; — raison to be right 13; — soif to be thirsty 7; — sommeil to be sleepy 13; — tort to be wrong 13

avril April 2

B

baby-sitter *m., f.* babysitter 4 s

baccalauréat *m.* (*fam.* bac) French secondary school program of study; examination required for university admission; diploma 12

bagage *m.* suitcase 9; faire ses —s to pack one's suitcases 9

bagnole *f. fam.* car 12

bague (de fiançailles) *f.* (engagement) ring 14 s

baguette *f.* loaf of French bread 7

bain *m.* bath; salle de bains *f.* bathroom 10

bal *m.* dance, ball Récap s

(se) balader to stroll 11 s

baladeur *m.* Walkman, personal stereo 3 s

balai *m.* broom 10; passer le — to sweep 10

balcon *m.* balcony 10

balle *f.* small ball 2 s, 3

ballon *m.* (inflatable) ball 3, 8

banane *f.* banana 7

banc *m.* bench 2 s

bande dessinée *f.* (*fam.* BD) cartoon strip 8

banlieue *f.* suburb 6 s, 10

bannir to banish 15 s

banque *f.* bank 4

barbe *f.* beard Récap

bas(se) low; table basse coffee table 10

basket-ball *m.* (*fam.* basket) basketball 4; jouer au basket to play basketball 4

baskets *f pl* basketball shoes, sneakers

basketteur *m.* basketball player 1 s

bateau *m.* boat 9

bâtiment *m.* building 2 s, 8

battre to beat, hit

bavard(e) talkative 3 s

bavarder to chat 4 s

beau (bel, belle) (*pl.* beaux, belles) handsome, beautiful 1; il fait — it's nice weather 5; le — temps nice weather 2 s

beaucoup a lot 2; — de a lot of 7

bébé *m.* baby 3

beige beige 1

belge Belgian 4

bénéficier to benefit

bénévole voluntary, unpaid; faire du travail — to do volunteer work 4

béquilles *f. pl.* crutches 13 s

besoin *m.* need; avoir — de to need 11

bête (*fam.*) stupid 3

beurre *m.* butter 7

bibliothèque *f.* library 2

bicyclette *f.* bicycle 3

bidet *m.* bidet 10 s

bien well 2; — des a good many 12; — élevé(e) well-mannered 3 s; —-être well-being 13 s; — que although; — sûr of course

bientôt soon; à — see you soon 1

bienvenue *f.* welcome

bière *f.* beer 5

bilingue bilingual 9

billet *m.* ticket 5 s, 9; — aller simple oneway ticket 9; — aller-retour roundtrip ticket 9

binge-drinking *m.* binge drinking 13 s

biologie *f.* biology 2

biologique (bio, *fam*) organic 7

bise *f.* (*fam*) kiss; grosses bises hugs and kisses (in a letter)

blague *f.* joke 10; sans — no kidding 10

blanc(he) white 1

blesser to hurt, injure 13

blessure *f.* injury 13

bleu(e) blue 1; *m.* bruise 13 s

blog *m.* blog 6

blond(e) blond 1

blouson *m.* jacket 1

blue-jean *m.* (*fam.* jean) jeans 1

bœuf *m.* beef 7

boire (*p.p.* bu) to drink 5; — l'eau du robinet to drink tap water 10

bois *m.* wood 10 s

boisson *f.* drink 5

boîte *f.* box, can 7; — de mouchoirs box of tissues 13 s; — de nuit *f.* nightclub 5; aller en — to go to a club 5

bol *m.* bowl 7 s

bon(ne) good, correct 2

bonbon *m.* candy 7

bonheur *m.* happiness 11 s, 13

bonjour hello 1

bon marché inexpensive 3

bonsoir good evening 1

botte *f.* boot 12

bouche *f.* mouth 13

bouché(e) stopped up 13 s

boucherie *f.* butcher shop 7

bouffe *f.* (*fam.*) food 12

bouger to move (one's body) 13 s

boulangerie *f.* bakery (for bread) 7; —-pâtisserie *f.* bread and pastry shop 7

boulevard *m.* boulevard 11

boulot *m.* (*fam.*) job (10)

bouquin *m.* (*fam.*) book 12

bouquiniste *m., f.* bookseller 11 s

bourgeois(e) middle class (6)

boussole *f.* compass 11 s

bout: au — de at the end of 11

bouteille *f.* bottle 7

boutique *f.* boutique, small shop 4

box-office *m.* the top movies 15 s

bras *m.* arm 13

bref (brève) brief

briller to shine 9 s

brochure *f.* brochure 9 s

brocoli *m.* broccoli 7 s

se bronzer to sunbathe, tan 14 s

brosse *f.* brush 10 s; chalkboard eraser 1 s; — à dents toothbrush 10 s

brosser to brush; se — les cheveux (les dents) to brush one's hair (teeth) 10

brouillard *m.* fog 5 s; **il y a du —** it's foggy 5 s
bruit *m.* sound, noise 6
brûler to burn 13 s
brun(e) brown, brunette 1
brunir to tan, get brown 6
buffet *m.* buffet 10
bulletin *m.* bulletin; **— météorologique** (*fam. f.* **météo**) weather report 9; **— scolaire** report card 8 s
bureau *m.* desk 1; office 4; **— de poste** post office 4; **— de tourisme** tourist office 11
but *m.* goal

C

ça that; **— va?** how's it going? 1
cabine *f.* booth; **— d'essayage** dressing room 12 s
câble *m.* cable 11
cadeau *m.* gift 12
cadet(te) younger brother/sister 3 s
cadre *m.* executive 4
café *m.* coffee, coffee shop 5; **— au lait** coffee with milk 5; **— crème** (*fam.* **un crème**) coffee with cream 5
cafétéria *f.* cafeteria 2
cahier *m.* notebook 1
calculatrice *f.* calculator 3
calendrier *m.* calendar 2
calme calm 3
camarade *m., f.* friend; **— de chambre** roommate 2; **— de classe** classmate 1
camping *m.* camping 11; **faire du —** to go camping 11
campus *m.* campus 2
canadien(ne) Canadian 4
canapé *m.* couch, sofa 10
cancer *m.* cancer 13 s
canoë *m.* canoe, canoeing 9 s
capitale *f.* capital 9
car because
caravane *f.* trailer, caravan 6 s
carie *f.* cavity 10 s; 13 s
caresser to caress 13 s
carosse *f.* carriage Récap s
carrière *f.* career
carotte *f.* carrot 7
carte *f.* card 4; map 8; menu 5; **— postale** postcard 9; **jouer aux cartes** to play cards 4; **payer par — bancaire (de débit)/de crédit** to pay by debit/credit card 12
casquette *f.* baseball cap 1
casser to break; **se — (la jambe)** to break (one's leg) 13
cause humanitaire *f.* humanitarian cause 14
causer to cause 6 s
caution *f.* deposit 3 s
CD *m. s./pl.* compact disc(s)
ce(t) (cette) (*pl.* **ces**) this/that; these/those 12
ceinture *f.* belt 12
célèbre famous 1
célibataire unmarried 3
celui (celle) (*pl.* **ceux, celles**) this one; that one; (these) 14
cent one hundred 3; **deux cents** two hundred 3
centre *m.* center 9; **— commercial** *m.* shopping mall 12
cependant however
céréales *f. pl.* cereal, grain 7
cerise *f.* cherry 7 s
certain(e)s certain ones, some 12

chaîne hi-fi *f.* stereo system 3; **mini-—** bookshelf stereo 3
chaise *f.* chair 1
chambre *f.* bedroom 3
champ *m.* field 4 s
champagne *m.* champagne (11)
champignon *m.* mushroom 7 s
champion(ne) *m., f.* champion 4 s
chance *f.* luck; **avoir de la —** to be lucky 13; **bonne —** good luck 10
changement *m.* change
chanson *f.* song 8
chanter to sing 2
chanteur(-euse) *m., f.* singer 1 s, 4
chapeau *m.* hat 1
chaque each 10
charcuterie *f.* delicatessen, cold cuts 7
chargé(e) busy 4 s, 10 s
charges *f. pl.* utility bills 3 s
chasser to hunt, chase 8
chat(te) *m./f.* cat 3
château *m.* chateau, castle, palace 6
châtiment corporel *m.* corporal punishment 8 s
chaud(e) hot 5; **il fait —** it's hot 5
chaussettes *f. pl.* socks (12)
chaussures *f. pl.* shoes 1; **— à talons** high heels 12
check-up *m.* checkup (medical) 13
chef *m.* leader, head person 4
chef d'entreprise *m.* company president 4 s
cheminée *f.* fireplace 10 s
chemise *f.* shirt 1
chemisier *m.* blouse 1
chèque *m.* check; **payer par —** pay by check 12
cher (chère) expensive 3
chercher to look for 3; **— à** to try to 14
chercheur(-euse) *m., f.* researcher, scientist 6 s
chevalier *m.* knight Récap s
cheveux *m. pl.* hair 1; **— blonds (bruns, gris, roux)** blond (brown, gray, red) hair 1; **— courts (longs)** short (long) hair 1; **coupe de —** *f.* haircut 12 s
cheville *f.* ankle 13 s
chez at the house or place of 3; **— moi** at my place 5
chic stylish 10
chimie *f.* chemistry 2
chinois(e) Chinese 4
chocolat chaud *m.* hot chocolate 5
choisir to choose 6
chômage *m.* unemployment 4; **au —** unemployed 4
choqué(e) shocked 11 s
chose *f.* thing 1 s, 3; **quelque —** something 5
chouette cool 12
chute (d'eau) *f.* (water)fall 9 s
ciao bye (*fam*) 1
cicatrice *f.* scar 13 s
ciel *m.* sky 9
cil *m.* eyelash 13 s
cinéma *m.* movies, movie theater 2
cinq five 1
cinquante fifty 1
citron pressé *m.* lemonade 5 s
clair(e) sunny, light 3 s; clear 14
classe *f.* class 1; **en —** in class; **en première —** in first class 9; **en — touriste** in tourist class 9

classer to classify, categorize
classeur *m.* binder 1 s
client(e) *m., f.* client 4
climat *m.* climate 9
climatisation *f.* air conditioning 3
clip *m.* video clip 12
coca (light) *m.* (diet) Coca-Cola 5
cœur *m.* heart 13
coffre *m.* car trunk 6 s
coiffure *f.* hairstyle 12 s
coin *m.* corner 11
col *m.* collar; **à — roulé** turtleneck 12 s; **à — en V** V-neck 12 s
colère *f.* anger; **se mettre en —** to get angry 10
collants *m. pl.* hosiery; tights 12
collège *m.* middle school (in France) 8 s, 12
collègue *m., f.* colleague (12)
colocataire *m., f.* apartment, house mate
colonie *f.* colony 9 s
combien how much 5; **c'est —** how much is it? 3; **— de** how many 5
comédie *f.* comedy 2
comédien(ne) *m., f.* actor Récap s
comique funny 1
commander to order (in a café, restaurant) 5
comme like, as 8
commencer (nous commençons) to begin 4, 7
comment how (what) 5; **— allez-vous?** how are you? 1
commerce *m.* business 2
commissariat *m.* police station 4 s
commode *f.* chest of drawers 10
communiquer to communicate
comparer to compare 8
complet (complète) filled, booked 11
complet *m.* man's suit 12
compléter (je complète) to complete
complex sportif *m.* sports center
se comporter to behave 8 s
compositeur(-trice) *m., f.* composer (4)
compréhensif(-ive) understanding 3 s
comprendre (*p.p.* **compris**) to understand 5
compris(e) included 11; **service —** tip included 7
compromettant(e) compromising (15)
comptabilité *f.* accounting 2
compter to count 1 s; to intend to 11; **— sur** to count on 14
concert *m.* concert 2, 5
concombre *m.* cucumber 7 s
concours *m.* competitive exam 12
conduire (*p.p.* **conduit**) to drive 8 s
confier to confide 13, 14
confiture *f.* jam 7
conformiste conformist 3 s
confort *m.* comfort 11; **tout —** luxury 10 s
congés payés *m. pl.* paid vacation 6
congolais(e) Congolese 4
congrès *m.* convention 11 s
connaissance *f.* knowledge; **faire la — de** to make the acquaintance of 5
connaître (*p.p.* **connu**) to know, be acquainted or familiar with 2, 9
consacrer to devote to
constater to note, notice
conseil *m.* advice 13
conseiller to recommend, advise 7 s, 13
conservateur(-trice) conservative 4 s
considérer (je considère) to consider 9

consommation *f.* consumption 12
constamment constantly 13
construire to construct
consulter to consult
conte *m.* story Récap; **— de fées** fairy tale Récap
contemporain(e) contemporary 11
content(e) happy 3
continent *m.* continent 9
continuer to continue 5 s, 9
contraire *m.* opposite
contre against
contribuer to contribute 6
convenable appropriate, proper
coordonnées *f pl* contact information 1
copain (copine) *m., f.* friend 2
copier to copy 8
corbeille à papier *f.* wastebasket 3 s
corps *m.* body 13
corriger to correct
côte *f.* coast 9; **— d'Azur** Riviera 11
côté: à — de next to 3
côtelette *f.* meat cutlet 7 s
coton *m.* cotton; **en —** made of cotton (12)
cou *m.* neck 13
coucher to put to bed; **se —** to go to bed 4; **— de soleil** *m.* sunset 6 s
coude *m.* elbow 13 s
couleur *f.* color 1; **de quelle —?** what color?
couloir *m.* hallway 10
coup *m.* blow, hit; **— de foudre** love at first sight 14; **— de soleil** sunburn 14 s; **— de téléphone** telephone call 6
coupe (de cheveux) *f.* haircut 12 s
couper to cut 7 s; **se — le doigt** to cut one's finger 13 s
couple *m.* couple 14
cour *f.* courtyard 8 s
courage: bon — hang in there 10
courageux(-euse) brave 3 s, Récap
couramment fluently 8, 13
courir (*p.p.* **couru**) to run 11
courriel *m.* e-mail 1; **adresse — ** *f.* e-mail address 1
courrier électronique *m.* e-mail 8
cours *m.* course 2
course *f.* errand; **faire les courses** to go shopping 4
court(e) short 1
court de tennis *m.* tennis court 2 s
cousin(e) *m., f.* cousin 3
couteau *m.* knife 7
coûter to cost 3
couturier(-ière) *m., f.* fashion designer 1 s
couvert(e) covered; **le ciel est —** it's cloudy 9 s
couverture *f.* cover 6
couvre-lit *m.* bedspread 3
craie *f.* chalk 1
cravate *f.* tie 1 s, 12
crayon *m.* pencil 1
créer to create
crème solaire *f.* sunscreen
crémerie *f.* shop selling dairy products 7 s
crêpe *f.* crepe (thin pancake) 7 s
crevette *f.* shrimp 7
crier to shout
crise *f.* crisis 6 s
critique *m.* critique Récap
critiquer to criticize 8

croire (*p.p.* **cru**) to believe 11
croisière *f.* cruise 9 s
croissance *f.* growth
croissant *m.* croissant (roll) 5
cuillère *f.* spoon 7; **— à café** teaspoon 7 s; **— à soupe** soup spoon, tablespoon 7 s
cuir *m.* leather; **en —** made of leather 12 s
cuisine *f.* food, cooking 7; kitchen 10; **faire la —** to cook 4
cuisinier(-ère) *m., f.* cook 4 s
cuisinière *f.* stove 10 s
cuit(e) cooked; **bien —** well done 7
culinaire culinary 7 s
cultiver to cultivate 4 s

D

d'abord first 6
d'accord OK, all right 5, 14
dans in 3
danse *f.* dance 2
danser to dance 2
danseur(-euse) *m., f.* dancer 1 s, 4 s
date *f.* date 2
davantage more 13
de of, from, about 3
débardeur *m.* tank top 12
débarquer to disembark, get off (plane, boat)
débarrasser to clear, remove 11 s
débordé(e) overwhelmed; **— de travail** overworked 10 s
se débrouiller to get along, manage 7 s
début *m.* beginning; **au —** in/at the beginning
décembre December 2
déchets *m. pl.* trash; **trier les —** to separate the trash 10
décider to decide; **se — à** to decide to 14
décontracté(e) relaxed 3 s,
découvrir (*p.p.* **découvert**) to discover 6 s, 11
décrire (*p.p.* **décrit**) to describe 8
déçu(e) disappointed 11, 14
défendre to defend 4 s
défilé *m.* parade; **— de mode** fashion show 12 s
déjà already 4
déjeuner *m.* lunch 7; to eat lunch 4 s
délicieux(-ieuse) delicious 7
demain tomorrow 4
demander to ask (for) 4; **se —** to wonder 14
démarrer to start 6 s
déménager (nous déménageons) to move (house) 10
demi(e) half; **il est une heure et demie** it's one-thirty 4; **un —** *m.* glass of draft beer 5
démissionner to resign 8 s
démodé(e) old-fashioned 14 s
dénouement *m.* ending Récap
dent *f.* tooth 10
dépaysé(e) homesick 11
se dépêcher to hurry 4
dépense *f.* expense 12
dépenser to spend (money) 12
déposer to leave, drop off 4 s
déprimé(e) depressed 13
depuis for, since 13; **— combien de temps?** how long (for how much time)? 13; **— longtemps** for a long time 13; **— quand?** how long (since when)? 13
déraisonnable unreasonable 3 s

dernier(-ière) last, past 6; **la semaine dernière** last week 6; **la dernière fois** last time 6
déroulement *m.* plot Récap
derrière behind 3
désagréable unpleasant 3
descendre (*p.p.* **descendu**) to go down, downstairs; get off (a bus, a plane)
description *f.* description 1
désert *m.* desert 9
désirer to want, desire 5
désolé(e) sorry 5
désordonné(e) messy 3
désordre: en — messy, untidy, disorderly 10 s
dessert *m.* dessert 7
dessin *m.* drawing
dessiner to draw, design 4 s
destination *f.* destination 9 s
détail *m.* detail
se détendre to relax 11 s, 13
détenir le record to hold the record
deux two 1
deuxième second 2 s
devant in front of 3
développer to develop
devenir (*p.p.* **devenu**) to become 6
deviner to guess
devoir (*p.p.* **dû**) must, to have to, to owe 5
devoirs *m. pl.* homework assignment 1; **faire les —** to do homework 4
d'habitude usually 5
diable *m.* devil 11 s
dictionnaire *m. (fam.* **dico***)* dictionary 1
dieu *m.* god; **Dieu** God 11 s
différence *f.* difference 8
différent(e) different 8
difficile difficult 3
dimanche Sunday 2
diminuer to diminish 5 s
dîner *m.* dinner 6; to eat dinner 4
diplôme *m.* diploma 12
dire (*p.p.* **dit**) to say, tell 8
directeur(-trice) *m., f.* director 4 s; school principal 8
discipline *f.* discipline 8
discours *m.* speech; **faire un —** to make a speech 4 s
discuter (de) to discuss 5
disponible available
se disputer (avec) to argue, quarrel (with) 10
disque compact *m. (fam.* **CD***)* compact disc 2
distraction *f.* entertainment 2
diversité *f.* diversity 9 s
divorce *m.* divorce 14
divorcé(e) divorced 3
divorcer to divorce 14
dix ten 1
doctorat *m.* doctorate (12)
doigt *m.* finger 13
dominer to dominate 11 s
dommage *m.* damage, pity; **quel —** what a shame; **il est —** it's too bad
donc then, therefore
donner to give 8; **— sur** to open onto, overlook 11
dormir to sleep 5
dos *m.* back 13
doucement slowly, softly, sweetly 13
se doucher to shower 10
douter to doubt 14

douteux(-euse) doubtful 14

doux (douce) sweet, gentle 3 s; **il fait —** it's mild weather 5

douze twelve 1

douzaine *f.* dozen 7

drame *m.* drama 2

drapeau *m.* flag 11

draps *m. pl.* bedsheets 11 s

droit *m.* law 2; right, permission 6

droit(e) right, straight 11; **à droite** to the right 11; **tout droit** straight ahead 11

dur(e) tough 2 s, 7; **dur** *adv.* hard

durable durable Récap

durée *f.* length (of time) Récap

E

eau *f.* water 5; **— minérale** mineral water 5; **— du robinet** tap water 10

échanger to exchange

échapper (à) to escape (from) Récap s

écharpe *f.* scarf 12

éclaircie *f.* sunny spell; **il y a des éclaircies** it's partly cloudy 9 s

école *f.* school 4; **grande —** elite university 12; **— maternelle** nursery school, kindergarten 8, 12; **— primaire** elementary school 8, 16

économie *f.* economics 2

écouter to listen (to) 2

écrire (*p.p.* **écrit**) to write 8

écriture *f.* writing, penmanship 8

écrivain(e) *m., f.* writer 4 s

éditorial *m.* editorial 6

égalitaire egalitarian 14 s

église *f.* church 4

élaborer to elaborate, develop

élégant(e) elegant 8

élément *m.* element

éléphant *m.* elephant 9 s

élève *m., f.* pupil (pre-university) 8

élevé(e) high, raised 9 s, 13; **bien/mal —** well/bad mannered 3 s

elle she, it 1; **elles** they 1

embrasser to kiss 14; **s'—** to kiss each other 14

émission *f.* program 6 s

emménager to move in 10 s

emmener (**j'emmène**) to take (someone) along 4 s, 8 s

s'empêcher to stop oneself 14 s

emploi *m.* job; **recherche d'un —** job hunting 4 s

emploi du temps *m.* schedule 4 s, 5

employé(e) *m., f.* employee 4

employer (**j'emploie**) to employ, use 4 s, 12

emporter to take along; **pizza à — ** *f.* take-out pizza 4 s

emprunter to borrow 8, 12

en at, in, on, to; **— face (de)** facing 3; **— avance** early 4; **— retard** late 4; **— solde** on sale 12 s

enceinte pregnant 13

encore still, yet, even more 10; **pas —** not yet 6

endormir to put to sleep 13; **s'—** to fall asleep 10

endroit *m.* place 9

énerver to annoy, get on one's nerves 12

enfance *f.* childhood 8

enfant *m., f.* child 1; **petits-enfants** grandchildren 3 s

enfer *m.* hell 11 s

enfin finally 6

enflé(e) swollen 13 s

élection *f.* election 4 s, 6

engagé(e) active 14

ennuyer (**j'ennuie**) to annoy, bother 8 s; **s'—** to get bored, be bored 12

ennuyeux(-euse) boring 2

enrhumé(e) congested 13

enrichir to enrich

enseigner to teach 4 s

ensemble together 5; *m.* outfit 12

ensoleillé(e) sunny 9 s

ensuite then 6

entendre to hear 5; **s'— bien** to get along well 14

enthousiaste enthusiastic 3 s

entier(-ière) entire, whole 11 s

entre between 3

entrée *f.* entryway 10; first course (meal) 7

entreprise *f.* company, business 4

entrer (dans) to enter, go in 6

envers towards 8

environ about, around

envoyer (**j'envoie**) to send 6

épargner to save 12

épaule *f.* shoulder 13

épeler to spell 1 s

épice *f.* spice 7 s

épicerie *f.* grocery store 7

époque *f.* era 8; **à l'—** at that time 8

épouser to marry Récap

époux (épouse) *m., f.* spouse 14

équateur *m.* equator 9 s

équilibre *m.* balance 11 s

équipe *f.* team 4

équitation *f.* horseback riding 9 s

erreur *f.* error 7

escalier *m.* staircase 10

espace *m.* space 2 s

espagnol(e) Spanish 4; *m.* Spanish language 2

espérer (**j'espère**) to hope for 7

espoir *m.* hope 14 s

esprit *m.* mind

essayer (**j'essaie**) to try (on) 12

essence *f.* gasoline 11 s

essentiel(le) essential 3 s, 11

essentiellement essentially 13

est east 9; **à l'— (de)** to/in the east (of) 9

estomac *m.* stomach 13

et and 1

établir to establish

étage *m.* floor (of a building); **premier —** first floor (American second floor) 10

étagère *f.* bookshelf 3

étape *f.* stage, step

état *m.* state 9

États-Unis *m. pl.* United States; **aux —** in, to the United States

été *m.* summer 2; **en —** in summer 9

éteindre to turn off 10; **— la lumière** to turn off the light 10

éternuer to sneeze 13 s

étonnant(e) astonishing 14

étonné(e) astonished 14

étranger(-ère) foreign; **à l'étranger** abroad

être (*p.p.* **été**) to be 1; **— à la mode** to be in fashion 8 s; **— au régime** to be on a diet 7; **— bien dans sa peau** to be comfortable with oneself 13; **— de mauvaise humeur** to be in a bad mood 13; **— en terminale** to be a senior (in high school) 12

études *f. pl.* studies 12

étudiant(e) *m., f.* student 1

étroit(e) tight, narrow 12 s

étudier to study 2

euh um

Europe *f.* Europe

européen(ne) European

eux them 5

événement *m.* event, happening 6

évidemment evidently 13

évident(e) obvious 14

évier *m.* kitchen sink 10 s

éviter to avoid 7 s

examen *m.* exam 2

excellent(e) excellent 2

exceptionnel(le) exceptional 9

excursion *f.* excursion 11

s'excuser to excuse oneself; **excusez-moi** excuse me, pardon me 4

exemple *m.* example; **par —** for example

exigeant(e) demanding 13 s

exiger to demand, insist on 13

expliquer to explain 6

exploser to explode 6 s

exposition *f.* exhibit 2 s

expresso *m.* espresso 5

exprimer to express

extérieur *m.* exterior; **à l'—** outside 8

extrait(e) excerpted; *m.* excerpt

extraordinaire extraordinary 9

F

fabriquer to produce, make 11

face: en — de facing 3

facile easy 2

facilement easily 13

façon *f.* way 15

faculté *f.* (*fam.* **la fac**) school of a university 2

faim: avoir — to be hungry 7

faire (*p.p.* **fait**) to do, make 4; **— attention** to pay attention 4 s; **— de l'aérobic** to do aerobics 9 s; **— de la musculation** to lift weights 13 s; **— de la natation** to swim 4, **— des économies** to save money 12; **— des gargarismes** to gargle 13 s; **— des projets** to make plans 9; **— du camping** to go camping 11; **— du français** to study French 4; **— du jogging** to jog 4; **— du piano** to play the piano 4; **— du ski** to go skiing 4; **— du sport** to play a sport 4; **— du vélo** to go bikeriding 4; **— du travail bénévole** to do volunteer work 4; **— faillite** to go bankrupt Récap s; **— fortune** to get rich 12 s; **— la connaissance (de)** to meet 5; **— la cour** to court 14 s; **— la cuisine** to cook 4; **— la grasse matinée** to sleep late 4 s; **— la lessive** to do the laundry 10; **— la vaisselle** to do the dishes 10; **— le lit** to make the bed 10; **— le ménage** to do housework 4; **— les courses** to go shopping, to do errands 4; **— les devoirs** to do homework 4; **— le tour du monde** to travel around the world 9; **— mal** to hurt 13; **— sa toilette** to get dressed 10 s; **— semblant de** to pretend 14 s; **— ses bagages** to pack one's suitcases 9; **— une promenade en voiture** to go for a drive 4; **— une promenade** to take a walk 4; **— une randonnée** to take a hike 4; **— un**

pique-nique to go on a picnic 4; — **un stage** to do an internship 4;— **un voyage** to take a trip 4; **se — mal** to hurt oneself 13 s

fameux(-euse) famous

famille f. family 3; — **recomposée** blended family 3 s

fana m./f. fan 9 s

fatigué(e) tired 1

fauché(e) *(fam.)* broke, out of money 11 s

fauteuil m. armchair 10

faux (fausse) false

fée f. fairy Récap

félicitations f. pl. congratulations 10

féminin(e) feminine

femme f. woman 1; wife 3; — **au foyer** homemaker 4; — **d'affaires** business-woman 4

fenêtre f. window 1

ferme f. farm 4 s

fermer to close 4; — **le robinet** to turn off the water 10

fête f. holiday, party 2

feuille (de papier) f. leaf, sheet (of paper) 1 s

feuilleter to leaf through 11 s

feutre m. marking pen 1 s

février February 2

fiancé(e) m., f. fiancé(e) 3 s; 14

se fiancer to get engaged 14

fiction f. fiction Récap

fidèle faithful 3 s

fidélité f. fidelity 14

fièvre f. fever 13

figure f. face 10

fille f. girl 1; daughter 3; — **unique** only child 3 s; **petite-—** granddaughter 3 s

film m. movie, film 2; — **d'amour** romantic film 2 s; — **d'horreur** horror movie 2 s; — **de science-fiction** sci-fi movie 2 s; — **d'aventure** adventure movie 2 s

fils m. son 3; — **unique** only child 3 s; **petit-—** grandson 3 s

finalement finally 13

finance f. finance 2

finir to finish 6

flâner to stroll 11 s

fleur f. flower 2 s, 3

fleuve m. river (major) 9

fois f. time 10; **deux —** two times; **la dernière —** the last time 6

fonder to found, start 14 s

fondu(e) melted 7 s

football m. *(fam.* **foot***)* soccer 2 s, 4; — **américain** football 4

footballeur m. soccer player 4 s

forêt f. forest 9

forme shape; **être en pleine —** to be in top shape 13

formule de vacances f. vacation package 11 s

fort(e) heavy, stocky 1

foule f. crowd 11 s

se fouler to twist 13 s

four m. oven 10; — **à micro-ondes** microwave oven 10

fourchette f. fork 7

foyer: homme (femme) au — homemaker 4

frais (fraîche) cool 5; fresh 7; **il fait frais** it's cool (weather) 5

fraise f. strawberry 7; **barquette de —** s f. basket of strawberries 7 s

français(e) French; m. French language 2

franc(he) frank 13 s

franchement frankly, honestly 13

francophone French-speaking 1 s, 7, 9 s

frapper to knock

fréquent(e) frequent 9 s

frère m. brother 3; **beau-—** brother-inlaw, step brother 3 s; **demi-—** half brother 3 s

fric m. *(fam.)* money 12

frigo m. *(fam.)* fridge 3; **petit —** small refrigerator 3

fringues f., pl. *(fam.)* clothes 12

frisson m. shiver, chill 13 s

froid m. cold 2 s; **avoir —** to be cold 13; **il fait — ** it's cold 5

froid(e) cold 5

fromage m. cheese 7

fromagerie m. cheese shop 7 s

front m. forehead 13 s

frontière f. border 9

fruit m. fruit 7; **fruits de mer** m. pl. seafood 7 s

G

gagner to earn, to win 4

gant m. glove 12

garage m. garage 10

garçon m. boy 1

garde-robe f. wardrobe 12 s

gare f. train station 9, 11

garni(e) garnished with vegetables 7 s

gastronomique gourmet 11 s

gâté(e) spoiled 3

gâteau m. cake 7 s

gauche left; **à —** to the left 11

géant m. giant Récap s

geler to freeze; **il gèle** it's freezing 9 s

généreux(-euse) generous

génie civil m. civil engineering 2

genou *(pl.* **genoux***)* m. knee 13

genre m. type; literary genre Récap

gens m. pl. people 3; — **sans abri** homeless people 14 s

gentil(le) nice 3

géographie f. geography 9

gesticuler to gesture 13 s

girafe f. giraffe 9 s

glace f. ice cream 7; **faire du patin à —** to go ice skating 9 s

golf m. golf 2

gorge f. throat 13

gorille m. gorilla 9 s

gosse m., f. *(fam.)* kid 12

goût m. taste 9 s

goûter m. snack 7 s

goûter to taste 7 s

grâce: grâce à thanks to

graisse f. fat, grease 7 s

gramme m. gram 7; **cinq cents —s** 500 grams, ½ kilo, approx. 1 lb. 7

grand(e) big, tall 1

grand-mère f. grandmother 3

grand-père m. grandfather 3

grandir to grow, grow up 6

grands-parents m. pl. grandparents 3

gratiné(e) with melted cheese 7 s

grave serious 5 s, 13

gravement seriously 13

grignoter to snack 7 s

grillé(e) grilled 7 s

grippe f. flu 13

gris(e) gray 1

gros(se) large 3

grossir to gain weight 6

grotte f. cave, grotto 11

groupe m. group

guérir to heal 13 s

guerre f. war 6

guitare f. guitar 3 s; 4

gymnase m. gym 4 s

H

habillé(e) dressed up 12 s

habiller to dress; **s'—** to get dressed 4

habitant m. inhabitant 9 s

***hanche** f. hip 13 s

***haricots (verts, secs)** m. pl. (green, dry) beans 7

***hâte: avoir — de** to look forward to 13

hebdomadaire m. weekly 6 s

***héros (héroïne)** m., f. hero, heroine Récap

hésiter (à) to hesitate (to) (14)

heure f. hour, o'clock 4; **à tout à l'—** see you in a bit 1; **dans une —** in an hour 4; **à l'—** on time 4; **de bonne —** early 10

heureusement fortunately 13

heureux(-euse) happy 3

hier yesterday 6; — **matin** yesterday morning 6; — **soir** last night 6

histoire f. history 2; story 6

hiver m. winter 2; **en —** in winter 9

***hockey** m. hockey

homme m. man 1; — **au foyer** homemaker 4; — **d'affaires** businessman 4

honnête honest 14 s

***honte** f. shame 13; **avoir —** to be ashamed 13

hôpital m. hospital 4

horaire m. time schedule 4

horloge f. clock 1 s

***hors-d'œuvre** m. appetizer 7

huile f. oil 7 s; — **d'olive** olive oil 7 s

huit eight 1

humeur f. mood; **être de mauvaise (bonne) —** to be in a bad (good) mood 13

hymne m. anthem 11; — **national** national anthem 11

I

ici here 3

idéal(e) ideal 9

idéaliste idealistic 1

idée f. idea 5

identifier to identify

il he, it 1; — **faut** it is necessary 9; — **vaut mieux** it is better 9; — **y a** there is, there are 2; — **y a** (+ time) ago 6

île f. island 9

ils they 1

image f. image, picture

immeuble m. apartment or office building 3 s

important(e) important 3, 4

impossible impossible 5

impressionner to impress 12

impressionniste impressionist 11

incertain(e) uncertain, variable (weather) 9 s

incompréhension f. misunderstanding 14 s

incroyable incredible 2 s; 14

indépendant(e) independent 3 s

indifférent(e) indifferent 3

indiquer to indicate

individualiste individualistic 3 s

infirmier(-ière) m., f. nurse 4

influencer to influence 11
informaticien(ne) *m., f.* computer specialist 4 s
informations *f. pl.* (*fam.* **les infos**) news 2 s; 6;
— **en ligne** online news 6
informatique *f.* computer science 2; **salle**
— *f.* computer room 2 s
informer to inform 6
infusion *f.* herbal tea 5 s
ingénieur *m.* engineer 4 s
ingrédient *m.* ingredient 7
inquiet(-iète) worried 8 s
s'inscrire to sign up
s'inquiéter (**je m'inquiète**) to worry (12)
s'installer to settle in, move in, set up
residence 10 s, 14
instant *m.* moment 5
instituteur(-trice) *m., f.* elementary school
teacher 4
instrument de musique *m.* musical
instrument 3
insupportable unbearable 12
intelligent(e) (*fam.* **intello**) intelligent 1
interdit(e) prohibited 3
intéressant(e) interesting 2
intéresser to interest 12; **s'**— **à** to be interested
in 14
intérieur *m.* interior; **à l'**— inside 10 s
intrigue *f.* story line Récap
inviter to invite 5
irriter to irritate 8
italien(ne) Italian 4; *m.* Italian language 2
italique: en — in italics
itinéraire *m.* itinerary 11

J

jalousie *f.* jealousy 14 s
jaloux(-se) jealous 3 s
jamais never 10; **ne . . .** — never 10
jambe *f.* leg 13
jambon *m.* ham 7
janvier January 2
japonais(e) Japanese; *m.* Japanese language 2
jardin *m.* garden, yard 3 s
jaune yellow 1
jazz *m.* jazz 2
je I
jean *m.* blue jeans 1
jeu *m.* game; —**x Olympiques** *m. pl.* Olympic
games 6 s; — **vidéo, électronique** video
game 2, 12
jeudi Thursday 2
jeune young 1
jeunesse *f.* youth 8
jogging *m.* jogging 4; **faire du** — to go
jogging 4
joli(e) pretty 1
joue *f.* cheek 13
jouer to play 2; — **à** to play a game or sport 4;
— **au(x) football (tennis, volleyball,
cartes)** to play soccer (tennis, volleyball,
cards) 4; — **à la poupée** to play with
dolls 8 s; — **aux boules** to play boules 8 s;
— **de** to play a musical instrument 4;
— **de la guitare** to play guitar; — **du
piano** to play piano 4
joueur (joueuse) *m., f.* player 1 s
jour *m.* day 2, **par** — per day 7
journal *m.* (*pl.* **journaux**) newspaper 6;
— **intime** diary 12 s

journalisme *m.* journalism, media studies 2
journaliste *m., f.* journalist 4
journée *f.* day 4 s; 10
juge *m.* judge 4
juillet July 2
juin June 2
jumeau (jumelle) twin 3 s; **jumelles** *f. pl.*
binoculars 11 s
jupe *f.* skirt 1
jus *m.* juice 5; — **d'orange** orange juice 5;
— **de pomme** apple juice 5 s
jusqu'à *prep.* until 6, 11
juste just, fair; (clothes) tight 12

K

kilo *m.* kilogram 7
kiosque à journaux *m.* newsstand 6 s

L

là there 2; **là-bas** over there 12
laboratoire *m.* (*fam.* **labo**) laboratory 2
lac *m.* lake 9
laid(e) ugly 1
laisser to leave 5
lait *m.* milk 7; **café au** — coffee with milk 5
laitier: produit — *m.* milk product 7
lampe *f.* lamp, light 1; — **électrique** *f.*
flashlight 11 s
lancer to launch (8)
langue *f.* language 2; tongue 13
large wide, big 12
latin(e) Latin 2 s; *m.* Latin language 2
lavabo *m.* sink 3 s, 10
laver to wash; **se** — to wash, to wash up 10
leçon *f.* lesson
lecteur (laser de CD/DVD) *m.* CD/DVD
player 3 s; — **MP3** *m.* MP3 player 3
lecture *f.* reading
légende *f.* legend 15
léger(-ère) light 7 s
légume *m.* vegetable 7
lendemain *m.* next day, day after 14 s
lequel (laquelle) (*pl.* **lesquels, lesquelles**)
which one(s) 12
lessive *f.* laundry 10; **faire la** — to do the
laundry 10
lettre *f.* letter 10; —**s** humanities 2 s
lever (**je lève**) to raise; **se** — to get up 4
lèvres *f. pl.* lips 13
lézard *m.* lizard (15)
librairie *f.* bookstore 2
libre free, available 5
licence *f.* university diploma Récap
lieu *m.* place; — **de travail** workplace 4;
avoir — to take place 13
limonade *f.* lemon-lime soda 5 s
linge *m.* laundry, linen 10; **laver le** — to do the
wash (10)
lion *m.* lion 9 s
liquide *m.* liquid; **en** — in cash 12
lire (*p.p.* **lu**) to read 8
liste *f.* list
lit *m.* bed 3; **faire son** — to make one's bed 10
litre *m.* liter 7; **demi-litre** half liter 7
littéraire literary Récap
littérature *f.* literature 2
livre *m.* book 1; *f.* pound 7
locataire *m., f.* tenant 3 s
location *f.* rental 3 s

logement *m.* lodging 3
loger to lodge, stay (at a hotel, pension, etc.) 11
logiciel *m.* computer software
loin (**de**) far (from) 3
loisirs *m. pl.* leisure activities 4
long(ue) long 1, 3
longtemps a long time 6
look *m. fam.* style, appearance 12
lorsque when 11
louer to rent 3
loup *m.* wolf Récap
loyer *m.* rent 3
lui him 5
lumière *f.* light 1 s
lumineux(-euse) sunny, bright (room) 3 s
lundi Monday 2
lune de miel *f.* honeymoon 14
lunettes *f. pl.* eyeglasses 1; — **de soleil**
sunglasses 1 s
luxe *m.* luxury 14 s
lycée *m.* high school 4, 8

M

machin *m.* (*fam.*) thingy 12
madame *f.* (**Mme**) (*pl.* **Mesdames**) ma'am,
Mrs. 1
mademoiselle *f.* (**Mlle**) (*pl.* **Mesdemoiselles**)
miss, Miss 1
magasin *m.* store 12
magazine *m.* magazine 6
magique magic Récap
magnétoscope *m.* VCR 3 s
magnifique magnificent 9
Maghrébin(e) *m., f.* North African or
individual of North African heritage 9 s
mai May 2
maigre thin; lowfat 7 s
maigrir to lose weight 6
maillot *m.* jersey, t-shirt; — **de bain** swimsuit 1
main *f.* hand 10
maintenant now 4
maintenir to maintain 6 s
maire *m.* mayor 4 s
mairie *f.* town hall 4 s
mais but 2
maïs *m.* corn
maison *f.* house 3
maîtrise *f.* master's degree 12
majorité *f.* majority; **la** — **de** the majority of 12
mal bad, badly 6; — **élevé(e)** bad mannered,
impolite 3 s; **avoir** — **à la tête** to have a
headache 13; **avoir le** — **du pays** to be
homesick 11 s
malade sick 13
maladie *f.* illness 13
malgré despite
malheureusement unfortunately 5, 13
management *m.* management 2
manche *f.* sleeve 12 s
manger (**nous mangeons**) to eat 2, 7
manière *f.* manner; **les bonnes manières** good
manners 6 s
manque *m.* lack 10 s
manquer to miss 6
manteau *m.* coat, overcoat 1
se maquiller to put on makeup 10
marâtre *f.* stepmother Récap
marché *m.* market 7; — **en plein air** open air
market 7; **bon** — inexpensive 3

marcher to walk 10; to function
mardi Tuesday 2
mari *m.* husband 3
mariage *m.* marriage 14
marié(e) married 3
se marier (avec) to marry 14
marketing *m.* marketing 2
marqueur *m.* felt-tip marker 1
marron brown 1
mars March 2
masculin(e) masculine
match *m.* game 2
maternelle *f.* kindergarten 12
mathématiques *f. pl.* (*fam.* **maths**) mathematics 2
matin *m.* morning, in the morning 4
mauvais(e) bad 3; **il fait —** it's bad weather 5
mayonnaise *f.* mayonnaise 7
mec *m.* (*fam.*) guy 12
mécanicien(ne) *m., f.* mechanic 4
méchant(e) mean, evil 3 s, Récap
médaille (d'or, d'argent) *f.* (gold, silver) medal
médecin *m.* doctor 4
médecine *f.* field of medicine 2
médicament *m.* medicine 13
se méfier de to be wary of 12 s, 14 s
meilleur(e) better 8
mélange *m.* mixing 9 s
mélanger to mix 7 s
même same, even 10
ménage *m.* housework; **faire le —** to do the housework 4
mener to lead
mentionner to mention
menton *m.* chin 13 s
menu *m.* fixed-price meal 7
mer *f.* sea 9; **fruits de —** *m. pl.* seafood 7; **département d'outre-mer (DOM)** overseas department 9
merci thank you 1
mercredi Wednesday 2
mère *f.* mother 3; **belle-—** stepmother, mother-in-law 3 s; **grand-—** grandmother 3
message *m.* message 5
métier *m.* occupation, profession 4
métissage culturel *m.* cultural mixing 9 s
métro *m.* subway 9
metteur en scène *m., f.* movie director 1 s
mettre (*p.p.* **mis**) to put, set 7; **— la table** to set the table 7; **se — à** to begin to (do something) 7
meublé furnished 3 s
meubles *m. pl.* furniture 3
mexicain(e) Mexican 4
micro-ondes *m.* microwave; **four à — ** *m.* microwave oven 10
midi noon 4
miel *m.* honey; **lune de — ** *f.* honeymoon 14
mieux *adv.* better 2, 9; **aimer —** to prefer 2
mille one thousand 3; **deux —** two thousand 3
million million
mince thin 1
minéral(e) mineral; **eau minérale** *f.* mineral water 5
minorité *f.* minority 12
minuit midnight 4
minute *f.* minute 4
miroir *m.* mirror 3

moche *fam.* ugly 1
mode *f.* fashion 12
modèle *m.* model; style 12
modéré(e) moderate 9 s
moderne modern (10)
mœurs *f. pl.* social customs (14)
moi me 5; **— aussi** me too 1; **— non** not me 1; **— non plus** me neither 10
moins less 2 s; **—...que** less . . . than 9
mois *m.* month 2
moment *m.* moment 5
monde *m.* world 9; **tout le —** everyone
monnaie *f.* coins; change 12
monsieur *m.* (**M.**) (*pl.* **messieurs**) sir, Mr. 1
montagne *f.* mountain 2
montagneux(-euse) mountainous 9 s
monter to climb, go up 6
montre *f.* watch 3
montrer to show 12
monument *m.* monument 11
morceau *m.* piece 7
mort(e) dead 3 s
mot *m.* word; **— apparenté** related word, cognate
motocyclette *f.* (*fam.* **moto**) motorcycle 9
se moucher to blow one's nose 13 s
mouchoir: boîte de —s *f.* handkerchief box 13 s
moulant(e) close-fitting 12 s
mourir (*p.p.* **mort**) to die 6
moutarde *f.* mustard 7
moyen(ne) average, average size 3 s
moyen de transport *m.* means of transportation 9
mur *m.* wall 1
muscle *m.* muscle 13 s
musculation *f.* weight lifting 9 s; **salle de — ** *f.* workout room 3 s
musée *m.* museum 4 s
musicien(ne) *m., f.* musician 4 s
musique *f.* music 2; **— classique** classical music 2; **— électronique** electronic music 2 s
mythe *m.* legend 8s
mythique mythical 11 s

N

naître (*p.p.* **né**) to be born 6
naissance *f.* birth
naïveté *f.* naivete 15 s
nana *f.* (*fam.*) girl 12
nappe *f.* tablecloth 7 s
narrateur(-trice) *m., f.* narrator 15
natation *f.* swimming 4
nature *f.* nature 11
naturellement naturally 13
négliger (de) to neglect 14
neige *f.* snow 2 s, 5; **il —** it's snowing 5
nerveux(-euse) nervous 1
nettoyer to clean 12
neuf nine 1
neveu *m.* nephew 3
nez *m.* nose 13
ni... ni... neither . . . nor 10; **ne... ni... ni** neither . . . nor 10
nièce *f.* niece 3
noces *f. pl.* wedding 14 s
noir(e) black 1
nom *m.* name 2; **— de famille** last name 2
nombre *m.* number 1, 3

nombreux(-euse) numerous; **une famille nombreuse** a big family 3 s
nommer to name
non-fiction *f.* nonfiction Récap
nord north 9; **au — (de)** to/in the north (of) 9
nourriture *f.* food 7
nous we 1
nouveau (nouvelle) new 3; **de —** again
novembre November 2
nuage *m.* cloud 5
numéro *m.* number 2; **— de téléphone** telephone number 2

O

obéir to obey 6
obéissant(e) obedient 13 s
objet *m.* object 3
obtenir (*p.p.* **obtenu**) to obtain 6 s
occidental(e) Western 11
occupé(e) busy 4 s
s'occuper de to take care of, watch out for 4 s, 14
océan *m.* ocean 9
octobre October 2
œil *m.* (*pl.* **yeux**) eye 13
œuf *m.* egg 7
œuvre *f.* work of art 11 s
officiel(le) official 9
offrir (*p.p.* **offert**) to give, to offer 8 s, 12
oignon *m.* onion 7 s
oiseau (des oiseaux) *m.* bird 9
on one, you, we 1
oncle *m.* uncle 3
ongle *m.* fingernail 13 s
opération *f.* operation 13
opossum *m.* opossum
optimiste optimistic 1
or *m.* gold (Récap)
orage *m.* storm 5 s, 9
orange orange 1; *f.* orange (fruit) 7
ordinateur *m.* computer 1; **— portable** laptop 1
ordonnance *f.* prescription 13
ordonné(e) tidy 3
ordre *m.* order; **en —** orderly, tidy 10 s
organiser to organize 4 s
orteil *m.* toe 13 s
où where 3; **d'où** from where 5
oublier (de) to forget 7
ouest west 9; **à l'— (de)** to/in the west (of) 9
ouragan *m.* hurricane 9 s
ours *m.* bear (Récap)
ouvert(e) open 3 s, 4
ouvrier(-ière) *m., f.* worker 4
ouvrir (*p.p.* **ouvert**) to open 4, 6 s

P

pain *m.* bread 7; **— complet** whole wheat bread 7 s
paix *f.* peace 6 s
palais *m.* palace 4 s; **— des congrès** convention center 11 s
pamplemousse *m.* grapefruit 7 s
panne: voiture en — broken-down car 4 s; **tomber en —** to have a (mechanical) breakdown 6 s
pansement *m.* bandage 13 s
pantalon *m.* pants 1; **— pattes d'éléphant** bell bottoms 12 s

papillon *m.* butterfly 8 s

paquet *m.* packet 7 s

par by, per; — **jour** per day 7

paragraphe *m.* paragraph

parapluie *m.* umbrella 1 s

paraître (*p.p.* **paru**) to seem 13 s

parc *m.* park 2; — **d'attractions** amusement park 11

parce que because 5

pardon pardon me 5

parenthèse: **entre parenthèses** in parentheses

paresseux(-euse) lazy 3

parfois sometimes 2 s, 4

parler to speak 2

parmi among

partager to share 8

partenaire *m., f.* partner

participer to participate

partir to leave 5

pas not 1;— **encore** not yet 6; — **mal** not bad 1

passeport *m.* passport 11

passer to spend (time) 3; — **l'aspirateur** to vacuum 10 s;— **la tondeuse** to mow 10 s; — **un examen** to take an exam 8; **se —** to happen 6; **se — de** to do without 13 s

passion *f.* passion 14

passionnant(e) exciting, wonderful 8, 12

passionné(e) enthusiastic, fanatic 3 s

pasteur *m.* preacher 4 s

pâte *f.* pastry dough 7; **pâtes** *f. pl.* pasta 7

pâté *m.* meat spread; — **de campagne** country-style meat spread 7

patient(e) patient 1; **un(e) —** patient 4

patiemment patiently 13

patin à glace *m.* ice skating 9 s

pâtisserie *f.* pastry; pastry shop 7

patron(ne) *m., f.* boss 4 s

pauvre poor 10

pavillon *m.* small house 10

payer (**je paie**) to pay 3, 12; — **en liquide** pay in cash 12; — **par chèque** pay by check 12

pays *m.* country 7

paysan(ne) *m., f.* peasant Récap

peau *f.* skin 13

peintre *m., f.* painter 11 s

peinture *f.* painting

pelouse *f.* grass 8

pendant during 6; — **que** while

penser to think; — **à** to think about 9; — **de** to think about (opinion) 14

perdre to lose 5

père *m.* father 3; **beau-—** stepfather, father-in-law 3 s

perfectionniste perfectionist 8 s

personnage *m.* character Récap; — **principal** main character Récap

personne *f.* person 1; nobody 10; — **sans emploi** unemployed person 4; **ne… —** not anyone 10

perte *f.* loss

pessimiste pessimistic 3

petit(e) little, small 1; — **déjeuner** *m.* breakfast 7

petit-fils *m.* grandson 3 s; **petite-fille** *f.* granddaughter 3 s; **petits-enfants** *m. pl.* grandchildren 3 s

petits pois *m. pl.* peas 7

peu (de) little 6, 7; **un —** a little 2

peur *f.* fear; **avoir — de** to be afraid 13

peut-être maybe 5

pharmacie *f.* pharmacy 4

philosophie *f.* philosophy 2

photo *f.* photograph 3, 6

phrase *f.* sentence

physique *f.* physics 2; *m.* physical appearance 13 s

piano *m.* piano 4

pièce *f.* room 10; — **de théâtre** play 15

pied *m.* foot 13; **à —** on foot 4

pierre *f.* stone

pilote *m., f.* pilot 4

pilule *f.* pill 13 s

à pinces pleated 12 s

pincée *f.* pinch 7 s

pique-nique *m.* picnic; **faire un —** to go on a picnic 4

piqûre *f.* shot 13 s

pirate *m.* pirate Récap s

pire worse 8

piscine *f.* swimming pool 3 s

pittoresque picturesque 9 s

placard *m.* closet, cupboard 3

place *f.* seat, position 5; town square 11

plage *f.* beach 2

se plaindre (*p.p.* **plaint**) to complain 10

plaire to please

plan *m.* map 11

planche à voile *f.* windsurfing 9 s

plante *f.* plant 3

plat *m.* course, dish 7; — **principal** main course 7

plat(e) flat 9 s

plâtre *m.* plaster, cast 13 s

plein(e) full

pleurer to cry 13

pleuvoir (*p.p.* **plu**) to rain; **il pleut** it's raining 5

plissé(e) pleated (12)

plongée libre *f.* snorkeling 9 s; **plongée sous marine** scuba diving 9 s

pluie *f.* rain 9

plupart *f.* **la — (de)** most (of) 12

plus more 2 s; **à —** see you later 1; — **…que** more…than 8; **ne… —** not any longer 10; **moi non —** me neither 10

plusieurs several 12

plutôt rather, somewhat 8

poêle *f.* frying pan 7 s

poème *m.* poem (11)

poète *m., f.* poet 4 s

poignet *m.* wrist 13 s

à point medium (meat) 7

pointure *f.* shoe size 12

poire *f.* pear 7 s

pois *m.* pea; **petits —** green peas 7

poisson *m.* fish 7

poivre *m.* pepper 7

poli(e) polite

politicien(ne) *m./f.* politician 4

pomme *f.* apple 7; — **de terre** potato 7; **pommes frites** *f. pl.* (*fam.* **frites**) French fries 7

pont *m.* bridge 6

population *f.* population 9 s

porc *m.* pork 7

port *m.* port 9

portable *m.* laptop computer 1; mobile phone 5

porte *f.* door 1

porter to wear 1

poser une question to ask a question 4

possible possible 3 s, 5

poste *f.* post office 4; *m.* job, position 4

pot *m.* ceramic or glass jar 7 s

pote *m.* (*fam.*) buddy

poubelle *f.* garbage can 10; **vider la —** to empty the garbage 10

poulet *m.* chicken 7

poupée *f.* doll 8 s; **jouer à la —** to play with dolls 8 s

pour for 5; — **moi** for me 5

pourboire *m.* tip 7

pourquoi why 5

poursuivre to pursue

pourtant however

pousser to push

pouvoir (*p.p.* **pu**) can, to be able to 5

prairie *f.* prairie 9 s

pratique practical, useful 2

pratiquer to practice 4

préférence *f.* preference 2 s

préférer (**je préfère**) to prefer 7

premier(-ière) first 2; **premier étage** *m.* first floor 10; **en première année,** first year (freshman)

prendre (*p.p.* **pris**) to take 3, 4, 5; — **la tension** to take blood pressure 13 s; — **soin** to take care

prénom *m.* first name 2

préparer to prepare; **se —** to prepare oneself, get ready 4

près (de) near 3

présenter to present, introduce; **se —** to introduce oneself 1 s

presque almost

presse *f.* press, news media 6; — **écrite** print press 6; — **en ligne** online press (media) 6

pressé(e) in a hurry

prestigieux(-euse) prestigious

prêt(e) ready 10 s

prêter to lend 8

prince (princesse) *m., f.* prince, princess Récap

printemps *m.* spring 2; **au —** in the spring 9

prison *m.* prison (15)

privé(e) private 8

prix *m.* price 3 s, 11, 12; award, prize 4 s, Récap s

probable probable 14

probablement probably

problème *m.* problem 10

prochain(e) next 4

proche near

producteur(-trice) *m., f.* (film) producer (4)

produit *m.* product 12; — **laitier** milk product 7 s

professeur *m.* (*fam.* **prof**) professor, instructor 1

profiter to take advantage of 11 s

profond(e) deep

programme *m.* program; — **d'échanges** exchange program 12; — **d'études** program of study 12

projets *m. pl.* plans 4; **faire des —** to make plans 9

promenade *f.* walk; **faire une —** to take a walk 4

promener to walk 10; **se —** to go for a walk 10

promotion *f.* promotion, special offer (12)

prononcer (**nous prononçons**) to pronounce

propre clean 12 s

propriétaire *m., f.* landlord/landlady 3
prospère prosperous 8
protagoniste *m., f.* main character Récap
province *f.* province 7 s
provisions *f. pl.* food 6
psychologie *f.* psychology 2
publicité *f.* (**fam. la pub**) advertising 12
puis then 6
pull-over *m.* (**fam. pull**) pullover sweater 1;
   — à col en V V neck sweater 12 s;
   — à col roulé turtleneck sweater 12 s
punition *f.* punishment 8 s

Q

qualité *f.* quality, advantage 10 s
quand when 5; **— même** anyway 5 s
quantité *f.* quantity 7
quarante forty 1
quartier *m.* neighborhood 3, 8 s
quatorze fourteen 1
quatre four 1
quatre-vingts eighty 3
quatre-vingt-dix ninety 3
que what 5; **qu'est-ce —** what 1; **qu'est-ce que c'est?** what is it? 1; **ne ... —** only 10
quel(s), quelle(s) which or what 2 s, 5
quelque chose something 5; **— à boire** something to drink 5
quelques some (12)
quelqu'un someone 5
question *f.* question 1; **poser une —** to ask a question 4
qui who 1; **— est-ce?** Who is it? 1
quitter to leave 5
quoi what
quotidien(ne) daily 10 s; *m.* daily publication 6 s

R

raconter to tell (a story) 6
radio *f.* radio 2; **—-réveil** *m.* clock radio 3 s
radiocassette *f.* portable radio cassette player 3
radiographie *f.* X ray 13 s
rafting *m.* rafting 9 s
raï *m.* raï music (a popular musical genre from North Africa)
raisin *m.* grapes 7
raison *f.* reason; **avoir —** to be right 13
raisonnable sensible 3 s
randonnée *f.* hike, excursion 4
rangé(e) organized 10 s
rangement télévision/hi-fi *m.* entertainment center 10 s
ranger (nous rangeons) to arrange, straighten 6 s, 10
rap *m.* rap music 2
rapide fast 9
rapidement quickly 13
rappeler to call back 5 s
se rappeler (je me rappelle) to remember 8
raquette de tennis *f.* tennis racket 3 s
rarement rarely 2 s, 4
raser to shave; **se —** to shave (oneself) 10
rasoir *m.* razor; **— électrique** electric razor 10 s
rater to miss (the bus); to fail 10 s
ravi(e) delighted 14
réagir (à) to react 6
réalisateur(-trice) *m., f.* movie director Récap
réaliste realistic 3

récemment recently 13
récent(e) recent 4 s, 5 s
réceptionniste *m., f.* receptionist 11
recevoir (*p.p.* **reçu**) to receive 6 s; 11
récipient *m.* container 7 s
récit *m.* story, narrative Récap; **— historique** historical fiction Récap
reclus(e) *m./f.* recluse 14 s
recommander to recommend
récréation *f.* (**fam. la récré**) recess 8
recycler to recycle 10
réduction *f.* (price) reduction 11 s
réduit(e) reduced 11
réfléchir à to think, reflect 6
réfrigérateur *m.* (**fam. frigo** 3 s) refrigerator 10
refuser to refuse 14
regarder to look (at), watch 2
région *f.* region 9
régime *m.* diet 7
règle *f.* ruler 8 s; a rule
régler to pay or settle a bill 7 s
regretter to regret 14
régulièrement regularly 2 s, 13
se rejoindre to meet up (again) 14 s
religion *f.* religion 9 s
remarquer to notice
remède *m.* cure 13
remettre (*p.p.* **remis**) to put back; **se —** to get well 10 s
remplacer (nous remplaçons) to replace
remplir to fill (in)
rencontrer to meet up (with someone you know) 4
rendez-vous *m.* appointment, meeting, date 5
rendre to return (something) 5; **— visite (à)** to visit (someone) 5; **se — compte** to realize 14
renseignements *m. pl.* information 9; **un renseignement** a piece of information 11
rentrée *f.* back to school/work 2 s
rentrer to return home 6
réparer to repair 6
repas *m.* meal 7
se repérer to find one's way 11 s
répéter (je répète) to repeat 1, 7; to rehearse 4 s
répondeur *m.* telephone answering machine 3 s
répondre to respond, answer 5
se reposer to rest 10
réservation *f.* reservation 9
réservé(e) reserved 3
réserver to reserve 7
résidence universitaire *f.* college dormitory 2
respirer to breathe 13 s
responsabilité *f.* responsibility
ressembler to resemble 8
restaurant *m.* (**fam. resto**) restaurant 4; 12 **— universitaire** (**fam. resto-u**) university cafeteria 2
rester to stay 2
résultat *m.* result
résumé *m.* summary; résumé
retard: en — late 4
retour *m.* return; **aller-retour** round-trip 9
retourner to return 4 s
retrouver to meet up with 4; **se —** to meet each other (by arrangement) 4; to meet again 14
réussir à to succeed 6
rêve *m.* dream 9 s
réveil *m.* alarm clock 3 s

réveiller to awaken (someone); **se —** to wake (oneself) up 10
revenir (*p.p.* **revenu**) to return, come back 6
revoir (*p.p.* **revu**) to see again 11 s; **au —** good-bye 1
rez-de-chaussée *m.* ground floor (of a building) (American first floor) 10
rhume *m.* cold 13
riche rich 1
rideaux *m. pl.* curtains 3
rien nothing 10; **ne ... —** not anything 10
riz *m.* rice 7
robe *f.* dress 1
robinet *m.* faucet; **eau du —** *f.* tap water 10; **fermer le —** to turn off the water 10
rock *m.* rock music, rock 'n roll 2
rocker *m.* rock musician
roi (reine) *m., f.* king, queen Récap
rôle *m.* role; **jouer un —** to play a role
rollerblades *m. pl.* rollerblades 3 s; **faire du roller** to rollerblade 4
roman *m.* novel Récap; **— policier** detective novel Récap
romantique romantic 14
romantisme *m.* romaticism 14
rompre (avec) to break up with 14 s
rose pink 1
rouge red 1; **— à lèvres** *m.* lipstick 10 s; **un verre de —** *m.* a glass of red wine 5
rougir to blush, turn red 8
rouler to drive
routine *f.* routine 10; **— quotidienne** daily routine 10
roux (rousse) red haired 1
rubrique *f.* heading, news column 6 s
rue *f.* street 11
rupture *f.* split (of a couple) 14
russe Russian 4; *m.* Russian language

S

sac *m.* purse 1; sack, bag 7; **— à dos** backpack 1; **— de couchage** *m.* sleeping bag 11
sage well behaved, demure 3 s, 8
sain(e) healthy 13
saison *f.* season 2; **— sèche** dry season 9; **— des pluies** rainy season 9
salade *f.* salad, lettuce 7
saladier *m.* large (mixing) bowl 7 s
salaire *m.* salary 4
sale dirty 10
salle *f.* room; **— à manger** dining room 10; **— de bains** bathroom 10; **— de classe** classroom 1; **— de musculation** workout room 3 s; **— de séjour** living room 10
saluer to greet; **se —** to greet each other 1 s
salut hi, bye 1
samedi Saturday 2
sandales *f. pl.* sandals 1
sandwich *m.* sandwich 4 s, 5; **— jambon beurre** ham sandwich with butter 5
sang *m.* blood 13
sans without; **—-abri** homeless people 14 s; **— blague** *fam.* no kidding 10 s
santé *f.* health 13
satisfait(e) satisfied 8 s
sauce *f.* sauce, gravy 7 s
saucisson *m.* dry sausage 7
sauf except 11
saumon *m.* salmon 7

sauver to save Récap
savane *f.* savannah 9 s
savoir (*p.p.* **su**) to know (information), to know how 9
scandale *m.* scandal 14
scénario *m.* script Récap s
science *f.* science 2; **sciences politiques** *f. pl.* political science 2
scooter *m.* scooter 3 s
sec (sèche) dry 9 s
sèche-cheveux *m.* hair dryer 10 s
sécher (je sèche) to dry; **se —** to dry (oneself) off 10 s
secrétaire *m., f.* secretary 4
secteur *m.* field of work 4 s; **— agricole** agricultural field 4 s; **— commercial** sales 4 s; **— enseignement** education 4 s; **— des services publics** local services 4 s; **— juridique** legal field 4 s; **— construction** construction 4 s; **— marketing** marketing field 4 s; **— mécanique auto** automotive 4 s; **— médical** medical field 4 s
sédentaire sedentary 3 s
séjour *m.* trip
sel *m.* salt 7
sélectionner to select
selon according to
semaine *f.* week 2; **la — prochaine** next week 4
semblable similar 8
semestre *m.* semester 2
sénateur *m.* senator 4 s
sens *m.* meaning, sense
sentiment *m.* feeling 14
sentir to sense; to smell; **se —** to feel 13
séparation *f.* separation 14
se séparer to separate, break up 14
sept seven 1
septembre September 2
série *f.* series; TV series 2 s
sérieux(-euse) serious 1
serré(e) tight 12
serveur(-euse) *m., f.* waiter, waitress 4
service *m.* service 7; **— compris** tip included 7; **— non-compris** tip not included 7; **— des urgences** emergency room 13 s
serviette *f.* napkin 7; **— de bain** bath towel 10 s
servir to serve; **se — de** to use 10
seul(e) alone 8 s
shampooing *m.* shampoo 10 s
shopping *m.* shopping 4
short *m.* shorts 1
si if 9
s'il vous plaît please 1
siècle *m.* century
signer to sign
silencieux(-euse) quiet, silent 2 s
simplement 13
singe *m.* monkey 9 s
site Internet *m.* Internet site 6
six six 1
ski *m.* ski, skiing 4; **faire du —** to go skiing 4
skier to ski 4
snob snobby 3 s
sociable sociable 1
société *f.* society
sociologie *f.* sociology 2
sœur *f.* sister 3; **belle-—** sister-in-law, stepsister 3 s; **demi-—** half sister 3 s

soie *f.* silk
soif: avoir — to be thirsty 7
soigner to take care of, nurse 13
soir *m.* evening, in the evening 4; **bon —** good evening 1; **ce —** this evening 5
soirée *f.* evening 5 s
soixante sixty 1
soixante-dix seventy 3
solde *f.* sale 12; **en solde** on sale 12
sole *f.* sole (fish) 7 s
soleil *m.* sun 5; **il fait du —** it's sunny 5
solitaire solitary 1
sommeil: avoir — to be sleepy 13
sondage *m.* survey
sorcier(-ière) *m., f.* witch Récap s
sorte *f.* sort
sortir to go out 5
souffrir (je souffre; *p.p.* **souffert)** to suffer 13
souhaiter to wish 13
souligner to underline
soupçonner to suspect
soupe *f.* soup 7
sourcil *m.* eyebrow 13 s
sourire to smile 13 s
sous under, beneath 3
souvenir *m.* memory 8
se souvenir de (*p.p.* **souvenu**) to remember 8
souvent often 2 s
spécialisation *f.* academic major 2
sport *m.* sport 4
sportif(-ive) athletic, active in sports 3; **complexe sportif** *m.* sport center 2
stade *m.* stadium 2 s
station de métro *f.* metro stop 10 s
stressé(e) stressed 3 s, 4
stricte strict 3 s
studio *m.* studio apartment 2 s, 3
stupide stupid 3
stylo *m.* pen 1
sucré(e) sweetened 5 s, 7
sud south 9; **au — (de)** to/in the south (of) 9
suffire (*p.p.* **suffi**): **ça suffit** that's enough 10
suffisamment sufficiently 13
suggérer (je suggère) to suggest
se suicider to commit suicide 14 s
suisse Swiss 4
suivant(e) next, following 8 s
suivre (*p.p.* **suivi**) to follow; **— un cours** to take a course
supermarché *m.* supermarket 7
supplément *m.* extra charge 11
supporter to hold up, bear
superficie *f.* surface area (9)
sur on 3
sûr(e) sure, safe 14; **bien sûr** of course 2
surprenant(e) surprising 14
surpris(e) surprised 14
surtout most of all, especially 2 s
surveillant(e) *m., f.* person in charge of discipline 8 s
surveiller to watch, keep an eye on, supervise
sweat *m.* sweat shirt 1
symbole *m.* symbol 11
sympathique (*fam.* **sympa**) nice, friendly 1
symptôme *m.* symptom 13
synopsis *m.* synopsis Récap

T

T-shirt *m.* T-shirt 1
table *f.* table 1; **— basse** coffee table 10; **—**

de nuit nightstand 3; **mettre la —** set the table 7
tableau *m.* chalkboard 1; painting
tâche ménagère *f.* household chore 10
taille *f.* size 12; **de — moyenne** average size 1
tailleur *m.* woman's suit 12
talon *m.* heel; **des chaussures à —s** high heels 12 s
tante *f.* aunt 3
taper à l'ordinateur to type on a computer 4 s
tapis *m.* rug 3
tard late 4
tarif *m.* fare, price 11 s
tarte *f.* tart, pie
tartelette *f.* mini-tart 7
tartine *f.* bread with butter and jam, a typical after-school snack 7 s
tasse *f.* cup 7
taxi *m.* taxi 9
techno *f. fam.* techno music 2 s
télépathie *f.* telepathy 11 s
téléphone *m.* telephone 3; **— mobile (portable)** cell phone 5
télé-réalité *f.* reality TV show 2
télévision *f.* (*fam.* **télé**) television 2
tellement so, so much
témoin *m.* witness
température *f.* temperature 9
temps *m.* weather 5; **à plein —** full time 4; **à — partiel** part-time 4; **quel — fait-il?** what is the weather? 5; **emploi du —** *m.* schedule 4; **le beau —** good weather 2 s; **— libre** free time 2 s
tendre tender 7
tendresse *f.* tenderness 14
tenir (*p.p.* **tenu**) to hold 6 s; **— à** to be bent on doing something, to want to 6 s
tennis *m.* tennis 2; **des —** *m. pl.* tennis shoes 1; **jouer au —** to play tennis 4
tension *f.* blood pressure 13 s
tente *f.* tent 11
tenter to try
terminale *f.* senior year of high school 12
terrain *m.* land; **— de camping** campground 11; **— de sport** sports field 2 s, 8
terrasse *f.* terrace, patio 5 s, 10
tête *f.* head 13; **avoir mal à la —** to have a headache 13
thé *m.* tea 5; **— nature** plain tea 5 **— au citron** hot tea with lemon 5; **— au lait** hot tea with milk 5
théâtre *m.* theater
thème *m.* theme
thon *m.* tuna 7
timide timid 1
titre *m.* title Récap
toi you 5
toilettes *f. pl.* toilet 10
tomate *f.* tomato 7
tomber to fall 6; **— amoureux(-euse)** to fall in love 14; **— en panne** to have a (mechanical) breakdown 6
tondeuse *f.* lawnmower 10 s
tongs *f. pl.* flip flops 12
tort: avoir — to be wrong 13
tortue *f.* tortoise 9 s
tôt early 4
toujours all the time, always 5
tour *f.* tower (11); *m.* **le Tour de France** bicycle race 4

tourisme *m.* tourism 9
touriste *m., f.* tourist
touristique tourist, popular with tourists 11
tourner to turn 11
tousser to cough 13
tout(e) (*pl.* **tous, toutes**) all; — **confort** luxury 10 s; — **droit** straight ahead 11; — **de suite** immediately; — **le monde** everyone; **c'est** — that's all 5
tradition *f.* tradition 11
train *m.* train 9
tranche *f.* slice 7
tranquille calm 3 s
transformer to transform Récap
transport *m.* transportation 9; **transports en commun** *m. pl.* public transportation 9; **moyen de** — *m.* means of transportation 9
travail *m.* (*pl.* **travaux**) work 2; — **bénévole** volunteer work 4 s
travailler to work 2, — **à plein temps** to work full time 4 s, 12; — **à mi-temps** to work part time 12
travailleur(-euse) hardworking 3
traverser to cross 11
treize thirteen 1
trente thirty 1
très very 1
tribunal *m.* court 4 s
trier to separate 10; — **les déchets** to separate the trash 10
trimestre *m.* trimester 2
triste sad 3
trois three 1
troisième third 2; **être en** — **année** to be a college junior 3
tromper to be unfaithful 14 s; to trick Récap
trop (de) too much, too many (of) 7
tropical(e) tropical 9
trouver to find; **se** — to be located 9
truc *m.* (*fam.*) thing 12
tu you 1
tube *m.* hit 9 s
tuer to kill Récap
type *m.* (*fam.*) guy 12
typiquement typically 2 s

U

un(e) one 1; a
unir to unite Récap s

université *f.* university 2
usine *f.* factory 4
utiliser to utilize, use

V

vacances *f. pl.* vacation 2; **les grandes** — summer vacation 9
vaincre to vanquish Récap s
vaisselle *f.* dishes 10; **faire la** — to do the dishes 10
valeur *f.* value 14
valise *f.* suitcase 9; **faire sa** — to pack one's bag 9
vallée *f.* valley 9 s
vanille *f.* vanilla 7 s
vase *m.* vase 3
vaste vast, big 9 s
vedette *f.* star Récap s
végétarien(ne) *m., f.* vegetarian 7 s
vélo *m.* bicycle 3; **en/à** — by bike 9
vendeur(-euse) *m., f.* salesperson 4
vendre to sell 5
vendredi Friday 2
venir (*p.p.* **venu**) to come 3; — **de** to have just 6
vent *m.* wind 5; **il fait du** — it's windy 5
ventre *m.* stomach 13
vérifier to verify, check 4 s
verité *m.* truth 14 s, Récap s
verre *m.* glass 7
vers around (time); towards (direction)
version originale (doublée, sous-titrée) *f.* original (dubbed, subtitled) movie Récap s
vert(e) green 1
veste *f.* jacket, sport coat 12
vêtements *m. pl.* clothes, clothing 1
viande *f.* meat 7
vidéo *f.* video 2
vidéoclip *m.* videoclip 6
vider to empty; — **la poubelle** to empty the garbage 10
vie *f.* life; — **conjugale** *f.* married life 14 s; — **sentimentale** love life 14
vieux (vieil, vieille) old, elderly 1
village *m.* town 9
ville *f.* city 4
vin *m.* wine 5
vinaigrette *f.* salad dressing made with oil and vinegar 7 s

vingt twenty 1
violet(te) violet, purple 1
visage *m.* face 13
visiter to visit (a place) 9
vitamine *f.* vitamin 7 s, 13
vite fast, quickly 8
vivant(e) alive 3 s
vivre (*p.p.* **vécu**) to live 6
vocabulaire *m.* vocabulary
voici here is, here are 2
voilà there is, there are
voile *f.* sailing 9 s
voir (*p.p.* **vu**) to see 3, 11; **aller** — to go see, visit a person 4
voisin(e) *m., f.* neighbor 1 s, 6 s
voiture *f.* car 3; **en** — by car 9
vol *m.* flight 9
volcan *m.* volcano 9 s
voler to steal, to fly Récap
volets *m. pl.* shutters 3 s, 6 s, 9
voleur *m.* thief Récap
vouloir (*p.p.* **voulu**) to want 5
vous you 1
voyage *m.* trip 4; **faire un** — to take a trip 4
voyager (nous voyageons) to travel 2
vrai(e) true
vraiment really 6, 13

W

W.C. *m. pl.* half bath (abbreviation of water closet) 10
week-end *m.* weekend 2

Y

yaourt *m.* yogurt 7
yeux *m. pl.* eyes (**œil** *m.* eye) 13
yoga *m.* yoga 4

Z

zèbre *m.* zebra 7 s
zéro *m.* zero 1
zouk *m.* zouk (popular musical genre from the French West Indies) 9 s

A

a un(e)
able: to be — pouvoir
abortion avortement *m.*
about à propos de, au sujet de
above au-dessus (de)
abroad à l'étranger
absolute absolu(e)
absolutely absolument
about: (the book) is about: il s'agit de
accident accident *m.*
to accompany accompagner
to accomplish accomplir
according to selon
accounting comptabilité *f.*
to ache avoir mal (à)
across à travers
to act agir
active actif(-ive); engagé(e)
actively activement
activity activité *f.;* **leisure activities** loisirs *m. pl.*
actor acteur(-trice) *m., f.;* comédien(ne) *m., f.*
to adapt s'adapter
to add ajouter
address adresse *f.;* **e-mail address** adresse courriel
to admire admirer
to adore adorer
adult adulte *m., f.*
advanced avancé(e)
advantage avantage *m.;* qualité *f.* **to take — of** profiter
adventure aventure *f.;* **— movie** film d'aventure *m.*
advertisement réclame *f.;* publicité *f.* (*fam.* la pub)
advice conseil *m.*
to advise conseiller; **— against** déconseiller
aerobics aérobic *f.;* **to do —** faire de l'aérobic
affectionate affectueux(-euse)
afraid: to be — avoir peur (de)
Africa Afrique *f.*
African africain(e); **North —** Maghrébin(e) *m., f.*
after après
afternoon après-midi *m.*
again de nouveau
against contre
age âge *m.*
agency agence *f.;* **travel —** agence de voyages *f.*
agent agent *m., f.;* **travel —** agent de voyages *m.*
aggressive agressif(-ive)
ago il y a (+ time)
to agree être d'accord
agricultural agricole
air conditioning climatisation *f.*
airplane avion *m.*
airport aéroport *m.*
alarm clock réveil *m.*
alcoholic alcoolisé(e)
alive vivant(e)
all tout(e) (*pl.* tous, toutes)
allergic allergique
allergy allergie *f.*

to allow permettre
almost presque
alone seul(e)
already déjà
also aussi
although bien que
always toujours
ambitious ambitieux(-euse)
American américain(e)
among parmi
ancestor ancêtre *m., f.*
anchovies anchois *m.*
and et
angry: to get — se mettre en colère, se fâcher contre; **to make someone —** mettre en colère
animal animal *m.*
ankle cheville *f.*
to announce annoncer
announcement annonce *f.*
to annoy ennuyer; embêter; énerver
to answer répondre (à)
anthem hymne *m.*
anthropology anthropologie *f.*
anxious angoissé(e)
apartment appartement *m.,* studio *m.;* **— building** immeuble *m.*
appetite appétit *m.*
appetizer hors-d'œuvre *m.*
apple pomme *f.*
appliance appareil ménager *m.*
to apply (for a job) poser sa candidature
appointment rendez-vous *m.*
to appreciate apprécier
April avril
aquarium aquarium *m.*
Arabic arabe *m.*
architect architecte *m., f.*
to argue (with) se disputer (avec)
arid aride
arm bras *m.*
armchair fauteuil *m.*
armoire armoire *f.*
around (time) vers; autour; environ
to arrange arranger; ranger
to arrive arriver
article article *m.*
artisan artisan *m., f.*
artist artiste *m., f.*
as comme; **— . . . —** aussi... que; **— much, — many** autant; **— soon —** aussitôt que
Asia Asie *f.*
to ask (for) demander; **— a question** poser une question
asparagus asperges *f. pl.*
aspirin aspirine *f.*
assured assuré(e)
astonished étonné(e)
astonishing étonnant(e)
at à, en
athlete athlète *m., f.*
athletic sportif(-ive)
ATM (automatic teller machine) distributeur automatique *m.*

atmosphere atmosphère *f.*
to attack attaquer
attempt tentative *f.*
to attend assister à
attention attention *f.;* **to pay —** faire attention
to attract attirer
attraction attraction *f.*
August août
aunt tante *f.*
austere austère
Australia Australie *f.*
authentic authentique
author auteur *m.*
autumn automne *m.*
available disponible
avenue avenue *f.*
average moyen(ne)
to avoid éviter
to awaken (someone) réveiller

B

baby bébé *m.*
babysitter baby-sitter *m., f.;* **to babysit** faire du baby-sitting
back dos *m.*
backpack sac à dos *m.*
bad mauvais(e); **not —** pas mal
badly mal
bag sac *m.*
bakery boulangerie *f.;* pâtisserie *f.*
balance équilibre *m.*
balcony balcon *m.*
ball balle *f.;* (inflatable) ballon *m.;* (dance) bal *m.*
banal banal(e)
banana banane *f.*
bandage pansement *m.*
to banish bannir
bank banque *f.*
banker banquier(-ière) *m., f.*
bankrupt: to go — faire faillite
to baptize baptiser
bargain bonne affaire *f.;* **to —** marchander
basketball basketball *m.;* **— player** basketteur *m.;* **— shoes** baskets *f. pl.;* **to play —** jouer au basket
to bathe baigner; **to take a bath** se baigner
bathing suit maillot de bain *m.*
bathroom salle de bains *f.;* **half —** les W.C. *m. pl.*
battle bataille *f.*
to be être
beach plage *f.*
bean haricot *m.*
bear ours *m.*
to bear, hold up supporter
beard barbe *f.*
to beat battre
beautiful beau (bel, belle), (*pl.* beaux, belles)
because parce que, car
to become devenir
bed lit *m.;* **to make the —** faire le lit; **to put to —** coucher; **to go to —** se coucher
bedroom chambre *f.*

bedsheets draps *m. pl.*
bedspread couvre-lit *m.*
bee abeille *f.*
beef bœuf *m.*
beer bière *f.;* **glass of draft** — demi *m.*
before avant
to beg prier
to begin commencer; — **to** se mettre à
beginning début *m.;* **in the** — au début
to behave se comporter
behind derrière
beige beige
Belgian belge
to believe croire
bell pepper poivron *m.*
to belong to appartenir à
bench banc *m.*
to benefit bénéficier
better meilleur(e); *adv.* mieux; **it is** — il vaut
mieux
between entre
bicycle bicyclette *f.,* vélo *m.*
big grand(e); vaste
bilingual bilingue
binder classeur *m.*
binoculars jumelles *f. pl.*
biology biologie *f.*
bird oiseau *m.*
birth naissance *f.*
birthday anniversaire *m.;* **happy** — bon
anniversaire
black noir(e)
blackboard tableau *m.*
blazer blazer *m.*
blond blond(e)
blood sang *m.;* — **pressure** tension *f.*
blouse chemisier *m.*
blue bleu(e)
blue jeans jean *m.*
to blush rougir
boat bateau *m.*
body corps *m.*
to boil faire bouillir
book livre *m.*
bookseller bouquiniste *m., f.*
bookshelf étagère *f.*
bookstore librairie *f.*
boot botte *f.*
border frontière *f.*
boring ennuyeux(-euse)
born: to be — naître
to borrow emprunter
boss patron(ne) *m., f.*
to bother déranger
bottle bouteille *f.*
boulevard boulevard *m.*
boutique boutique *f.*
bowl bol *m.;* **mixing** — saladier *m.*
box boîte *f.;* — **of tissues** boîte *f.* de mouchoirs
boy garçon *m.;* —**friend** petit ami *m.*
brand marque *f.*
bread pain *m.;* **whole wheat** — pain
complet *m.*
to break casser; — **(one's leg)** se casser
(la jambe); — **up with** rompre (avec)
breakfast petit déjeuner *m.*
to breathe respirer
bridge pont *m.*
brief bref (brève)
to bring (person) amener; **(thing)** apporter

broadcast émission *f.*
broccoli brocoli *m.*
brochure brochure *f.*
broke (out of money) fauché(e) *(fam)*
broken down en panne
broom balai *m.*
brother frère *m.;* **brother-in-law,** beau-frère
m., **half-brother, stepbrother**
demi-frère *m.*
brown marron; **to get** — brunir
bruise bleu *m.*
brunette brun(e)
brush brosse *f.;* **to** — brosser; **to** — **one's hair**
se brosser les cheveux
buddy pote *m. fam.*
to build construire
building bâtiment *m.*
to burn brûler
bus autobus *m.,* autocar *m.*
business commerce *m.;* affaires *f. pl.;*
e-business commerce électronique;
businessman/woman homme (femme)
d'affaires *m., f.*
busy occupé(e); chargé(e)
but mais
butcher shop boucherie *f.*
butter beurre *m.*
butterfly papillon *m.*
to buy acheter
by par

C

cafeteria cafétéria *f.*
café café *m.*
cake gâteau *m.*
calculator calculatrice *f.*
calendar calendrier *m.*
to call appeler; téléphoner (à); — **back**
rappeler
calm calme, tranquille
camel chameau *m.*
camera appareil photo *m.*
campground terrain de camping *m.*
camping camping *m.;* **to go** — faire du
camping
can boîte *f.*
can, to be able to pouvoir
cancer cancer *m.*
candy bonbon *m.*
canoe canoë *m.*
cap (baseball) casquette *f.*
capital capitale *f.*
car voiture *f.,* bagnole *f. fam.*
card carte *f.;* **debit** — carte bancaire, carte de
débit; **credit** — carte de crédit; **postcard**
carte postale; **to play cards** jouer aux
cartes
care: to take — **of** s'occuper de; **to** — **for**
se soucier de; **to take** — **of oneself** se
soigner; **to take** — **of** prendre soin (de)
career carrière *f.*
careful: to be — faire attention
to carress caresser
carriage carosse *m.*
carrot carotte *f.*
cartoon bande dessinée *f.,* BD *f.*
cash en liquide; — **register** caisse *f.*
cassette cassette *f.*
cast plâtre *m.*
castle château *m.*

cat chat *m.*
to catch attraper
cause cause *f.;* **humanitarian** — cause
humanitaire *f.*
cave grotte *f.*
cavity carie *f.*
CD disque compact *m.* CD *m. fam.;* — **player**
lecteur (laser) de CD *m.*
cemetery cimetière *m.*
center centre *m.;* **cultural** — centre culturel *m.*
century siècle *m.*
cereal céréales *f. pl.*
certain certain(e)
chair chaise *f.*
chalk craie *f.*
challenge défi *m.*
champagne champagne *m.*
champion champion(ne) *m., f.*
change changement *m.;* (money) monnaie *f.*
to change changer
character personnage *m.;* **main** — personnage
principal *m.;* protagoniste *m., f.*
charge: extra — supplément *m.*
charity association caritative *f.*
charming charmant(e)
to chase chasser
to chat bavarder
cheap bon marché, pas cher
check chèque *m.;* **restaurant** — addition *f.;*
checkered (fabric) à carreaux
cheek joue *f.*
cheese fromage *m.;* — **shop** fromagerie *f.;*
with melted — gratiné(e)
chemistry chimie *f.*
cherry cerise *f.*
chest of drawers commode *f.*
chicken poulet *m.*
child enfant *m., f.;* gosse *m., f., fam.;*
only — fils (fille) unique
childhood enfance *f.*
chill frisson *m.*
chin menton *m.*
chocolate chocolat *m.*
to choose choisir
church église *f.*
city ville *f.*
class classe *f.;* **classmate** camarade de classe
m., f.; **classroom** salle de classe *f.*
classified ads petites annonces *f. pl.*
clean propre; **to** — nettoyer
clear clair(e)
client client (cliente) *m., f.*
climate climat *m.*
to climb monter
clock horloge *f.,* — **radio** radio-réveil *m.*
to close fermer
close (to) près (de)
closet placard *m.,* armoire *f.*
clothes vêtements *m. pl.*
cloud nuage *m.;* **it's cloudy** le ciel est couvert;
it's partly cloudy il y a des éclaircies
coast côte *f.*
coat manteau *m.*
Coca-Cola coca *m.;* **diet Coke** coca light *m.*
coffee café *m.;* — **with cream** café crème
(*fam.* un crème); — **table** table
basse *f.*
coin(s) monnaie *f.*
cold froid(e); (illness) rhume *m.,* **it's** — il fait
froid; **to be** — avoir froid

collar col *m.*
colleague collègue *m., f.*
colony colonie *f.*
color couleur *f.*
comb peigne *m.*
to come venir; **to — back** revenir
comedy comédie *f.*
comfort confort *m.*
commercial commercial(e)
commercialized commercialisé(e)
to communicate communiquer
compact disc disque compact *m.*, CD *m.*
company entreprise *f.*; **— president** chef
    d'entreprise *m.*
to compare comparer
compass boussole *f.*
competition concours *m.*
to complain se plaindre, râler
completely complètement, tout à fait
composer compositeur(-trice) *m., f.*
computer ordinateur *m.*; **— science**
    informatique *f.*; **— room** salle
    informatique *f.*; **— software** logiciel *m.*;
    — specialist informaticien(ne) *m., f.*
concert concert *m.*
Congolese congolais(e)
to confide confier
confident confiant(e)
conflict conflit *m.*
conformist conformiste *m., f.*
conformity conformisme *m.*
congested enrhumé(e)
consequently par conséquent
conservative conservateur(-trice)
to consider considérer
constantly constamment
to consult consulter
consumer consommateur(-trice) *m., f.*
consumption consommation *f.*
contact information coordonnées *f. pl.*
container récipient *m.*
contemporary contemporain(e)
continent continent *m.*
to continue continuer
contrary: on the — au contraire
to contribute contribuer
convention congrès *m.*
to convince convaincre
cook cuisinier(-ière) *m., f.*; **to —** faire la
    cuisine; **to — (something)** faire cuire
    (quelque chose)
cookie biscuit *m.*
cool frais (fraîche); cool, chouette *fam.*;
    it's — (weather) il fait frais
copy copier; copie *f.*
corduroy velours côtelé *m.*
corn maïs *m.*
corner coin *m.*
cosmopolitan cosmopolite
to cost coûter
cotton coton *m.*
couch canapé *m.*
to cough tousser
to count (on) compter (sur)
country campagne *f.*; pays *m.*
couple couple *m.*
courage courage *m.*
courageous courageux(-euse)
course cours *m.*; **of —** bien sûr

court (law) tribunal *m.*
to court faire la cour
courtyard cour *f.*, terrasse *f.*
cousin cousin(e) *m., f.*
cover couverture *f.*
to cram (for an exam) bachoter
crazy fou (folle)
cream crème *f.*
to create créer
credit card carte de crédit *f.*
crisis (economic) crise *f.*
to criticize critiquer
to cross traverser
crow corbeau *m.*
crowd foule *f.*
cruise croisière *f.*
crutches béquilles *f. pl.*
to cry pleurer
cucumber concombre *m.*
culinary culinaire
to cultivate cultiver
cup tasse *f.*
cure remède *m.*
curtains rideaux *m. pl.*
customer client(e) *m., f.*
to cut couper; **— a class** sécher un cour *fam.*;
    — one's finger se couper le doigt
cute mignon(ne)

D

daily quotidien(ne); **— publication** quotidien *m.*
dairy: shop selling dairy products crémerie *f.*
dance danse *f.*; bal *m.*; **to —** danser
dancer danseur (danseuse) *m., f.*
date date *f.*; rendez-vous *m.*
datebook agenda *m.*
daughter fille *f.*
day jour *m.*; journée *f.*; **all — long** toute la
    journée; **— after** lendemain *m.*
dead mort(e)
dear cher (chère)
death penalty peine de mort *f.*
debit card carte bancaire *f.*, carte de débit *f.*
December décembre
to decide décider; se décider à
to decrease diminuer
deep profond(e)
to defend défendre
degree degré *m.*; **bachelor's —** licence *f.*
    (equivalent); **master's —** master *m.*
delicatessen charcuterie *f.*
delicious délicieux(-ieuse)
delighted ravi(e)
delivery (of a baby) accouchement *m.*
to demand exiger
demanding exigeant(e)
demure sage
dental floss fil dentaire *m.*
dentist dentiste *m., f.*
department store grand magasin *m.*
to depend (on) dépendre (de); **it depends** ça
    dépend
deposit caution *f.*
depressed déprimé(e); **to be —** avoir le cafard,
    faire une dépression
to describe décrire
description description *f.*
desert désert *m.*
to desire désirer; avoir envie de

desk bureau *m.*; **student —** pupitre *m.*
despite malgré
dessert dessert *m.*
destination destination *f.*
destiny destin *m.*
to destroy détruire
to develop développer
developed developpé(e)
devil diable *m.*
to devote consacrer
to devour dévorer
dialog(ue) dialogue *m.*
diary journal intime *m.*
dictionary dictionnaire *m.*, dico *m. fam.*
to die mourir (*p.p.* mort)
diet régime *m.*; alimentation *f.*; **to be on a**
    — être au régime
difference différence *f.*
different différent(e)
difficult difficile
to diminish diminuer
to dine dîner
dinner dîner *m.*
diploma diplôme *m.*
direction direction *f.*
director directeur(-trice); réalisateur
    (-trice) *m., f.*; metteur en scène *m.*
dirty sale
disadvantage inconvénient *m.*
disappointed déçu(e)
discipline discipline *f.*
to discover découvrir
to discuss discuter (de)
disgusting dégoûtant(e)
dish assiette *f.*; (of food) plat *m.*;
    to wash dishes faire la vaisselle
diversity diversité *f.*
divorce divorce *m.*; **to —** divorcer
divorced divorcé(e)
to do faire
doctor médecin *m.*
doctorate doctorat *m.*
documentary documentaire *m.*
dog chien(ne) *m., f.*
doll poupée *f.*; **to play dolls** jouer à la poupée
to dominate dominer
door porte *f.*
dormitory résidence universitaire *f.*; dortoir *m.*
to doubt douter
doubtful douteux (douteuse)
down: to go downstairs, get off descendre
downtown centre-ville *m.*
dozen douzaine *f.*
dragon dragon *m.*
drama drame *m.*; art dramatique *m.*
drawing dessin *m.*, image *f.*
dream rêve *m.*; **to —** rêver
dress robe *f.*; **to —** habiller; **to get dressed**
    s'habiller; **dressed up** habillé(e)
drink boisson *f.*; **binge-drinking** binge-
    drinking *m.*; **to —** boire; **something to**
    — quelque chose à boire
to drive conduire, rouler; **to go for a drive**
    faire une promenade en voiture
drug drogue *f.*
dry sec (sèche); **to — (oneself) off** se sécher;
    — cleaners pressing *m.*
during pendant
DVD DVD *m.*

E

each chaque
eagle aigle *m.*
ear oreille *f.*
early tôt, de bonne heure; **to be —** être en avance
to earn gagner
earthquake tremblement de terre *m.*, séisme *m.*
east est; **to/in the — (of)** à l'est (de)
easy facile
to eat manger; **— lunch** déjeuner; **— dinner** dîner
ecology écologie *f.*
economics sciences économiques *f. pl.*
education formation *f.*; enseignement *m.*
egalitarian égalitaire
egg œuf *m.*
eight huit
eighty quatre-vingts
elbow coude *m.*
elegant élégant(e)
element élément *m.*
elephant éléphant *m.*
elevator ascenseur *m.*
elsewhere ailleurs
e-mail courrier électronique *m.*, courriel *m.*, e-mail *m.*, mèl *m.*; **— address** adresse courriel *f.*
to emphasize mettre en valeur
to employ employer
employee employé(e) *m., f.*
employer employeur(-euse) *m., f.*
to empty the garbage vider la poubelle
end fin *f.*; **at the — of** au bout de
ending dénouement *m.*
energetic énergique
engaged: to get — se fiancer
engineer ingénieur *m.*
English anglais(e); **— language** anglais *m.*
enough assez (de)
to enrich enrichir
to enter entrer
entertainment distraction *f.*; **— center** rangement télévision/hi-fi, *m.*
enthusiastic enthousiaste, passionné(e)
entry (hall) entrée *f.*
environment environnement *m.*
equator équateur *m.*
errand course *f.*; **to do errands** faire les courses
error erreur *f.*
especially surtout
espresso expresso *m.*
to establish établir
eternal éternel(le)
Europe Europe *f.*
evening soir *m.*; soirée *f.*; **good —** bonsoir; **yesterday —** hier soir; **this —** ce soir
event événement *m.*; **current events** actualités *f. pl.*
every: everyone tout le monde; **everywhere** partout
evidently évidemment
exactly exactement
exam examen *m.*; **competitive —** concours *m.*
example exemple *m.*; **for —** par exemple
excellent excellent
except sauf
exceptional exceptionnel(le)
to exchange échanger

excited animé(e)
exciting passionnant(e)
excursion excursion *f.*
excuse me excusez-moi
executive cadre *m.*
exercise exercice *m.*
exhibit exposition *f.*
exile: to go into exile s'exiler
to expect attendre; **— to** s'attendre à
to expel (from school) renvoyer
expense dépense *f.*
expensive cher (chère)
to explain expliquer
to explode exploser
to express exprimer
eyebrow sourcil *m.*
eyeglasses lunettes *f. pl.*; **sunglasses** lunettes de soleil
eyelash cil *m.*
eyes yeux *m. pl.* (œil *m. sing.*)

F

fable fable *f.*
face figure *f.*; visage *m.*
facing en face (de)
factory usine *f.*
to fail rater
to faint s'évanouir
fairy fée *f.*; **— tale** conte de fées *m.*
faithfulness fidélité *f.*
to fall tomber; **— asleep** s'endormir; **— in love (with)** tomber amoureux (-euse) (de)
false faux (fausse)
family famille *f.*; **blended family** famille recomposée *f.*
famous célèbre; fameux(-euse)
fan fana *m., f. (fam)*
far (from) loin (de)
fare tarif *m.*
farm ferme *f.*
farmer agriculteur(-trice) *m., f.*
fashion mode *f.*; **— designer** couturier(-ière) *m., f.*; **— show** défilé de mode *m.*, **to be in —** être à la mode
fat gros(se); graisse *f.*, **low —** maigre
father père *m.*; **father-in-law, stepfather** beau-père *m.*
faucet robinet *m.*; **to turn off the —** fermer le robinet
favorite préféré(e)
fear peur *f.*; **to be afraid** avoir peur
February février
to feel se sentir; **— like** avoir envie de
fever fièvre *f.*
few peu (de); **a —** quelques
fiancé(e) fiancé(e) *m., f.*
field champ *m.*, secteur *m.*; **soccer —** terrain de football *m.*; **sports —** terrain de sport *m.*
fifty cinquante
to fight lutter
to fill (in) remplir
filled complet (complète)
film film *m.*; (for camera) pellicule *f.*
film maker cinéaste, *m., f.*; réalisateur(-trice) *m., f.*
finally enfin, finalement
to find one's way se repérer
finger doigt *m.*

fingernail ongle *m.*
to finish finir
fireplace cheminée *f.*
first premier(-ière); *adv.* d'abord
fish poisson *m.*
five cinq
flag drapeau *m.*
flashlight lampe électrique *f.*
flat plat(e)
to flatter flatter
flight vol *m.*
floor étage *m.*; **first —** (American second floor) premier étage
florist fleuriste *m., f.*
flower fleur *f.*; **— print** à fleurs
flu grippe *f.*
fluently couramment
to fly voler
fog brouillard *m.*; **it's foggy** il fait du brouillard
to follow suivre; **following** suivant(e)
food nourriture *f.*; provisions *f. pl.*; cuisine *f.*; alimentation *f.*; bouffe *f. fam.*
foot pied *m.*; **on —** à pied
football football américain *m.*
for pour
forehead front *m.*
foreign étranger(-ère)
foresight prévoyance *f.*
forest forêt *f.*
to forget oublier
fork fourchette *f.*
form formulaire *m.*
former ancien(ne)
formerly autrefois
fortunately heureusement
fortune teller voyant(e) *m., f.*
four quatre
fox renard *m.*
free libre; **— (of charge)** gratuit(e)
to freeze geler; **it's freezing** il gèle
French français(e); **— language** français *m.*
French-speaking francophone
frequent fréquent(e)
to frequent fréquenter
fresh frais (fraîche)
freshman (in school) en première année
Friday vendredi
friend ami(e) *m., f.*; copain (copine) *m., f.*; camarade *m., f.*; **boyfriend/girlfriend** petit(e) ami(e)
friendship amitié *f.*
from de
front: in — of devant
fruit fruit *m.*
full plein(e); **— time** à plein temps
fun: to have — s'amuser
funny amusant(e), drôle, comique, marrant(e) *fam.*, rigolo(te) *fam.*
furnished meublé(e)
furniture meubles *m. pl*
future avenir *m.*

G

to gain weight grossir
game jeu *m.*; (sports) match *m.*
gang gang *m.*
garage garage *m.*
garbage can poubelle *f.*
garden jardin *m.*

to gargle faire des gargarismes
garlic ail *m.*
gasoline essence *f.*
general général(e); **in —** en général
generous généreux(-euse)
geography géographie *f.*
German allemand(e); **— language** allemand *m.*
to gesture gesticuler
to get obtenir; **— a job** décrocher; **— rich** faire fortune
to get along s'entendre (bien)
to get down descendre
to get dressed s'habiller
to get up se lever
to get used to s'habituer
to get well se remettre
giant géant *m.*
gift cadeau *m.*
giraffe girafe *f.*
girl fille *f.*, nana *f. fam.*
girlfriend petite amie *f.*
to give donner
glass verre *m.*
glove gant *m.*
to go aller; **— away** s'en aller; **— to bed** se coucher, **— see** aller voir
goal but *m.*
goblet verre à pied *m.*
god, God dieu *m.*, Dieu *m.*
gold or *m.;* **made of —** en or
golf golf *m.*
good bon(ne); **— evening** bonsoir
good-bye au revoir, salut, ciao *fam.*
gorilla gorille *m.*
gourmet gastronomique
gram gramme *m.*
grandchildren petits-enfants *m. pl.*
granddaughter petite-fille *f.*
grandfather grand-père *m.*
grandmother grand-mère *f.*
grandparents grands-parents *m. pl.*
grandson petit-fils *m.*
grape raisin *m.*
grapefruit pamplemousse *m.*
grass pelouse *f.*
gray gris(e)
great super *fam.;* chouette *fam.*
green vert(e)
green beans haricots verts *m. pl.*
to greet saluer; **— each other** se saluer
grilled grillé(e)
grocery store épicerie *f.*
ground floor (of a building) (American first floor) rez-de-chaussée *m.*
group groupe *m.*
to grow (up) grandir
growth croissance *f.*
to guess deviner
guitar guitare *f.*
guy mec *m.*, type *m. fam.*
gym gymnase *m.*

H

hair cheveux *m. pl.;* **— dryer** sèche-cheveux *m.;* **short (long) —** cheveux courts (longs); **blond (brown, gray, red) —** cheveux blonds (bruns, gris, roux)
haircut coupe de cheveux *f.*
hairstyle coiffure *f.*

half demi(e)
hallway couloir *m.*
ham jambon *m.*
hand main *f.*
handkerchief mouchoir *m.*
handsome beau (bel, belle) (*pl.* beaux, belles)
to happen se passer, arriver
happiness bonheur *m.*
happy heureux(-euse); content(e)
hard *adv.* dur
hardware store quincaillerie *f.*
hard-working travailleur(-euse)
hat chapeau *m.*
to hate détester
to have avoir; **— a great time** s'éclater *fam.;* **— difficulty** avoir du mal à; **— fun, enjoy oneself** s'amuser; **— to** devoir
he il
head tête *f.;* **to have a headache** avoir mal à la tête
to heal guérir
health santé *f.*
healthy sain(e)
to hear entendre
heart cœur *m.*
heavy lourd(e); **(stocky)** fort(e)
heel talon *m.;* **high heels** chaussures à talons hauts *f.*
hell enfer *m.*
hello bonjour; (telephone) allô
to help aider
here ici; **— is/are** voici
hero héros *m.*
heroine héroïne *f.*
to hesitate hésiter (à)
hi salut *fam.*
to hide se cacher
hide-and-seek cache-cache *m.*
high élevé(e)
high school lycée *m.*
highway autoroute *f.*
hike randonnée *f.;* **to go for a —** faire une randonnée
hiker (biker) randonneur(-euse) *m., f.*
hip hanche *f.*
to hire embaucher
historical historique
history histoire *f.*
hit tube *m.* (music)
to hit taper
to hitch together accrocher
to hitchhike faire de l'auto-stop
hockey hockey *m.;* **to play —** jouer au hockey
to hold (out) tenir; **— the record** détenir le record
holiday fête *f.*
home foyer *m.*
homeless people gens sans-abri *m. pl.*
homemaker homme (femme) au foyer *m., f.*
homesick dépaysé(e)
homesickness mal du pays *m.*
homework devoirs *m. pl.;* **to do —** faire les devoirs
honest honnête
honestly franchement
honeymoon lune de miel *f.*
to hook (hitch on) accrocher

hope espoir *m.*
to hope espérer
horrible horrible
horror movie film d'horreur *m.*
horse cheval *m.*
horseback riding équitation *f.*
hosiery (tights) collants *m. pl.*
hospital hôpital *m.*
hot chaud(e); **— chocolate** chocolat chaud *m.;* **— plate** réchaud *m.;* **it's —** il fait chaud; **to be —** avoir chaud
hotel hôtel *m.*
hour heure *f.;* **in an —** dans une heure
house maison *f.;* **at someone's —** chez; **—mate** colocataire *m., f.*
household chore tâche ménagère *f.*
housework ménage *m.;* **to do —** faire le ménage
how comment; **— are you?** comment allez-vous?; **— long** (for how much time) depuis combien de temps;**— long** (since when, since what point of time) depuis quand; **— many** combien de; **— much** combien; **— much is it?** c'est combien? **— 's it going?** ça va?
however cependant, pourtant
humanitarian humanitaire; **— cause** cause humanitaire *f.*
humiliating humiliant(e)
hundred cent; **two —** deux cents
hungry: to be — avoir faim
hurricane ouragan *m.*
to hurry se dépêcher
to hurt blesser
husband mari *m.*

I

I je
ice cream glace *f.*
ice skating patin à glace *m.*
ideal idéal(e)
identification identification *f.*
to identify identifier
if si
illness maladie *f.*
to imagine imaginer
immediately immédiatement, tout de suite
immigration immigration *f.*
important important(e)
in à, dans; **— class** en classe; **— first class** en première classe; **— front of** devant; **— tourist class** en classe touriste
included compris(e)
to increase augmenter
independence indépendance *f.*
independent indépendant(e)
indifferent indifférent(e)
individualistic individualiste
industrialized industrialisé(e)
inexpensive bon marché
to influence influencer
to inform informer
information renseignements *m. pl.*
ingredient ingrédient *m.*
inhabitant habitant *m.*
to injure blesser
injury blessure *f.*
inn auberge *f.*
inside à l'intérieur

insurance assurance *f.*
intellectual intellectuel(le)
intelligent intelligent(e)
interest: to be interested in s'intéresser à
interesting intéressant(e)
international international(e)
internship: to do an — faire un stage
interview interview *f.*, entretien *m.*
to introduce présenter; **— oneself** se présenter
to invite inviter
to iron clothes repasser le linge
to irritate irriter
island île *f.*
itinerary itinéraire *m.*

J

jacket blouson *m.*
jam confiture *f.*
January janvier
Japanese japonais(e); **— language** japonais *m.*
jar pot *m.*
jazz jazz *m.*
jealous jaloux(-se)
jealousy jalousie *f.*
jeans blue-jean *m.*
jewelry bijoux *m. pl*
job travail *m.*, job *m.*; boulot *m.* (*fam.*)
jogging jogging *m.*; **to jog** faire du jogging
joke blague *f.*; **to —** plaisanter; **no kidding** sans blague (*fam.*)
journalism journalisme *m.*
journalist journaliste *m., f.*
judge juge *m.*
juice jus *m.*; **orange —** jus d'orange; **apple —** jus de pomme
July juillet
June juin
junior (in school) en troisième année
just: to have — venir de

K

to keep garder
key clé *f.*
kid gosse *m., f. fam*
to kill tuer
kilogram kilo *m.*
kind (type) sorte *f.*; **(nice)** gentil(le)
kindergarten école maternelle *f.*
kindness gentillesse *f.*
king roi *m.*
kiss baiser *m.*, bise *f. (fam.);* **to —** embrasser; **to — each other** s'embrasser; **hugs and kisses** (letter closing) grosses bises
kitchen cuisine *f.;* **— utensil** ustensile de cuisine *m.*
knee genou *m. (pl.* genoux*)*
to kneel s'agenouiller
knife couteau *m.*
knight chevalier *m.*
to knock frapper
to know connaître, savoir
knowledge connaissance *f.*

L

laboratory laboratoire *m.*
lack manque *m.*
lake lac *m.*
lamb agneau *m.*
lamp lampe *f.*

landlord/landlady propriétaire *m., f.*
language langue *f.*
laptop portable *m.*
to last durer
last dernier/ière; **— week** la semaine dernière
late tard; **to be —** être en retard
later plus tard
Latin latin(e); **— language** latin *m.*
to laugh rire
to launch lancer
laundry lessive *f.;* **to do the —** faire la lessive
law droit *m.*
lawnmower tondeuse *f.*
lawyer avocat(e) *m., f.*
laziness paresse *f.*
lazy paresseux(-euse)
to lead (direct) diriger; mener
leaf feuille *f.*
to leaf feuilleter
to learn apprendre
leather cuir *m.*
to leave quitter, partir, sortir; **to — behind** laisser
lecture hall amphithéâtre *m.*
left gauche, à gauche
leg jambe *f.*
legal juridique
legend légende *f.*
lemonade citron pressé *m.*
lemon-lime soda limonade *f.*
to lend prêter
length (of time) durée *f.*
less moins; **— than** moins... que
lesson leçon *f.*
letter lettre *f.*
lettuce salade *f.*, laitue *f.*
library bibliothèque *f.*
life vie *f.;* **married —** vie conjugale *f.*
to lift weights faire de la musculation
light léger/ère; **(color)** clair(e); **(lowfat)** allégé(e), maigre
light lumière *f.;* **to turn out the —** éteindre la lumière
light bulb ampoule *f.*
like comme
to like aimer, aimer bien
line ligne *f.;* **to stand in —** faire la queue
lion lion *m.*
lips lèvres *f. pl.*
lipstick rouge à lèvres *m.*
list liste *f.*
to listen to écouter
liter litre *m.*
literacy alphabétisme *m.*
literature littérature *f.*
little petit(e); peu; **a —** un peu (de)
to live habiter, vivre
lively animé(e)
liver foie *m.*
living room salle de séjour *f.*
lizard lézard *m.*
loafers mocassins *m. pl.*
located situé(e); **to be —** se trouver
lodging logement *m.*
long long(ue)
to look (at) regarder; **— for** chercher; **— ill** avoir mauvaise mine; **— like** avoir l'air (de), ressembler
to lose perdre; **— weight** maigrir

loss perte *f.*
lot: a — (of) beaucoup (de)
love amour *m.;* **— at first sight** coup de foudre *m.;* **to —** aimer, adorer; **to be in — (with)** être amoureux(-euse) (de)
lover amant(e) *m., f.*
low bas(se)
lowfat allégé(e)
luck chance *f.;* **to be lucky** avoir de la chance
lunch déjeuner *m.;* **to eat —** déjeuner
luxury tout confort, luxe *m.*

M

ma'am madame
magazine magazine *m.;* revue *f.*
mail courrier *m.*
main principal(e)
to maintain maintenir
major (academic) spécialisation *f.*
to major se spécialiser
majority majorité (de) *f.*
to make faire, fabriquer; **— fun of** se moquer de
makeup: to put on — se maquiller
man homme *m.*
management gestion *f.*
manager manager *m., f.*
manner manière *f.;* **good manners** bonnes manières; **well/bad mannered** bien/mal élevé(e)
many beaucoup (de)
map carte *f.*, plan *m.*
marble bille *f.;* **to play marbles** jouer aux billes
March mars
marker marqueur *m.*
market marché *m.;* **open air —** marché en plein air *m.;* **—ing** marketing *m.*
marriage mariage *m.*
married marié(e)
to marry épouser; **to get married** se marier (avec)
match allumette *f.*
mathematics mathématiques *f. pl.* (*fam.* maths)
May mai
maybe peut-être
mayonnaise mayonnaise *f.*
mayor maire *m.*
me moi; **— too** moi aussi; **— neither** moi non plus
meal repas *m.;* **enjoy your —** bon appétit
mean méchant(e)
meaning sens *m.*
meat viande *f.;* **— cutlet** côtelette *f.;* **— spread** pâté *m.*
mechanic mécanicien(ne) *m., f.*
medal (gold, silver) médaille (d'or, d'argent) *f.*
medicine médicament *m.*, **field of —** médecine *f.*
mediocre médiocre
to meet rencontrer; **— again** se retrouver, se rejoindre; **to make someone's acquaintance** faire la connaissance de
to melt faire fondre
melted fondu(e)
memory mémoire *f.*, souvenir *m.*
to mention mentionner
menu carte *f.*
message message *m.*
messy en désordre, désordonné(e)

microwave micro-ondes *f.*; — **oven** four à micro-ondes *m.*

midnight minuit *m.*

mild doux (douce); **it's** — (weather) il fait doux

milk lait *m.*; **coffee with** — café au lait *m.*

million million *m.*

mind esprit *m.*

mini-tart tartelette *f.*

minority minorité (de)

miracle *f.* miracle *m.*

mirror miroir *m.*

to miss manquer; rater (le bus)

miss, Miss mademoiselle (Mlle)

misunderstanding incompréhension *f.*

to mix mélanger

mixing mélange *m.*; **cultural mixing** métissage culturel *m.*

model mannequin *m.*

moderate modéré(e)

modern moderne

modest modeste

moment moment *m.*

Monday lundi

money argent *m*

monkey singe *m.*

month mois *m.*

monument monument *m.*

mood humeur *f.*; **to be in a bad (good)** — être de mauvaise (bonne) humeur

more plus, davantage; — **. . . than** plus... que

morning matin *m.*

most (of) la plupart (de), la majorité de

mother mère *f.*; **step-mother, mother-in-law** belle-mère *f.*

motorcycle motocyclette (*fam.* moto) *f.*

mountain montagne *f.*

mountainous montagneux(-euse)

mouth bouche *f.*

to move bouger; **(house)** déménager; — **in** s'installer, emménager

movie film *m.*; — **director** cinéaste, metteur en scène *m., f.*; — **star** vedette *f.*; — **theater** cinéma *m.*, salle de cinéma *f.*

to mow passer la tondeuse

MP3 player lecteur MP3 *m.*

Mr. Monsieur (M.)

Mrs. Madame (Mme)

murder meurtre *m.*

muscle muscle *m.*

museum musée *m.*

mushroom champignon *m.*

music musique *f.*; **classical** — musique classique; **rap** — rap *m.*

musician musicien(ne) *m., f.*

must, to have to devoir

mustard moutarde *f.*

my mon, ma, mes

mythical mythique

N

name nom *m.*; **first** — prénom *m.*; **last** — nom de famille *m.*; **to be named** s'appeler; **what is your** — **?** comment vous appelez-vous?

napkin serviette *f.*

narrator narrateur(-trice) *m., f.*

nature nature *f.*

near près (de); proche

neat en ordre, ordonné(e)

necessary nécessaire; **it is** — il faut

neck cou *m.*

to need avoir besoin de

to neglect négliger

neighbor voisin(e) *m., f.*; **neighborhood** voisinage *m.*, quartier *m.*

neither non plus; . . . —**nor** ni... ni...

nephew neveu *m.*

nervous nerveux(-euse)

nest nid *m.*

never ne... jamais

new nouveau (nouvelle)

news informations *f. pl.*, actualités *f.p.l.*; — **column** rubrique *f.*

newspaper journal *m.*

newsstand bureau de tabac *m.*, kiosque à journaux *m.*

next prochain(e), suivant(e); — **to** à côté de; **the** — **day** le lendemain

nice gentil(le), sympathique; **it's** — **weather** il fait beau

niece nièce *f.*

nightclub boîte de nuit *f.*

nightstand table de nuit *f.*

nine neuf

ninety quatre-vingt-dix

no non

nobody ne... personne

noise bruit *m.*

nonsmoking section section non fumeurs *f.*

noon midi *m.*

north nord *m.*; — **America** Amérique du Nord *f.*

nose nez *m.*; **to have a runny** — avoir le nez qui coule

not: — **any longer** ne... plus

not pas; ne... pas; — **at all** pas du tout

to note constater

notebook cahier *m.*

notepad bloc-notes *m.*

nothing rien; ne... rien

to notice remarquer, s'apercevoir

novel roman *m.*

November novembre

now maintenant

nuclear energy énergie nucléaire *f.*

number nombre *m.*; numéro *m.*; **telephone** — numéro de téléphone *m.*

nurse infirmier(-ière) *m., f.*

O

obedient obéissant(e)

to obey obéir

object objet *m.*

to obtain obtenir

obvious évident(e)

occupation métier *m.*

ocean océan *m.*

o'clock heure *f.* **it's six** — il est six heures

October octobre

of de; — **course** bien sûr

to offer offrir

office bureau *m.* (*pl.* bureau*x*)

official officiel(le)

often souvent

oil huile *f.*; **olive** — huile d'olive *f.*

OK d'accord

old vieux (vieille), ancien; **elderly** (person) âgé(e); **how** — **are you?** quel âge avez-vous?; — **fashioned** démodé(e)

older brother (sister) aîné(e) *m., f.*

on sur

one un(e); on

onion oignon *m.*

online en ligne

only seulement; ne... que

open ouvert(e); **to** — ouvrir

operation opération *f.*

opinion opinion *f.*, avis *m.*; — **poll** sondage *m.*

opportunity occasion *f.*; **to have the** — avoir l'occasion de

opposite contraire *m.*

optimistic optimiste

or ou

orange orange *f.*

to order (in a café, restaurant) commander

ordinary ordinaire

organic biologique, bio (*fam*)

to organize organiser

other autre

outdoors en plein air

outfit ensemble *m.*

outside à l'extérieur

oven four *m.*

over sur, dessus; — **there** là-bas

to overlook donner sur

overpopulation surpopulation *f.*

overseas outre mer

overwhelmed débordé(e)

overworked débordé(e) de travail

to owe devoir

owner propriétaire *m., f.*

P

to pack faire sa valise

package paquet *m.*

painter peintre *m., f.*

painting tableau *m.*, peinture *f.*

palace palais *m.*

pale pâle

pan poêle *f.*

pants pantalon *m.*; **warm-up** — pantalon de jogging *m.*; **bell bottoms** pantalon pattes d'éléphant *m.*

paper papier *m.*; **sheet of paper** feuille de papier *f.*

paradise paradis *m.*

pardon me pardon

parents parents *m.pl.*

park parc *m.*

to participate participer

partner partenaire *m., f.*

party soirée *f.*; fête *f.*; boum *f.*

to pass (by) passer; — **an exam** être reçu(e) à un examen

passion passion *f.*

passive passif(-ive)

passport passeport *m.*

past; in the — autrefois

pasta pâtes *f. pl.*

pastry dough pâte *f.*

pastry, pastry shop pâtisserie *f.*

patient patient(e); **to be** — avoir de la patience

patio terrasse *f.*

to pay payer; — **a bill** régler

pea pois *m.*; **green peas** petits pois *m.pl.*

peace paix *f.*

pear poire *f.*

peasant paysan(ne) *m., f.*

pen stylo *m.;* **marking pen** feutre *m.*
pencil crayon *m.*
people gens *m. pl.*
pepper poivre *m.;* **bell pepper** poivron *m.*
per par; **— day** par jour
perfect parfait(e)
perfume parfum *m.*
to permit permettre
person personne *f.*
pessimistic pessimiste
pet animal familier, animal domestique *m.*
pharmacy pharmacie *f.*
philosophy philosophie *f.*
photograph photo *f.;* **photo album** album de photos *m.*
photographer photographe *m., f.*
physical appearance physique *m.*
physics physique *f.*
piano piano *m.*
to pick up, get back récupérer; **— (girls/guys)** draguer *(fam.)*
picnic pique-nique *m.;* **to go on a —** faire un pique-nique
picture image *f.;* photo *f.*
picturesque pittoresque
pie tarte *f.*
piece morceau *m.,* tranche *f.*
pig cochon *m.*
pill pilule *f.*
pilot pilote *m., f.*
pinch (of) pincée (de) *f.*
pineapple ananas *m.*
pink rose
pirate pirate *m.*
place lieu *m.,* endroit *m.;* **workplace** lieu de travail *m.*
plaid écossais(e)
to plan faire des projets
plans préparatifs *m.pl.,* projets *m.pl.*
plant plante *f.*
plastic plastique
plate assiette *f.*
to play jouer; **— a sport** jouer à; **— a musical instrument** jouer de; **— cards** jouer aux cartes; **— hide-and-seek** jouer à cache-cache; **— marbles** jouer aux billes; **— the piano** jouer du piano; **— tennis** faire du tennis; jouer au tennis; **— with dolls** jouer à la poupée; **— soccer** jouer au football
play pièce de théâtre *f.*
player joueur(-euse)
pleasant agréable
please s'il vous (te) plaît
to please plaire
pleated plissé(e)
plot déroulement *m.*
poem poème *m.*
poet poète *m.* (femme poète *f.*)
poisoned empoisonné(e)
policeman agent de police *m., f.;* **police station** commissariat *m.*
polite poli(e)
political science sciences politiques *f. pl.*
politician homme (femme) politique *m., f.*
polka dot à pois
pollution pollution *f.*
pool (swimming) piscine *f.*
poor pauvre

popular populaire
pork porc *m.*
port port *m.*
possession possession *f.*
possible possible
postage stamp timbre *m.*
postcard carte postale *f.*
poster affiche *f.*
post office bureau de poste *m.;* poste *f.*
potato pomme de terre *f.*
practical pratique
to practice pratiquer, **— a profession** exercer une profession
preacher pasteur *m.*
to prefer préférer, aimer mieux
preference préférence *f.*
pregnancy grossesse *f.*
pregnant enceinte
to prepare préparer; **— oneself, get ready** se préparer
prescription ordonnance *f.*
press, news media presse *f.*
prestige prestige *m.*
prestigious prestigieux(-euse)
pretty joli(e)
previously auparavant
price prix *m.,* tarif *m.*
priest prêtre *m.*
prince prince *m.*
princess princesse *f.*
principal directeur(-trice) *m., f.*
private privé(e)
prize prix *m.*
probable probable
probably probablement
problem problème *m.*
to produce produire, fabriquer
producer producteur(-trice) *m., f.*
product produit *m.*
professor, instructor professeur *m. (fam.* prof)
program programme *m.;* **(TV, radio)** émission *f.* **— of study** programme d'études *m.;* **exchange —** programme d'échanges *m.*
programmer programmeur(-euse) *m., f.*
prohibited interdit(e)
to promise promettre
prosperous prospère
to protect protéger
provided that pourvu que
province province *f.*
provincial provincial(e)
psychology psychologie *f.*
to pull tirer
pullover sweater pull-over *m. (fam.* pull)
punctual ponctuel(le)
punishment punition *f.;* **corporal —** châtiment corporel *m.*
purchase achat *m.*
purse sac *m.*
to pursue poursuivre
to put (on) mettre; **— back** remettre

Q

quality qualité *f.*
quantity quantité *f.*
queen reine *f.*
question question *f.;* **to ask a —** poser une question

quickly vite, rapidement
quiet silencieux(-euse)

R

rabbit lapin *m.*
radio radio *f.;* **portable — cassette player** radiocassette *f.;* **— alarm clock** radioréveil *m.*
rafting rafting *m.*
raï raï *m.* (popular musical genre from North Africa)
rain pluie *f.;* **to —** pleuvoir; **it's raining** il pleut
raincoat imperméable *m.*
raise augmentation de salaire *f.*
to raise lever
rare rare; **(meat)** saignant(e)
rarely rarement
rate tarif *m.*
rather plutôt, assez
razor rasoir *m.;* **electric —** rasoir électrique *m.*
to react réagir
to read lire; **to reread** relire
ready prêt(e)
realistic réaliste
reality TV show télé-réalité *f.*
to realize se rendre compte
really vraiment
reason raison *f.*
reasonable raisonnable
to receive recevoir
recent récent(e); **recently** récemment
receptionist réceptionniste *m., f.*
recess récréation *f. (fam.* la récré)
recipe recette *f.*
recluse reclus *m.*
to recommend recommander
record disque *m.;* **— store** magasin de disques *m.*
to recycle recycler
red rouge; **to turn —** rougir; **a glass of — wine** un verre de rouge; **— hair** cheveux roux *m.pl.*
to redo (a school lesson) repasser
to reduce réduire
reduced price tarif réduit *m.*
reduction réduction *f.*
refrigerator réfrigérateur *m. (fam.* frigo)
to refuse refuser (de)
region région *f.*
to regret regretter
regularly régulièrement
to rehearse répéter
to relax se détendre
relaxed décontracté(e); relaxe
to release lâcher
religion religion *f.*
to remain rester
to remember se rappeler; se souvenir de
to remodel rénover
rent loyer *m.;* **to —** louer
rental location *f.*
to repair réparer
to repeat répéter; **— (a class, a grade)** redoubler
report card bulletin scolaire *m.*
request demande *f.*
to resemble ressembler à
reservation réservation *f.*
to reserve réserver
reserved réservé(e)

to resign démissionner
responsibility responsabilité *f.*
to rest se reposer
restaurant restaurant *m.*
result résultat *m.*
retirement retraite *f.*
to return (home) rentrer; — **(something)**
    rendre; — **(come back)** revenir
rice riz *m.*
rich riche
right correct(e); **to, on the** — à droite (de);
    to be — avoir raison
ring; engagement — bague de fiançailles *f.;*
    wedding — alliance *f.*
risk risque *m.;* **to** — risquer de
river (major) fleuve *m.*
rock rocher *m.;* — **music** rock *m.;*
    — **musician** rocker *m.*
role rôle *m.*
rollerblades rollerblades *m.;* **to go**
    rollerblading faire du roller
romantic romantique; — **film** film d'amour *m.*
romanticism romantisme *m.*
room pièce *f.;* salle *f.;* **dining** — salle à manger *f.;*
    emergency — service des urgences *m.;*
    fitting — cabine d'essayage *f.;*
    living — salle de séjour *f.*
roommate camarade de chambre *m., f.,*
    colocataire *m., f.*
routine routine *f.*
row rang *m.;* **in a** — en rang
rug tapis *m.*
ruler règle *f.*
to run courir
rural rural(e)
Russian russe; — **language** russe *m.*

S

sad triste
to sail faire de la voile
salad salade *f.*
salary salaire *m.*
sale solde *f.;* **on** — en solde; **sales promotion**
    promotion *f.*
salesperson vendeur(-euse) *m., f.*
salmon saumon *m.*
salt sel *m.*
same même
sandals sandales *f. pl.*
sandwich sandwich *m.;* **ham — with butter**
    sandwich jambon beurre *m.*
satisfied satisfait(e)
Saturday samedi
sauce sauce *f.*
sausage saucisson *m.*
to sauté faire revenir
savannah savane *f.*
to save sauver; (money) épargner, faire des
    économies
to savor déguster
to say dire
scandal scandale *m.*
scar cicatrice *f.*
scarf écharpe *f.*
schedule emploi du temps *m.;* horaire *m.*
scholarship bourse *f.*
school école *f.;* **elementary** — école primaire *f.;*
    middle — (in France) collège *m.;* — **of a**
    university faculté *f.* (*fam.* la fac)
science science *f.;* — **fiction** science-fiction *f.*

scientist chercheur *m.*
to scold gronder
to scuba dive faire de la plongée sous-marine
sculpture sculpture *f.*
sea mer *f.;* **seafood** fruits de mer *m. pl.*
search engine moteur de recherche *m.*
season saison *f.;* **dry** — saison sèche *f.;*
    rainy — saison des pluies *f.*
seat place *f.*
seated assis(e)
second deuxième
secretary secrétaire *m., f.*
security sécurité *f.*
to seduce séduire
to see voir, apercevoir; — **again** revoir
to seem paraître; avoir l'air (de)
to select sélectionner
selfish égoïste
to sell vendre
semester semestre *m.*
to send envoyer
senior (in high school) en terminale
sensible raisonnable
sentence phrase *f.*
sentimental sentimental(e)
to separate se séparer
separation séparation *f.*
September septembre
serious sérieux(-euse), grave
to serve servir; — **yourself** se servir
service service *m.;* **local services** secteur *m.*
    des services publics
to set mettre; — **the table** mettre la table
to settle (in) s'installer; — **a bill** régler
seven sept
seventy soixante-dix
several plusieurs
shame honte *f.;* **to be ashamed** avoir honte
shampoo shampooing *m.*
to share partager
shark requin *m.*
to shave (oneself) se raser
she elle
sheep mouton *m.*
to shine briller
shirt chemise *f.*
shock choc *m.;* —**ed** choqué(e)
shoes chaussures *f. pl;* **high heels** chaussures à
    talons; **shoe size** pointure *f.*
to shop (go shopping) faire les courses
shopkeeper commerçant(e) *m., f.*
shopping mall centre commercial *m.*
short court(e); (people) petit(e)
shorts short *m.*
shot piqûre *f.*
shoulder épaule *f.*
to shout crier; pousser un cri
to show montrer, indiquer
shower douche *f.;* — **(weather)** averse *f.;*
    to — se doucher
shrimp crevette *f.*
shutters volets *m. pl.*
shy timide
sick malade
to sign signer; — **up** s'inscrire
silk soie *f.*
since depuis
to sing chanter
singer chanteur(-euse) *m., f.*
single (not married) célibataire

sink lavabo *m.;* **kitchen** — évier *m.*
sir monsieur
sister sœur *f.;* **sister-in-law,** belle-sœur *f.,*
    stepsister demi-sœur *f.*
to sit down s'asseoir; — **back down** se
    rasseoir; **sit down** asseyez-vous
size taille *f.;* **shoe** — pointure *f.;* **average**
    — de taille moyenne
sixty soixante
skater patineur (patineuse) *m., f.;* **to (figure)**
    skate faire du patinage (artistique)
to ski skier, faire du ski
skiing ski *m.*
skin peau *f.*
to skip class sécher un cours
skirt jupe *f.*
sky ciel *m.*
slate ardoise *f.*
to sleep dormir; — **late** faire la grasse matinée;
    to be sleepy avoir sommeil; **to fall asleep**
    s'endormir
sleeping bag sac de couchage *m.*
slice tranche *f.*
to slide glisser
slowly lentement
small petit(e)
to smile sourire; **smile** sourire *m.*
to smoke fumer; **smoking section** section
    fumeurs *f.*
snack goûter *m.;* **to** — grignoter
snake serpent *m.*
to sneeze éternuer
snobby snob
to snorkel faire de la plongée libre
snow neige *f.;* **it's snowing** il neige
so alors, si; — **(much)** tellement
soap savon *m.*
soccer football *m.;* — **field** terrain de
    football *m.;* —**player** footballeur *m.*
sociable sociable
social customs mœurs *f. pl.*
society société *f.*
sociology sociologie *f.*
sock chaussette *f.*
soft doux (douce)
sole sole *f.*
solitary solitaire
some des, quelques, certain(e)(s)
someone quelqu'un
something quelque chose
sometimes parfois
somewhat assez
son fils *m.*
song chanson *f.*
soon bientôt; **see you** — à bientôt
sophmore (in school) en deuxième année
sorry désolé(e)
sort sorte *f.*
sound bruit *m.*
soup soupe *f.*
south sud *m.;* — **America** Amérique du Sud *f.*
space espace *m.*
Spanish espagnol(e); — **language** espagnol *m.*
to speak parler
to specialize in se spécialiser en
to spell épeler
to spend (money) dépenser; — **(time)** passer
spice épice *f.*
to spoil gâter
spoiled gâté(e)

spoon cuillère *f.;* **soup** — cuillère à soupe *f.*
sport sport *m.;* **sports field** terrain de sport *m.*
sportcoat veste *f.*
spouse époux (épouse) *m., f.*
spring printemps *m.*
stadium stade *m.*
stairs escalier *m.*
to start (up) démarrer; — **a family** fonder une
    famille
state état *m.*
to stay rester; — **at a hotel** loger
to steal voler
step (stage) étape *f.*
stereo chaîne hi-fi *f.*
stitch suture *f.*
stomach estomac *m.,* ventre *m.*
stone pierre *f.*
stop arrêt *m.;* **metro** — arrêt de métro *m.;*
    to — arrêter, s'arrêter; **to** — **oneself**
    s'empêcher de
stopped up bouché(e)
store magasin *m.*
storm orage *m.*
story conte *m.;* histoire *f.;* — **line** intrigue *f.*
stove cuisinière *f.*
straight droit(e); — **ahead** tout droit
to straighten ranger
strawberry fraise *f.;* **basket of strawberries**
    barquette *f.* de fraises
street rue *f.*
stressed stressé(e)
strict sévère, strict(e)
strike grève *f.;* **to go on** — faire la grève
striped à rayures
to stroll se balader, flâner
strong fort(e)
stubborn têtu(e)
student étudiant(e) *m., f.;* (pre-college) élève *m., f.*
studies études *f. pl.*
to study étudier; — **French** faire du français
stupid bête, stupide
style style *m.;* modèle *m.*
stylish chic
subject sujet *m.;* **school** — matière *f.*
suburb banlieue *f.*
subway métro *m.;* — **stop** station de métro *f.*
to succeed réussir (à)
suddenly tout à coup, soudain
to suffer souffrir
sugar sucre *m.*
to suggest suggérer, conseiller
suicide suicide *m.;* **to commit** — se suicider
suit costume *m.;* **man's** — complet *m.;*
    woman's — tailleur *m.*
suitcase valise *f.,* bagage *m.;* **to pack one's** — s
    faire ses bagages *m.*
summer été *m.*
sun soleil *m.;* **it's sunny** il fait du soleil
to sunbathe se bronzer
sunburn coup de soleil *m.*
Sunday dimanche
sunglasses lunettes de soleil *f. pl.*
sunny clair(e), lumineux(-euse), ensoleillé(e)
sunscreen crème solaire *f.*
sunset coucher de soleil *m.*
supermarket supermarché *m.*
superstore hypermarché *m.*
sure sûr(e)
surface area superficie *f.*
surprised surpris(e), étonné(e)

surprising surprenant(e)
survey enquête *f.,* sondage *m.*
to suspect soupçonner
to swallow avaler
sweater pull-over *m.* (pull *fam.*)
to sweep passer le balai
sweetened sucré(e)
to swim nager, faire de la natation
swimming pool piscine *f.*
swimsuit maillot de bain *m.*
swollen enflé(e)
symptom symptôme *m.*

T

T-shirt T-shirt *m.,* maillot *m.*
table table *f.;* **coffee** — table basse *f.*
tablecloth nappe *f.*
tablespoon cuillère à soupe *f.;* **tablespoonful**
    cuillerée à soupe *f.*
to take prendre; — **(someone) along**
    emmener; — **place** avoir lieu; — **a course**
    suivre un cours; — **an exam** passer un
    examen; — **a nap** faire la sieste; — **a trip**
    faire un voyage
talkative bavard(e)
tall grand(e)
to tan brunir; se bronzer
tank top débardeur *m.*
tart tarte *f.,* tartelette *f.*
taste goût *m.;* **to** — goûter
taxi taxi *m.;* — **driver** chauffeur de taxi *m.*
tea thé (nature) *m.;* **herbal** — infusion *f.*
to teach enseigner
teacher professeur *m.;* **elementary school**
    — instituteur(-trice) *m., f.*
team équipe *f.*
teaspoon cuillère à café *f.;* **teaspoonful**
    cuillerée à café *f.*
telecommuting télétravail *m.*
telephone téléphone *m.;* — **answering**
    machine répondeur *m.;* — **booth** cabine
    téléphonique *f.;* — **call** coup de téléphone
    m.; — **card** télécarte *f.;* — **number**
    numéro de téléphone *m.;* **cell phone**
    téléphone mobile, portable *m.*
television télévision *(fam.* télé) *f.;* — **series**
    feuilleton *m.;* — **show** émission de
    télévision *f.;* **TV game show** jeu télévisé *m.*
to tell dire; — **a story** raconter
temperature température *f.*
ten dix
tenant locataire *m., f.*
tender tendre
tenderness tendresse *f.*
tennis tennis *m.;* — **court** court de tennis *m.;*
    — **racket** raquette de tennis *f.;* — **shoes** des
    tennis *m. pl.;* **high tops** des baskets *f. pl.*
test examen *m.*
thank you merci; **thanks to** grâce à
that ça, cela; — **one** celui, celle
the le, la, les
theater théâtre *m.*
theme thème *m.*
then ensuite, puis, alors; **and** — et alors
there là, y; **over** — là-bas; **there is/are** il y a;
    voilà
therefore donc, par conséquent
these (those) ces; — **ones** ceux, celles
they elles, ils
thief voleur *m.*

thin mince, maigre
thing chose *f. (fam.* truc *m.,* machin *m.);*
    something quelque chose
to think penser, croire; — **about** penser à,
    réfléchir à; — **about (opinion)** penser de
thirsty: to be — avoir soif
thirty trente
this (that) ce (cet), cette; — **one** celui, celle
thousand mille
three trois
throat gorge *f.;* — **lozenge** pastille pour la
    gorge *f.*
to throw jeter
Thursday jeudi
thus ainsi
ticket billet *m.;* **oneway** — billet aller simple
    m.; **roundtrip** — billet aller-retour
tidy ordonné(e), en ordre
tie cravate *f.*
tight serré(e); juste; moulant(e); étroit(e)
time fois *f.;* **a long** — longtemps; **the last** — la
    dernière fois; **to be on** — être à l'heure;
    what — **is it?** quelle heure est-il?
tip pourboire *m.;* — **(not) included** service
    (non-)compris
tired fatigué(e)
title titre *m.*
to à, en, jusqu'à
today aujourd'hui
toe orteil *m.*
together ensemble
toilet toilettes *f. pl.;* W.C. *m. pl.*
tomato tomate *f.*
tomorrow demain
tongue langue *f.*
too aussi; **me** — moi aussi; — **much** trop (de)
tooth dent *f.;* — **brush** brosse à dents *f.*
tortoise tortue *f.*
tough dur(e)
tourism tourisme *m.*
tourist touriste *m., f.;* touristique
toward vers
towel (bath) serviette de bain *f.*
tower tour *f.*
town village *m.,* ville *f.;* — **square** place *f.*
town hall mairie *f.*
tradition tradition *f.*
trailer caravane *f.*
train train *m.,* — **station** gare *f.*
training formation *f.*
tranquilizer tranquillisant *m.*
to transform transformer
transportation transport en commun *m.;*
    means of — moyen de transport *m.*
trash déchets *m. pl.;* **to separate the** — trier
    les déchets
to travel voyager; **around the world** faire le
    tour du monde
traveler's check chèque de voyage *m.*
tree arbre *m.*
to trick tromper
trickiness ruse *f.*
trimester trimestre *m.*
trip voyage *m.,* séjour *m.;* **to take a** — faire un
    voyage
tropical tropical(e)
trouble: to have — **doing something** avoir
    du mal à
true vrai(e)
trunk coffre *m.*

truth vérité *f.*
to try (on) essayer; **(attempt)** tenter;
— **to** chercher à, essayer de
Tuesday mardi
tuna thon *m.*
to turn tourner; — **off** éteindre; — **on** allumer
turtle tortue *f.*
turtleneck à col roulé
twin jumeau (jumelle)
to twist one's ankle se fouler la cheville
two deux
to type taper
typically typiquement

U

ugly laid(e); moche *(fam.)*
umbrella parapluie *m.*
unbearable insupportable
unbelieveable incroyable
uncertain incertain(e)
uncle oncle *m.*
under sous; au-dessous (de)
to understand comprendre
understanding compréhensif(-ve)
unemployed: to be — être au chômage,
— **person** personne sans emploi *f.;*
chômeur(-euse) *m., f.*
unfaithful: to be — tromper
unfortunately malheureusement
unhappy malheureux(-euse)
to unite unir
university université *f.;* — **cafeteria** restaurant
universitaire *m. (fam.* resto-U*)*
unpleasant désagréable
unreasonable déraisonnable
unthinkable impensable
until jusqu'à; jusqu'à ce que
to use utiliser; se servir de, employer
useful utile
useless inutile
usually d'habitude, normalement
utilities (bills) charges *f. pl.*

V

vacation vacances *f. pl.;* **paid** — congés payés
m.pl.; — **package** formule de vacances *f.;*
summer — grandes vacances *f. pl.*
to vacuum passer l'aspirateur
vacuum cleaner aspirateur *m.*
valid valable
valley vallée *f.*
value valeur *f.*
vanilla vanille *f.*
various varié(e)s, divers
vase vase *m.*
vegetable légume *m.*
vegetarian végétarien(ne)
velvet velours *m.*
very très; extra, hyper, vachement *fam.*
video vidéo *f.;* **VCR** magnétoscope *m.;*
— **game** jeu vidéo/électronique *m.*
violet violet(te)
to visit (a person) rendre visite (à), aller voir;
— **(a place)** visiter

vitamin vitamine *f.*
volcano volcan *m.*

W

to wait for attendre
waiter, waitress serveur(-euse) *m., f.*
to wake (oneself) up se réveiller
walk promenade *f.;* **to** — promener; marcher;
to go for a — se promener; faire une
promenade (à pied)
Walkman baladeur *m.*
wall mur *m.*
to want vouloir, désirer, avoir envie de;
— **to** tenir à
war guerre *f.*
wardrobe garde-robe *f.*
wary; to be wary of se méfier de
to wash laver; **to do the wash** faire la lessive;
— **(up)** se laver
wastebasket corbeille à papier *f.*
watch montre *f.*
to watch regarder; **to keep an eye on**
surveiller
water eau *f.;* **to turn off the** — fermer le
robinet; **mineral** — eau minérale *f.;*
tap — eau du robinet *f.*
waterfall chute d'eau *f.*
way façon *f.;* manière *f.*
we nous
to wear porter
weather temps *m.;* — **report** bulletin
météorologique *m. (fam. f.* météo); **it's**
bad (good) — il fait mauvais (beau);
what is the —**?** quel temps fait-il?
good — beau temps *m.*
wedding noces *f. pl.;* — **ring** alliance *f.*
Wednesday mercredi
week semaine *f.;* **last** — la semaine dernière *f.;*
— **end** week-end *m.*
weekly (publication) hebdomadaire *m.*
weight lifting musculation *f.*
welcome bienvenue *f.;* **to** —, **greet** accueillir;
you're — je (te) vous en prie
well bien; **rather** — assez bien; **as** — **as** aussi
bien que; — **behaved** sage; — **mannered**
bien élevé(e); — **done (meat)** bien cuit(e)
west ouest
what que, qu'est-ce que, quoi, comment,
quel(le)
when quand, lorsque
where où; **from** — d'où
which quel(le) *(pl.* quels, quelles*);* — **ones**
lequel, laquelle *(pl.* lesquels, lesquelles*)*
while pendant que
white blanc(he)
who qui
whole entier(-ère)
why pourquoi
wide large
wife femme *f.*
to win gagner
wind vent *m.;* **it's windy** il fait du vent
window fenêtre *f.*
to windsurf faire de la planche à voile

wine vin *m.*
winter hiver *m.*
to wipe one's nose se moucher
wisdom sagesse *f.*
to wish souhaiter
witch sorcier(-ière) *m., f.*
with avec
without sans
witness témoin *m.*
wolf loup *m.*
woman femme *f.*
to wonder se demander
wonderful formidable, passionnant(e)
wood bois *m.*
wool laine *f.*
word mot *m.*
work travail *m.;* **to** — **full time (part time)**
travailler à plein temps (à temps partiel,
à mi-temps;) **to do volunteer** — faire du
travail bénévole; — **of art** œuvre *f.*
to work (function) marcher
worker ouvrier(-ière) *m., f.*
workout room salle de musculation *f.*
world monde *m.*
worried inquiet(-iète)
worry souci *m.;* **to** — s'inquiéter, avoir
des soucis
worse pire
wrist poignet *m.*
to write écrire
writer écrivain *m.*
writing (penmanship) écriture *f.*
wrong: to be — avoir tort

X

X ray radiographie *f.*

Y

yard jardin *m.*
year an *m.;* année *f.;* **to be (18) years old** avoir
(dix-huit) ans
yellow jaune
yes oui
yesterday hier; — **morning** hier matin
yet déjà; **not** — pas encore
yoga yoga *m.*
yogurt yaourt *m.*
you tu, vous, on, toi
young jeune
younger (brother, sister) cadet(te)
your ton, ta, tes; votre, vos
youth jeunesse *f.;* — **hostel** auberge de
jeunesse *f.*

Z

zebra zèbre *m.*
zero zéro *m.*
zouk zouk (popular musical genre from the
French West Indies) *m.*

Credits

Text/Realia

Photos

All images not credited are the property of the authors or Cengage Learning Corporation.

Module 1
2: Thomas Craig/Index Stock Imagery/Photolibrary
4 top: Leslie Richard Jacobs/Corbis
4 bottom left: Spencer Grant/PhotoEdit
4 bottom right: Robert Fried/Alamy
5 left: KAROLY ARVAI/Reuters/Landov
5 right: Kurt Krieger/Corbis
7 bottom: Dan Porges/Peter Arnold Inc.
8: GreenShoots Communications
11 and 12 Tony Parker: Benoit Peverelli/Corbis
11 Rachida Dati: Charriau/WireImage/Getty Images
11 and 12 Mathieu Kassovitz: Jean-Paul Pelissier/Reuters/CORBIS
11 and 12 Carla Bruni-Sarkozy: AP Images/Sipa
11 and 12 Johnny Hallyday: Bernard Bisson/Sygma/Corbis
11 and 12 Yannick Noah: MARC MEHRAN/MAXPPP/Landov
11 Nicolas Sarkozy: HotNYCNews/Alamy
11 Vanessa Paradis: Jeff Vespa/WireImage/Getty Images
11 and 12 Zinédine Zidane: Ben Radford/Getty Images
11 and 12 Audrey Tautou: KAROLY ARVAI/Reuters/Landov
11 and 12 Jean-Paul Gaultier: Arnaldo Magnani/Getty Images
12 Jodie Foster: Jun Sato/ WireImage/Getty Images
14 right: Robert Llewellyn / SuperStock
14 left: Nathan Maxfield/istockphoto.com
22: VALLON FABRICE/CORBIS KIPA

Module 2
32: Bruno Barbey/Magnum Photos
35 top: Stephane Reix/For Picture/Corbis
36: Casey Flanigan/FilmMagic/Getty Images
37: Mat Jacob/The Image Works
39 bottom: DURAND FLORENCE/SIPA
42: KROD/SIPA
43: Robert Chiasson Photography
44 top: Tibor Bognar/Alamy
44 bottom: Robert Fried
49: Foc Kan/WireImage/Getty Images
50: Benoit Peverelli/Corbis

Module 3
60: Beryl Goldberg
64 top: Botanica/Jupiter Images
64 bottom: AP Photo/Paul Sakuma
65 top: camera lucida lifestyle/Alamy
65 bottom: Stephen Simpson/Getty Images
74: Eddyizm/Dreamstime LLC

79: Lawrence Manning/CORBIS
80: Musee d'Orsay, Paris, France/Erich Lessing/Art Resource, NY

Module 4
90: Patrice Latron/Corbis
94 top: Lucas Schifres/Landov
94 center left: Ben Radford/Getty Images
94 center right: Martin Meissner/AP Photo
94 bottom: Eric Fougere/VIP Images/Corbis
96: Cephas Picture Library/Alamy
99 center: Ted Pink/Alamy
99 center right: Art Kowalsky/Alamy
99 bottom right: Tom Craig/Directphoto.org
102 top: Radius Images/Jupiter Images
102 bottom: Mat Jacob/The Image Works
105 top: Andrew Holt/Alamy
105 bottom: GUILLAUME CARIDADE PHOTOGRAPHY
109 center left: CHRISTINNE MUSCHI/Reuters/Landov

Module 5
122: Ludovic Maisant/Hemis/Corbis
125: AC Press
127 left: Jupiter Images
127 center: Karl Weatherly/Photodisc/Getty Images
128: Hahn/laif/Aurora Photos
130: Jacques Brinon/AP Photo
131: Movie Stills Archive
139 top: Yuri Arcurs, 2009/used under license from shutterstock.com
139 bottom: Tim Pannell/Corbis
142: Tom Craig/Alamy

Module 6
156: ERIC GAILLARD/Reuters/Corbis
161: Catherine Ledner/Stone+ /Getty Images
162: Chad Ehlers / Alamy
167: RICLAFE/SIPA
171 top left: AP Photo/Chao Soi Cheong
171 center right: Alessandro Trovati/AP Photo
171 bottom left: AP Photo/Bullit Marquez
171 bottom right: AP Photo
172: HotNYCNews/Alamy
174 bottom left: NIKO/SIPA
175: Stock Montage/Index Stock Imagery/Photo Library
176 top left: AP Photo/Remy de la Mauviniere, File
176 center right: Ewing Galloway/Index Stock Imagery/PhotoLibrary
176 center left and bottom right: Bettmann/CORBIS
178: Giribaldi Gilbert/Gamma

Module 7

190: Esther Marshall
195 top left: Ingram Publishing/Photolibrary
195 top right: Digital Vision/Getty Images
195 bottom right: Nancy R. Cohen/Photodisc/ Getty Images
203 left: Jean-Daniel Sudres/Photolibrary
203 center: Steven Mark Needham/FoodPix/ Jupiter Images
211 top: Ara Guler/Magnum Photos
211 bottom: James Leynse/CORBIS

Module 8

226: David Frazier/PhotoEdit
230: Philippe Lissac/Godong/Corbis
231: Hulton-Deutsch Collection/CORBIS
233 center: Vince Streano/CORBIS
233 bottom: Ariel Skelley/Getty Images
234: Owen Franken/CORBIS
235: Fogstock LLC/Index Open
239: Picture Partners/Alamy
241 top: Rolf Bruderer/Masterfile
241 bottom: Dennis Hallinan/Alamy
243: Bernadette McClain

Module 9

258: Friedrich Stark/Alamy
260 top: Andre Jenny/Alamy
260 bottom left: Dave G. Houser/Corbis
260 bottom right: Andrew Burke/Lonely Planet Images
263: Iconotec/Photolibrary
264 top: ALAIN JOCARD/AFP/Getty Images
264 bottom: DUPUY FLORENT/SIPA
265 top: Jak Kilby/ArenaPal/Topham/The Image Works
265 bottom: AP Photo/Joel Jean-Pierre
268: Beryl Goldberg
273 top: Courtesy, Peace Corps
273 bottom: ImageDJ/Index Open
276: ALAIN JOCARD/AFP/Getty Images

Module 10

290: Owen Franken/CORBIS
292: Owen Franken/CORBIS
299: Ausloeser/CORBIS
300: Radius Images/Photolibrary
305: Steve Granitz/WireImage/Getty Images

Module 11

320: Fernand Ivaldi/Fernand Ivaldi/Getty Images
322 left: Elena Elisseeva/Used under license from Shutterstock.com
322 right: Robert Harding/Jupiter Images
323 top left: Janet Generalli/Index Stock Imagery/ Photolibrary
323 top right: Walter Bibikow/Index Stock Imagery/ Photolibrary
323 bottom right: Philip Gould/CORBIS
324 top left: Walker/Index Stock Imagery/Photolibrary

324 center left: David Noble Photography/Alamy
324 bottom right: Owen Franken/CORBIS
324 bottom left: Robert Fried/Alamy
329 bottom right: Franck Guiziou/Photolibrary
334 top: Hubert Stadler/CORBIS
336 top center: Tom Pepeira/Iconotec/Photolibrary
336 center right: David Ball/Index Stock Imagery/ Photolibrary
336 bottom right: Rick Strange/Index Stock Imagery/ Photolibrary
342: Ara Guler/Magnum Photos

Module 12

354: René Mattes/Photolibrary
356 top right: Michael Nicholson/Historical/Corbis
356 center right: Dag Sundberg/Riser/Getty Images
356 center left: Photolibrary.com Pty. Ltd./Index Open
356 bottom: Kevin Dodge/Masterfile
359: Martine Franck/Magnum Photos
362: John Angerson/Alamy
367: AbleStock/Index Stock Imagery
368: Dennis Hallinan/Hulton Archive/Getty Images
374: Radius Images/Corbis
376: Robert Fried/Alamy
377 top: Josu Altzelai/age fotostock/Photolibrary
378 top right: Rui Vale de Sousa,2009 / Used under license from Shutterstock.com
378 center right: Matt Antonino/Used under license from Shutterstock.com

Module 13

388: Richard Decker/Photononstop/Photolibrary
390: Duomo/Corbis
391: Sipa via AP Images
398: VStock LLC/Index Open
399: JOEL SAGET/AFP/Getty Images
402 top: AP Photo/Laurent Emmanuel
402 bottom: AP Photo/Elise Amendola

Module 14

422: Chad Ehlers/Photolibrary
424: Henri Cartier-Bresson/Magnum Photos
427: WARNER BROS/THE KOBAL COLLECTION/ Jack Woods/Picture Desk
429: Ben Radford/Getty Images
431 bottom right: AP Photo/Keystone/Sandro Campardo
438: Dave Hogan/Getty Images
441: ImageDJ/Index Open/Photolibrary
442: Sgm/Jupiter Images

Module 15

454: ERIC GAILLARD/Reuters/Landov
463: Haut de Court/The Kobal Collection/ Picture Desk
467 top: Réunion des Musées Nationaux/ Art Resource, NY
467 bottom: Public Domain
468 both images: Everett Collection

Table des matières

Activités écrites (Workbook)

Activités de compréhension et de prononciation (Lab Manual)

Les camarades et la salle de classe

 For more self-correcting quizzes and cultural activities, go to **www.cengage.com/french/motifs**.

Comment se présenter et se saluer

Voir Structure 1.1 Addressing others *Tu et vous*

A **Simple comme bonjour.** Christine is at a job fair in Paris, looking to make connections for a future position. Depending on whom she talks to, she will need to address the person formally or casually. Choose the culturally appropriate way of addressing each person, depending on the situation.

_____ 1. Monsieur Pujol is the director of *Students with a Future*, a large international company. To greet him, Christine says:

    a. Salut, Pujol, ça va?

    b. Bonjour, Monsieur Pujol, ça va?

    c. Bonjour, Monsieur Pujol. Christine Béart. Comment allez-vous?

_____ 2. In response, Monsieur Pujol says to Christine:

    a. Salut! Comment tu t'appelles?

    b. Bonjour, Mademoiselle Béart. Bien, merci, et vous?

    c. Bonjour. Oh, ça ne va pas du tout.

_____ 3. The company's sales manager is there too. To introduce her to Christine, Monsieur Pujol says:

    a. Christine, je te présente Laurence Dabadi.

    b. Mademoiselle Béart, je vous présente Madame Dabadi.

    c. Christine, Laurence.

_____ 4. The three of them discuss a possible job opportunity and then depart. To say goodbye, they will likely say to each other:

    a. Ciao!

    b. À plus!

    c. Au revoir.

_____ 5. Later on, Christine bumps into an old friend from high school, Emmanuel Peugeot. To greet him, Christine says:

    a. Salut, Emmanuel! Ça va?

    b. Bonjour, Monsieur Peugeot. Comment allez-vous?

    c. À bientôt!

_____ 6. To accompany their words, Christine and Emmanuel will very likely:

    a. kiss on the cheek (**se faire la bise**)

    b. shake hands (**se serrer la main**)

    c. simply smile at each other (**se sourire**)

B **Un nouvel ami français.** Now your instructor leads a conversation in French with one of the Paris VIII students invited to your class, Antoine. Complete their dialogue using the word bank below.

je suis de Bruxelles	comment allez-vous	bonjour	bientôt
très bien	est de Bruxelles	au revoir	

LE PROFESSEUR: Classe, je vous présente Antoine Bourgeon. _____ (1),

Antoine! _____ (2)?

ANTOINE: Très bien, et vous?

LE PROFESSEUR: _____ (3), merci. Antoine, vous êtes de Belgique, un pays que j'adore

et que je connais assez bien. De quelle ville êtes-vous?

ANTOINE: Moi, _____ (4).

LE PROFESSEUR: Et votre famille, elle est de Bruxelles aussi?

ANTOINE: Non, mon père est de Liège. Mais ma mère, elle _____ (5).

LE PROFESSEUR: Vous êtes belge, mais vous étudiez en France?

ANTOINE: Oui, le programme est excellent ici.

LE PROFESSEUR: Très bien. Merci, Antoine, d'avoir participé à notre classe. Au revoir!

ANTOINE: _____ (6), professeur! À _____(7)!

C **Ensemble à la cafétéria.** After class, your friend John runs into Farida, another student from Paris VIII, in the cafeteria. Complete their conversation using a word or expression from the list below.

ça va	comment allez-vous	comment ça va	est de	suis
elle s'appelle	comment s'appelle-t-elle	et vous	je vais bien	

JOHN: Salut, Farida. _____ (1)?

FARIDA: _____ (2) très bien, merci.

(Farida sees John is with a friend and asks about her.)

FARIDA: Et ton amie *(friend)*, _____ (3)?

JOHN: _____ (4) Liz. Elle _____ (5) Portland.

(He introduces them.) Liz, Farida. Farida, Liz.

LIZ: Bonjour. Vous êtes de Paris?

FARIDA: Non, je _____ (6) d'Alger, en Algérie. Ah, voilà M. Dutronc, votre pro-

fesseur de français. Bonjour, monsieur, _____ (7)?

M. DUTRONC: _____ (8), merci. _____ (9)?

Identification des choses et des personnes

Voir Structure 1.2 Identifying people and things *Qui est-ce? Qu'est-ce que c'est? Est-ce que... ?*

Voir Structure 1.3 Naming people and things *Les articles indéfinis*

D **Dans la salle de classe.** Write a complete sentence using an indefinite article to identify the numbered items.

Modèle: *C'est un livre.*

1. _____
2. _____
3. _____
4. _____
5. _____
6. _____
7. _____
8. _____
9. _____
10. _____

E **Le nouveau.** Your instructor is quizzing a student who just joined your French class. Help him out by giving him the answers.

Modèle: — Est-ce que c'est un stylo?
— *Oui, c'est un stylo.*

1. — Qu'est-ce que c'est?

— _____

2. — Est-ce que ce sont des chaises?

— _____

3. — Qu'est-ce que c'est?

— _____

4. — Est-ce que c'est une fenêtre?

— _____

5. — Qu'est-ce que c'est?

— _____

6. — Est-ce que ce sont des tableaux?

— _____

F **Qui est-ce?** You and a classmate are talking about French celebrities, but he/she doesn't remember everyone's name. Answer his/her questions using the names listed below. **One name is extra.** (Hint: for help, see page 11 in your textbook.)

Audrey Tautou   **Zinédine Zidane**   **Mathieu Kassovitz**
Rachida Dati   **Yannick Noah**   **Jean-Paul Gaultier**

Modèle: Il est joueur de foot. Qui est-ce?
C'est Zinédine Zidane.

1. Elle est politicienne. Qui est-ce?

_____

2. Il est couturier et créateur de parfums. Qui est-ce?

_____

3. Il est acteur et mannequin. Qui est-ce?

_____

4. Elle est actrice. Qui est-ce?

_____

La description des personnes

Voir Structure 1.4 Describing people *Les pronoms sujets avec être*

G **Un e-mail de votre correspondant.** You've just received an e-mail from a new French pen pal. Complete it using the appropriate form of the verb **être**.

Bonjour!

Je _____ (1) étudiant à l'université de Nancy II. Nancy

_____ (2) une ville très sympa *(nice)* avec beaucoup d'universités

et d'étudiants. Dans mon cours d'anglais, nous _____ (3) trente.

Et dans ton cours de français, vous _____ (4) combien? Mes amies

Laure et Stéphanie _____ (5) très bonnes en anglais, mais pas moi;

je _____ (6) un peu faible *(weak)*. C'est pourquoi *(that is why)* je

_____ (7) très content de venir te voir *(come see you)* aux États-Unis.

Est-ce que tu _____ (8) certain(e) que je peux rester *(that I can stay)*

trois semaines *(weeks)* chez *(with)* ta famille?

Réponds-moi vite! J'attends ta réponse avec impatience.

À bientôt!

Voir Structure 1.5 Describing *Les adjectifs (introduction)*

H **Je suis...** Your pen pal is arriving in three days. You want to make sure that the two of you will recognize each other at the airport. Compose an e-mail message in which you describe your physical features to him/her.

Bonjour!

Je suis très content(e) que tu arrives bientôt. Je vais être à l'aéroport pour t'accueillir

(greet you). Je suis _____ (1) et _____ (2). J'ai les

cheveux _____ (3).

À bientôt.

_____ *(Your name goes here)*.

I **Portraits.** Write a sentence with at least two adjectives to describe the famous people below.

Modèle: la reine Elizabeth

La reine Elizabeth est sérieuse et raisonnable.

1. Le Dalaï Lama _____.

2. Nicolas Sarkozy _____.

3. Katie Couric _____.

4. Will Smith _____.

5. Barbara Walters _____.

Les vêtements et les couleurs

J **La mode sur le campus.** Your pen pal is coming to the States, and s/he is curious about how students dress on your campus. Let him/her know what the dress style is like on your campus.

Vocabulaire: des chaussures, un T-shirt, des lunettes, un pull-over, une jupe, une chemise, un jean, une robe, un short, une casquette *(cap),* un sac à dos *(backpack),* des sandales *(sandals);* vert, blanc, bleu, marron, rouge, noir, gris, beige

1. Ici, les étudiants portent souvent _____

_____.

2. Parfois les femmes portent _____

_____.

K **Et vous, qu'est-ce que vous portez aujourd'hui?** Describe what you are wearing now, including the color of your clothing.

Moi, je porte _____

_____.

Comment communiquer en classe

L **Qu'est-ce qu'on dit?** How would you communicate the following requests / instructions in French? Find the equivalent expression.

_____ **1.** Your instructor asks the class to open their books.

_____ **2.** You ask him/her to repeat, please.

_____ **3.** You have a question.

_____ **4.** Your instructor wants you to please turn in your homework to him/her.

_____ **5.** Your instructor asks you to go to the board.

_____ **6.** You want to ask a student to close the door.

a. Tu peux fermer la porte, s'il te plaît?

b. Excusez-moi, j'ai une question.

c. Pouvez-vous répéter, s'il vous plaît?

d. Ouvrez vos livres.

e. Rendez-moi vos devoirs, s'il vous plaît.

f. Allez au tableau.

M **Les nombres.** Match the English descriptions on the left with their French equivalent on the right.

_____ **1.** days of the week

_____ **2.** weeks in the year

_____ **3.** days in the month of February

_____ **4.** maximum speed limit in school zones

_____ **5.** legal driving age

_____ **6.** average legal drinking age in public places

_____ **7.** number of states in the United States

_____ **8.** months in a year

_____ **9.** number of hours in a day

_____ **10.** number of fingers on both hands

a. cinquante

b. cinquante-deux

c. sept

d. vingt-huit ou vingt-neuf

e. douze

f. dix

g. vingt-quatre

h. entre quinze et vingt-cinq

i. seize ans

j. vingt et un

Synthèse: Un homme et une femme célèbres

Describe two celebrities: first a woman, then a man. Say why they are famous, what they look like, and what they typically wear. Then say something about their personalities. Write about eight sentences for each individual.

Vocabulaire: beau (belle), blond(e), brun(e), fort(e), grand(e), jeune, joli(e), laid(e), mince, moche, petit(e), vieux (vieille), célèbre, charmant(e), gentil(le), raisonnable, sportif (sportive), sympathique, amusant(e), fatigué(e), idéaliste, intellectuel(le), intelligent(e), nerveux (nerveuse), optimiste, patient(e), riche, sérieux (sérieuse), sociable, solitaire, timide; typiquement il/elle porte; un acteur (une actrice), un musicien (une musicienne), un chanteur (une chanteuse), un écrivain *(writer),* un(e) politicien(ne)

Modèle: *Voici une femme célèbre. Elle s'appelle Hillary Clinton. C'est une politicienne. Elle habite* (lives) *à New York et à Washington D.C. Hillary est d'un certain âge. Elle a les cheveux blonds et courts et les yeux bleus. Elle est de taille moyenne. Elle est assez mince. Elle porte souvent un pantalon avec une veste* (tailored jacket). *Hillary est optimiste, énergique, sociable et intelligente. Elle est aussi très ambitieuse. Voilà un portrait d'Hillary Clinton.*

1. Voici une femme célèbre. Elle s'appelle _____

_____

_____

_____

_____

_____

_____

_____ .

2. Voici un homme célèbre. Il s'appelle _____

_____

_____

_____

_____

_____

_____

_____

🌐 Perspectives culturelles

A Read **Greetings in French** on page 7 and indicate whether each statement is **vrai** or **faux.**

	vrai	faux
1. Greetings are the same in France and French-speaking Africa.	❑	❑
2. The French say **au revoir, monsieur / madame / mademoiselle** whenever they enter a shop.	❑	❑
3. In France, colleagues shake hands to greet each other daily.	❑	❑
4. Americans sometimes view the French as being snobbish and distant because they don't smile when they come into contact with strangers.	❑	❑
5. It is common for Parisians to smile at each other on the **métro.**	❑	❑
6. If you are not sure whether to use **tu** or **vous** with someone, always assume you can use **tu.**	❑	❑
7. In Québec, **vous** is more commonly used than **tu** with elderly people.	❑	❑
8. In French-speaking Africa, greetings are lengthier than in France.	❑	❑

B Read **Vocabulaire en mouvement** on page 15 of your textbook and answer the questions below.

1. When and why did French become the language of the court in England?

_____

2. Which word in each pair is derived from French? Explain your selection.
   a. go up / mount
   b. respond / answer

_____

_____

3. From which area were some English words adopted by the French before the Revolution?

_____

C **Voix en direct:** *Tu ou vous?* Quelques réflexions

Read the **Voix en direct** section on page 9 of your textbook and answer the questions below.

1. Think about the times when you are with your friends' parents. Do you talk to them just as you talk to your friends? If not, what is different? Is it your vocabulary, tone of voice, body language, behavior, etc. that changes? Be specific in your answer.

_____

_____

_____

2. What might be the possible advantages of a **tu / vous** distinction? Are there any disadvantages?

_____

_____

_____

Nom _____ Date _____ Cours _____

La vie universitaire

 For more self-correcting quizzes and cultural activities, go to **www.cengage.com/french/motifs**.

Les distractions

Voir Structure 2.1 Saying what you like to do *Aimer et les verbes réguliers en -er*

A **Chacun ses préférences.** Everybody likes to do something in particular. Complete the sentences with an infinitive from the list or from page 34 of your textbook.

chanter	**surfer sur Internet**	**écouter de la musique**
travailler	**danser**	**regarder la télévision**
parler	**voyager**	

1. Britney Spears aime _____ et _____.

2. Bill Gates aime _____.

3. Homer Simpson déteste _____ ; il préfère _____.

4. Paris Hilton adore _____ et _____.

5. Oprah aime _____ avec ses invité(e)s *(guests)*.

6. Et moi *(me)*, j'aime _____ mais je n'aime pas _____.

B **Qui fait quoi?** Some people are known for what they do. Match each person on the left with a logical activity on the right, paying close attention to verb endings.

_____ **1.** Barack Obama…   a. aime danser.

_____ **2.** Mon ami et moi, nous…   b. étudiez le français.

_____ **3.** Paula Abdul et Simon Cowell…   c. aime jouer au basket.

_____ **4.** Beyoncé et Pink…   d. n'aimes pas le jazz.

_____ **5.** Tu…   e. jugent le talent des chanteurs et des chanteuses.

_____ **6.** Jennifer Lopez…   f. travaillons beaucoup.

_____ **7.** Vous…   g. aiment chanter.

Voir Structure 2.2 Saying what you don't like to do *La négation **ne... pas***

C **Le semestre commence.** You're writing a letter to your best friend describing your daily routine at the university. Fill in the blanks by conjugating the verbs in parentheses.

Chère Christine,

Cette année à l'université, je (travailler) _____ (1) beaucoup! J'(étudier)

_____ (2) à la bibliothèque tous les après-midi *(every afternoon)*

et le soir, je (ne pas regarder) _____ (3) la télévision: je (continuer)

_____ (4) à étudier! Je (ne pas habiter) _____ (5)

près *(near)* du campus et le week-end, je (ne pas aimer) _____ (6) retourner

à la bibliothèque. Alors je (rester *[to stay]*) _____ (7) dans mon appartement

avec ma camarade de chambre Cathy. Elle (ne pas aimer) _____ (8) sortir

non plus *(neither)*, alors nous (étudier) _____ (9) ensemble *(together)*. Mes

week-ends sont très calmes! Et toi, tu (travailler) _____ (10) beaucoup?

Est-ce que tes amis et toi, vous (jouer) _____ (11) toujours au basket?

Écris-moi vite!

À bientôt!

Comment exprimer ses préférences

Voir Structure 2.3 Talking about specifics *Les articles définis*

D **Le portrait de Manon.** Manon is a new exchange student from France. She shares your suite in the dorm. Here is what she says about herself. Complete her sentences using the correct definite articles.

J'ai 21 ans. J'étudie à _____ (1) université de Nice. J'aime _____ (2) musique classique et _____ (3)

rock, mais ma musique préférée est la techno. Je regarde _____ (4) télévision, mais je préfère _____ (5)

cinéma; j'aime surtout _____ (6) comédies et je déteste _____ (7) films d'horreur!

E **Mal assorties (Ill-matched)!** You and Manon are talking about her roommate, an American named Chris. Manon and Chris have very little in common! Complete the dialogue using the cues in parentheses to complete Manon's answers.

Modèle: Vous: Est-ce que tu aimes bien ta nouvelle camarade de chambre? (pas beaucoup)

Manon: *Non, je n'aime pas beaucoup ma nouvelle camarade de chambre.*

Vous: Est-ce qu'elle aime regarder la télévision? (adorer)

Manon: Oui, elle _____ (1). Moi, je préfère passer du

temps avec mes copains.

Vous: Est-ce qu'elle écoute beaucoup la radio? (pas beaucoup)

Manon: Non, _____ (2).

Vous: Est-ce qu'elle aime étudier? (pas du tout)

Manon: Non, _____ (3). Moi, je suis passionnée par mes

études!

Vous: Pauvre Manon, vous n'avez rien en commun, elle et toi! Est-ce qu'elle aime voyager au moins

(at least)? (pas beaucoup)

Manon: Non, _____ (4). Elle reste très souvent dans la

chambre! Mais moi, je sors *(I go out)*!

F **Et vous? Qu'est-ce que vous aimez faire?** Using complete sentences, write down two activities that you really like to do, one that you like pretty well, and two that you really do not like at all.

1. _____.
2. _____.
3. _____.
4. _____.
5. _____.

L'université et le campus

Voir Structure 2.4 Listing what there is and isn't *Il y a / Il n'y a pas de*

G **Qu'est-ce qu'il y a sur le campus américain?** Manon is still adjusting to the American university system. To help her out, you and a friend make an orientation guide that she can share with other exchange students. Describe the campus and its facilities.

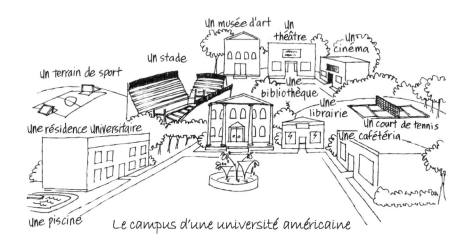

Le campus d'une université américaine

1. Pour les étudiants qui aiment les activités sportives, il y a _____.

2. Pour les étudiants qui aiment beaucoup les livres et qui aiment étudier, il y a _____.

3. Enfin, pour les étudiants qui aiment les films, il y a _____.

4. Malheureusement, sur notre campus, il n'y a pas _____.

H **D'autres questions?** Now imagine what further questions the exchange students might have about what is or is not on the campus and in the surrounding community. Write four questions.

1. _____.

2. _____.

3. _____.

4. _____.

Les matières

I **Tu aimes tes cours?** Manon and two of her friends discuss their courses. Use the clues provided in the dialogue to figure out which courses they are talking about and choose one of the three options provided in parentheses to fill in the blanks.

MANON: Salut, Paul! Comment ça va dans ton cours de/d' _____ (1)?

(français / histoire / maths)

PAUL: Salut, Manon! Oh, tu sais, les chiffres *(numbers)* sont difficiles pour moi. Je préfère mon cours

de/d' _____ (2) (allemand / japonais / biologie): je veux aller au Japon l'été

prochain! Et toi, ça va en _____ (3) (économie / informatique / littérature)?

MANON: Oh oui, moi j'adore Shakespeare! Nous étudions *Hamlet* en ce moment. Par contre, je n'aime pas

beaucoup mon cours de/d' _____ (4) (psychologie / sciences politiques / journa-

lisme): je n'ai pas l'intention de devenir psychologue alors c'est une perte de temps *(a waste of time)*!

Et toi, Arthur, tu aimes tes cours?

ARTHUR: Oui. Mon cours de/d'_____ (5) (italien / philosophie / géographie) est très inté-

ressant, j'adore lire Hegel et Kant! Et j'aime aussi étudier _____ (6) (la chimie / le

commerce / l'histoire): le passé *(the past)* est fascinant, non?

PAUL: Oh zut, nous sommes en retard *(late)* pour notre cours de/d'_____ (7) (droit /

informatique / sociologie)! J'espère *(I hope)* qu'aujourd'hui les ordinateurs ne sont pas en panne

(down)!

Le calendrier

J **Les jours importants du calendrier français**

Part A. Match each holiday description in the left column with the corresponding date.

_____ **1.** On fête *(celebrate)* la nouvelle année.   a. le 1er mai

_____ **2.** On fête le début de la Révolution française.   b. le 1er janvier

_____ **3.** On honore les saints catholiques.   c. le 1er novembre

_____ **4.** On fête le travail en France.   d. le 14 juillet

Part B. Now match each holiday with its season.

_____ **1.** la Saint-Valentin   a. C'est l'hiver.

_____ **2.** la Toussaint   b. C'est le printemps.

_____ **3.** Pâques   c. C'est l'été.

_____ **4.** le 14 juillet, la fête nationale française   d. C'est l'automne.

Voir Structure 2.5 Talking about age and things you have *Le verbe* **avoir**

K **Quel travail!** The semester has just begun and you and your roommate Manon discuss your schedules. Complete the following conversation with the correct forms of the verb **avoir.**

VOUS: Manon, quels cours est-ce que tu _____ (1) ce semestre?

MANON: J'_____ (2) français, marketing et chimie.

VOUS: Et Paul et Mike, tu sais quels cours ils _____ (3)?

MANON: Oui. Mike _____ (4) géographie et psychologie, et Paul et moi, nous

_____ (5) maths ensemble.

VOUS: Et est-ce que vous _____ (6) cours le vendredi après-midi *(afternoon)*?

MANON: Hélas, oui! C'est pénible *(a drag)*!

VOUS: Oui, tu sais, aujourd'hui c'est l'anniversaire de Paul. Il _____

(7) 21 ans. Viens faire la fête *(come party)* avec nous!

L **À vous!** Answer the following questions with complete sentences.

1. Quels cours avez-vous ce semestre / trimestre? Comment sont-ils?

_____

2. Quels jours est-ce que vous avez cours?

_____

3. Qu'est-ce que vous aimez faire le week-end?

_____

4. Quel âge a votre meilleur(e) ami(e)? C'est quand, son anniversaire?

_____

Synthèse: Un(e) camarade de classe

Pre-writing: Choose a classmate to interview. E-mail each other with questions on your living situation, studies, and weekend activities.

Suggested interview questions:

- Quel âge as-tu?
- Est-ce que tu habites à la résidence universitaire?
- Tu es en quelle année? *(What year are you in?)*
- Qu'est-ce que tu étudies?
- Qu'est-ce que tu as comme cours ce semestre / trimestre?
- Est-ce que tu aimes tes cours? Pourquoi?
- Qu'est-ce que tu aimes faire le week-end?

Portrait: Using the information you have received and referring to the model below, write a portrait of your partner. Correct any errors and print it out. Take it to the next class meeting in order to present your partner. He/She will add one additional detail about him/herself for the class.

Modèle: *Dennis a 20 ans. Il est de Torrance. Maintenant, il habite sur le campus à la résidence Smith. Il n'aime pas du tout la cafétéria à la résidence! Les sandwiches et les pizzas sont dégoûtants* (disgusting). *Il préfère manger au centre-ville. Il est en deuxième année et il étudie la biologie. Ce trimestre, il a un cours de français, deux cours de biologie et un cours de chimie. Il aime bien le français et la biologie. Il n'aime pas le cours de chimie. Le prof est ennuyeux et les examens sont difficiles. Le week-end, il aime aller au cinéma ou jouer au basket. Il n'aime pas rester à la résidence et étudier. Il préfère s'amuser* (to have fun)!

_____

_____

_____

_____

_____

_____

_____

_____

_____

_____

_____

_____

_____

_____

🌐 Perspectives culturelles

A Reread **Les passe-temps culturels préférés des Français** on page 39 of your textbook and say if the following statements are true (**vrai**) or false (**faux**).

	vrai	faux
1. Les loisirs sont très importants pour les jeunes Français.	❑	❑
2. Les jeunes Français préfèrent lire plutôt que *(rather than)* surfer sur Internet.	❑	❑
3. Une des activités préférées des jeunes Français est de visiter des musées.	❑	❑
4. Les jeunes Français n'aiment pas beaucoup regarder la télévision.	❑	❑

B **Voix en direct:** Qu'est-ce que vous aimez faire le week-end?

1. Reread the **Voix en direct** section on page 40 of your textbook and list (in French) the weekend activities that the four young people talk about. Then, make a list (also in French) of your favorite weekend activities.

Activités préférées de Julien,
Nicolas, Pierre et Olivia   Mes activités préférées

_____   _____

_____   _____

_____   _____

_____   _____

_____   _____

2. What similarities and differences are there between the activities mentioned by these young French people and those you and your friends enjoy? Give a possible explanation in English for the differences.

_____

_____

C Reread **Le Quartier latin et la Sorbonne** on page 44 of your textbook and match the description on the left with the corresponding information on the right.

_____ **1.** une faculté célèbre   **a.** 1789

_____ **2.** les matières qu'on étudie à la Sorbonne   **b.** 1253

_____ **3.** une partie de Paris qui a de très bonnes librairies   **c.** la Sorbonne

_____ **4.** l'année où la Sorbonne a été fondée   **d.** le Quartier latin

_____ **5.** la date de la Révolution française   **e.** le boulevard Saint-Michel

                                                          f. les lettres

Chez l'étudiant

For more self-correcting quizzes and cultural activities, go to **www.cengage.com/french/motifs**.

La famille

Voir Structure 3.1 Expressing relationship *Les adjectifs possessifs*

A **La famille de Julie.** Your French friend, Julie, is telling you about her family and asking about yours. Select the correct possessive adjectives to complete her description.

Je viens d'une grande famille! J'ai quatre frères et une sœur. (1. Ma, Son) sœur habite à Lyon et (2. ton, mes) frères habitent à Nice. (3. Nos, Ses) parents sont retraités *(retired)* et ils habitent à Caen, en Normandie. (4. Ma, Mon) frère aîné et (5. ta, sa) femme viennent d'avoir *(just had)* un bébé! C'est une petite fille et c'est (6. notre, leur) premier enfant! (7. Ton, Son) papa et (8. ta, sa) maman sont très heureux!

Et toi? Combien de personnes est-ce qu'il y a dans (9. sa, ta) famille? Est-ce que (10. tes, vos) frères et sœurs habitent près de chez toi? Est-ce que (11. ses, tes) parents travaillent encore? Parle-moi aussi de (12. ses, tes) cours à l'université et de (13. ton, notre) travail.

Voir Structure 3.2 Talking about where people are from *Le verbe* **venir**

B **L'album photo.** You are showing Julie your photo album with pictures of your last birthday party, telling her where your friends come from. Complete the following conversation with the appropriate form of **venir**.

Modèle: Voici Virginia. Elle *vient* de Salt Lake City.

JULIE: Qui est cette jolie fille ici sur la photo?

VOUS: C'est Sophie. Elle _____ (1) de Montréal.

JULIE: Et les deux garçons à côté d'elle? Ils _____ (2) aussi de Montréal?

VOUS: Non, ils sont américains, de Californie.

JULIE: Toi aussi, tu _____ (3) de Californie, non?

VOUS: Non, moi, je _____ (4) d'un autre état *(another state)* des États-Unis. Oh, et ici, c'est mon meilleur ami, Brad; lui et moi, nous _____ (5) du même état.

JULIE: De quel état est-ce que vous _____ (6), alors?

Voir Structure 3.3 Another way to express relationship and possession *La possession de + nom*

C **Le jeu des sept familles.** Julie teaches you **le jeu des sept familles,** a traditional French card game similar to Go Fish. Instead of collecting a set of numbers, you try to collect a set of family members. You are trying to collect Marianne Dubois's family. Using the family tree below, ask for the other cards you need, as in the model, to collect six members of the Dubois family.

> **Modèle:** Dans la famille Dubois, je veux *(I want) le fils* de Marianne, Samuel.

1. Dans la famille Dubois, je veux _____ de Marianne, Catherine.

2. Dans la famille Dubois, je veux _____ de Marianne, Gérard.

3. Dans la famille Dubois, je veux _____ de Marianne, Sara.

4. Dans la famille Dubois, je veux _____ de Marianne, Jeanne.

5. Dans la famille Dubois, je veux _____ de Marianne, Sandrine.

6. Dans la famille Dubois, je veux _____ de Marianne, Antoine.

Les caractéristiques personnelles

Voir Structure 3.4 Describing personalities *Les adjectifs (suite)*

D Au contraire! Julie is describing her first impressions of people she met. You disagree with everything she says! Choose the most logical response to complete the following sentences.

> **Modèle:** JULIE: Moi, je trouve que Paul est vraiment triste.
>
> VOUS: Au contraire! Je pense qu'il est…
>
>   _X_ a. *heureux.*
>
>   ____ b. gros.
>
>   ____ c. paresseux.

1. JULIE: Emma est vraiment super snob!

    VOUS: Au contraire! Je trouve qu'elle est…

    _____ a. paresseuse.

    _____ b. agréable.

    _____ c. ordonnée.

2. JULIE: Tu ne penses pas que le professeur de maths est très compréhensif?

    VOUS: Ah non! Moi, je trouve qu'il est…

    _____ a. sportif.

    _____ b. indifférent.

    _____ c. bien élevé.

3. JULIE: Oh là là! Qu'est-ce que tu es pessimiste!

    VOUS: Pas du tout! Je suis…

    _____ a. réaliste!

    _____ b. célibataire!

    _____ c. travailleur(euse)!

4. JULIE: Moi, je trouve qu'Estelle est plutôt travailleuse!

    VOUS: Au contraire! Je pense qu'elle est…

    _____ a. paresseuse.

    _____ b. importante.

    _____ c. méchante.

5. JULIE: Megan et Fatima sont très méchantes, non?

    VOUS: Mais non! Moi, je trouve qu'elles sont très…

    _____ a. désagréables.

    _____ b. désordonnées.

    _____ c. gentilles.

6. JULIE: Je trouve que nous sommes très stressés!

    VOUS: Mais non! Nous sommes très…

    _____ a. gâtés.

    _____ b. décontractés.

    _____ c. bêtes.

E **Portrait.** Here is a portrait of Julie's brother, Lucien. Julie and her sister Élodie are exactly like him. Rewrite Lucien's portrait to describe Julie and Élodie, making all the necessary changes.

Lucien est étudiant à Paris VI. C'est un beau jeune homme sérieux et sympathique. Il est aussi sportif. Il a beaucoup d'amis. Il étudie les sciences et il aime ses cours. Le week-end il aime regarder des films. Il aime aussi surfer sur Internet mais il n'aime pas beaucoup regarder la télé.

Julie et Élodie _____

_____

_____

_____

F **Questions personnelles.** Respond to the following questions with complete sentences.

1. D'où viennent vos parents et où habitent-ils maintenant?

_____

_____

2. Qu'est-ce que vous aimez faire quand vous êtes avec vos parents?

_____

_____

3. Aimez-vous les grandes familles? Pourquoi?

_____

_____

La chambre et les affaires personnelles

Voir Structure 3.5 Describing where things are located *Les prépositions de lieu*

G **Chassez l'intrus.** Help Julie get organized. Circle the item that does not belong in each location.

1. sur le bureau: un aquarium, une lampe, un lavabo, des stylos

2. dans le placard: un blouson, des tennis, une jupe, un téléphone

3. sur les murs: une affiche, une fenêtre, un miroir, un ordinateur

4. à côté du lit: une chaîne stéréo, une table de nuit, un téléphone, un vélo

5. sur l'étagère: des livres, des rideaux, une photo, un vase

H **L'appartement idéal.** Julie is recording her impressions of a new apartment she visited this morning. Complete her description of the apartment by filling in the blanks using words from the following list. (Note that **not** all words from the list are used in the paragraph.)

choses	du	jardin	locataires	ordonnées	placards
de l'	grand	lit	loyer	paresseux	plantes

Ce matin, j'ai vu *(I saw)* l'appartement idéal. Il est très _____ (1) et spacieux et il est meublé:

il y a un _____ (2) et une table de nuit, des _____ (3) et beaucoup d'autres

meubles. Derrière, il y a un petit _____ (4) avec de jolies _____ (5). Il y a deux

autres _____ (6), Justine et Christine. Elles sont très sympas et _____ (7).

Le _____ (8) n'est pas trop *(too)* cher et le propriétaire _____ (9) appartement

paie les charges *(utilities)*. J'espère que je vais avoir cet appartement!

I **Quel désordre!** While visiting the apartment, Julie noticed one of the closets. Read the following statements and, based on what you see in the drawing, say if they are true **(vrai)** or false **(faux).**

	vrai	faux
1. La raquette de tennis est sous le poster.	❏	❏
2. Le livre est derrière la chaîne stéréo.	❏	❏
3. Les CD sont à côté du parapluie.	❏	❏
4. Les chaussettes *(socks)* sont dans les chaussures.	❏	❏
5. Le chapeau de cow-boy est au-dessus du blouson.	❏	❏
6. La chemise est entre le manteau et le pull-over.	❏	❏

J **Les deux autres colocataires.** While she was visiting the apartment, Julie checked out the other two roommates' bedrooms. Below is a description of what she saw. What can Julie conclude about the personalities of her potential roommates?

Dans la chambre de Christine, il y a une raquette et des chaussures de tennis sur une chaise. Il y a un MP3 sur la table de nuit et des rollers sous le lit. Au-dessus du bureau, il y a un poster de Degas et sur le bureau, il y a un ordinateur. Il y a aussi un vase avec des roses. Sur la table de nuit, il y a une photo d'un beau garçon avec un chat noir. Le placard est ouvert et il y a beaucoup de vêtements les uns sur les autres. Sur une étagère, il y a plusieurs livres d'informatique et une pile de magazines de sport.

Dans la chambre de Justine, il y a une chaîne stéréo à côté du lit et des CD de jazz sur la table de nuit. Il y a un livre de Shakespeare et un dictionnaire français–anglais sur le bureau. Il y a beaucoup d'autres livres sur une grande étagère. Au-dessus du bureau, il y a un poster du film *Amélie* et, sur le bureau, il y a beaucoup de bonbons et de chocolats. Il y a aussi une petite télévision et, à côté, un magazine sur les films étrangers.

1. Christine: Elle est _____
   _____.

   Elle aime _____
   _____.

   À l'université, elle étudie _____
   _____.

2. Justine: Elle est _____
   _____.

   Elle aime _____
   _____.

   À l'université, elle étudie _____
   _____.

Des nombres à retenir (60 à 1 000 000)

K **Le vertige des chiffres.** Julie is going through her different monthly expenses to see if she can afford the apartment she visited.

1. Match each number on the left with its written form on the right.

Dépenses mensuelles

_____ **1.** le loyer: 355 €   **a.** soixante-cinq euros

_____ **2.** la nourriture *(food)*: 225 €   **b.** cent quarante-huit euros

_____ **3.** l'assurance auto + essence *(gas)*: 148 €   **c.** quatre-vingt-cinq euros

_____ **4.** le cinéma + le restaurant: 85 €   **d.** deux cent vingt-cinq euros

_____ **5.** le téléphone + Internet: 73 €   **e.** soixante-treize euros

_____ **6.** les vêtements + le lavomatique *(laundromat)*: 65 €   **f.** trois cent cinquante-cinq euros

_____ **2.** What is the sum of Julie's monthly expenses?

   a. neuf cent quinze euros

   b. neuf cent soixante et un euros

   c. neuf cent cinquante et un euros

Comment louer une chambre ou un appartement

L Il est à vous! Julie is now talking with the landlord about the apartment. She brought along the ad that she had seen in the classifieds. Complete the 2 sections of the conversation that she has with the landlord using the words and expressions provided below.

> CHAMBRE spacieuse dans bel appartement neuf, meublée, avec beau jardin. Calme. Placards. Salle de bains individuelle. Bus direction université et centre-ville, commerces à proximité. 430 dollars/mois (charges comprises).

Les présentations

Vocabulaire: bureau, bus, calme, cherche, grande, jardin, louer, meubles, placards, près

PROPRIÉTAIRE: Bonjour, mademoiselle. Vous cherchez une chambre à

_____ (1), c'est ça?

JULIE: Oui, monsieur. Je _____ (2) une

chambre meublée, alors cette chambre serait *(would be)* idéale pour moi. Quels *(Which)*

_____ (3) est-ce qu'il y a exactement?

PROPRIÉTAIRE: Alors, vous avez un lit, une table de nuit, deux lampes et beaucoup de

_____ (4). La chambre est très _____ (5) et spacieuse,

vous pouvez *(can)* aussi mettre *(put)* un _____ (6), une chaise et beau-

coup d'autres choses.

JULIE: Oui, c'est vraiment bien.

PROPRIÉTAIRE: Vous avez aussi une vue sur le _____ (7), et c'est très

_____ (8): il n'y a pas de voitures.

JULIE: Dans votre annonce *(ad)*, vous indiquez qu'il y a des _____ (9) pour aller

à l'université. Est-ce que l'arrêt *(stop)* est _____ (10) d'ici?

PROPRIÉTAIRE: Oui, c'est à trois minutes à pied *(on foot)*.

On parle argent *(money)*.

Vocabulaire: 430, charges, colocataires, loyer, merci, réfléchir

PROPRIÉTAIRE: Pour le _____ (11), je demande _____ (12) dollars

par mois plus 2 mois d'avance. C'est moi qui paie les _____ (13): l'eau,

l'électricité, etc.

JULIE: Très bien. Et la connexion Internet?

PROPRIÉTAIRE: Vous devez demander aux autres _____ (14), je pense qu'elles

partagent *(split)* les frais mensuels *(monthly fees)*. Voilà… Est-ce que vous voulez

_____ (15) un peu?

JULIE: Oh non, j'adore cette chambre!

PROPRIÉTAIRE: Eh bien, mademoiselle, vous avez l'air *(you seem)* sérieuse: la chambre est à vous!

JULIE: Fantastique! _____ (16) beaucoup, monsieur!

Synthèse: Comment trouver un(e) colocataire en ligne

The academic year is starting in several weeks and you are looking for a place to live. You'd like to have a French roommate so you go on the website **appartager.fr** and find the following ads. Select an ad and explain your choice.

Modèle: *J'aime l'annonce no 1. Montmartre est un beau quartier de Paris et je vais étudier dans une faculté près du quartier, une chose importante. Khaled ne fume pas. Je préfère habiter avec un non-fumeur. Khaled est souvent absent. Ce n'est pas un problème parce que j'aime inviter mes amis chez moi. Il aime les colocataires ordonnés et propres et moi j'aime l'ordre. Voilà, c'est mon choix. Je préfère l'annonce de Khaled.*

1. Khaled

Ville:	Paris, 75013
Loyer/coloc:	600 € par mois
Infos perso:	Khaled, 26 ans, Garçon, Salarié *(Employed),* Non-fumeur
Commentaires:	Cherche un coloc' ordonné, discret et propre. Je suis souvent absent... bel appart et quartier sympa near Montmartre... quiet and clean!

2. Esther

Ville:	Paris, 75016
Loyer/coloc:	650.00 € par mois
Infos perso:	Esther, 23 ans, Fille, Étudiante, Non-fumeur
Commentaires:	Bonjour à TOUTES!!! Je cherche une fille pour remplacer ma coloc qui part pour des études à l'étranger *(abroad).* Je cherche donc quelqu'un qui peut m'aider avec le loyer. Je suis assez sérieuse et facile à vivre *(easy to live with).*

3. Frédéric

Ville:	Paris, 75011
Loyer/coloc:	600.00 € par mois
Infos perso:	Frédéric, 27 ans, Garçon, Salarié, Fumeur
Commentaires:	About me: 31 ans, enseignant chercheur en urba et socio urbaine, calme et cool... Le mieux, c'est communiquer. Je propose un bel appartement de 70 m² à partager, 10e étage, grand balcon et vue panoramique.

4. Laeticia

Ville:	Paris, 75008
Loyer/coloc:	400.00 € par mois
Infos perso:	Laeticia, 23 ans, Fille, Étudiante, Fumeur
Commentaires:	URGENT... Je propose SOUS LOCATION *(subletting)* pour 5 MOIS seulement dans studio tout meublé. Tout confort: lit, TV, cable, cuisine (micro, four, plaques...), salle de bain (WC, douche, lave-linge...)

_____

_____

_____

_____

_____

_____

_____

_____

_____

_____

_____

_____

_____

_____

_____

🌐 Perspectives culturelles

A Read **La famille française** on page 65 and complete the following sentences with the appropriate word.

1. Pour les Français, la famille est une valeur _____ importante.
   a. assez   **b.** très   **c.** pas du tout

2. Mais, comme aux États-Unis, le divorce est _____ fréquent.
   a. peu   **b.** assez   **c.** pas du tout

3. Souvent, les jeunes Français choisissent (*choose*) une université _____ loin de la résidence de leurs parents.
   a. assez   **b.** très   **c.** pas

4. La majorité des jeunes pensent que les relations avec leurs parents sont _____ bonnes.
   a. assez   **b.** très   **c.** pas du tout

5. Selon (*According to*) le texte, pour les jeunes Français, le foyer est un lieu (*place*) où ils peuvent trouver (*can find*) _____.
   a. amour (*love*) et santé   **b.** argent (*money*) et confort   **c.** sécurité et stabilité

B Read **La vogue de la coloc** on page 74 of your textbook and complete the following sentences with the appropriate word(s).

1. La colocation est _____.
   a. une nouvelle façon de vivre (*way of living*) pour les étudiants français
   b. la façon traditionnelle de vivre pour les étudiants français
   c. un nouveau site Internet réservé pour les étudiants français

2. Selon le texte, l'avantage de la colocation, c'est qu'on peut _____.
   a. être loin de ses parents
   b. partager le coût du loyer
   c. organiser beaucoup de fêtes

3. Selon le texte, un des risques de la colocation est: _____.
   a. les colocs qui refusent de participer aux fêtes
   b. les colocs qui refusent de ranger l'appart
   c. les colocs qui refusent d'être compréhensifs avec le propriétaire

4. Pour trouver un(e) coloc, on _____.
   a. téléphone à ses amis   **b.** va à la bibliothèque   **c.** cherche en ligne

C Voix en direct

Read the **Voix en direct** section on page 75 of your textbook and select the correct answer.

_____ **1.** Selon (*According to*) le texte, vivre en colocation en France signifie…
   a. partager sa chambre.
   b. partager un appartement mais pas sa chambre.
   c. vivre dans une résidence universitaire.

_____ **2.** Pour être un(e) bon(ne) colocataire, selon le texte, il faut être…
   a. ordonné(e) et sociable.   **b.** curieux(se) et propre.   **c.** discret(ète) et timide.

_____ **3.** Craig's list n'existe pas en France.
   a. vrai   **b.** faux

_____ **4.** Hugo habite chez ses parents parce que (qu')…
   a. en France, les parents habitent près des universités.
   b. il ne sait pas comment faire pour trouver un studio.
   c. c'est pratique et c'est moins cher.

Nom _____ Date _____ Cours _____

Travail et loisirs

Module 4

 For more self-correcting quizzes and cultural activities, go to **www.cengage.com/french/motifs**.

Les métiers

Voir Structure 4.1 Talking about jobs and nationalities *Il / Elle est* ou *C'est* + *métier / nationalité*

A **Les métiers.** Choose the occupation that does NOT fit with the TV show or business listed. You'll recognize some jobs you haven't studied because they're close to their English equivalent.

> **America's Next Top Model**
>
> **Gossip Girl**
>
> **Grey's Anatomy**
>
> **Prison Break**
>
> **The Office**
>
> **American Chopper**
>
> **24**

1. *America's Next Top Model* (une agence de mannequins *[models]*): un photographe, une styliste, des artistes, une femme au foyer

2. *Gossip Girl* (un lycée privé): des étudiants, un professeur, un directeur d'école, une ouvrière

3. *Grey's Anatomy* (un hôpital): des médecins, des vendeuses, des infirmières, des patients

4. *Prison Break* (une prison): des avocats, des agents de police, une artiste, des gardes

5. *The Office* (un bureau): un juge, des femmes d'affaires, des secrétaires, des cadres

6. *American Chopper* (un garage pour motocyclettes): un médecin, un client, des mécaniciens

7. *24* (un groupe anti-terroriste): un agent secret, un homme politique, un employé de banque, des agents de police

B Quel métier? Match each activity to the appropriate job.

_____ 1. Il fait du travail manuel dans une usine.

_____ 2. Elle joue avec les enfants quand les parents sont au cinéma ou au restaurant.

_____ 3. Il aide le médecin et il calme les patients.

_____ 4. Il enseigne la langue française à ses étudiants.

_____ 5. Elle travaille dans un café et elle donne aux clients du thé ou du chocolat chaud.

_____ 6. Il pose beaucoup de questions et il critique les hommes politiques.

_____ 7. Elle reste à la maison avec ses enfants et s'occupe de la maison.

_____ 8. Elle est dans un groupe de punk rock.

_____ 9. Il est l'auteur de livres de fiction.

_____ 10. Elle travaille dans le management de son entreprise.

a. une femme au foyer

b. une chanteuse

c. un journaliste

d. un ouvrier

e. un cadre

f. un écrivain

g. une baby-sitter

h. une serveuse

i. un infirmier

j. un professeur

C Que font-ils? Choose the activity that best fits the job.

_____ 1. Un mécanicien…
   a. cultive des roses.
   b. aide les patients.
   c. répare les voitures.

_____ 2. Une avocate…
   a. enseigne le français.
   b. critique les acteurs.
   c. défend ses clients.

_____ 3. Un agent de police…
   a. répare les ordinateurs.
   b. arrête les criminels.
   c. tape à l'ordinateur.

_____ 4. Une secrétaire…
   a. organise l'agenda d'une femme d'affaires.
   b. répare les voitures.
   c. fait du travail bénévole.

_____ 5. Un agriculteur…
   a. joue au football américain.
   b. skie dans le Colorado.
   c. cultive la terre (earth).

D **Les petites annonces.** Here are some job ads from a French newspaper. Fill in the name of the job, as in the model.

Modèle: Recherche *professeur* pour donner des cours de littérature à des étudiants de 18 à 24 ans. Université de Paris IV.

1. Recherche _____ diplômé, avec dix ans d'expérience dans la défense des accidentés de la route. Tribunal de Lyon.

2. Recherche _____ pour compléter un groupe de rock local.

3. Recherche _____ diplômée avec expérience en pédiatrie.

4. Recherche _____ qualifié pour réparation de voitures d'importation Mercédès et Volvo.

5. Recherche _____ pour hôtel-café-restaurant à Lausanne.

6. Recherche _____ pour organiser un bureau d'avocats. Deux ans d'expérience (prise de rendez-vous, réception d'appels, tenue d'agenda).

7. Recherche _____ pour servir une clientèle jeune dans une petite boutique de vêtements.

E **Une compétition.** Paul, Virginie, and Arthur are very competitive. Here, they are testing their knowledge of French and American celebrities. Complete their dialogue with **un, une, des,** or –, if no article is required.

VIRGINIE: Paul, tu connais Paula Abdul?

PAUL: Ben, bien sûr! C'est _____ (1) chanteuse américaine. Et en plus, elle était _____ (2) juge dans l'émission *(show) American Idol.*

ARTHUR: Paul a raison *(is right).* Mais moi, je sais autre chose *(something else)* sur Paula Abdul: c'est aussi _____ (3) chorégraphe expérimentée.

VIRGINIE: Vous oubliez *(You are forgetting)* qu'elle est _____ (4) danseuse à la base.

PAUL: Ok, ok, mais toi, est-ce que tu connais Benicio Del Toro?

VIRGINIE: Hmmm, attends, je réfléchis… Est-ce que c'est _____ (5) acteur espagnol?

PAUL: Eh bien, il est _____ (6) acteur, mais il n'est pas _____ (7) espagnol.

ARTHUR: Moi, je sais! Il est _____ (8) portoricain. Je l'adore, il a joué dans le film *Traffic* avec Michael Douglas et Catherine Zeta-Jones. Il y a aussi un autre acteur, Jacob Vargas. Benicio Del Toro et lui, ils sont _____ (9) policiers dans le film. Tous les deux, je trouve que ce sont _____ (10) acteurs excellents!

PAUL: Bon, bon, très bien, deux points pour toi…

F **Identité réelle / Identité fictive?** A group of Second Life users from various countries reveal their online identities. Follow the model to identify them.

> **Modèles:** Jack habite à New York City et il sert les clients à Macy's.
>
> *C'est un vendeur américain.*
>
> Madiba habite à Bruxelles.
>
> *Elle est belge. (C'est une Belge).*

1. Gerhardt habite à Berlin et il assure la sécurité dans la ville.

   _____

2. Samuel habite à Genève.

   _____

3. Kadhir habite à Dakar et il s'occupe de l'agenda d'un homme d'affaires.

   _____

4. Jamel et Ibrahim habitent à Alger.

   _____

5. Ludmila et Natasha habitent à Moscou et elles travaillent sur des robots dans une usine.

   _____

6. Jia habite à Pékin et elle est l'assistante d'un docteur dans une clinique.

   _____

Les lieux de travail

Voir Structure 4.2 Telling where people go to work *Le verbe **aller** et la préposition à*

G **Le trajet du matin.** Indicate where the following people are going to work.

> **Modèle:** Jacques est cuisinier; il *va au restaurant* à bicyclette.

1. Nicole est infirmière; elle _____ à pied.

2. Monsieur et Madame Legendre sont ouvriers chez Renault; ils _____ en bus.

3. Mon collègue et moi sommes professeurs d'économie à la Sorbonne; nous _____

   _____ ensemble.

4. Toi, tu es banquière; tu _____ avec Paul, n'est-ce pas?

5. Monsieur Privat est chef d'entreprise; il _____ avec son chauffeur.

6. Catherine Rochard et Évelyne Rolland sont vendeuses; elles _____ tous les matins.

Comment dire l'heure et parler de son emploi du temps

Voir Structure 4.3 Talking about daily activities *Les verbes pronominaux (introduction)*

H C'est à quelle heure? Your American friend, Jake, is not familiar with the twenty-four-hour clock. Help him with his schedule by converting the following official times, as in the model.

Modèle: restaurant universitaire, 12h35

Tu vas déjeuner avec Alice à *une heure moins vingt-cinq.*

1. la Sorbonne, 13h50

Tu as un cours de chimie à _____ .

2. club de sport Vaugirard, 15h45

Tu vas à la piscine à _____ .

3. Café de Flore, avec Pierre et Jacques, 17h00

Tu as rendez-vous avec Pierre et Jacques à _____ .

4. chez Julien, 19h15

Tu dînes chez Julien à _____ .

5. cinéma Odéon avec Valérie, 21h35

Tu vas voir un film avec Valérie à _____ .

I En retard! Your neighbor is about to miss his train, **le RER,** to Paris. Complete the following conversation, using the elements provided.

travaillez	heure	à	à mi-temps	quelle	en retard
infirmier	il est	le temps de	il part à	occupé(e)	

VOTRE VOISIN: Excusez-moi! _____ (1) heure est-il, s'il vous plaît?

VOUS: _____ (2) 15h35.

VOTRE VOISIN: _____ (3) quelle _____ (4) part le prochain *(next)* RER

pour Paris?

VOUS: _____ (5) 15h45.

VOTRE VOISIN: Dans dix minutes! Mon Dieu, je suis _____ (6)!

VOUS: Alors, venez avec moi en voiture. C'est plus rapide.

VOTRE VOISIN: Merci beaucoup!

Pendant le trajet (trip) *en voiture*

VOUS: Est-ce que vous _____ (7) à plein temps?

VOTRE VOISIN: Non, je travaille _____ (8) dans un hôpital.

VOUS: Ah, vous êtes _____ (9)!

VOTRE VOISIN: Oui, j'aime beaucoup mon métier.

VOUS: Voilà, nous sommes devant l'hôpital.

VOTRE VOISIN: Merci beaucoup de votre aide! Est-ce que vous avez _____ (10) boire un

café avec moi vers 17 heures?

VOUS: Désolé(e), je suis très _____ (11) aujourd'hui, mais demain oui.

VOTRE VOISIN: Très bien, alors à demain!

J **L'horaire des étudiants.** An American college student, Meghan, is being interviewed by a Canadian student, Michel, for a university radio station. Complete the interview with the appropriate present tense form of the verbs in parentheses.

MICHEL: Bonjour et merci d'être dans nos studios ce matin pour répondre à mes questions sur l'horaire des

étudiants. Il est très tôt. Est-ce que vous _____ (1. se lever) tôt en général?

MEGHAN: Oui, le matin, je _____ (2. se lever) souvent avant 7h00.

MICHEL: Alors, vous êtes matinale *(a morning person)*! Qu'est-ce que vous faites avant d'aller en cours?

MEGHAN: Eh bien, d'abord *(first)*, je bois *(I drink)* un café très chaud. Je _____

(3. s'habiller) et je _____ (4. se préparer) pour aller en cours.

MICHEL: Qu'est-ce que vous faites après les cours?

MEGHAN: Souvent, je _____ (5. se relaxer) un peu et puis je fais mes

devoirs. J'ai toujours beaucoup de devoirs à faire. Ensuite, mes amis et moi, nous

_____ (6. se retrouver) dans un café près du campus mais je ne reste pas très

longtemps. Je _____ (7. se dépêcher) pour aller au travail. Je travaille jusqu'à

huit heures.

MICHEL: Vous êtes très occupée! À quelle heure est-ce que vous _____ (8. se coucher)?

MEGHAN: Je _____ (9. se coucher) vers minuit en général.

MICHEL: Merci beaucoup pour vos réponses!

K **La vie à la Maison Blanche.** President Barack Obama and his wife Michelle talk about their life in the White House to a French magazine. Conjugate the verbs in the present tense.

PRÉSIDENT OBAMA: Le matin, je _____ (1. se lever) très tôt parce que j'ai beaucoup à faire.

Michelle _____ (2. se lever) en même temps que moi. Nous aimons

prendre le petit déjeuner *(eat breakfast)* ensemble. Nous _____

(3. parler) des activités de la journée: de mes réunions, des enfants et des obligations de

Michelle.

MICHELLE OBAMA: Les filles _____ (4. se lever) après le départ de Barack. Elles ne

_____ (5. se préparer) pas très vite. Heureusement, ma mère est là.

Elle _____ (6. s'occuper) des filles et moi, j'ai le temps de m'habiller.

LE JOURNALISTE: Quand est-ce que vous _____ (7. se relaxer), Monsieur le Président?

PRÉSIDENT OBAMA: Après le dîner, mes filles et moi, nous _____ (8. aimer) lire *(to read)*

ensemble. Puis elles _____ (9. se coucher). Michelle et moi, nous

passons une soirée tranquille ensemble.

Les activités variées

Voir Structure 4.4 Talking about leisure activities *Les verbes **faire** et **jouer** pour parler des activités*

L **Les passe-temps.** What do your friends do in their spare time? Write your sentences based on the pictures.

 1. Paul et Lucas _____

_____ .

 2. Alberto _____

_____ .

 3. Vous _____

_____ .

 4. Nous _____

_____ .

 5. Éric _____

_____ .

 6. Nous _____

_____ .

 7. Helen _____

_____ .

 8. Je _____

_____ .

M **Vos activités.** Describe the activities you and your friends and family members usually do by completing the following sentences with expressions with **jouer** and **faire**.

1. Quand je suis à la plage en été, je _____.

2. Après les cours à l'université, mes amis et moi, nous _____.

3. Quand mon meilleur ami est à la montagne en hiver, il _____.

4. Le week-end, ma meilleure amie _____.

5. Tous les étés, mes parents _____.

6. Après le déjeuner, ma camarade de chambre et moi, nous _____.

_____

N **Questions personnelles.** Answer the following questions with a complete sentence.

1. Quel(s) sport(s) ou quelles activités faites-vous pendant l'année scolaire?

_____

_____

2. À quelle heure est-ce que vous avez votre cours de français?

_____

3. Qui fait le ménage et la cuisine chez vous?

_____

Les projets

Voir Structure 4.5 Making plans *Le futur proche*

O **Une semaine très occupée.** A shopkeeper is planning the week ahead with his wife. Use **le futur proche** to complete the conversation.

LE COMMERÇANT: La semaine prochaine, nous _____ (1. avoir) beaucoup de choses à faire. Je _____ (2. ouvrir, *to open*) le magasin à 8h00 du matin. Lundi, les employés _____ (3. organiser) tous les nouveaux articles.

SA FEMME (*His wife*): Mardi, Marie _____ (4. faire) des changements dans le rayon *(aisle)* des jeux. L'après-midi, Marie et toi, vous _____ (5. surfer) Internet pour trouver les derniers jeux à la mode. Je _____ (6. aider) les clients.

LE COMMERÇANT: Mercredi, Marie _____ (7. taper) à l'ordinateur la liste de tous les nouveaux jeux à acheter *(to buy)*.

SA FEMME: Très bien… Jeudi, nous _____ (8. faire) la grasse matinée.

LE COMMERÇANT: C'est une bonne idée. Jeudi _____ (9. être) calme. Vendredi, les clients _____ (10. faire) des courses pour le week-end.

SA FEMME: Oui, nous _____ (11. être) très occupés.

P **Les projets.** Tomorrow is President's Day. Paul, Fatima, and Virginie are talking about their plans for the long weekend. Complete the sentences using **le futur proche** and selecting a logical element from the list.

faire du	faire la cuisine	faire des courses
étudier non-stop	faire du jogging	faire
ne pas être	passer	

PAUL: Qu'est-ce que vous _____ (1) ce week-end?

FATIMA: Ma sœur et son copain viennent *(come)* chez moi. Alors, je _____ (2) au supermarché, mais je ne sais pas cuisiner, alors ils _____ (3) pour moi. Super, non? Samedi matin, nous _____ (4) vélo le long de *(along)* la plage, et après je ne sais pas, on verra *(we'll see)*!

VIRGINIE: Moi, mon week-end _____ (5) très amusant: j'ai deux gros examens mardi, alors je _____ (6).

FATIMA: Et toi, Paul, est-ce que tu _____ (7) dimanche matin, comme d'habitude *(as usual)*?

PAUL: Non, je suis tombé *(I fell)* en faisant du tennis, alors je ne peux pas courir *(run)*.

VIRGINIE: Eh bien, il n'y a que *(only)* Fatima qui *(who)* _____ (8) un bon week-end!…

Synthèse: À l'Agence Nationale pour l'Emploi (ANPE)

You are doing a summer internship at the **ANPE,** a French government employment agency. Using the file information given, write a letter to introduce the candidates (on page 36) to a prospective employer.

Modèle: <u>Fiche de renseignements ANPE</u>
Nom: Jeannet
Prénom: Élisa
Âge: 31 ans
Domicile: 38, avenue de Gaule, Toulouse
Métier: secrétaire
Recherche: temps complet
Salaire: 23 000 euros/an
Loisirs: danse, dessin

<u>Notes pour le dossier ANPE</u>
Elle s'appelle Élisa Jeannet et elle a 31 ans. Elle habite 38, avenue de Gaule à Toulouse. Elle est secrétaire et elle cherche un travail à temps complet. Elle demande un salaire de 23 000 euros par an. Elle aime faire de la danse et du dessin.

1.

Fiche de renseignements ANPE			
Nom	Bensaïd	**Métier**	professeur de mathématiques
Prénom	Magali	**Recherche**	temps partiel
Âge	34 ans	**Salaire**	15 000 euros/an
Domicile	18, rue Briçonnet, Tours	**Loisirs**	bateau, tennis, planche à voile

Notes pour le dossier ANPE

_____

_____

_____

_____

_____

_____

2.

Fiche de renseignements ANPE			
Nom	Broussard	**Métier**	architecte
Prénom	Hector	**Recherche**	temps complet
Âge	45 ans	**Salaire**	45 000 euros/an
Domicile	3, rue des Canaris, Lyon	**Loisirs**	golf, films américains des années 50 et peinture

Notes pour le dossier ANPE

_____

_____

_____

_____

_____

_____

3. Now imagine that you have found a job that interests you. Complete the information card and create a short letter introducing yourself to the prospective employer.

Fiche de renseignements ANPE

Nom: _____

Prénom: _____

Âge: _____

Domicile: _____

Métier: _____

Recherche: _____

Salaire: _____

Loisirs: _____

Notes pour le dossier ANPE

_____

_____

_____

_____

_____

_____

_____

🌐 Perspectives culturelles

A Reread **Le travail moins traditionnel** on page 102 in your textbook and answer the following questions.

1. Imaginez un week-end typique de Sara. Quels sont ses loisirs et ses activités?

_____
_____
_____

2. À votre avis *(In your opinion)*, qu'est-ce qu'Alain aime faire pendant le week-end?

_____
_____
_____

B Read **Le sport** on page 105 in your textbook. Match the definitions in the left column with the appropriate words in the right column.

_____**1.** un type de sport qui attire de plus en plus de *(more and more)* Français depuis quelques années

_____**2.** une association qui organise des compétitions et de l'entraînement

_____**3.** des exemples de sports que de plus en plus de Français pratiquent

_____**4.** des exemples de sport en club qui attirent de plus en plus de Français

_____**5.** des sports que les Français regardent à la télé

_____**6.** le nombre de Français qui ont une licence dans un club

a. un club

b. le handball, la pétanque, l'équitation

c. l'escalade, le parapente, le canoë-kayak

d. les sports d'aventures ou de découvertes

e. une licence

f. le foot et le rugby

g. le tennis et le badminton

h. 2 Français sur 3

i. 10 millions

C Voix en direct: Est-ce que vous faites du sport? Read the **Voix en direct** section on page 106 of your textbook and answer the questions below.

1. Quel sport pratique chaque personne?

_____ 1. le rugby   a. Vanessa DeFrance

_____ 2. la course à pied   b. Pierre-Louis Fort

_____ 3. le volley   c. Delphin Ruché

2. Avant *(Before)* d'arriver en France, Vanessa faisait *(used to play)* beaucoup de sports. Maintenant, elle fait moins de sport. Et vous, est-ce que vous faites moins de sport maintenant que vous étudiez sur ce campus? Pourquoi?

_____
_____
_____
_____

Module **5**

On sort?

 For more self-correcting quizzes and cultural activities, go to **www.cengage.com/french/motifs**.

Comment parler au téléphone

Voir Structure 5.1 Talking about what you want to do, what you can do, and what you have to do
*Les verbes **vouloir**, **pouvoir** et **devoir***

A **Une conversation téléphonique.** You are a Canadian student studying French literature at the Sorbonne. You have just met a new friend, Mehdi, at the **fac.** He calls to invite you to the department picnic next Sunday. Fill in the blanks with the correct forms of **vouloir, pouvoir,** and **devoir.**

MEHDI: Allô. Bonjour, c'est Mehdi.

VOUS: Bonjour, Mehdi, comment vas-tu?

MEHDI: Bien, merci. Dis-moi, est-ce que tu _____ (1) aller à un pique-nique ce week-end avec les amis de la fac de lettres?

VOUS: Oui, euh, je _____ (2) bien, mais malheureusement je ne _____ (3) pas car je _____ (4) présenter un exposé *(oral presentation)* lundi.

MEHDI: Écoute, le pique-nique commence vers 13 heures. Si *(If)* tu _____ (5), nous _____ (6) partir vers 14 heures. Comme ça, tu _____ (7) travailler avant!

VOUS: C'est gentil, mais le professeur _____ (8) un travail très compliqué. Deux amies de l'université _____ (9) m'aider. Alors, tu vois, je n'ai vraiment pas le temps de venir au pique-nique! Nous _____ (10) faire autre chose le week-end prochain.

MEHDI: D'accord! Alors travaille bien, mais ne te fatigue pas trop! À bientôt!

Comment inviter

Voir Structure 5.2 Talking about going out with friends *Les verbes comme* **sortir**

B **Les week-ends de Mehdi.** Mehdi tells you how he usually spends his weekend. Complete his description by writing the correct form of **sortir, partir, dormir,** or **servir.**

Moi, le week-end, c'est relax! Le vendredi soir, mon meilleur ami et moi, nous _____ (1)

en boîte, toujours la même: Les Caves du Roy. Les barmen des Caves _____ (2)

d'excellents cocktails et la musique est vraiment cool. On rentre à 4 heures du matin, alors le samedi,

je _____ (3) jusqu'à *(until)* onze heures ou midi! L'après-midi, mes amis et moi

_____ (4) pour la bibliothèque. Le soir, mon ami _____ (5) avec

sa copine et moi, je me relaxe devant la télé. Le dimanche matin, je _____ (6) très tôt

pour faire une promenade en forêt. Pendant que *(While)* tous les autres étudiants _____ (7)

bien au chaud *(nice and warm),* moi, j'admire la nature. C'est formidable!

C **Quelle coïncidence!** Sometimes, a comment about your interests will bring you an unexpected invitation. Match each comment on the left with the related invitation.

_____**1.** J'adore regarder les Oscars ou le festival de Cannes, le cinéma est une passion pour moi.

_____**2.** Le week-end, je vais en boîte avec mes copains. Et toi?

_____**3.** Moi, j'aime bien les artistes de la chanson française.

_____**4.** J'aime bien la cuisine française traditionnelle. Dommage *(Too bad)* que je ne sache pas faire la cuisine.

_____**5.** Je ne connais pas bien l'opéra. Tu aimes ça, toi?

a. J'ai des billets pour le concert de Paris Combo. Ça te dit de venir avec moi?

b. Ma coloc' va faire son fameux bœuf bourguignon ce soir. Tu aimerais dîner avec nous?

c. Moi, j'ai un abonnement *(membership)* à la cinémathèque. Tu voudrais devenir membre aussi? On pourrait voir des films ensemble.

d. Mon copain ne peut pas venir voir *Le Mariage de Figaro* avec moi demain soir. Tu aimerais acheter son billet?

e. Moi aussi! Viens avec moi et Océane. On va au Techno Club samedi soir.

D **Ça te dit?** Today is Monday. Based on Mehdi's schedule, determine his most reasonable and honest answers to the following invitations.

	lundi	mardi	mercredi	jeudi	vendredi	samedi	dimanche
matin	**Cours à la fac**	**Cours à la fac**	**Cours à la fac**		**Cours à la fac**	Marathon	Étudier
après-midi	Rendez-vous dentiste à 15h	Gym de 14h à 15h30		Piscine de 14h à 15h30			Étudier
soir	Travailler pour examen		Dîner avec Pascale?		Au lit à 21h!		Étudier

_____1. Mehdi, tu es libre pour aller au resto lundi soir avec moi et Tatiana?

    a. Oui, à quelle heure?

    b. Désolé, je ne peux pas: j'ai un examen mardi et je dois étudier.

    c. Absolument! Je n'ai rien à faire lundi soir.

_____2. J'ai deux billets pour voir le nouveau film de Brad Pitt en avant-première *(preview)* mercredi soir, tu veux venir?

    a. Ah, malheureusement, je ne peux pas, je dois travailler.

    b. Génial! J'accepte!

    c. Euh… peut-être, je ne sais pas encore *(yet)*.

_____3. Je vais à la gym jeudi à 13h30. Ça te dit d'y aller avec moi?

    a. Je veux bien, oui.

    b. Ah, désolé, c'est pas possible jeudi après-midi.

    c. D'accord, je suis libre tout l'après-midi!

_____4. Tu veux sortir en boîte avec Yasmine et moi vendredi soir?

    a. J'aimerais bien, mais j'ai un marathon samedi matin, alors je dois conserver mon énergie.

    b. Excellente idée!

    c. Désolé, je dois travailler pour un examen.

E **Questions personnelles.** Answer the following questions with complete sentences.

1. Que faites-vous avec vos amis le week-end?

_____

_____

2. Quand vous allez au cinéma, vous sortez après le film? Où est-ce que vous allez?

_____

_____

3. Quand vous avez le blues, vous préférez aller dans un endroit calme pour discuter avec un(e) ami(e) ou sortir dans un endroit où il y a beaucoup de gens et de musique?

_____

_____

Rendez-vous au café

Voir Structure 5.3 Using pronouns for emphasis *Les pronoms accentués*

Voir Structure 5.4 Talking about eating and drinking *Prendre, boire et les verbes réguliers en -re*

F Chassez l'intrus. Identify the drinks that do not fit in the following lists, and identify the category the other drinks belong to.

> **Modèle:** un café, un coca light, (un Orangina,) une eau minérale
>
> **Catégorie:** *des boissons sans calories*

1. un chocolat chaud, un thé citron, un expresso, un jus d'orange, un café au lait

   Catégorie: _____

2. un jus de tomate, un Coca-Cola, une infusion, une eau minérale, une limonade

   Catégorie: _____

3. un cappuccino, un vin rouge, une bière, une coupe de champagne, un vin blanc

   Catégorie: _____

4. un jus d'orange, un demi, un jus de pomme, un verre de lait, un Orangina

   Catégorie: _____

G Qu'est-ce que vous prenez? Mehdi, Zoé, and Sarah have accepted your invitation to the Cannes Film Festival! Imagine that the four of you are now sitting on a **terrasse** having a drink and watching the stars go by. Complete your conversation by using words from the list below, conjugating the verbs as needed.

comprendre	elle	prendre	attendre	boire	descendre	lui

Vous: Regarde! C'est Charlize Theron qui _____ (1) de la limousine! C'est qui, avec _____ (2)?

Isabelle: Je crois que c'est Jean-Paul Gaultier, son couturier.

Mehdi: Est-ce que tu _____ (3) ce qu'ils disent?

Zoé: Mon anglais n'est pas très bon, mais je pense qu'ils parlent de son agent. Ils _____ (4) son arrivée *(arrival)*.

Vous: Qu'est-ce qu'ils _____ (5) comme boissons?

Isabelle: Charlize, elle _____ (6) un cappuccino et Gaultier, _____ (7), il _____ (8) un verre de cognac!

H **En avant-première.** Mehdi and Zoé have gone to ask Charlize Theron for her autograph. Meanwhile, Sarah and you stay at the **terrasse** and talk about the festival and its stars. Complete the conversation with stress pronouns: **moi, toi, elle / lui, nous, vous, eux / elles.**

Vous: C'est marrant *(funny)* de voir Zoé et Medhi si fanas de quelqu'un, _____ (1) qui sont d'habitude si calmes et posés!

Sarah: _____ (2), j'aimerais beaucoup faire la connaissance de Samuel L. Jackson. Et _____ (3), qui est-ce que tu voudrais rencontrer *(meet)*?

Vous: Je ne sais pas… J'aime bien Clint Eastwood et Sean Penn, aussi. Avec _____ (4), les conversations sont sûrement très intéressantes.

Mehdi et Zoé reviennent avec un autographe.

Sarah: Alors, elle est comment, Charlize Theron?

Mehdi: Ah, la vie avec _____ (5) doit être le paradis!

Zoé: Oui, elle est très sympa. Regardez: deux billets pour l'avant-première de son nouveau film demain soir!

Vous: Pour _____ (6) deux?

Zoé: Eh oui, pour _____ (7) deux seulement! Désolée!

La météo

I **Le temps et les activités.** In Cannes the weather is often beautiful and people spend time at the beach. What activities do you associate with the following weather?

_____ 1. Il fait très beau et chaud à Malibu.

_____ 2. À la campagne en Oregon, il y a des nuages, mais il fait doux.

_____ 3. À Londres, il y a du brouillard et il fait très froid.

_____ 4. Il neige dans les Alpes.

_____ 5. Il fait beau mais il y a beaucoup de vent.

_____ 6. Il y a un orage.

a. On fait du cerf-volant *(kite)*.

b. On reste à l'intérieur et on joue au Monopoly avec ses copains.

c. On fait une promenade dans la forêt avec son chien.

d. On boit un thé bien chaud dans un pub avec un ami.

e. On met un blouson et un gros pull-over pour faire du ski.

f. On va à la plage.

J **Quel temps fait-il?** The weather in Cannes in the month of May is very pleas⸳ ⸳t: sunny and warm. Describe the weather in the following places and seasons. Write two sentences for ⸳ ch.

1. Québec en hiver

   _____

   _____

2. Madrid en été

   _____

   _____

3. Seattle en automne

   _____

   _____

4. San Francisco au printemps

   _____

   _____

Comment faire connaissance

Voir Structure 5.5 Asking questions *L'interrogatif*

K **Une soirée inoubliable *(An unforgettable evening).*** Mehdi is now at a private party with his idol, Charlize Theron. He meets a few of her friends who are very curious about this young stranger. Select the appropriate question word to complete their questions.

1. _____ viens-tu?
   - **a.** Où
   - **b.** D'où
   - **c.** Quel

2. _____ il fait beau en Lorraine?
   - **a.** Qu'est-ce qu'
   - **b.** Quel temps
   - **c.** Est-ce qu'

3. _____ tu étudies?
   - **a.** Qu'est-ce que
   - **b.** Qui est-ce que
   - **c.** Qu'est-ce

4. _____ tu connais Charlize?
   - **a.** Comment est-ce que
   - **b.** Quand est-ce que
   - **c.** Combien est-ce que

5. _____ film préfères-tu, *Æon Flux* ou *Monster*?
   - **a.** Quels
   - **b.** Quelle
   - **c.** Quel

6. _____ est ton acteur préféré?
   - **a.** Qui
   - **b.** Qu'
   - **c.** Qui est-ce

L **Une star après l'autre.** Mehdi has the good fortune to strike up a conversation with Penelope Cruz. Write four yes-no questions that Penelope and Medhi ask each other, using one of each: **est-ce que**, **n'est-ce pas**, **non** and **hein**.

1. _____

2. _____

3. _____

4. _____

M **Les questions des fans.** Some journalists and paparazzi hunt stars down to be able to answer the many questions their fans ask about them. Here is a list the readers of the magazine *Jeunes fans* sent them. Based on the journalists' answers, write the questions the fans asked using the cues in parentheses.

> **Modèle:** Question: Pink, *à quelle heure est-ce qu'elle se couche?* (est-ce que)
>
> Réponse: Elle se couche <u>vers une heure du matin</u>.

Question 1: Coldplay, _____? (est-ce que)

Réponse: Ils vont commencer leur prochaine tournée *(concert tour)* <u>en juin</u>.

Question 2: Brad Pitt et Angelina Jolie, _____? (inversion)

Réponse: Ils ont <u>six enfants au total</u>.

Question 3: Keira Knightley, _____? (inversion)

Réponse: Elle vient <u>de Londres</u>.

Question 4: La femme de Will Smith, _____? (inversion)

Réponse: Elle s'appelle <u>Jada Pinkett Smith</u>.

Question 5: Cameron Diaz, _____? (quel)

Réponse: Son premier film est <u>*The Mask*</u>.

Question 6: Beyoncé, _____? (est-ce que)

Réponse: Elle va sortir son prochain album <u>dans 6 mois</u>.

N **À vous!** Whom do you dream of interviewing? An actor? A singer? A politician? A writer? Choose one person and ask him/her 5 questions, using inversion and **est-ce que**.

Le nom de la personne que vous interviewez: _____

1. _____

2. _____

3. _____

4. _____

5. _____

O **On sort ce soir.** After the first film screening, you and Zoé go out for a drink. Fill in the blanks of your dialogue with the words and phrases provided in the list.

attends	comprends	deux jus d'orange	devons	il fait très beau	moi
part	partons	peux	prends	vais	veux

ZOÉ: Quel temps magnifique!

VOUS: Oui, _____ (1). Dis-moi, qu'est-ce que tu _____ (2)?

ZOÉ: Un jus d'orange bien frais!

VOUS: Bonne idée! _____ (3) aussi! Ah, voilà le serveur. S'il vous plaît!

_____ (4). Ah! C'est très

agréable d'être en vacances!

ZOÉ: Malheureusement, nous _____ (5) pour Paris dans deux jours pour préparer

les examens de fin d'année.

VOUS: Mais ce soir, nous _____ (6) nous amuser! Tu _____

(7) aller faire une promenade sur la plage?

ZOÉ: D'accord. Ah, je _____ (8) maintenant ce qu'est *(what is)* la *dolce vita*!

VOUS: Zut! Je n'ai pas mon porte-feuille *(wallet)*. Tu _____ (9) payer pour moi, s'il te

plaît?

ZOÉ: D'accord! Je _____ (10) aux toilettes, tu m'_____(11)?

Après ça, on _____ (12) faire une promenade sur la plage!

Synthèse: Rendez-vous au café

You are at a French café with a friend. Invent the dialogue. This will give you the opportunity to use the language you have learned so far. **Suggestions:** order drinks; begin a conversation; talk about the weather, your courses, your schedule, and your free time activities; and invite your friend to do something with you.

_____

_____

_____

_____

_____

_____

_____

_____

_____

_____

_____

_____

_____

🌐 Perspectives culturelles

A Le cinéma

Reread **Le cinéma français** on page 131 of your textbook, and provide the appropriate answers.

1. _____ a (ont) inventé une machine qui projette rapidement des photos pour donner l'illusion de mouvement.
   a. Cocteau et Renoir
   b. Charlie Chaplin
   c. Les frères Lumière

2. Le lieu de naissance du film est _____.
   a. Paris
   b. Londres
   c. Hollywood

3. Paris est la meilleure ville du monde pour les cinéphiles parce que _____.
   a. les films sont sélectionnés et seuls *(only)* les meilleurs films passent à l'écran
   b. il n'y a pas de blockbusters
   c. beaucoup de films étrangers sont sous-titrés et le choix de films est très grand (plus grand qu'à New York ou à Londres)

4. En France, les blockbusters sont en général _____.
   a. sous-titrés
   b. doublés en français
   c. présentés en version originale

5. Selon le texte, les Français sont très difficiles dans leurs choix cinématographiques et ils regardent seulement *(only)* des films d'art ou des films intellectuels.
   a. vrai
   b. faux
   Justifiez votre réponse: _____

B Le café

Reread **Le café** on page 135 of your textbook, and provide the appropriate answers.

_____1. Selon le texte, les cafés vont sûrement disparaître bientôt.
   a. vrai
   b. faux
   Justifiez votre réponse: _____

_____2. Le premier café français ouvre *(opens)* ses portes _____.
   a. en 19__
   b. au dix-__ème siècle
   c. au vingtième siècle

3. Qu'est-ce qu'on _____ dans un café en France? Pourquoi les cafés sont-ils importants?

_____

_____

C **Voix en direct:** **Vous allez au café combien de fois par semaine?**

Reread **Voix en direct** on page 135 of your textbook, and provide the appropriate answers.

1. Qu'est-ce que Nicolas cherche dans un café?
   a. de bons croissants
   b. une bonne terrasse
   c. des prix raisonnables

2. Julien spends a lot of time at the café. Reread his answer and complete the following chart using one of the answers provided.

   dix minutes   **quatre heures**   **un café**   **un petit café et un**
   croissant   **un sandwich**   **une demi-heure**

Moment de la journée	Le temps passé au café	Sa commande (order)
Le matin		
À midi		
L'après-midi		

3. Selon (According to) Vanessa,…
   a. elle ne va jamais (never) seule au café.
   b. on ne doit pas regarder les gens qui passent.
   c. on n'est jamais seul dans un café.

Nom _____ Date _____ Cours _____

Qu'est-ce qui s'est passé?

Pour plus d'activités auto-corrigées et culturelles, rendez-vous sur le site web **www.cengage.com/french/motifs**.

Hier

Voir Structure 6.1 Talking about what happened *Le passé composé avec **avoir***

A **Le dernier jour de cours.** Hier, c'était le dernier jour de cours avant les vacances d'hiver. Dites ce que les étudiants ont fait en utilisant les verbes de la liste au passé composé.

acheter	lire	travailler	faire
prendre	changer	ne pas regarder	

1. Kim _____ toute la nuit pour être prête *(ready)* pour son examen final de maths.

2. Laurence et Élise _____ des photos du campus pour les montrer à leurs parents.

3. Ken _____ sa valise avant de rentrer chez lui en avion.

4. Je (J') _____ beaucoup de livres et de magazines pour les lire dans le train.

5. Brian et moi, nous allons faire une excursion en Italie après notre dernier examen.

   Nous _____ beaucoup de guides en ligne sur la Toscane. De plus,

   nous _____ nos dollars en euros.

6. Tu as trois examens à passer aujourd'hui. Alors, j'imagine que tu _____

   le match de foot à la télé hier soir!

B **La fin du semestre à la fac.** Noah vient de terminer *(just finished)* son premier semestre à l'université. Il pense aux changements dans sa vie depuis *(since)* le lycée *(high school)*. Complétez le passage avec les expressions de temps suivantes: **le week-end dernier, l'année dernière, il y a, pendant, hier soir.**

J'ai fini mon premier semestre à la fac! C'est difficile d'imaginer que _____ (1), j'étais

(was) au lycée. Oui, _____ (2) six mois, j'ai dit au revoir à mes profs du lycée pour la

dernière fois. Je suis fatigué aujourd'hui parce qu(e) _____ (3) j'ai passé cinq heures à

étudier à la bibliothèque! Mon copain Eyméric a étudié _____ (4) cinq heures aussi.

Ce week-end va sûrement être beaucoup plus amusant que _____ (5)!

Comment raconter et écouter une histoire (introduction)

C Une dernière soirée avant le départ. Noah est sorti une dernière fois avant les vacances avec ses copains. Racontez ce qu'ils ont fait en mettant les phrases suivantes dans l'ordre chronologique (utilisez les blancs ci-dessous). Écrivez chaque phrase au passé composé en utilisant le sujet indiqué.

chercher un bon film dans *Pariscope* (je)

prendre le métro pour aller au cinéma (nous)

prendre un verre au café à côté du cinéma pour discuter du film (on)

quitter le café assez tôt car je devais *(I had to)* faire mes valises (je)

téléphoner à mes copains pour leur proposer d'aller voir le film (je)

voir le film ensemble (nous)

1. D'abord, _____ .

2. Puis, _____ .

3. Ensuite, _____
_____ .

4. _____ .

5. Après, _____
_____ .

6. Enfin, _____ .

Parlons de nos vacances

Voir Structure 6.2 Narrating in the past *Le passé composé avec **être***

D À la montagne. Noah et ses deux meilleurs amis, Anne et Eyméric, ont passé leur première semaine de vacances dans les Alpes. De retour chez lui, Noah raconte ses vacances à ses parents. Complétez le dialogue en conjugant les verbes au passé composé.

LE PÈRE: Alors, vous avez passé de bonnes vacances, toi et tes amis?

NOAH: Oui. Nous _____ (1. arriver) là-bas avec beaucoup d'enthousiasme, mais

nous _____ (2. repartir) avec beaucoup de bleus *(bruises)*!

LA MÈRE: Est-ce que tu _____ (3. tomber) en faisant du snowboard *(while*

snowboarding)?

NOAH: Oh oui, plus d'une fois *(more than once)*!

LE PÈRE: Comment est-ce que vous _____ (4. monter) sur le remonte-pente *(ski lift)*

avec vos planches *(boards)*? Ça doit être difficile, non?

NOAH: Ce n'est pas facile, mais c'est une question d'habitude. Une fois, Anne

_____ (5. tomber) devant le remonte-pente, et le siège *(seat)*

_____ (6. passer) à deux centimètres au-dessus de sa tête!

LA MÈRE: Comme c'est dangereux! Est-ce que vous _____ (7. rester) dans un hôtel

confortable au moins?

NOAH: Oui. Mais tu sais, quand tu es épuisé *(exhausted)*, un lit *(bed)* est un lit! Nous étions *(were)* telle-

ment *(so)* fatigués que nous _____ (8. ne pas sortir) en boîte une seule fois!

Je _____ (9. aller) au restaurant avec Anne un soir, mais c'est tout.

LE PÈRE: Et Eyméric?

NOAH: Oh, ce soir-là *(that night)*, il a rencontré une fille et ils _____ (10. devenir)

très copains. En fait, elle _____ (11. revenir) en train avec nous.

LA MÈRE: Eh bien, on dirait que *(it sounds like)* que vous avez passé un bon moment!

E **Le bon vieux temps. (The good old days.)** Noah et son copain Antoine parlent de Maeva, une ancienne camarade de lycée qu'il vient de retrouver. Complétez la conversation au passé composé.

NOAH: Je _____ (1. revenir) de vacances hier soir en train, et devine (guess) qui

j(e) _____ (2. voir) assise (sitting) devant moi!?

ANTOINE: Je ne sais pas… une copine du lycée?

NOAH: Oui! Maeva. Elle _____ (3. ne pas changer), toujours aussi sympa et un peu

folle (crazy)!

ANTOINE: C'est vrai… Je me souviens (I remember) qu'une fois, elle _____

(4. sortir) avec Nourdine, le serveur du bar des Carmes pour gagner un pari (a bet), tu te

souviens?

NOAH: Oui, eh bien, ils _____ (5. rester) ensemble! Et elle

l'_____ (6. présenter) à ses parents il y a deux mois. Incroyable, non?

ANTOINE: Je me demande (wonder) comment ses parents _____ (7. réagir)… Ils sont

un peu stricts, non?

NOAH: Oui, d'après Maeva, ils _____ (8. être) un peu surpris d'abord, mais ils

_____ (9. bien prendre) la nouvelle.

ANTOINE: Quelle chance!… De quoi d'autre (What else) est-ce que vous _____

(10. parler), toi et Maeva?

NOAH: Eh bien, nous _____ (11. parler) du bon vieux temps. Je

_____ (12. ne pas rester) longtemps parce que j'étais avec Assia, Eyméric et

sa copine, mais on _____ (13. décider) de se revoir samedi soir. Est-ce que

tu voudrais venir avec moi?

ANTOINE: Oui, bonne idée!

F **À vous!** Répondez aux questions avec des phrases complètes. Ajoutez des détails intéressants.

1. La dernière fois que vous étiez *(were)* en vacances, avec qui êtes-vous parti(e)? Où êtes-vous allé(e)s?

_____

_____

_____

2. Où est-ce que vous êtes allé(e) le week-end dernier? Qu'est-ce que vous avez fait?

_____

_____

_____

3. Quel est votre meilleur *(best)* souvenir de vacances? Où êtes-vous allé(e)? Avec qui? Comment avez-vous voyagé? Qu'est-ce que vous avez fait?

_____

_____

_____

Les informations et les grands événements

Voir Structure 6.3 Using verbs like *choisir* *Les verbes comme* **choisir**

G **Noah pense à son avenir.** Noah assiste à un forum sur les carrières organisé par le campus. Il pose des questions à un journaliste parce que c'est un métier qu'il voudrait pratiquer. Mettez les verbes entre parenthèses au **présent**.

NOAH: Depuis quand êtes-vous journaliste?

JOURNALISTE: Depuis neuf ans. C'est un métier très difficile mais c'est aussi un métier formidable.

NOAH: Comment est-ce que vous _____ (1. choisir) le sujet de vos reportages?

JOURNALISTE: Eh bien, d'abord, je _____ (2. réfléchir) longtemps avant de me décider. En fait, c'est toute une équipe qui _____ (3. réfléchir) avec moi. Heureusement, on _____ (4. finir) toujours par trouver un sujet qui plaira à *(will please)* nos lecteurs.

NOAH: Est-ce que l'opinion de vos lecteurs comptent pour vous?

JOURNALISTE: Oui, beaucoup. Les lecteurs _____ (5. réagir) souvent aux articles publiés en envoyant des courriels. En fait, mes collègues de travail et moi, nous _____ (6. finir) toujours par écouter nos lecteurs!

H **Les grands événements des années 2000.** Regardez la page 171 de votre livre et choisissez les quatre événements qui vous paraissent *(seem)* les plus importants. Pour le numéro un, écrivez une phrase au passé sur l'événement que vous trouvez le plus important. Continuez avec les autres événements (du plus important au moins important).

1. _____

2. _____

3. _____

4. _____

Maintenant, écrivez une phrase sur un événement qui est arrivé récemment.

5. _____

_____

Voir Structure 6.4 Avoiding repetition *Les pronoms d'objet direct **le, la, les***

I **Évitez la répétition.** Il est important d'être concis et d'éviter les répétitions. Répondez aux questions suivantes en choisissant la réponse appropriée.

1. Est-ce que tu lis le journal tous les jours?

   Oui, je _____ (la / les / le) lis tous les matins.

2. Est-ce que tu aimes regarder la télévision?

   Oui, j'aime _____ (le / les / la) regarder.

3. Tu as vu le reportage sur Arte *(French equivalent of PBS)* hier soir?

   Non, je ne _____ (l' / les / le) ai pas vu.

4. Tu as écouté le dernier album de Carla Bruni?

   Oui, et je _____ (la / le / l') ai même *(even)* acheté!

5. Tu écoutes les actualités à la radio?

   Non, je _____ (les / la / le) lis en ligne.

6. Tu aimes lire les blogs du *Monde*?

   Oui, je _____ (l' / le / les) trouve très intéressants!

J **Et vous?** Répondez aux questions suivantes en utilisant un pronom d'objet direct (**le, la, l'** ou **les**).

1. Est-ce que vous lisez les actualités en ligne?

   _____

2. Est-ce que vous avez vu le documentaire d'Al Gore sur l'environnement?

   _____

3. Est-ce que vous prenez le bus pour aller à la fac?

   _____

4. Est-ce que vous allez lire les livres de Barack Obama?

   _____

5. Vous aimez regarder la télévision pendant *(during)* le dîner?

   _____

Personnages historiques

Voir Structure 6.5 Using verbs like **venir** and telling what just happened *Les verbes comme **venir** et **venir de** + infinitive*

K **Connaissez-vous bien Napoléon?** Relisez **Napoléon Bonaparte, empereur français** à la page 175 de votre manuel et indiquez si les phrases suivantes sont vraies ou fausses. Corrigez les phrases fausses.

	vrai	faux
1. Napoléon Bonaparte vient d'Alsace.	——	——
2. Napoléon devient premier consul de France parce que les Français admirent son courage et ses campagnes militaires.	——	——
3. En 1804, les Français obtiennent ce qu'*(what)* ils veulent: Napoléon devient leur empereur.	——	——
4. Napoléon maintient son titre d'empereur jusqu'à sa mort.	——	——
5. L'île de Sainte-Hélène devient le dernier asile de Napoléon.	——	——

L **Dans la peau de Napoléon.** *(In Napoleon's head.)* Quelques heures après son sacre *(crowning ceremony),* Napoléon tient ce monologue sur les événements qui viennent de se passer. Complétez les phrases en utilisant la structure **venir de** + infinitif.

Ah, que je suis heureux! Je _____ (1) réaliser un de mes rêves *(make my dream come true):* être empereur des Français! Et eux, ils _____ (2) voir une cérémonie grandiose et exceptionnelle. Joséphine _____ (3) vivre un moment inoubliable *(unforgettable):* grâce à moi, elle est impératrice! Ensemble, nous _____ (4) montrer notre pouvoir à l'Europe! Tremblez, Anglais et Russes: vous _____ (5) assister au début de votre fin!

M **Portrait de l'abbé Pierre**

A. L'abbé Pierre était un prêtre catholique français qui a beaucoup aidé les pauvres et les réfugiés. Il a milité pour *(fought for)* les sans-abris et les sans-papiers. Noah écrit un petit article sur l'abbé Pierre pour le journal du campus. Voici ses notes. Mettez les verbes **au passé composé.**

1. 2005: Il (devenir) _____ l'homme préféré des Français, devant le footballeur Zinédine Zidane.

2. 1981: Il (obtenir) _____ le titre d'Officier de la Légion d'Honneur.

3. 1949: Il (commencer) _____ Emmaüs.

4. 5 août 1912 à Lyon: Il (naître) _____. Son vrai nom: Henri Grouès.

5. 22 janvier 2007: Il (mourir) _____ d'une infection aux poumons *(lungs).*

6. pendant la Deuxième Guerre mondiale: Il (travailler) _____ dans la Résistance, contre les Allemands.

B. Maintenant, remettez les dates dans l'ordre et aidez Noah à écrire son article en utilisant les expressions suivantes: **d'abord, ensuite, puis, après** et **enfin.** Écrivez au passé composé.

1. _____

2. _____

3. _____

4. _____

5. _____

6. _____

Synthèse: Un voyage avec les Simpson (ou une autre famille célèbre)

Vous êtes allé(e) en vacances avec les Simpson. Racontez ce qui s'est passé. Utilisez les questions suivantes pour vous guider.

Questions: Où est-ce que vous êtes allés? Comment est-ce que vous avez voyagé? Où est-ce que vous avez logé? Vous avez visité quels sites touristiques? Quel temps a-t-il fait? Qu'est-ce que Bart, Lisa et Maggie ont fait pour s'amuser? Et les parents? Vous avez sans doute eu quelques complications. Expliquez ce qui s'est passé.

_____

_____

_____

_____

_____

_____

_____

_____

_____

_____

_____

_____

_____

_____

_____

_____

_____

_____

_____

_____

_____

_____

🌐 Perspectives culturelles

A Relisez **Les congés payés** à la page 167 de votre manuel et choisissez la bonne réponse aux affirmations suivantes.

_____ **1.** Les Français bénéficient de cinq semaines de congés payés depuis:
   a. 1956
   b. 1969
   c. 1982

_____ **2.** La catégorie sociale qui a le plus bénéficié de cette loi est:
   a. les gens aisés
   b. les travailleurs
   c. les touristes

_____ **3.** L'expression « les grands départs» signifie:
   a. une grande migration des travailleurs vers la plage
   b. la majorité des Français n'a plus d'emplois
   c. la majorité des Français part en vacances en même temps

_____ **4.** Pour la majorité des Français, les vacances sont synonymes d(e):
   a. évasion totale
   b. travail à distance
   c. plage

B Relisez **Les infos se transforment** à la page 173 de votre manuel et faites correspondre les éléments de gauche avec les éléments de droite.

1. _____ des magazines d'actualité générale   **a.** *L'Express* et *Le Point*

2. _____ des magazines féminins   **b.** Google et Yahoo

3. _____ le nom donné à un journal publié chaque jour   **c.** TV5

4. _____ des journaux disponibles dans les kiosques et en ligne   **d.** un quotidien

5. _____ une chaîne de télévision   **e.** *Le Monde* et *Libération*

6. _____ la première source d'informations pour les 15–25 ans   **f.** Internet

7. _____ deux moteurs de recherche   **g.** *Marie-Claire* et *Elle*

C Voix en direct: **Comment est-ce que vous vous informez?**

Relisez **Voix en direct** à la page 174 de votre manuel et répondez aux questions suivantes.

1. Que pensent Vanessa et Pierre-Louis des sources d'informations suivantes?

_____ la radio   **a.** ils ont une orientation politique

_____ les journaux   **b.** il y a des images

_____ les informations à la télévision   **c.** l'information n'est pas très profonde

_____ les magazines gratuits dans le métro   **d.** il y a un nouveau bulletin toutes les dix minutes

2. Écrivez une phrase prononcée par Vanessa ou Pierre-Louis et expliquez pourquoi vous êtes d'accord ou pas d'accord.

_____

On mange bien

Pour plus d'activités auto-corrigées et culturelles, rendez-vous sur le site Web **www.cengage.com/french/motifs**.

Manger pour vivre

Voir Structure 7.1 Writing verbs with minor spelling changes *Les verbes avec changements orthographiques*

A **Le guide idéal.** Dans trois jours, Diego, un guide de tourisme, va accompagner un groupe de Français en Espagne. Avant de partir, il leur écrit un courriel. Ajoutez les accents appropriés—aigus, graves, ou circonflexes—qui manquent aux lettres en caractères gras *(in bold)*.

Bonjour **a** tous! J'esp**e**re que tout va bien chez vous et que vous serez bient**o**t pr**e**ts **a** partir **a** l'aventure! N'oubliez pas que le premier soir, nous d**i**nerons **a** l'Alhambra et qu'il faut une tenue *(dress)* habillée. Je dois aussi savoir ce que vous pr**efe**rez prendre au banquet. S'il vous pla**i**t, r**e**pondez **a** ce courriel pour me dire ce que vous aimeriez manger: du poisson, du bœuf ou du poulet. Autrement, je crois que tout est pr**et**! Ah oui! Un dernier conseil… Achetez des piles *(batteries)* photo avant de partir. Elles sont plus ch**e**res l**a**-bas. **E**crivez-moi si vous avez d'autres questions. **A** bient**o**t!

     Diego

B **Pas de chance!** Deux membres du groupe de touristes français ne peuvent pas accompagner les autres parce qu'ils sont malades. Manon explique la situation à son amie Léa. Conjuguez les verbes entre parenthèses au présent (**P**) ou au passé composé (**PC**). Attention aux accents!

MANON: Allô, Léa? Je t' _____ (1. appeler—P) pour te dire que malheureusement, on ne peut pas partir en Espagne avec vous!

LÉA: Oh, non! Pourquoi?

MANON: Eh bien, nous sommes malades… une gastro-entérite! Nous ne _____ (2. manger—P) que *(only)* de la soupe depuis deux jours!

LÉA: Mes pauvres! J' _____ (3. espérer—P) que vous allez vite guérir *(heal)*!

MANON: Moi aussi! Nous _____ (4. commencer—P) à nous sentir un peu mieux *(feel a bit better)*, Luka _____ (5. acheter—PC) des médicaments à la pharmacie, mais je _____ (6. préférer—P) ne pas prendre de risques…

LÉA: C'est dommage!…

Voir Structure 7.2 Talking about indefinite quantities *(some)* *Le partitif*

C **Quel dîner!** Le groupe de touristes français vient de prendre un repas extraordinaire à l'Alhambra. Léa est impressionnée. Elle envoie un courriel à Manon pour décrire le dîner. Complétez sa description en sélectionnant l'article qui convient.

Ah, Manon, tu ne peux pas imaginer le repas qu'on vient de prendre! J'adore (1. la, une, de la) cuisine de cette région! Ici, on a (2. de la, du, le) respect *(m)* pour les produits du terroir *(area)*. Il y avait (3. le, du, de la) poulet avec (4. du, les, le) riz espagnol, (5. de la, le, du) poisson avec (6. de, des, les) légumes de la région et (7. du, de la, la) soupe aux fruits de mer. C'était beau comme tout *(incredibly beautiful)*! Je n'ai pas beaucoup aimé (8. la, de la, une) sangria *(f)* car elle était très sucrée. Alors, j'ai pris (9. de la, l', de l') eau avec mon repas. Mais après (10. de la, le, du) dessert, nous avons pris un bon digestif: (11. un, le, la) bon cognac français!

D **L'avis d'un nutritioniste.** Chez elle, Manon est en train de récupérer. Elle lit les conseils d'un nutritioniste. Sélectionnez l'article qui convient.

Un bon petit déjeuner est essentiel à la nutrition. Pour commencer la journée, prenez un verre (1. du, de, des) jus d'orange ou si vous préférez, consommez (2. du, des, de) fruits frais. Ils ont beaucoup de vitamine C, importante pour la bonne humeur et les muscles. Ajoutez un yaourt pour le calcium et deux tranches (3. du, de, d') pain complet. Les fibres facilitent la digestion. Personnellement, je n'utilise pas (4. de, de la, du) margarine, je préfère prendre (5. de, de l', du) beurre. Comme boisson, (6. le, du, de) café ou (7. la. de la, du) thé avec (8. de, du, des) lait demi-écrémé. Vous avez encore faim? Prenez (9. de l', les, des) œufs—sauf si vous avez (10. le, du, de) cholestérol—ou un petit morceau (11. du, de, de la) fromage. Comme ça, vous aurez assez (12. d', de l', de la) énergie pour une matinée pleine d'activités.

E **À vous!** Répondez aux questions suivantes avec des phrases complètes.

1. Qu'est-ce que vous mangez d'habitude au dîner?

   _____

2. Qu'est-ce que vous aimeriez commander dans un restaurant français?

   _____

3. Qu'est-ce que vos amis mangent quand ils sont au régime *(diet)*?

   _____

Les courses: un éloge aux petits commerçants

Voir Structure 7.3 Talking about food measured in specific quantities and avoiding repetition *Les expressions de quantité et le pronom **en***

F **Faisons les courses!** Léa et son ami Nassim préparent un repas pour fêter leur retour d'Espagne. Ils préfèrent acheter leurs provisions dans les petits commerces ou au marché en plein air. Associez les provisions qu'ils achètent à gauche avec les petits commerçants à droite.

_____ 1. Pour acheter de la viande, ils vont…

_____ 2. Pour acheter du pain, ils vont…

_____ 3. Pour acheter de la sauce tomate et des pâtes, ils vont…

_____ 4. Pour acheter des fraises et des asperges, ils vont…

_____ 5. Pour acheter un morceau de brie et de gruyère, ils vont…

a. à la boulangerie.

b. à l'épicerie.

c. à la fromagerie.

d. au marché en plein air.

e. à la boucherie.

G **Voyons de plus près…** Quelles quantités Léa et Nassim prennent-ils exactement? Complétez les phrases suivantes de manière logique en utilisant les mots de la liste.

deux boîtes de	quatre bouteilles d'	un kilo de	une douzaine d'
beaucoup de	un paquet de	deux barquettes de	deux baguettes de
8 tranches de			

1. Au marché en plein air, Nassim achète _____ fraises et _____ œufs.

2. À l'épicerie, Léa achète _____ pâtes, _____ sauce tomate, et _____ eau minérale.

3. À la boucherie, Nassim prend _____ bœuf et _____ jambon.

4. À la boulangerie, Léa achète _____ pain et _____ mini-croissants.

H **Connaissez-vous bien les habitudes alimentaires des Français?** Testez vos connaissances culinaires et votre utilisation du pronom **en** en complétant la bonne réponse.

1. Typiquement, est-ce qu'il y a de la charcuterie au petit déjeuner en France?
   a. Oui, il _____.
   b. Non, il _____.

2. Est-ce que les Français mangent des hamburgers?
   a. Oui, ils _____, comme tout le monde!
   b. Non, ils _____.

3. Est-ce que les Français boivent du café?
   a. Oui, ils _____.
   b. Non, ils _____ du tout.

4. Pendant la semaine, est-ce qu'il y a cinq plats (*courses*) dans un repas français?
   a. Non, il _____ trois.
   b. Oui, il _____ cinq.

I Comment faire une bonne ratatouille? Manon partage sa fameuse recette de ratatouille avec Léa. Mettez les mots donnés dans le bon ordre.

>   **Modèle:**   LÉA: Pour six personnes, combien de courgettes (*zucchini*) est-ce que j'achète?
>
>   MANON: Tu (quatre / achètes / en)
>
>   *Tu en achètes quatre.*

LÉA: Faut-il des tomates?

MANON: Oui, il (une livre / faut / en) _____ (1).

LÉA: Est-ce que je mets des aubergines (*eggplant*) dans la ratatouille?

MANON: Oui, tu (mets / une / en) _____ (2).

LÉA: On met aussi des carottes?

MANON: Ah non! N'(mets / en) _____ (3) pas.

LÉA: Et avec cette recette, est-ce que j'ai assez de ratatouille pour six personnes?

MANON: Normalement, oui, tu (assez / as / en) _____ (4), mais ça dépend de l'appétit de tes invités. Moi, j'(fais / en) _____ (5) toujours un peu plus, parce que, dans ma famille, la ratatouille, on adore ça!

Les plats des pays francophones

Structure 7.4:   Referring to people and things that have already been mentioned and talking about placement *Les pronoms d'objet direct (suite):* **me, te, nous** *et* **vous** *et le verbe* **mettre**

J Un petit sondage (*survey*). Léa lit les questions d'un sondage sur les habitudes alimentaires. Conjuguez les verbes entre parenthèses au présent, sauf (*except*) quand le passé composé (PC) est indiqué.

1. Est-ce que vous _____ (mettre) la table ou est-ce que c'est un membre de votre famille qui la _____ (mettre)?

2. Est-ce que votre style de vie vous _____ (permettre) de rentrer à la maison à midi pour manger?

3. Dimanche dernier, combien de temps est-ce que vous _____ (mettre—PC) pour déjeuner?

4. Êtes-vous d'accord avec ceci?: «Nous, les Français, nous _____ (mettre) trop de temps à manger comparé aux autres Européens.»

5. Au début de l'année, beaucoup de gens disent: «Cette année, je _____ (promettre) de manger moins de sucreries (*sweets*) et de manger plus de fruits.» Et vous?

K **Où est-ce qu'on s'assoit?** Ce dimanche, il y a une grande réunion de famille chez Nassim. C'est le moment de passer à table et tout le monde veut savoir où s'asseoir. Complétez le dialogue suivant en utilisant les pronoms d'objet direct **me (m')**, **te (t')**, **nous** et **vous**.

LA TANTE:	Nassim, où est-ce que tu _____ (1) places?
NASSIM:	Alors, Tatie, j'ai choisi de _____(2) mettre à gauche de Papi.
LES DEUX COUSINS:	Et nous, Nassim? Tu _____ (3) mets où?
NASSIM:	Vous, les monstres, je _____ (4) mets dans le garage!... Je plaisante *(I'm joking)*! Mes chers cousins, je _____ (5) mets à côté de moi!
LE BEAU-FRÈRE:	Et moi, tu _____ (6) installes devant la télévision avec un plateau, s'il te plaît, il y a le match Marseille-Nancy… Moi aussi, je plaisante! Allez, on mange!

L **Tous en même temps.** À table, les conversations sont très animées. Complétez les phrases suivantes avec **en**, **me (m')**, **te (t')**, **nous** ou **vous**.

1. Moi, j'adore le sucre! J' _____ mets dans tout: dans mon thé, mon café, mon yaourt.

2. Alors, comme il y a beaucoup de bruit dans le restaurant, je dis à Farid: «Je ne _____ ai pas entendu, tu peux répéter, s'il te plaît?»

3. Je suis désolée, Noémie, mais je ne _____ comprends pas: tu dis que tu es au régime, mais tu n'arrêtes pas de manger!

4. Et là, Philippe _____ regarde, Raïssa et moi, et il nous dit…

5. Les enfants, je _____ adore, mais là, c'est trop: vous avez mangé tout mon pain!

6. Bon alors, je veux voir ton nouvel appart! Quand est-ce que tu _____ invites à déjeuner dans ta nouvelle cuisine?

7. Alyssa, je pense que tu dois arrêter de voir Nouredine: il n'est pas gentil avec toi, il ne _____ attend pas le soir pour manger, il rentre tard, non franchement…

8. Regarde cette photo; je suis là en bas, avec la bouteille de champagne dans la main, tu _____ vois?

L'art de la table

Voir Structure 7.5 Giving commands *L'impératif*

M **Ça semble logique, mais...** Choisissez la bonne réponse pour compléter les phrases suivantes.

_____ 1. On mange la soupe avec…
   a. une fourchette.
   b. une cuillère.
   c. une serviette.

_____ 2. Pour couper du pain, il faut utiliser…
   a. un verre.
   b. un bol.
   c. un couteau.

_____ 3. On boit son café dans…
   a. un verre.
   b. une assiette.
   c. une tasse.

_____ 4. Sur la table d'un restaurant, on trouve typiquement…
   a. une fourchette, un couteau, une assiette, un verre.
   b. une fourchette, un couteau, une serviette, un bol.
   c. une tasse, une cuillère, un pot, un couteau.

_____ 5. En France, traditionnellement, _____ est à gauche et
   _____ est à droite de l'assiette.
   a. le couteau, la fourchette
   b. la fourchette, le couteau
   c. la cuillère, la fourchette

N **Un dîner élégant.** Manon et Luka doivent préparer un dîner formel à la fin du mois. Ils veulent tout faire correctement. Alors ils visitent un site sur Internet qui s'appelle «L'Art de la Table». Voici les conseils qu'ils y trouvent. Mettez les verbes entre parenthèses à **l'impératif;** utilisez la forme **vous.**

L'Art de la Table

Il est important de maîtriser l'art de la table pour faire plaisir à vos invités et pour montrer votre bon goût *(taste)*. Voici quelques conseils de base…

D'abord, il faut savoir qui va s'asseoir où. _____ (1. donner) la place d'honneur aux personnes que vous invitez pour la première fois ou qui ont une fonction importante. _____ (2. faire) un plan de table à l'avance: _____ (3. réserver) la chaise à droite de l'hôtesse pour l'homme d'honneur et la chaise à gauche de l'hôte pour la femme d'honneur.

_____ (4. être) prêts lorsque vos invités arrivent. _____ (5. avoir) les bouteilles de vin ouvertes à l'avance.

Une fois à table, _____ (6. ne pas poser) les mains sur les genoux. (C'est la tradition en Angleterre et aux États-Unis, mais en France, _____ (7. mettre)-les plutôt sur la table). _____ (8. tenir) toujours votre fourchette dans la main gauche et le couteau dans la main droite, c'est beaucoup plus raffiné.

Finalement, pour les conversations, _____ (9. éviter) les sujets tabous: la politique, la religion et le sexe. _____ (10. choisir) plutôt des sujets neutres, comme les voyages, le cinéma ou les souvenirs d'enfance.

Comment se débrouiller au restaurant

◻ Kevin veut montrer son «savoir-vivre». Kevin, un ami américain de Luka, veut inviter une amie française au restaurant. Il a écrit un script à suivre sur une feuille de papier. Son ami Luka lui donne les phrases à dire en français. Écrivez les phrases de Luka.

> **Modèle:** Find out if reservations are necessary.
> *Les réservations sont nécessaires?*

1. Ask for a table for two people.

   _____

2. Call the waiter and ask for the menu.

   _____

3. Ask the waiter for a recommendation.

   _____

4. Place an order, for example **des escargots** for an hors-d'œuvre and **une entrecôte grillée** as a main course.

   _____

5. Ask your guest if she prefers her meat rare, medium or well done.

   _____

6. Ask for the check and find out if the tip is included.

   _____

Synthèse: La nourriture et vous

Est-ce que la qualité des produits que vous consommez est essentielle? Est-ce que vous achetez des produits biologiques *(organic)*? Pourquoi (pas)? Êtes-vous végétarien(ne) ou végétalien(ne)? Est-ce que vous faites vos courses au marché en plein air? Dans votre réponse, utilisez l'article défini, le partitif, les expressions de quantité et le pronom **en.**

> **Vocabulaire utile:** bien équilibré *(well balanced)*, cher, le corps *(body)*, faire attention à, l'exploitation des animaux, la malbouffe *(junk food)*, la santé *(health)*, mauvais, un régime

_____

_____

_____

_____

_____

_____

_____

_____

_____

🌐 Perspectives culturelles

A La table

Lisez le texte **Les Français à table** à la page 195. Puis, dites si les phrases suivantes sont vraies ou fausses.

_____ **1.** Selon le texte, les Français boivent du café seulement *(only)* au petit déjeuner.
    a. vrai
    b. faux

_____ **2.** Typiquement les Français mangent de la charcuterie au petit déjeuner.
    a. vrai
    b. faux

_____ **3.** Généralement, une entrée est constituée de pâtes ou de riz, avec de la viande ou du poisson.
    a. vrai
    b. faux

_____ **4.** Quand un plat est copieux, on n'a plus faim après.
    a. vrai
    b. faux

_____ **5.** Les enfants aiment manger des fruits de mer pour le goûter, vers quatre heures de l'après midi.
    a. vrai
    b. faux

_____ **6.** En France, on sert d'abord le plat principal, puis l'entrée.
    a. vrai
    b. faux

_____ **7.** Le dimanche est le jour du grand repas familial.
    a. vrai
    b. faux

_____ **8.** En France, d'habitude, on prend le dîner entre 6h00 et 7h00 du soir.
    a. vrai
    b. faux

B Les courses

Lisez le texte **Où faire les courses?** à la page 198. Lisez les mots et segments de phrases suivants et associez-les à la catégorie de commerce logique, **petits commerçants** ou **supermarché**, en indiquant **PC** ou **S**.

_____ des meilleurs prix   _____ un véritable spectacle

_____ la confiture maison   _____ gagner du temps

_____ un service personnalisé   _____ pittoresque

_____ des produits locaux   _____ une grande surface

_____ parler avec les gens du quartier

C Voix en direct: Est-ce que vous mangez avec votre famille?

Relisez la section **Voix en direct** pages 196–197 et répondez aux questions suivantes.

1. Associez chaque personne avec le moment de la journée où elle mange avec sa famille.

_____ **1.** Pierre	**a.** le petit déjeuner
_____ **2.** Julien	**b.** presque jamais (*almost never*)
_____ **3.** Nicolas	**c.** le dîner
_____ **4.** Vanessa	**d.** le déjeuner

2. Manger en famille présente quels avantages selon Pierre et Julien? Indiquez la (les) bonne(s) réponse(s).

_____ **a.** On peut discuter ensemble.

_____ **b.** Ce n'est pas nécessaire pour tout le monde de préparer le repas.

_____ **c.** C'est bon pour la cohésion familiale.

_____ **d.** On peut regarder la télévision ensemble.

_____ **3.** Vanessa explique pourquoi sa famille ne prend pas typiquement les repas ensemble. Qu'est-ce qu'elle dit?

      a. Ses parents vont bientôt divorcer, ils détestent être dans la même pièce (*room*).

      b. Vanessa mange à l'école, elle est en pension (*boarding school*).

      c. Tout le monde dans sa famille a des horaires différents.

Souvenirs

Pour plus d'activités auto-corrigées et culturelles, rendez-vous sur le site web **www.cengage.com/french/motifs.**

Souvenirs d'enfance

Voir Structure 8.1 Talking about how things used to be *L'imparfait*

A **On se découvre...** Enzo et Rym sortent ensemble depuis peu de temps et apprennent à se connaître. Dans le passage suivant, Enzo raconte à Rym des souvenirs de son enfance. Complétez ce qu'il lui dit en conjuguant les verbes entre parenthèses à l'imparfait.

Quand j' _____ (1. être) petit, j' _____ (2. habiter) dans une

grande maison à la campagne avec mes parents et mes deux sœurs, Loane et Clara.

   Mon père _____ (3. travailler) comme vétérinaire et ma mère

_____ (4. rester) à la maison avec nous.

   Je me souviens que parfois, au printemps, mes sœurs et moi, nous

_____ (5. aller) chasser les papillons. Après l'école, mes sœurs

_____ (6. jouer) beaucoup à la poupée mais moi, je

_____ (7. lire) des tonnes de livres. Ma mère _____

(8. dire) toujours que je _____ (9. devoir) moins étudier et plus jouer!

B **Questions personnelles.** Répondez aux questions suivantes avec des phrases complètes.

1. Que faisiez-vous après l'école quand vous étiez petit(e)?

   _____

   _____

2. Est-ce que vous aimiez regarder la télévision? Quoi en particulier?

   _____

   _____

3. Où préfériez-vous aller pendant les vacances?

   _____

   _____

L'album de photos

Voir Structure 8.2 Linking ideas *Les pronoms relatifs **qui**, **que** et **où***

C **Nos amis les bêtes.** Enzo parle des animaux domestiques qu'il avait quand il était petit. Transformez les deux phrases en une phrase à l'aide du pronom relatif qui convient (**qui, que, où**).

Modèle: J'avais un chien. <u>Il</u> s'appelait Ouafi.

J'avais un chien **qui** s'appelait Ouafi.

1. J'avais aussi un chat. <u>Il</u> s'appelait Minou.

_____

2. Minou aimait dormir sur le canapé. <u>Sur le canapé</u>, il y avait un vieux pull-over très chaud.

_____

3. Ma sœur avait un hamster. Minou n'aimait pas <u>le hamster</u>.

_____

4. Le hamster dormait dans une cage. <u>La cage</u> était à côté du canapé.

_____

5. Le hamster mangeait une nourriture spéciale. Minou aimait beaucoup <u>la nourriture spéciale du hamster.</u>

_____

6. Minou aimait aussi beaucoup regarder une autre cage. Il y avait un oiseau dans cette autre cage….

_____

Pauvre Minou!

D **L'album de photos.** Maintenant, Enzo et Rym regardent les photos du voyage que sa famille a fait en Italie quand Enzo avait dix ans. Jouez le rôle d'Enzo en décrivant les photos. Complétez chaque phrase avec **qui, que** ou **où**.

Modèle: C'est le restaurant *où* nous avons mangé de la pizza napolitaine.

1. Ce sont les amis _____ ont voyagé avec nous.
2. C'est le chef de cuisine _____ nous avons connu à l'hôtel.
3. C'est la gondole _____ nous avons prise pour visiter les canaux de Venise.
4. C'est la cathédrale _____ nous avons admiré des fresques italiennes de la Renaissance.
5. C'est la célèbre fontaine _____ les touristes se rencontrent pour faire une visite guidée de Rome.

Nom _____ Date _____ Cours _____

E **Une photo d'enfance d'Enzo.** Après un dîner préparé à la maison, Enzo montre un album photo de son enfance à Rym. Il lui décrit une photo de lui avec son père. Complétez son commentaire en utilisant les pronoms relatifs **qui, que** ou **où.**

Regarde! C'est moi quand j'avais huit ou neuf ans. Et là, c'est mon père _____ (1) n'est pas content! Je me souviens que j'avais cassé *(I had broken)* une vitre *(window)* de la voiture en jouant au ballon… Et c'est la voiture _____ (2) il venait juste d'acheter. C'est aussi l'année _____ (3) ma petite sœur Clara est née. Tu sais, c'est ma sœur _____ (4) est prof de français à Londres, celle *(the one)* _____ (5) tu as rencontrée au café. Ah, nous avons tous drôlement grandi *(grown up)*!

Communiquer en famille

Voir Structure 8.3 Reading, speaking, and writing to others *Les verbes **lire**, **dire** et **écrire** avec les pronoms d'objet indirect*

F Comme les choses ont changé!

1. Enzo continue à parler de ses souvenirs d'enfance. Complétez le dialogue en conjuguant les verbes donnés à **l'imparfait.**

Le soir, dans ma famille, on _____ (1. lire) des livres. Moi, surtout, je

_____ (2. lire) beaucoup de romans d'aventures, et avant d'aller au lit,

j' _____ (3. écrire) mes activités du jour dans un journal intime. Ma sœur

Loane _____ (4. dire) qu'un journal intime, c'était pour les filles, mais

mes parents _____ (5. dire) que non, c'était bien d'écrire. Le week-end,

nous _____ (6. écrire) des lettres à nos grands-parents ou à des amis. Et

vous, dans votre famille, vous _____ (7. lire) beaucoup aussi?

2. Maintenant, les choses sont très différentes. Rym explique à Enzo comment elle communique avec sa famille. Complétez le dialogue en conjuguant les verbes indiqués au **présent.**

Moi, je fais beaucoup de choses sur Internet: je _____ (1. lire) le journal en ligne,

j' _____ (2. écrire) dans deux ou trois blogs différents. Mes

grands-parents me _____ (3. dire) toujours: «Mais qu'est-ce que c'est, un

blog?» Ils n'ont pas d'ordinateur, alors ils m' _____ (4. écrire) des lettres

traditionnelles, et ils_____ (5. lire) le journal sur papier, comme avant.

Ma mère, elle, m' _____ (6. écrire) un courriel toutes les semaines. Mais

dans l'ensemble, dans ma famille, nous _____ (7. ne pas écrire)

beaucoup, nous préférons le téléphone!

G **Très curieuse.** Rym est curieuse de savoir ce qu'*(what)* Enzo fait avec sa famille de nos jours *(nowadays)* et lui pose beaucoup de questions. Jouez le rôle d'Enzo et répondez aux questions en ajoutant *(adding)* le pronom d'objet direct ou indirect qui correspond à l'antécédent souligné dans la question.

1. RYM: Tu vois souvent <u>tes parents</u>?

   ENZO: Non, je ne _____ vois pas souvent.

2. RYM: Est-ce que tu as l'occasion de voir <u>tes sœurs</u>?

   ENZO: Oui, j'ai l'occasion de _____ voir.

3. RYM: Tu écris régulièrement <u>à tes grands-parents</u>?

   ENZO: Oui, je _____ écris régulièrement.

4. RYM: Est-ce que tu parles de choses intimes <u>à ta mère</u>?

   ENZO: Je _____ parle parfois de choses intimes.

5. RYM: Est-ce que tu vas bientôt <u>me</u> présenter à ta famille?

   ENZO: Bien sûr! Je vais bientôt _____ présenter à ma famille.

H **Une grande famille.** Rym a trois photos dans son sac. Elle les montre à Enzo. Complétez leur dialogue en choisissant le pronom d'objet direct ou indirect qui correspond à l'antécédent souligné.

RYM: Voici mes parents, mes frères Karim et Abdel, ma sœur Nora et notre chien Fifi.

ENZO: C'est <u>une belle photo</u>. Quand est-ce que tu (1. **la, l', lui**) as prise?

RYM: Il y a 7 ans, en vacances à Carcassonne. Et sur cette photo, ce sont <u>mes grands-parents</u>.

ENZO: Tu (2. **leur, les, lui**) vois souvent?

RYM: Malheureusement, non, <u>ils</u> habitent à Rabat. Mais je (3. **lui, leur, les**) écris régulièrement.

   Je (4. **leur, les, l'**) aime beaucoup, et eux aussi, ils (5. **m', nous, vous**) aiment beaucoup,

   <u>mes frères, ma sœur et moi</u>.

ENZO: Et qui est-ce sur cette dernière photo?

RYM: C'est <u>ma tante</u>. Je (6. **la, l', lui**) téléphone souvent, elle est très sympa.

ENZO: Bon, et <u>moi</u>, quand est-ce que tu (7. **me, vous, les**) présente à ta famille?

RYM: Hmmm, <u>toi</u>, je ne sais pas si je vais (8. **me, te, le**) présenter à ma famille… Je plaisante *(I'm joking)*!

Comment comparer (introduction)

Voir Structure 8.4 Making comparisons *Le comparatif (introduction)*

I **Avant et maintenant** Lisez les phrases suivantes et dites si elles sont vraies ou fausses.

	vrai	faux
1. La population de San Francisco est plus grande que la population de New York.	____	____
2. Un kilo de sucre est aussi lourd (*heavy*) qu'un kilo de farine (*flour*).	____	____
3. Les officiers de l'armée sont plus stricts que les professeurs d'université.	____	____
4. Une note F est pire qu'une note D.	____	____
5. En général, la cuisine mexicaine est moins épicée (*spicy*) que la cuisine française.	____	____
6. Les jockeys sont plus petits que les joueurs de basket.	____	____

J **Et vous?** Faites cinq comparaisons (**plus, moins, aussi… que**) pour exprimer votre opinion. Utilisez les mots de la liste suivante ou d'autres adjectifs que vous connaissez.

la musique de Coldplay / la musique de Jessica Simpson

les vêtements Chanel / les vêtements Armani

American Idol / Dancing with the Stars

Samuel L. Jackson / Morgan Freeman

les tableaux (*paintings*) de Dali / les tableaux de Léonard de Vinci

amusant	beau	bon	cher	élégant
intéressant	intelligent	original	âgé	

1. _____ .

2. _____ .

3. _____ .

4. _____ .

5. _____ .

Souvenirs d'une époque

Voir Structure 8.5 Narrating in the past *Le passé composé et l'imparfait (introduction)*

K **Les années 90 en France.** Tom, un ami américain d'Enzo, lui téléphone pour lui demander de l'aide pour son cours d'histoire. Il pose des questions à Enzo sur les années 90 en France. Complétez leur dialogue en mettant les verbes au passé composé (PC) ou à l'imparfait (I).

TOM: Dis-moi, Enzo, qu'est-ce qui se passait en France dans les années 90?

ENZO: Eh bien, c' _____ (1. être—I) des années assez difficiles. Je me souviens qu'il

y _____ (2. avoir—I) des grèves (*strikes*) fréquentes. Par exemple, en 1994,

les étudiants et les lycéens _____ (3. organiser—PC) une grève nationale de

protestation.

TOM: Quand est-ce que vous _____ (4. changer—PC) de président?

ENZO: En 1995, le socialiste François Mitterrand _____ (5. terminer—PC) son man-

dat présidentiel et les Français _____ (6. choisir—PC) Jacques Chirac comme

nouveau président.

TOM: Et sur le plan culturel?

ENZO: Il y _____ (7. avoir—PC) la construction d'Euro-Disney qui, finalement,

_____ (8. changer—PC) de nom en 1995 pour s'appeler Disneyland-Paris. Une

de nos stars de cinéma _____ (9. devenir—PC) célèbre aux États-Unis avec le

film *Mon père ce héros:* Gérard Depardieu.

TOM: Et en musique?

ENZO: Je me rappelle que le rap _____ (10. prendre—PC) beaucoup d'importance,

principalement avec un chanteur, MC Solaar.

TOM: Super! Merci de ton aide, Enzo!

L **Un anniversaire inoubliable.** Rym raconte à Enzo le cadeau très spécial qu'elle a eu pour ses 8 ans. Complétez sa description en utilisant les mots de la liste suivante.

| a donné | adorais | devais | disaient | était | ont dit | où |
| plus | qui | | | | | |

Quand j'étais petite, j'_____ (1) regarder des dessins animés (*cartoons*) à la

télévision. Mon dessin animé préféré _____ (2) Scoubidou, et je voulais un chien

_____ (3) ressemblait à Scoubidou. Mais mes parents me _____ (4)

toujours qu'un chien, c'était beaucoup de responsabilités: je _____ (5)

attendre d'être _____ (6) grande. Le jour de mon huitième anniversaire, ils

m' _____ (7) d'un air mystérieux: «Pour ton anniversaire, est-ce que tu voudrais

un petit souvenir du Danemark?» Et là, mon père m'_____ (8) une boîte en carton

_____ (9) se trouvait… un Danois, comme Scoubidou! Il était très petit, mais j'ai

compris que moi, j'étais enfin grande!

Synthèse: Mes souvenirs d'enfance

Qu'est-ce que vous aimiez faire à l'âge de sept ou huit ans? Faites quelques comparaisons entre vous et vos frères, vos sœurs et vos amis de l'époque. Quels bons souvenirs gardez-vous de cette époque? Écrivez un paragraphe à l'imparfait qui décrit les activités et les amis les plus mémorables de votre septième ou huitième année.

Modèle: *Quand j'avais 7 ans, j'adorais aller au musée-aquarium. Mes parents avaient un abonnement (membership) annuel, et nous allions à l'aquarium au moins une fois par mois. Je passais des heures devant les poissons multicolores, j'observais les méduses (jellyfish) et beaucoup d'autres animaux marins. Il y avait aussi des petits bassins où on pouvait toucher les animaux. On apprenait comment les oiseaux marins mangeaient et comment les protéger de la pollution. C'est peut-être pour ça que maintenant, j'étudie la biologie marine!*

_____

_____

_____

_____

_____

_____

_____

_____

_____

_____

_____

_____

_____

_____

⊕ Perspectives culturelles

A Relisez le texte **Les enfants et l'école** à la page 231 de votre manuel et complétez les phrases suivantes.

1. En France, l'école a pour responsabilité d(e)…

   a. prendre l'argent des citoyens privilégiés.

   b. enseigner les valeurs républicaines françaises aux élèves.

   c. donner la priorité aux élèves pauvres.

2. À l'école primaire, les enfants ont…

   a. 3 à 6 ans.

   b. des cours de vie en communauté.

   c. 6 à 10 ans.

3. *Au Revoir les enfants* et *Être et avoir* sont…

   a. des livres de langue française.

   b. des films.

   c. des zones d'éducation prioritaire (ZEP).

4. Les inégalités qu'on trouve dans les milieux défavorisés sont dues en partie à…

   a. l'intelligence inégale des élèves.

   b. l'enseignement centralisé de l'Éducation Nationale.

   c. leur environnement social et économique.

5. On a établi les ZEP pour…

   a. aider les élèves handicapés physiques.

   b. aider les élèves en difficulté des milieux défavorisés.

   c. augmenter la création de films dans certains quartiers.

B **Voix en direct:** **Vous vous souvenez de votre école primaire?**

Relisez les témoignages de Régine et Gwenaëlle à la page 232 de votre manuel et répondez aux questions suivantes.

1. Pensez aux récits *(stories)* de vos parents ou d'autres personnes plus âgées sur leur enfance. Est-ce que leur école était comme celle de *(that of)* Régine? Donnez une différence et une similarité.

   _____

   _____

   _____

   _____

2. Donnez deux exemples de la discipline dans l'école de Régine. Et dans votre école primaire?

   _____

   _____

   _____

   _____

3. Est-ce que les expériences de Gwenaëlle à l'école primaire étaient plutôt positives ou négatives? Pourquoi?

_____

_____

_____

4. Quelle comparaison est-ce que Gwenaëlle fait entre les élèves de son époque et les élèves d'aujourd'hui?

_____

_____

_____

C Les BD

Relisez **Les BD** à la page 240 de votre manuel. Indiquez si les affirmations suivantes sont vraies ou fausses.

	vrai	faux
1. *Tintin est* une œuvre de Hergé.	❏	❏
2. *Les aventures de Tintin* sont les histoires d'un petit Gaulois et de ses amis qui triomphent de leurs adversaires.	❏	❏
3. *Astérix* est populaire seulement en France.	❏	❏
4. Avec Titeuf et sa bande d'amis, Zep communique les préoccupations *(worries)* des jeunes d'aujourd'hui.	❏	❏
5. À l'école, Titeuf est très fort en maths.	❏	❏
6. Les Français pensent que les BD sont uniquement pour les jeunes.	❏	❏

Les camarades et la salle de classe

Module 1

COMPRÉHENSION AUDITIVE

Comment se présenter et se saluer

CD1, Track 2

Exercice 1. Formel ou familier? Indicate whether the speakers are being formal or familiar by putting an X in the appropriate column. You will hear each sentence twice.

	formel	familier
1.	_____	_____
2.	_____	_____
3.	_____	_____
4.	_____	_____
5.	_____	_____
6.	_____	_____

CD1, Track 3

Exercice 2. Comment allez-vous? You will hear six short greetings. Select and give an appropriate response during the pause, then check your answers against the recording.

1. _____   **a.** Je m'appelle Serge Lambrechts.

2. _____   **b.** Salut, à demain.

3. _____   **c.** Moi, je viens de Marseille.

4. _____   **d.** Oui, ça va. Et toi?

5. _____   **e.** Très bien, merci. Et vous?

6. _____   **f.** Pas mal. Et toi?

CD1, Track 4

Identification des choses et des personnes

Exercice 3. Identifiez les choses. Indicate whether the following objects are being properly identified by marking **oui** or **non** below.

1. oui   non

2. oui   non

3. oui   non

4. oui   non

5. oui   non

6. oui   non

CD1, Track 5

La description des personnes

Exercice 4. Le festival de Cannes. You are in Cannes during the Cannes Film Festival with your French friends Carole and Laurent, who are commenting about the celebrities you see. For each celebrity, check the corresponding descriptions you hear. You may need to play the dialogue more than once.

1. Vanessa Paradis:
   - ❏ une beauté particulière
   - ❏ cheveux longs
   - ❏ cheveux bruns
   - ❏ très sympa

2. Julie Delpy:
   - ❏ très jolie
   - ❏ très intelligente
   - ❏ assez timide

3. Vincent Cassel
   - ❏ cheveux bruns
   - ❏ cheveux blonds
   - ❏ un T-shirt jaune
   - ❏ très sympa

4. Johnny Hallyday:
   - ❏ assez vieux
   - ❏ cheveux blancs
   - ❏ très grand
   - ❏ gentil

CD1, Track 6

Les vêtements et les couleurs

Exercice 5. *La Redoute.* Anne and Marc want to order school clothes from the catalogue *La Redoute*. Their mother wants to know on what pages she can find the following clothing. Write down the page number where each article of clothing can be found.

1. chaussures bleues _____

2. chemisier rose _____

3. jupe _____

4. jean _____

5. pulls _____

6. lunettes de soleil _____

CD1, Track 7

Comment communiquer en classe

Exercice 6. Vous comprenez? Match what you hear with its English equivalent.

1. _____
2. _____
3. _____
4. _____
5. _____
6. _____
7. _____

a. The exercise is on page 10.

b. Turn in your homework, please.

c. I don't understand.

d. Work with a student.

e. Open the book to page 25.

f. Please repeat.

g. I have a question.

CD1, Track 8

PRONONCIATION ET ORTHOGRAPHE

The alphabet and the rhythm of French

A **L'alphabet et les accents.** Listen to the French alphabet.

a b c d e f g h i j k l m n o p q r s t u v w x y z

Now listen and repeat.

Listen to the names of the accents used in French.

1. l'accent circonflexe /ê/
2. l'accent aigu /é/
3. l'accent grave /à/
4. la cédille /ç/

CD 1, Track 9

B **Quelle lettre?** Listen and check the six letters you hear.

____ a ____ b ____ c ____ d ____ e ____ f ____ g ____ h ____ i ____ j ____ k ____ l

____ m ____ n ____ o ____ p ____ q ____ r ____ s ____ t ____ u ____ v ____ w

____ x ____ y ____ z

CD 1, Track 10

C **Un test d'orthographe (Spelling test).** Now you're ready to take a French spelling test. The first four words are already written out. Write out the final four words you hear spelled.

1. Mississippi
2. forêt
3. justice
4. très

5. _____
6. _____
7. _____
8. _____

CD 1, Track 11

D Le rythme et l'accent. English words have alternating stressed and unstressed syllables. Listen to the stress patterns of the following words, and underline where you hear the primary stress.

Partie 1:

1. university

2. impossible

3. impatience

4. uncertainty

5. movement

6. anticipation

French words, on the other hand, have evenly stressed syllables of equal length. The last syllable always receives primary stress. This produces a regular, staccato pattern. Listen to the following words pronounced in English and then in French. Underline the stressed syllable in each word.

Partie 2:

1. university   université

2. impossible   impossible

3. distinction   distinction

4. uncertainty   incertitude

5. impatience   impatience

6. anticipation   anticipation

CD 1, Track 12

E Dictée 1. You are showing a picture of your family to Carole and Laurent. Listen to the dialogue and fill in the blanks with the correct form of the verb **être**.

Vous: Voici ma mère.

Carole: Elle _____ (1) très belle! Et ici, qui est-ce?

Vous: Mes frères. Ils _____ (2) très gentils.

Laurent: Toi et tes frères, vous _____ (3) proches (close)?

Vous: Oui, nous _____ (4) très proches.

Carole: Et là, qui est-ce?

Vous: Mais c'est moi!

Carole: Mais tu _____ (5) blonde sur la photo!

Vous: Eh oui, je ne _____ (6) pas une vraie brune!

CD 1, Track 13

Dictée 2. Laurent, Carole and you are now looking at *Paris Match,* a French magazine. Listen to the dialogue and fill in the blanks.

Laurent: Qui est cette _____ (1) femme ici sur la photo?

Carole: Ça, je crois que c'est la femme de Will Smith. _____ (2) Jada Pin
kett-Smith, non?

Vous: Oui, elle est un peu _____ (3), alors que (while) Will Smith est très

_____ (4), mais c'est un très _____ (5) couple.

Carole: _____ (6) s'appelle cet acteur avec les cheveux _____ (7)?

Laurent: C'est Daniel Auteuil, avec sa fille, Nelly. Elle est _____ (8), non?

Module **2**

La vie universitaire

COMPRÉHENSION AUDITIVE

Les distractions

CD 1, Track 14

Exercice 1. Les habitudes des étudiants. Ahmed, a sociology student, is interviewing two students about their various activities. Listen to each interview and, for each activity, say whether the student likes it or not.

Davida aime:	OUI	NON
1. habiter à la résidence	———	———
2. étudier les sciences politiques	———	———
3. étudier à la bibliothèque	———	———
4. étudier à la cafétéria	———	———
5. écouter de la musique	———	———
6. regarder des films	———	———
7. jouer au tennis	———	———
8. faire beaucoup de sport	———	———

Ichiro aime:	OUI	NON
1. étudier la philosophie	———	———
2. étudier dans sa chambre	———	———
3. étudier à la cafétéria	———	———
4. surfer sur Internet	———	———
5. écouter de la musique	———	———
6. nager	———	———
7. jouer au foot	———	———

Comment exprimer ses préférences

CD 1, Track 15

Exercice 2. Un sondage. Ahmed still has to interview another student, Bruno, about his leisure activities. For each activity, check if Bruno likes it **beaucoup, assez,** or **pas du tout.**

1. Bruno aime aller au cinéma.   ☐ beaucoup   ☐ assez   ☐ pas du tout

2. Il aime les comédies.   ☐ beaucoup   ☐ assez   ☐ pas du tout

3. Il aime les films d'amour.   ☐ beaucoup   ☐ assez   ☐ pas du tout

4. Il aime la musique.   ☐ beaucoup   ☐ assez   ☐ pas du tout

5. Il aime l'opéra.   ☐ beaucoup   ☐ assez   ☐ pas du tout

6. Il aime les documentaires.   ☐ beaucoup   ☐ assez   ☐ pas du tout

7. Il aime les programmes de

   télé-réalité.   ☐ beaucoup   ☐ assez   ☐ pas du tout

L'université et le campus

CD 1, Track 16

Exercice 3. L'arrivée au campus. Nadia, a young French woman, has just arrived at the residence hall of an American university. She calls home and lets her mother know what the facilities are like. Listen to the conversation between Nadia and her mother and mark the appropriate response to indicate what there is on campus.

Il y a…	oui	non
1. une grande résidence	_____	_____
2. des étudiants étrangers	_____	_____
3. beaucoup de Français	_____	_____
4. une cafétéria, une salle de cinéma et une salle d'études	_____	_____
5. une piscine olympique	_____	_____
6. une salle de sport	_____	_____
7. de grandes chambres	_____	_____

CD 1, Track 17

Exercice 4. Où est-ce que ça se passe? Where do the following conversations take place?

1. _____   **a.** à la bibliothèque

2. _____   **b.** au resto-U

3. _____   **c.** au musée

4. _____   **d.** à la piscine

   e. dans un parc

   f. au cinéma

Les matières

CD 1, Track 18

Exercice 5. Qui a quoi? Samad and Jasmine are discussing their classes. Listen to their conversation and put **S** next to the classes that Samad has and **J** next to the classes that Jasmine has.

Nouveau vocabulaire:

avoir de la chance   *to be lucky*
heureusement   *fortunately*

_____ l'histoire   _____ la psychologie   _____ les mathématiques

_____ l'informatique   _____ l'espagnol   _____ le français

CD 1, Track 19

Exercice 6. Opinions. A couple of students are talking about their classes, professors, and the university in general. Listen to their conversation and decide whether each statement is positive or negative.

1. _____ positif   _____ négatif

2. _____ positif   _____ négatif

3. _____ positif   _____ négatif

4. _____ positif   _____ négatif

5. _____ positif   _____ négatif

6. _____ positif   _____ négatif

CD 1, Track 20

Le calendrier

Exercice 7. Une fiche d'inscription. You're helping the admissions officer of a summer program fill out registration forms. As the students answer questions, fill out the **fiche d'inscription.**

Fiche d'inscription
Nom: _____ Prénom: _____
Nationalité: _____
Date de naissance: _____ 1989
Profession: _____
Adresse: *rue de* _____
Numéro de téléphone: _____

CD 1, Track 21

Exercice 8. Le calendrier scolaire. Fatou and Jamal are looking over their school calendar to plan their vacations. Listen to their conversation and choose the correct answer.

Nouveau vocabulaire:

un jour férié   *holiday*

_____ 1. Cette année, beaucoup de jours fériés sont:

     a. le lundi

     b. le mardi

     c. le samedi

_____ 2. Le premier jour férié est:

     a. Noël

     b. Pâques

     c. la Toussaint

_____ 3. La Toussaint est:

     a. le premier septembre

     b. le premier novembre

     c. le dernier novembre

_____ 4. Les vacances de Noël commencent:

     a. le 21 décembre

     b. le 5 décembre

     c. le 15 décembre

_____ 5. Cette année, Pâques est:

     a. le 16 avril

     b. le 6 avril

     c. 16 août

CD 1, Track 22

PRONONCIATION ET ORTHOGRAPHE

Intonation patterns for yes/no questions and identifying negative sentences

A **Les questions.** In informal spoken French, you can ask yes/no questions simply by using a rising intonation pattern. Listen to the following statements and questions. Notice the falling intonation pattern of the statements and the rising contours of the questions.

1. a. Tu es content.

  b. Tu es content?

2. a. Il aime ses cours.

  b. Il aime ses cours?

3. a. Ce cours est intéressant.

  b. Ce cours est intéressant?

4. a. Il n'y a pas de piscine à la résidence.

  b. Il n'y a pas de piscine à la résidence?

5. a. Marc préfère écouter le rap.

  b. Marc préfère écouter le rap?

6. a. Vous étudiez à la bibliothèque.

  b. Vous étudiez à la bibliothèque?

After hearing each statement again, use rising intonation to turn it into a question. Then compare your questions with those on the recording.

CD 1, Track 23

B **Les questions avec *est-ce que*.** Another way to form a question is by adding **est-ce que** in front of the statement. **Est-ce que** questions use a slightly more gradual rising intonation pattern. Listen to the following statements and questions.

1. a. Il a deux cours de biologie ce trimestre.

  b. Est-ce qu'il a deux cours de biologie ce trimestre?

2. a. C'est difficile.

  b. Est-ce que c'est difficile?

3. a. Vous aimez les documentaires.

  b. Est-ce que vous aimez les documentaires?

4. a. Tu écoutes la radio.

  b. Est-ce que tu écoutes la radio?

Listen to the following bits of conversation. Put a question mark (?) in the blank if you hear a question. If you hear a statement, leave it empty.

1. _____   5. _____

2. _____   6. _____

3. _____   7. _____

4. _____   8. _____

CD 1, Track 24

C **La négation.** Negative sentences in French are created by putting **ne** before the verb and **pas** after it. Sometimes in casual speech the **ne** is omitted, leaving **pas** to mark the negation. Listen to the following sentences and decide whether they are negative or affirmative. Then write − or + in the appropriate space.

1. _____   5. _____

2. _____   6. _____

3. _____   7. _____

4. _____   8. _____

CD 1, Track 25

D **Paragraphe à trous.** You will hear a passage in which Robert describes his life at the university three times. First, just listen. The second time, fill in the following paragraph with the missing words and phrases. Finally, listen and correct your answers.

Bonjour. Je m'appelle Robert. Je suis _____ (1) à l'université Laval au

_____ (2), mais je _____ (3) de nationalité

_____ (4). J'_____ (5) beaucoup la vie universitaire ici. Il y a

_____ (6) cafés, de bons restaurants et beaucoup de _____

(7) étudiants comme moi. À la résidence, on fait souvent la fête. Nous _____

(8) de la musique et _____ (9) ensemble. Et puis, il y a les discussions politiques.

Nous _____ (10) ensemble parfois jusqu'à deux heures du matin. Moi, je n'étudie

pas ici parce qu'_____ (11) trop de bruit (noise). Je _____

(12) aller à la bibliothèque.

Module **3**

Chez l'étudiant

La famille

CD 1, Track 26

Exercice 1. La famille de Clotilde. Below is Clotilde's family tree.

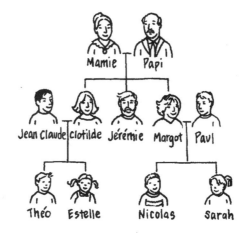

A. Follow along on the family tree as you listen to Clotilde describe her family. Then indicate if the following statements are true (**vrai**) or false (**faux**).

	vrai	faux
1. Le père de Clotilde s'appelle Jean-Claude.	❏	❏
2. Théo n'a pas de sœur.	❏	❏
3. Papi et Mamie sont les parents de Théo et d'Estelle.	❏	❏
4. Les parents de Clotilde habitent dans un appartement à Paris.	❏	❏
5. Théo et Estelle ont un cousin et une cousine.	❏	❏
6. Le neveu de Clotilde a 7 ans.	❏	❏
7. Jérémie n'a pas d'enfants alors il n'aime pas jouer avec ses neveux et nièces.	❏	❏
8. Toute la famille passe des moments agréables à la campagne.	❏	❏

B. Now use the family tree and the list of words to complete the following description of Clotilde's family. When you have finished, listen to the audio to verify your answers.

femme	**fille**	**cousine**
grands-parents	**frère**	**cousin**
mari	**oncle**	

1. Clotilde Monaud et son _____ Jean-Claude ont deux enfants.

2. Leur _____ Estelle a 12 ans.

3. Estelle et son _____ Théo, qui a 16 ans, aiment passer le week-end chez leurs _____ à la campagne.

4. Les deux enfants ont un _____, Nicolas, et une _____, Sarah.

5. Les enfants adorent leur _____ Jérémie. Il n'a pas de _____.

CD 1, Track 27

Exercice 2. La vieille maison. Manuel is taking a stroll in the countryside when he comes across a charming old house. Listen to his description, and fill in the blanks with **de, d', du, de la,** or **des.**

1. Le jardin _____ maison est vaste.

2. Le vert _____ arbres est magnifique et les fleurs _____ jardin sont superbes.

3. Le jardin ressemble à une composition _____ Monet.

4. Les rideaux *(curtains)* _____ fenêtres sont ouverts.

5. Une vieille dame ouvre la porte _____ salon *(living room)*.

6. L'expression _____ dame est gentille.

7. C'est mon professeur _____ français!

CD 1, Track 28

Les caractéristiques personnelles

Exercice 3. Comment est votre famille? Annick is describing her family. Select the adjectives she uses to describe each family member.

Père: sympathique _____   sérieux _____   strict _____

actif _____   bon sens de l'humour _____   intelligent _____

Mère: sérieuse _____   gentille _____   paresseuse _____

difficile _____   généreuse _____   compréhensive _____

Frère: sympathique _____   désagréable _____   bien élevé _____

égoïste _____   paresseux _____   beau _____

CD 1, Track 29

Exercice 4. Rubrique Rencontres. Michel and his friend Claire are having fun reading the personals section of their newspaper. Listen to the recording and write down the age of the writer while listening for the qualities he or she is looking for in a partner. Select the element in the description that does <u>not</u> apply.

1. femme _____ ans, cherche homme 30 à 45 ans, intellectuel, généreux, cultivé, charmant, riche

2. femme _____ ans, cherche homme sportif, intelligent, réaliste, affectueux

3. femme _____ ans, cherche homme beau, stable, qui aime nager, le cinéma et la conversation

4. homme _____ ans, cherche femme sportive, qui aime le ski, le golf, le vélo, les voyages et le bridge

5. homme _____ ans, cherche femme jolie, stable, tendre, patiente, qui aime les enfants

6. homme _____ ans, cherche femme cultivée, élégante, calme, pessimiste

CD 1, Track 30

Exercice 5. Questions de famille. Julie and her new friend Marco are talking about their families, who are very different from one another. First, read the following phrases; then listen to their conversation and indicate whose family is being described by checking the appropriate box.

	Julie	Marco
1. a une grande famille avec des frères et sœurs, des oncles et une tante	❏	❏
2. a une petite famille	❏	❏
3. a des animaux domestiques	❏	❏
4. n'a pas d'animaux domestiques	❏	❏
5. habite dans un appart' avec un coloc'	❏	❏
6. habite avec ses parents	❏	❏
7. a de bonnes relations avec ses parents	❏	❏
8. n'a pas de bonnes relations avec ses parents	❏	❏
9. sa sœur habite dans une autre ville	❏	❏
10. voit (sees) sa famille seulement pour les grandes fêtes	❏	❏

CD 1, Track 31

La chambre et les affaires personnelles

Exercice 6. Les déménageurs. You overhear a client telling a representative from a moving company where to put her furniture. Look at the drawing of the bedroom and circle or click on any objects that have not been put in the correct place.

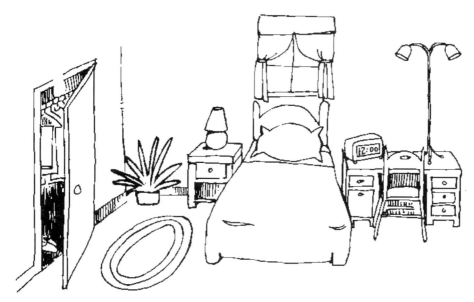

CD 1, Track 32

Exercice 7. Qu'est-ce qu'il faut apporter?

Exercice 7. Qu'est-ce qu'il faut apporter? Michael is putting together a list of things to buy for his year abroad in France. He calls his host mother, Mme Millot, to double-check on a few items. First, write down each object mentioned; then mark whether he should bring it or not. You will hear the conversation twice.

objet	apporter	ne pas apporter
1. _____	_____	_____
2. _____	_____	_____
3. _____	_____	_____
4. _____	_____	_____
5. _____	_____	_____

CD 1, Track 33

Des nombres à retenir (60 à 1 000 000)

Exercice 8. France Télécom Listen to M. Renaud ask Information (**France Télécom**) for the following numbers and jot them down.

1. Air France _____

2. Monoprix _____

3. Résidence Citadines _____

4. Musée d'Orsay _____

CD 1, Track 34

Comment louer une chambre ou un appartement

Exercice 9. Un studio à louer. You have a studio apartment available for rent and you get a call from someone interested in it. Select and read aloud the answer that best responds to the question or statement you hear.

Modèle: Vous entendez: Bonjour, c'est bien le 04-54-46-21-11?

Vous choisissez et vous dites:

_____ **a.** Oui, c'est lundi.

____✓____ **b.** *Oui, c'est ça.*

_____ **c.** Non, je vais réfléchir.

1. _____   **a.** Nous avons un appartement avec deux chambres.

_____   **b.** Oui, nous avons un beau studio près de la fac.

_____   **c.** Nous avons l'air climatisé.

2. _____   **a.** Oui, il y a un beau jardin derrière.

_____   **b.** Oui, il y a un sofa, une table et des chaises, un lit et une table de nuit.

_____   **c.** Oui, il est lumineux avec de grandes fenêtres qui donnent sur le parc.

3. _____   **a.** Je regrette, mais les animaux sont interdits.

_____   **b.** Il y a des charges aussi.

_____   **c.** Je regrette, mais il est interdit de fumer.

4. _____   **a.** C'est près du centre-ville.

_____   **b.** Les charges sont comprises.

_____   **c.** 285 euros par mois, plus les charges.

5. _____   **a.** De rien. Au revoir.

_____   **b.** Très bien. Vous voulez le prendre?

_____   **c.** Moi aussi, j'aime réfléchir.

Now listen to the entire conversation and check your answers.

CD 1, Track 35

PRONONCIATION ET ORTHOGRAPHE

Silent letters in *-er* verbs and feminine endings

A **Les lettres muettes *(Silent letters)* dans les verbes en *-er*.** One of the difficulties in learning to pronounce French is deciding which final letters to pronounce. In French, most final consonants are silent. Notice that the forms of the verb **parler** shown in the boot below all sound the same even though they are spelled differently. This is because they have silent endings: **je parlé, tu parlés, il parlé, ils parléńt, elles parléńt.** Only the **nous** and **vous** forms have endings that you can hear: **nous parlons, vous parlez.**

parler *(to speak)*

je parle	nous parlons
tu parles	vous parlez
il parle	ils parlent

Pronounce the following verbs and then check your pronunciation against what you hear on the recording.

1. j'aime
2. tu changes
3. nous arrivons
4. elle regarde
5. ils chantent

6. nous écoutons
7. vous imaginez
8. ils détestent
9. elles jouent
10. tu décides

CD 1, Track 36

B **Les terminaisons féminines *(Feminine endings)*.** In French, the ends of words carry important gender information. Many masculine words that end in a vowel sound have a feminine equivalent that ends in a consonant sound. This is because the addition of the feminine -**e** causes the final consonant to be pronounced (for example, the masculine/feminine pair **sérieux/sérieuse**). Listen to the following adjectives and indicate whether they are masculine or feminine by selecting **M** or **F**.

1. M   F
2. M   F
3. M   F
4. M   F
5. M   F

6. M   F
7. M   F
8. M   F
9. M   F
10. M   F

CD 1, Track 37

C **Qu'est-ce que vous entendez?** Listen to the following list of words and select all written forms that correspond to what you hear.

Modèle: Vous entendez: chante

Vous sélectionnez: **a.** chante ✔   **b.** chantez _____   **c.** chantent ✔

1. **a.** parler _____   **b.** parles _____   **c.** parlez _____
2. **a.** bel _____   **b.** belle _____   **c.** belles _____
3. **a.** doux _____   **b.** douce _____   **c.** douces _____
4. **a.** nerveux _____   **b.** nerveuse _____   **c.** nerveuses _____
5. **a.** stressé _____   **b.** stressée _____   **c.** stressés _____
6. **a.** écoutes _____   **b.** écoute _____   **c.** écoutent _____
7. **a.** étudie _____   **b.** étudier _____   **c.** étudient _____
8. **a.** réservé _____   **b.** réservée _____   **c.** réservés _____
9. **a.** française _____   **b.** françaises _____   **c.** français _____
10. **a.** travaille _____   **b.** travaillons _____   **c.** travaillent _____

Module 4

Travail et loisirs

COMPRÉHENSION AUDITIVE

Les métiers

CD 2, Track 2

Exercice 1. Qui parle? Listen as several people talk about their jobs, and circle the name of their profession. You are not expected to understand the entire passage; just listen for key words.

1. une femme d'affaires   un patient   une infirmière   une artiste
2. un acteur   un serveur   un professeur   un chanteur
3. un ouvrier   un journaliste   un cadre   une avocate
4. un médecin   un pilote   un agriculteur   un vendeur
5. un ouvrier   un médecin   un vendeur   un agent de police
6. une architecte   une secrétaire   une mécanicienne   un juge

CD 2, Track 3

Les lieux de travail

Exercice 2. En ville. Look at the town map and respond **vrai** or **faux** to the statements you hear.

	vrai	faux			vrai	faux
1.	❏	❏		5.	❏	❏
2.	❏	❏		6.	❏	❏
3.	❏	❏		7.	❏	❏
4.	❏	❏				

CD 2, Track 4

Exercice 3. Ma journée. The Deroc family members have busy schedules today. Listen as they describe where they plan to go and number the places listed below 1–4 in order.

1. Agnès Deroc

_____ le café

_____ la banque

_____ l'hôpital

_____ la poste

2. Michel Deroc

_____ la mairie

_____ le restaurant

_____ l'usine

_____ le commissariat de police

3. Christine Deroc

_____ l'église

_____ la maison

_____ le lycée

_____ le supermarché

CD 2, Track 5

Comment dire l'heure et parler de son emploi du temps

Exercice 4. L'heure. You will hear the time given in five sentences. Write the number of the sentence in the blank next to the clock that corresponds to the time you hear.

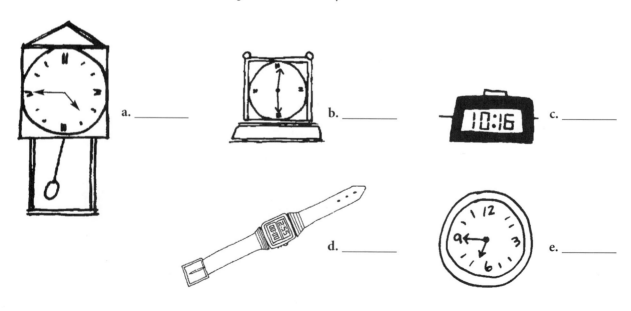

a. _____

b. _____

c. _____

d. _____

e. _____

CD 2, Track 6

Exercice 5. Un nouveau travail.   Micheline is speaking with her friend Aïsha about her new job and schedule. Complete the sentences with the correct time.

_____ 1. Micheline doit (*must*) arriver à la pharmacie à…   **a.** 7h30
_____ 2. La pharmacie ouvre à…   **b.** 6h15
_____ 3. Elle va se lever à…   **c.** 5h00
_____ 4. Elle va partir de la maison à…   **d.** 8h30
_____ 5. Elle a… pour son déjeuner (*lunch*).   **e.** 8h00
_____ 6. Elle rentre à la maison à…   **f.** une heure et demie
_____ 7. Le cours de yoga commence à…   **g.** 6h30

CD 2, Track 7

Les activités variées

Exercice 6. Activités du samedi.   What are your friends at the **résidence universitaire** doing on Saturday afternoon? Answer the questions you hear and say what each person is doing according to the pictures below. Then compare your response with the one that follows.

Modèle: Vous entendez: Martin, qu'est-ce qu'il fait?

Vous voyez:

Vous dites: *Il joue au football.*
Vous entendez: Il joue au football.

1.
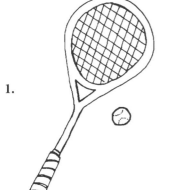

2.
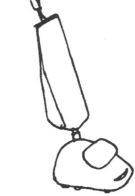

3.

4.
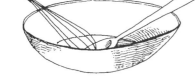

5.

6.

CD 2, Track 8

Exercice 7. Quelle orientation? You are a career counselor and are trying to match your clients' tastes and wishes to the job that best suits them. Listen to each description and write the letter of the most suitable job in the blank.

_____ 1.	**a.** un musicien
_____ 2.	**b.** une avocate
_____ 3.	**c.** un agriculteur
_____ 4.	**d.** une infirmière
_____ 5.	**e.** une institutrice
_____ 6.	**f.** un mécanicien

CD 2, Track 9

Les projets

Exercice 8. Un camp de vacances. Sara works as a camp counselor. At the orientation session she is speaking to the parents about the activities planned for their children. Check off the activities planned for the children.

Activités	Mentionnées
promenades	
volley	
tennis	
foot	
natation	
cuisine	
guitare	
ménage	
jogging	
grasse matinée	
hockey	
équitation	
piano	
vélo	

CD 2, Track 10

PRONONCIATION ET ORTHOGRAPHE

French vowels /a, e, i/ and listening for masculine and feminine job titles and nationalities

A Les voyelles françaises (introduction). In French, vowels are pronounced with more tension and are more crisp than in English. English speakers often pronounce vowels with a diphthong or glide from one sound to another. In contrast, French vowels immediately hit their target sound. To pronounce a pure French vowel, hold your jaw steady to avoid gliding. Compare the following English–French pairs.

English	French
mat	**maths**
say	**ses**
sea	**si**
bureau	**bureau**

In this introduction to French vowels, you will practice three vowel sounds: /a/, /e/, /i/.

La voyelle /a/

The sound /a/ is written with the letter **a** (also **à, â**) and has the same pronunciation whether it is at the beginning, middle, or end of a word. The word **femme** also contains this vowel sound, in spite of its spelling. Listen to the following English–French pairs to contrast the various pronunciations of a in English with the consistent French /a/.

English	French
madam	**madame**
sociable	**sociable**
Canada	**Canada**
phrase	**phrase**

Now repeat these words with /a/, remembering to keep your jaw steadily in place.

Anne	radio	appartement	femme
âge	adresse	avril	promenade
camarade	cinéma	ma mère	elle va à Paris

La voyelle /e/

The sound /e/ begins higher and is more tense than its English equivalent. Compare the following:

English	French
may	**mes**
say	**ses**
lay	**les**

As you pronounce the following words, note that /e/ may be spelled **-er, -é, -ez, -et,** and **-es** (in one-syllable words).

désolé	vous chantez	la télé	des
musée	ses idées	et	mes
aller	chez Mémé	aéroport	parlez

La voyelle /i/

The vowel sound /i/ is pronounced high like /e/ but with your lips more spread as in a smile. Compare the following pairs, noting the absence of diphthongs in French.

English	French
key	**qui**
sea	**si**
knee	**ni**

Note that /i/ may be spelled **i** (**î**, or **ï**) or **y**. Listen and repeat the following:

midi	pique-nique	bicyclette	timide
minuit	guitare	lit	il habite
lycée	tapis	disque	il y a

CD 2, Track 11

B **Masculin ou féminin: les métiers.** Job titles often have masculine and feminine forms that follow patterns similar to those of adjectives. Some forms do not vary. Listen to the following masculine and feminine pairs and repeat.

un avocat	une avocate
un musicien	une musicienne
un infirmier	une infirmière
un secrétaire	une secrétaire

Remember that you may also hear other clues to help you understand whether the person being described is male or female: the subject pronoun **il(s)/elle(s)** and the indefinite article in the structure **c'est un(e).**

Listen to the statements that follow and mark whether the person described is male or female.

          masculin   **féminin**

1. _____   _____
2. _____   _____
3. _____   _____
4. _____   _____
5. _____   _____
6. _____   _____
7. _____   _____
8. _____   _____

CD 2, Track 12

C Masculin ou féminin: nationalités.

Adjectives of nationality also have masculine, feminine, singular and plural forms. Listen and repeat these masculine/feminine pairs of adjectives:

canadien	canadienne
sénégalais	sénégalaise
allemand	allemande
russe	russe

Now, listen to the sentences and select the adjective of nationality you hear.

1. italien   italienne

2. anglais   anglaise

3. américain   américaine

4. chinois   chinoise

Finally, listen carefully to the subject and verb cues in the following sentences and select the correct form of the adjective of nationality.

	masc. sing.	masc. pl.	fem. sing.	fem. pl.
5.	allemand	allemands	allemande	allemandes
6.	français	français	française	françaises
7.	algérien	algériens	algérienne	algériennes
8.	mexicain	mexicains	mexicaine	mexicaines

CD 2, Track 13

D **Dictée partielle.** Michèle is describing her brother Éric. On the first reading, just listen. The second time, fill in the blanks with the words you hear. Enter numerical values for any number you hear—do not spell out the numbers. Finally, on the third reading, correct your answers.

Mon frère Éric _____ **(1)** ans. _____ **(2)** dans un magasin de

vidéos où il travaille jusqu'à _____ **(3)** heures. Après, il _____

(4) devant la téle et il _____ **(5)** très tard. Il aime bien son travail parce que

_____ **(6)** véritable amateur de cinéma *(movie buff)*. Il connaît *(He knows)* tous les

films _____ **(7)**, _____ **(8)** et _____ **(9)**.

Le week-end, quand Éric et ses amis _____ **(10)**, ils _____ **(11)**

ou ils _____ **(12)** des vidéos.

On sort?

COMPRÉHENSION AUDITIVE

Comment parler au téléphone

CD2, Track 14

Exercice 1. Tu es libre? Samia calls her friend Karine to make some plans. Listen to her telephone conversation and choose the best answer.

_____ 1. Quand Samia téléphone à Karine,…

    a. la mère de Karine répond.

    b. Karine n'est pas là.

    c. elle laisse un message pour Karine.

_____ 2. Samia a un…

    a. nouvel ami.

    b. nouveau piano.

    c. nouveau vélo.

_____ 3. Samia invite Karine à…

    a. faire une promenade dans le parc.

    b. faire du vélo.

    c. jouer du piano.

_____ 4. Karine doit…

    a. rester à la maison avec ses parents cet après-midi.

    b. travailler cet après-midi.

    c. aller à une leçon de piano cet après-midi.

_____ 5. Karine et Samia décident de…

    a. sortir demain.

    b. rentrer à trois heures.

    c. partir à trois heures.

CD2, Track 15
Exercice 2. Qui est à l'appareil? *(Who's speaking?)* Listen to each phone message and identify the party you reach by adding the appropriate letter in the blank.

1. _____
2. _____
3. _____
4. _____
5. _____
6. _____

a. la météorologie nationale

b. votre futur employeur, L'Oréal France

c. votre médecin, Mme Clermont

d. votre garagiste, M. Fréchaut

e. une amie de la fac, Clémentine

f. votre compagnie de téléphone

g. votre propriétaire, M. Chaumette

Comment inviter

CD2, Track 16
Exercice 3. Où aller? You will hear several conversations in which people discuss plans. Listen and select the place in column A or B where each couple decides to go.

	A	B
1.	_____ au concert	_____ au cinéma
2.	_____ au match de foot	_____ au bar
3.	_____ en ville	_____ à la bibliothèque

CD2, Track 17
Exercice 4. Laissez un message. Véronique is organizing a picnic for noon tomorrow. Listen to the messages left on her answering machine and indicate whether or not the following people can come.

	oui	**non**
1. Emma	_____	_____
2. Lucas	_____	_____
3. Eva	_____	_____
4. Kenza	_____	_____
5. Mohamed	_____	_____

CD2, Track 18

Exercice 5. Des textos.
A few of Véronique's friends have left her some written, abbreviated messages on her cell phone. First, read the messages out loud, then listen and match the oral messages to the written forms.

Nouveau vocabulaire:

ms = mais
resto = restaurant

1. _____

2. _____

3. _____

4. _____

a. C 1 super i d, je viens à 12h30 avec d fruits

b. C sympa ms g un examen à 12h30… Dsolé!

c. C bête, je v o resto avec JP…

d. Je suis o q p à 12h00 ms je peux venir à 1h00. C ok?

Rendez-vous au café

CD2, Track 19

Exercice 6. Conversations au café.
While in a café near campus, you overhear a number of conversations. Identify the situation for each conversation by selecting the appropriate letter.

1. _____

2. _____

3. _____

4. _____

5. _____

a. getting a seat in a café

b. ordering something to drink

c. striking up a conversation

d. asking for the check

e. saying good-bye

CD2, Track 20

Exercice 7. Qu'est-ce qu'ils commandent?
Your friends finally meet you at the café. You have already ordered while waiting for them; now they look at the menu and order drinks and food. Listen carefully to the following conversation and indicate the correct total number of orders for each item.

0 __ 1 __ 2 __ expresso

0 __ 1 __ 2 __ chocolat chaud

0 __ 1 __ 2 __ jus d'orange

0 __ 1 __ 2 __ croissant

0 __ 1 __ 2 __ demi

0 __ 1 __ 2 __ sandwich jambon beurre

0 __ 1 __ 2 __ sandwich au fromage (*cheese*)

0 __ 1 __ 2 __ verre d'eau

0 __ 1 __ 2 __ thé nature

0 __ 1 __ 2 __ thé citron

La météo

CD2, Track 21

Exercice 8. Prévisions météo.

As you are trying to make plans for a weekend outing in the south of France, you listen to the weather report to decide whether to go to the beach, the mountains, or the island of Corsica. On the map, fill in the weather conditions for the cities marked by writing in the temperatures and selecting from the vocabulary list.

Vocabulaire:

Il y a des orages.
Il pleut.
Il y a du soleil.
Il y a du vent.

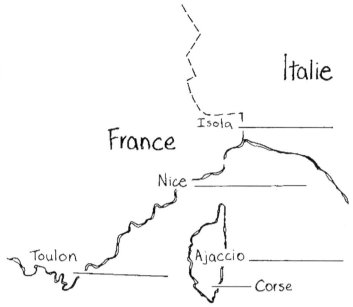

Comment faire connaissance

CD2, Track 22

Exercice 9. La bonne réaction.
First, read aloud the responses below. Then, listen to the following conversation starters and indicate the number for the most appropriate response for each one.

_____ **a.** Je m'appelle Julien.

_____ **b.** Il est 10 heures et quart.

_____ **c.** Oui, oui, allez-y.

_____ **d.** Oui, c'est un temps très agréable.

_____ **e.** Non, en fait, je ne suis pas d'ici.

_____ **f.** Non, je ne pense pas.

Now listen to the entire exchanges and check your answers.

CD2, Track 23

Exercice 10. On se connaît?
Théo is taking a walk in the park. After a while, he sits down on a bench near someone he happens to have seen before. Listen to the conversation and decide whether the following statements are true (**vrai**) or false (**faux**).

	vrai	faux
1. Théo et Léa ont un cours de biologie ensemble.	❑	❑
2. Le cours de Professeur Labatte est le jeudi à neuf heures du matin.	❑	❑
3. Théo et Léa aiment bien Professeur Labatte.	❑	❑
4. Les examens du professeur Labatte sont faciles.	❑	❑
5. Léa habite près du parc.	❑	❑
6. Aujourd'hui, il fait très beau.	❑	❑
7. Il est une heure dix.	❑	❑
8. Léa doit partir au travail.	❑	❑
9. Théo et Léa ne vont pas se revoir (*see each other again*).	❑	❑

CD2, Track 24

Exercice 11. Un ami curieux. A friend asks you lots of questions about your weekend plans. Select and read aloud the response that best answers the question you hear.

Modèle: Vous entendez: Est-ce que tu restes ici ce week-end?

Vous choisissez et vous dites: ____X____ Non, je pars.

1. _____ À l'heure.

   _____ À Las Vegas.

   _____ À six heures.

2. _____ Vendredi après-midi.

   _____ Il fait froid.

   _____ En retard.

3. _____ On prend la voiture.

   _____ On prend un café.

   _____ 400 kilomètres.

4. _____ Avec le bus.

   _____ Avec ma cousine Martine.

   _____ Avec mes livres de chimie.

5. _____ Elle va bientôt à Paris.

   _____ Elle est banquière.

   _____ Elle va bien.

6. _____ Oui, elle finit ses études en juin.

   _____ Oui, elle a 27 ans.

   _____ Non, elle n'est plus chez lui.

7. _____ Parce que nous devons voir notre tante.

   _____ Nous sommes fatiguées.

   _____ On va voir un spectacle du Cirque du Soleil.

8. _____ Oui, pourquoi pas?

   _____ Oui, il fait beau.

   _____ Oui, il y a un concert.

PRONONCIATION ET ORTHOGRAPHE

The French vowels /o/ and /u/; question patterns; and the pronunciation of *vouloir, pouvoir, devoir,* and *prendre*

CD2, Track 25

A **Les voyelles françaises (suite).** The vowel sounds /o/ and /u/ are pronounced with rounded lips.

La voyelle /o/

When pronouncing the sound /o/, round your lips and keep your jaw in a firm position so as to avoid making the diphthong /ow/ that is common in English.

English	French
hotel	hôtel
tow	tôt

There are a number of spellings for this sound, including **o** (and **ô**), **au, eau.** Repeat the following words:

au bureau	beau	photo	Pauline
chaud	jaune	jumeaux	piano
nos stylos	chauffeur	vélo	météo

La voyelle /u/

The sound /u/ (spelled **ou, où,** or **oû**) is produced with rounded lips and more tension than its English equivalent, as you can hear in the following:

English	French
sue	sous
too	tout
group	groupe

Listen and repeat the following:

jour	nous écoutons	ouvert	nouvelle
août	rouge	boutique	au-dessous
cours	vous jouez	d'où êtes-vous	retrouver

CD2, Track 26

B **La combinaison /oi/.** The vowel combination **oi** (or **oy**) is pronounced /wa/. One exception to this pattern is in the word **oignon** where **oi** is pronounced like the **o** in **orange.** Listen and repeat the following:

moi	vouloir	foyer	loyer
toi	devoir	pouvoir	noir
boîte	oignon	pourquoi	froid
mois	avoir	trois	Renoir

CD2, Track 27

C **Les questions (suite).** You have already seen how intonation, the rising or falling pitch within a sentence, is used to ask yes/no questions.

a. Listen to the following questions and indicate whether the intonation rises or falls at the end.

	rising	falling
1. Tu veux sortir ce soir?	_____	_____
2. Est-ce que tu aimes faire la cuisine?	_____	_____
3. À quelle heure est-ce que le film commence?	_____	_____
4. Tu es dans mon cours de chimie, non?	_____	_____
5. Où est le concert?	_____	_____
6. Qui est à l'appareil?	_____	_____
7. Vous prenez du café?	_____	_____
8. Tu sors avec Michel, hein?	_____	_____

As explained in **Module 2,** yes/no questions such as 1, 2, 4, 7 and 8 have rising intonation. With tag questions, the intonation falls and then rises on the tag word.

Tu es dans mon cours de chimie, non?

Tu sors avec Michel, hein?

Information questions, such as 3, 5 and 6, generally have a falling intonation pattern. The question word begins at a high level but then the intonation falls.

Listen and repeat the following information questions using the patterns given above.

1. Qu'est-ce que tu fais?
2. Comment vas-tu?
3. Quelle heure est-il?
4. Pourquoi arrive-t-il en retard?
5. Quand est-ce que Nicole arrive?

b. Now listen to the intonation of the following questions and mark whether they are yes/no questions or questions that ask for information.

oui/non	information		oui/non	information
1. _____	_____	**4.** _____	_____
2. _____	_____	**5.** _____	_____
3. _____	_____	**6.** _____	_____

Activités de compréhension et de prononciation • Module 5 **179**

CD2, Track 28

D **Singulier ou pluriel?** In this module, you were introduced to a number of frequently used irregular verbs such as **vouloir** and **prendre.** These verbs have two stems, one for the **nous/vous** form and one for the other forms. Repeat the conjugation of **vouloir,** noticing the difference between the singular and plural.

je veux	nous voulons
tu veux	vous voulez
il veut	ils veulent

The present-tense conjugation of the verb **pouvoir** is very similar. Listen and repeat.

je peux	nous pouvons
tu peux	vous pouvez
il peut	ils peuvent

Note the two stems of the verb **devoir** as you repeat the following:

je dois	nous devons
tu dois	vous devez
il doit	ils doivent

When pronouncing the forms of the verb **prendre,** contrast the nasal vowel of the singular forms with the **n** sound in the plural.

je prends	nous prenons
tu prends	vous prenez
il prend	ils prennent

Now listen to these sentences and indicate whether the verb you hear is singular or plural.

	singulier	**pluriel**		**singulier**	**pluriel**
1.	_____	_____	5.	_____	_____
2.	_____	_____	6.	_____	_____
3.	_____	_____	7.	_____	_____
4.	_____	_____	8.	_____	_____

Module 6

Qu'est-ce qui s'est passé?

Hier

CD3, Track 2

Exercice 1. Qu'est-ce qu'ils ont fait hier? Look at the pictures to decide whether the people mentioned took part in the following activities yesterday. Indicate **oui** or **non** and then say your response out loud.

Modèle: Vous entendez: J'ai joué au foot. Et Marc?

Vous cochez: ❏ oui ☑ non

Vous dites: *Il n'a pas joué au foot.*

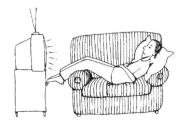

1. ❏ oui ❏ non

4. ❏ oui ❏ non

2. ❏ oui ❏ non

5. ❏ oui ❏ non

3. ❏ oui ❏ non

CD3, Track 3

Exercice 2. Une journée active. Djamel had a busy day yesterday. Listen to him describe his day and put his activities in the correct order from 1 to 5 for the morning and 1 to 5 for the afternoon.

Nouveau vocabulaire: livrer *deliver*

A. Hier matin

   _____ **a.** aller à la salle de sport

   _____ **b.** partir à la fac

   _____ **c.** parler au téléphone avec son père

   _____ **d.** lire le journal

   _____ **e.** prendre le petit déjeuner

B. Hier après-midi

   _____ **a.** livrer des pizzas en moto

   _____ **b.** manger au restaurant avec des copains

   _____ **c.** regarder les infos à la télé et parler au téléphone avec sa copine

   _____ **d.** aller travailler à Pizza Hut

   _____ **e.** faire ses devoirs

Comment raconter et écouter une histoire (introduction)

CD3, Track 4

Exercice 3. Au stade de foot. Djamel is at the football stadium with friends. While he and his friends are talking, he overhears a number of conversations going on around him. Before listening to the audio, read the reactions in your lab manual. Then listen to the comments and select the appropriate reaction.

1. _____   **a.** Oh là là! Qu'est-ce qu'il est bon! C'est un vrai champion.

2. _____   **b.** Oh, tu sais, c'est un problème classique de couple… Bon, alors, je t'explique…

3. _____   **c.** Vraiment? Qu'est-ce qui s'est passé?

4. _____   **d.** Vraiment? Félicitations!

5. _____   **e.** Ah oui? Tu as aimé?

Now listen to the comments and reactions on the CD.

Parlons de nos vacances

CD3, Track 5

Exercice 4. Des vacances ratées! *(A disastrous vacation!)* During the halftime, Djamel
and his friend Bruno talk about Bruno's last trip in Provence. Listen to their conversation and complete the
following sentences appropriately.

_____ 1. Bruno et son amie Sophie ont trouvé une chambre…

    a. à l'hôtel des Trois Pins.

    b. chez un ami.

    c. à l'hôtel du Soleil.

_____ 2. Les trois premiers jours,…

    a. la voiture était en panne.

    b. il a plu.

    c. ils sont allés à la plage.

_____ 3. Pour passer le temps, Sophie et Bruno ont…

    a. lu des livres et joué aux cartes.

    b. dormi et mangé à l'hôtel.

    c. mangé dans des cafés et visité la ville.

_____ 4. Finalement, ils ont passé quelques jours au calme…

    a. à la plage.

    b. à l'hôtel.

    c. à Paris.

CD3, Track 6

Exercice 5. Une affaire de famille. Djamel came home late after the game and his parents were worried about him.

A. In the morning, Djamel's father asks his son a lot of questions about what he did last night. Listen to their conversation and indicate whether the following statements are true (**vrai**) or false (**faux**).

1. Djamel est allé au stade de foot hier soir. ___ **vrai** ___ **faux**

2. Il est allé au stade avec des copains du travail. ___ **vrai** ___ **faux**

3. Ils ont pris le métro pour aller au stade. ___ **vrai** ___ **faux**

4. Le match a commencé à quinze heures. ___ **vrai** ___ **faux**

5. L'Olympique de Marseille a gagné 3–0. ___ **vrai** ___ **faux**

6. Après le match, Djamel et ses copains sont allés dans un bar. ___ **vrai** ___ **faux**

B. Now Djamel's mother asks his father about Djamel's whereabouts last night. Play the role of Djamel's father and use the cues provided below to respond orally to her questions during the pause. You will hear four questions. After you answer, listen to verify.

1. aller au stade

2. non, aller au stade avec des copains de la fac

3. commencer à 20h00

4. rentrer à la maison

CD3, Track 7

Exercice 6. Projets de voyage. Djamel's parents are talking about taking a trip. Listen to their conversation and select the appropriate answers.

Nouveau vocabulaire:

une croisière *a cruise*

_____ 1. Le père pense que…

    a. sa femme et lui réagissent comme si *(as if)* Djamel avait encore 12 ans.

    b. sa femme et lui donnent trop de *(too much)* liberté à Djamel.

    c. Djamel n'a pas beaucoup grandi.

_____ 2. Les activités que le père voudrait faire pendant la croisière sont…

    a. lire des livres et visiter des ports.

    b. brunir et manger des plats exotiques.

    c. nager et maigrir.

_____ 3. Les parents de Djamel veulent partir en croisière…

    a. cet été.

    b. cet hiver.

    c. ce matin.

_____ 4. La mère veut choisir une compagnie pas trop chère parce qu'…

    a. elle n'aime pas dépenser son argent.

    b. elle ne veut pas vraiment partir en croisière.

    c. elle n'a pas réussi à économiser beaucoup d'argent.

Les informations et les grands événements

CD3, Track 8

Exercice 7. Les infos. Listen to the following segments from news broadcasts and assign them to the appropriate **rubrique** *(news category)*. Add one or two words you understand from each report (in English or French).

Rubriques: sport, économie, politique, art et culture, gastronomie *(cooking)*

1. rubrique: _____

   mots: _____

2. rubrique: _____

   mots: _____

3. rubrique: _____

   mots: _____

4. rubrique: _____

   mots: _____

5. rubrique: _____

   mots: _____

CD3, Track 9

Exercice 8. Habitudes quotidiennes. Listen to the following questions and respond affirmatively, using the pronoun **le, l', la,** or **les** in your response. Each response has been started for you. Then listen to check your answers

1. Oui, les infos, je…

2. Oui, mes livres, je…

3. Oui, le musée du Louvre, je…

4. Oui, la cuisine, je…

5. Oui, mon appart, je…

Now listen to the next three questions and respond negatively, still using the pronoun **le, l', la,** or **les** in your response. Each response has been started for you. Then listen to check your answers.

6. Non, le journal télévisé, je…

7. Non, les magazines people, je…

8. Non, ma voiture, je…

Personnages historiques

CD3, Track 10

Exercice 9. Jean-Jacques Rousseau—Chronologie de sa vie. Listen to the following
short biography of Jean-Jacques Rousseau, an 18th century philosopher who lived just prior to the French and American revolutions. Complete the chart by selecting the information you hear.

Nouveau vocabulaire:

la lingère	*the washer woman*	une œuvre	*a work*
juste après	*right after*	sans	*without*
la naissance	*the birth*		

Nom:	Jean-Jacques Rousseau		
Lieu de naissance:	____ Paris	____ Genève	____ Annecy
Date de naissance:	____ 1217	____ 1712	____ 1772
Nationalité:	____ français	____ suisse	____ belge
Profession:	____ musicien	____ médecin	____ philosophe
État civil *(Marital status)*:	____ célibataire	____ marié	
Ses contemporains:	____ Sartre	____ Voltaire	____ Baudelaire
Du Contrat social **parle de:**	____ politique	____ philosophie	____ éducation
Mort:	____ 1718	____ 1778	____ 1788

CD3, Track 11

Exercice 10. Petite autobiographie. Look at the autobiographical notes from Rousseau's
imaginary notebook. Then, while listening to the recording, number the events, 1 through 5, in the order in which they are read. Then, listen again to the audio to check your answers.

_____ **a.** Au début de mon séjour en France, j'obtiens un petit salaire de Mme Warens en échange de mes cours de musique.

_____ **b.** Je dois partir en Angleterre, à cause de mon livre *Du Contrat social,* mais je reviens quelques années après.

_____ **c.** Puis, je rencontre Thérèse, une lingère. Nous avons des enfants ensemble mais je ne veux pas être marié.

_____ **d.** Je deviens ami avec d'autres philosophes, comme Diderot et Voltaire.

_____ **e.** J'ai seize ans, et j'habite en France; je viens de partir de Suisse où je suis né.

Now play the recording to check your answers.

PRONONCIATION ET ORTHOGRAPHE

Comparing the pronunciation of French and English cognates, listening for past-tense endings

CD3, Track 12

A Mots apparentés. As you have already seen, French and English have many words in common. A number of these words share a common suffix whose pronunciation differs slightly. Learning these cognates in groups will dramatically increase your French vocabulary.

■ **-tion.** English words ending in *-tion* generally have a French equivalent. French words with this suffix are always feminine. When pronouncing them, be sure to avoid producing the *sh* sound of the English equivalent.

Listen to the following words pronounced in English and then in French. Notice that in the French words, each syllable is evenly stressed.

English	French
nation	**nation**
equitation	**équitation**
pollution	**pollution**

Now repeat the following words:

la nation	l'évaluation
la réputation	la promotion
la motivation	l'institution
la caution	la fédération
l'obligation	l'organisation

■ **-ité.** Another common French ending is **-ité,** equivalent to *-ity* in English. This is also a feminine ending that refers generally to abstract ideas.

Compare the English and French pronunciation of the following words. Notice that the English words have stressed and unstressed syllables, whereas the syllables in the French words are evenly stressed.

English	French
capacity	**capacité**
morality	**moralité**
possibility	**possibilité**

Now repeat after the French model, making sure not to reduce any of the vowels. The primary stress will fall on the final syllable.

la liberté	la fatalité
l'égalité	la finalité
la fraternité	l'identité
l'amitié	la personnalité
la vérité	l'inflexibilité

■ **-isme.** The ending **-isme,** a third suffix shared by French and English, is frequently associated with social, political, and religious institutions. Words with this ending are always masculine.

Repeat the following words:

le communisme	le christianisme
le capitalisme	le libéralisme
le populisme	le socialisme
le bouddhisme	l'hindouisme

CD3, Track 13

B **Test d'orthographe.** Write out the following cognates. Each word will be read twice.

1. _____   5. _____

2. _____   6. _____

3. _____   7. _____

4. _____   8. _____

CD3, Track 14

C **Passé ou présent?** French has several cues to let you know whether a speaker is talking about the past or the present. Among these are context, adverbs (**hier, la semaine dernière, déjà**), the auxiliary verb (**être** or **avoir**), and the past participle. Because **-er** verbs are so common, the **é** sound at the end of a phrase group is an excellent cue to listen for.

Listen to the following sentences and indicate whether they are about the past or the present by selecting either **présent** or **passé**.

	présent	passé		présent	passé
1.	_____	_____	5.	_____	_____
2.	_____	_____	6.	_____	_____
3.	_____	_____	7.	_____	_____
4.	_____	_____	8.	_____	_____

CD3, Track 15

D **Dictée partielle** What happened Saturday evening? The selection will be read once with pauses for you to write what you hear and a second time without pauses for you to check your work.

Samedi soir, nous nous sommes bien amusés. Des copains _____ (1) et nous

_____ (2) ensemble. Jacquot _____ (3) sa collection de CD et

Hervé _____ (4) du vin. Moi, _____ (5) des spaghettis et une

salade. On _____ (6) de la musique pendant le dîner. Puis Juliette a commencé à

chanter. Jacquot _____ (7) ses CD de rock et on _____ (8). Vers

une heure du matin, le vieux couple d'à côté, s'est plaint (*complained*) du bruit. On a donc coupé la musique

et tout le monde (*everyone*) _____ (9).

Module 7

On mange bien

Manger pour vivre

CD3, Track 16

Exercice 1. Les cinq groupes alimentaires. Food is a popular topic of conversation. Identify the category of the food item you hear mentioned in the sentences that follow.

	légumes	fruits	produits laitiers	viandes	céréales
1.	_____	_____	_____	_____	_____
2.	_____	_____	_____	_____	_____
3.	_____	_____	_____	_____	_____
4.	_____	_____	_____	_____	_____
5.	_____	_____	_____	_____	_____
6.	_____	_____	_____	_____	_____
7.	_____	_____	_____	_____	_____
8.	_____	_____	_____	_____	_____
9.	_____	_____	_____	_____	_____
10.	_____	_____	_____	_____	_____

Les courses: un éloge aux petits commerçants

CD3, Track 17

Exercice 2. Chez les petits commerçants. Listen to the following shopping conversations and identify where each takes place.

1. au marché _____ à l'épicerie _____ à la boulangerie _____ à la charcuterie _____

2. au marché _____ à l'épicerie _____ à la boulangerie _____ à la charcuterie _____

3. au marché _____ à l'épicerie _____ à la boulangerie _____ à la charcuterie _____

4. à la boucherie _____ à l'épicerie _____ à la boulangerie _____ à la charcuterie _____

CD3, Track 18

Exercice 3. Les ingrédients pour une bonne salade niçoise. Your housemate reads out a list of ingredients for **salade niçoise.** Indicate the items on your shopping list that you need for this dish.

_____ poivron jaune   _____ poivron vert   _____ du saumon

_____ salade   _____ riz   _____ vinaigre

_____ du thon   _____ haricots verts   _____ huile d'olive

_____ tomates   _____ moutarde   _____ citron

_____ concombre   _____ filets d'anchois   _____ jambon

_____ olives noires   _____ poivre   _____ sel

Les plats des pays francophones

CD3, Track 19

Exercice 4. Questions de famille. Lydia, an American student in sociology visiting Marseille, asks a few questions to Mathieu about food and life in general. Listen to their conversation and choose the appropriate response to complete the following sentences.

1. La famille de Mathieu _____ à 20 heures.

   a. se met à table

   b. se mettent à table

   c. réserve une table

2. La personne qui _____ toujours la table est le père de Mathieu.

   a. se met

   b. oublie

   c. met

3. Mathieu et sa famille _____ pendant le dîner.

   a. ne mettent jamais la télé

   b. mettent beaucoup de sel

   c. mettent du temps à manger

4. Mathieu pense que manger en famille _____

   a. permet de mieux se connaître et de se comprendre.

   b. est parfois ennuyeux.

   c. met de bonne humeur.

5. Pendant la semaine, Mathieu et sa famille _____ pour dîner.

   a. mettent au moins *(at least)* une demi-heure

   b. mettent au moins trois quarts d'heure

   c. mettent au moins une heure

6. Mathieu dit que, pour faire une bonne bouillabaisse, les Marseillais _____

   a. mettent beaucoup de temps et d'amour.

   b. mettent des heures.

   c. mettent des poissons de la Méditerranée et beaucoup d'amour.

L'art de la table

CD3, Track 20

Exercice 5. Un repas en famille. The Mauger family is preparing dinner. Listen to the bits of conversation recorded here and decide whether they're logical (**logique**) or illogical (**illogique**).

_____ 1. **a.** logique   **b.** illogique   _____ 4. **a.** logique   **b.** illogique

_____ 2. **a.** logique   **b.** illogique   _____ 5. **a.** logique   **b.** illogique

_____ 3. **a.** logique   **b.** illogique   _____ 6. **a.** logique   **b.** illogique

CD3, Track 21

Exercice 6. Une petite peste! You invite your boyfriend or girlfriend for dinner with your family. Unfortunately, your little sister is misbehaving at the table. Tell her what to do or not to do in the situations you hear. Then compare your statement to the one given.

Modèle: Vous entendez: Elle commence à manger avant les autres.

Vous dites: _Ne commence pas à manger avant les autres._

1. Vous dites: _____

2. Vous dites: _____

3. Vous dites: _____

4. Vous dites: _____

5. Vous dites: _____

6. Vous dites: _____

CD3, Track 22

Exercice 7. Avant de faire la commande. A couple is dining out. Listen to the first remark or question and select the most appropriate follow-up. Then listen to the response given to check your answer.

1. _____

   a. Non, je n'en ai pas.

   b. Non, je ne l'ai pas.

2. _____

   a. Je ne sais pas. Je voudrais du poisson mais je n'en vois pas.

   b. Je ne sais pas. Je voudrais le poisson mais je ne le vois pas.

3. _____

   a. Bonne idée, je vais le prendre!

   b. Bonne idée, je vais la prendre!

4. _____

   a. Oui, j'en veux bien un petit peu.

   b. Oui, je veux bien; un petit peu.

5. _____

   a. Bien sûr, je vous apporte ça tout de suite, monsieur!

   b. Bien sûr, je t'apporte ça tout de suite!

6. _____

   a. Vas-y! Je t'écoute!

   b. Vas-y! Tu m'écoutes!

7. _____

   a. Qu'est-ce que tu veux me dire?

   b. Qu'est-ce que tu nous veux dire?

Comment se débrouiller au restaurant

CD3, Track 23

Exercice 8. Qu'est-ce qu'ils disent? You are in a noisy restaurant, trying to listen to what people at the neighboring table are saying. Listen to their conversation and match what each patron asks or says with the waiter's replies.

Client	Serveur
1. _____	**a.** Je suis désolé, monsieur, nous n'avons plus de poisson.
2. _____	**b.** Non, notre couscous n'est pas très piquant.
3. _____	**c.** Oui, monsieur, il est compris.
4. _____	**d.** Très bien, un menu à 16 euros pour madame.
5. _____	**e.** Je vous conseille le rôti de porc, il est très bon.

PRONONCIATION ET ORTHOGRAPHE

Distinguishing between *du, des,* and *de;* la lettre *h*

CD3, Track 24

A **De / du / des.** In using partitive articles, you need to clearly distinguish **du, des,** and **de.** You have already practiced the **é** sound in **des** in **Module 4;** remember to pronounce /e/ with more muscular tension than in English. Listen and repeat.

des amis	des céréales	des entrées
des pommes	mangez des légumes	

The **u** in **du** is a high vowel that does not exist in English. A simple way to learn to pronounce this sound is to begin by pronouncing the French vowel **i** and then to round your lips. When you pronounce this sound, whose phonetic alphabet symbol is /y/, your jaws are steady and the tip of your tongue is behind your lower teeth. Remember to make a crisp sound and not to glide. Listen and repeat the following:

du	bureau	occupé	musée
musique	d'habitude	numéro	une jupe

The **e** of **de** is lower and more relaxed, similar to the *schwa* /ə/ in English. It is also called **e instable** because it is sometimes not pronounced and it contracts when followed by a vowel sound. This contraction is known as **élision.** Repeat the following:

pas de café	de la salade	trop de sucre
pas d'eau	de l'eau	une tasse de thé

In the following sentences, listen carefully for, and indicate, the article that is used:

1. ____ de   ____ du   ____ des

2. ____ de   ____ du   ____ des

3. ____ de   ____ du   ____ des

4. ____ de   ____ du   ____ des

5. ____ de   ____ du   ____ des

6. ____ de   ____ du   ____ des

7. ____ de   ____ du   ____ des

8. ____ de   ____ du   ____ des

B La lettre _h_. The letter **h** is never pronounced in French. Listen and repeat the following:

thon	histoire	thé
cahier	maths	Nathalie
sympathique	heure	Thierry

Most French words beginning with a mute **h**, or **h muet**, are treated like words beginning with a vowel; you use the singular definite article **l'** and pronounce the liaison with the plural article **les**.

l'horaire   les hommes

In some words—generally of Germanic origin—the **h** is said to be an **h aspiré**. Although it is not actually aspirated, it acts like a consonant, blocking both **élision** and **liaison**.

le homard _(lobster)_   les haricots
      x   x

Words beginning with **h aspiré** are often marked in dictionaries with an asterisk (*). A few common words with **h aspiré** are **haricot, hors-d'œuvre, hamburger,** and **huit.** Pronounce the following words with **h muet** (and liaison) or **h aspiré** (no liaison) after the speaker.

l'hôpital	les Hollandais	les hors-d'œuvre
	x	x
le hamburger	l'hiver	les hôtels
x		
dix heures	le hockey	les huit livres
	x	x
l'homme	l'huile	nous habitons

C Dictée partielle. Holidays are often a time for celebrating with traditional foods. Marie-Élyse talks about what happens to her diet during the holidays. This selection will be read once with pauses for you to write what you hear, and a second time without pauses for you to check your work.

Nouveau vocabulaire:

une bûche de Noël   _cake in the form of a yule log_

de la dinde   _turkey_

D'habitude, j'ai un régime modéré. _____ (1) manger _____ (2)

et _____ (3) frais, _____ (4) et du yaourt. Mais pendant les fêtes

de fin d'année, il est très difficile de résister à la tentation et _____ (5) beaucoup

_____ (6). On _____ (7) chez ma grand-mère, chez mes tantes

et aussi chez des amis, et tout le monde prépare _____ (8) exceptionnels. Il y a tou-

jours _____ (9), de la dinde ou _____ (10), des plats avec des

sauces à la crème et _____ (11), _____ (12) et naturellement,

une belle bûche de Noël. C'est probablement à cause de ces excès qu'il faut prendre de bonnes résolutions

_____ (13).

Module

Souvenirs

COMPRÉHENSION AUDITIVE

Souvenirs d'enfance

CD 3, Track 27

Exercice 1. Souvenirs d'enfance. You are going to hear Florian reminisce about his childhood with his new friend Drew, an American student he met during an exchange program. Before listening to the recording, study the list of childhood memories given below. Now listen to the recording and check **vrai** (true) or **faux** (false) if the memories pertain to Florian or not.

	vrai	faux
1. Son quartier était sympa.	___	___
2. Beaucoup d'enfants habitaient près de chez lui.	___	___
3. Il aimait l'école.	___	___
4. Après l'école, il avait des leçons.	___	___
5. Il était heureux.	___	___
6. Il jouait toujours dehors, dans un jardin ou dans un parc.	___	___
7. Florian pense que les enfants d'aujourd'hui sont plus libres.	___	___

L'album de photos

CD 3, Track 28

Exercice 2. Un album de classe américain. Now, Drew is showing Florian his high school yearbook. As Drew answers Florian's questions about several pictures, indicate which section of the yearbook he is describing.

1. _____   **a.** French club

2. _____   **b.** honor society

3. _____   **c.** student government

4. _____   **d.** cheerleaders

            e. most likely to succeed

            f. class trip

Tu te souviens? Florian is now at a family gathering. He and his cousin Renato ...ut the vacations they spent together in Provence. Before listening to their conversation, select ...ments given to complete the dialogue. Then listen to the recording to verify your answers.

...o: Est-ce que tu te souviens des vacances _____ (1. **qui, que, où**) nous avons passées
à Toulon chez Tante Juliette?

...RIAN: Oh oui! J'ai de très bons souvenirs de cette époque-là. Si je ferme les yeux, je peux encore voir
le jardin _____ (2. **qui, que, où**) nous jouions.

RENATO: Qu'il était beau, ce jardin! Et tu te souviens du jour _____ (3. **qui, que, où**) nous
avons pris le bus pour aller à la plage?

4. FLORIAN: Si je me souviens? C'est une aventure _____ (4. **qui, que, où**) je n'oublierai
jamais *(will never forget)*!

5. RENATO: Quelle histoire! Le bus nous a laissés sur une plage et là, nous avons rencontré deux filles
_____ (5. **qui, que, où**) venaient d'Italie. On a parlé, parlé, et on a oublié l'heure.
Résultat: le dernier bus est parti et nous ne l'avons pas pris. On a dû téléphoner à Tante Juliette.

6. FLORIAN: Et c'est elle _____ (6. **qui, que, où**) est venue nous chercher à la plage. Elle était
vraiment furieuse!

Communiquer en famille

CD 3, Track 30

Exercice 4. Autre temps, autre technologie. The way people communicate has changed a lot
over the years. Listen to Florian and his grandmother talk about these differences and select the appropriate
form of the verb.

1. _____ écrivais   _____ écrivait   _____ écrivaient

2. _____ écris   _____ écrit   _____ écrivent

3. _____ lis   _____ lit   _____ lisent

4. _____ écris   _____ écrivons   _____ écrivent

5. _____ dis   _____ dit   _____ disent

6. _____ lis   _____ lire   _____ lisent

7. _____ dis   _____ dire   _____ disent

CD 3, Track 31

Exercice 5. Quel ami! Florian is a perfect friend, always doing the right thing. Listen to each q[uestion] and select the appropriate pronoun to use in your answer. After the question is repeated, respond orally, always affirmatively. Then listen to the recording to verify your answers.

Modèle:	Vous entendez:	Florian donne un cadeau à son meilleur ami pour son anniversaire?
	Vous choisissez:	*lui*
	Vous entendez:	Florian donne un cadeau à son meilleur ami pour son anniversaire?
	Vous dites:	*Oui, Florian lui donne un cadeau pour son anniversaire.*
	Vous entendez:	Oui, Florian lui donne un cadeau pour son anniversaire.

1. ____ lui   ____ leur   ____ le   ____ la   ____ l'   ____ les

2. ____ lui   ____ leur   ____ le   ____ la   ____ l'   ____ les

3. ____ lui   ____ leur   ____ le   ____ la   ____ l'   ____ les

4. ____ lui   ____ leur   ____ le   ____ la   ____ l'   ____ les

5. ____ lui   ____ leur   ____ le   ____ la   ____ l'   ____ les

Comment comparer (introduction)

CD 3, Track 32

Exercice 6. Brutus et Scoubidou. Florian is comparing his dog Brutus with his cousin Renato's dog, Scoubidou. Fill in +, − or = to indicate how the two dogs compared.

		Brutus	Scoubidou
Modèle:	petit	_____	____+____
1.	beau	_____	_____
2.	gentil	_____	_____
3.	patient	_____	_____
4.	méchant	_____	_____
5.	intelligent	_____	_____
6.	agréable	_____	_____

Souvenirs d'une époque

CD 3, Track 33

Exercice 7. Description ou événement? You are overhearing a few conversations taking place among some of Florian's family members. Listen and check whether the speakers are primarily discussing how things were (**description**) or what happened (**événement**).

1. description _____   événement _____

2. description _____   événement _____

3. description _____   événement _____

Souvenirs d'enfance. Now, it is Florian's grandmother's turn to reminisce about her
first, read each sentence below and select an answer. Then, listen to the sentences to check your

j(e) _____ petite, j'allais à la plage tous les dimanches avec mes parents.

été

tais

ai eu

Pour mon septième anniversaire, mon père m'_____ un vélo.

a. a donné

b. donnait

c. ai donné

3. D'habitude, j(e) _____ à l'école en bus, mais après cet anniversaire, j'y suis allée en vélo.

a. allais

b. suis allée

c. suis allé

4. J(e) _____ dix-huit ans quand j'ai appris à conduire une voiture.

a. étais

b. avais

c. ai été

5. J(e) _____ mon mari à la banque en 1940.

a. ai rencontré

b. rencontrais

c. rencontrer

Nom _____ Date _____ Cours _____

Prosody: Making sense of sounds in the speech stream

CD 3, Track 35

A **Joncture** *(Juncture / Dividing phrases into syllables).* When listening to French, individual word boundaries are blurred in the sound stream. One reason for this is that French groups syllables into larger sense groups which ignore word boundaries. These are called **groupes rythmiques** and are similar to English breath groups. Notice how the following sentences are divided into syllables that tend to end in a vowel.

Patrick était difficile et arrogant.   Pa | tri | ck é | tait | di | ffi | ci | le et | a | rro | gant.

Philippe aimait jouer avec un ballon.   Phi | li | ppe ai | mait | jou | er | a | ve | c un | ba | llon.

Read the following sentences to yourself and then pronounce them after the recording, using a pencil or other object to beat the rhythm of the syllables. The underlined syllable is stressed while the others aren't. Next, write down the number of syllables ending in a consonant.

> **Modèle:** Quelle heure est-il? 4 syllables; *1* syllable ending in a consonant

1. Il est impossible.   5 syllables; _____ syllable(s) ending in a consonant

2. Patrick est avec Arnaud.   7 syllables; _____ syllable(s) ending in a consonant

3. Ma mère a deux enfants.   6 syllables; _____ syllable(s) ending in a consonant

4. Elle étudie avec Alex.   8 syllables; _____ syllable(s) ending in a consonant

CD 3, Track 36

B **Enchaînement consonantique** *(Consonant linking).* One of the ways French breaks up words to create syllables that end in vowels is by **enchaînement. Enchaînement** is the linking of the final pronounced consonant of one word to the vowel at the beginning of the next word. This is similar to **liaison,** which links normally silent consonants to the following vowel. Repeat the following phrases after the speaker, marking the links you hear. You will learn more about **liaisons** in the next module.

Repeat the following sentences after the recording, making sure that you link the consonant in bold with the following sound.

1. Patri**ck** est intelligent.

2. Ma mè**re** a les articles.

3. Ils écoutent u**ne** autre chanson.

4. Ann**e** étudie le**s** arts.

CD 3, Track 37

C **Trouvez les groupes rythmiques.** It is important to be able to divide a stream of speech into breath groups. You can recognize these groups by paying attention to the following features:

1. The final syllable of each breath group is stressed, that is, longer and sometimes louder.

2. If the breath group is in the middle of a sentence, it is marked by a slight rise in intonation; at the end of a sentence it falls except for yes/no questions, which rise.

First, listen to the following passage, paying attention to the rhythmic groups marked with a slash (/).

> J'étais un enfant/ assez solitaire/; je n'avais pas de frères/ ou de sœurs/. C'est pourquoi/ j'ai inventé un ami imaginaire/ qui s'appelait Marcus/. Marcus/ m'accompagnait partout/, mais je lui parlais seulement/ quand nous étions seuls/. Mes parents ne savaient pas que j'avais un tel copain.

Now, read along with the recording.

Finally, the last sentence is missing a slash. It should be placed between which two words?

_____ and _____.